오토 폰 비스마르크

-천재-정치가의 불멸의 위대한 리더십-

강 성 학

박영사

Otto von Bismarck

-The Immortal, Great Leadership of
a Genius-Statesman-

Sung-Hack Kang

PARKYOUNG
publishing&company

나의 사랑하는 아들
강승온 박사에게

저자 서문

역사는 심판의 절차가 아니라 이해의 추구이다. 즉, 인간행위의 가능성과 한계를 보여주는 것이다. 한국인들을 포함하여 대부분의 사람들에게 오토 폰 비스마르크(Otto von Bismarck)는 "혈과 철"의 사나이(the man of blood and iron), 즉 프러시아의 철의 재상(the Iron Chancellor)이다. 비스마르크 자신이 그 "혈과 철"이라는 문구를 만들어냈다. 그리고 그는 그 기대를 스스로 충족시켰다. 아니 그는 그 이상이었다. 1862년 9월 23일, 오토 폰 비스마르크는 당시 유럽의 5대 강대국들 중에서 가장 약한 국가였던 프러시아의 수상으로 임명되었다. 그리고 몇 개의 매정한 일격으로 이 초임 수상은 2세대 동안 유럽의 외교를 방해했던 난제를 해결했다. 즉 그것은 어떻게 독일을 통일하고 중부 유럽을 재조직할 것인가의 문제였다. 그는 39개의 국가들로 구성된 소위 독일국가연합이라는 장애물을 극복해야만 했다. 그동안 중부 유럽은 기존의 힘의 균형을 변경할 수 있는 국가의 출현을 항상 불안해하고 그것을 막으려는 프랑스와 러시아에 의해서 주의 깊게 관찰되었다.[1]

비스마르크는 지적으로 자기 시대의 모든 정치인들을 넘어서며 압도했다. 그리고 그의 우월성은 자신의 국민뿐만 아니라 전 유럽의 타국 정치가들에 의해서 인정받았다.[2] 그는 기존의 질서에 도전하여 피와 철로 독일인들의 소망인 독일의 민족통일을 달성한 백색 혁명가(White Revolutionary)였다.[3] 모든 현상타파적 혁명가는 혁명에 성공하는 순간 그 혁명을 수성(守城)하기 위해서 극단적 보수주의자가 된다. 비스마르크(Bismarck)도 예외가 아니었다. 헤겔(Hegel)식으로 말하면 비스마르크는 "세계사적 인물"(a world historical man)이었다. 비스마르크는 독일제국을 창건하는 현상타파에 성공한 백색 혁명가였다. 그리고 그 순간 독일인들에 의해서 뿐만 아니라 세계인들에 의해서 "천재-정치가"로 인정되고 칭송되었다.

그러나 비스마르크는 19세기 나폴레옹이나 20세기 히틀러와는 달리 스스로 멈출 줄을 알았던 현명한 정치가였다. 그는 독일제국을 수립한 뒤 독일은 "만족한 국가"(satisfied nation)임을 선언하고 더 이상의 야심을 포기하고 현상 유지자가 되었다. 그리하여 다른 강대국들의

---

1) Henry A. Kissinger, "Otto von Bismarck, Master Statesman," *New York Times,* March 31, 2011.
2) Erich Eyck, *Bismarck and the German Empire,* New York: W. W. Norton, 1964 (originally, 1958), p. ix.
3) Henry A. Kissinger, "The White Revolutionary: Reflection on Bismarck," *Daedalus,* Vol. 97, No. 3, 1968, pp. 888-924; Lothar Gall, *Bismarck: The White Revolutionary,* Vol. 1, *1815-1871,* trans. by J. A. Underwood, London: Unwin Hyman, 1986.

경계심을 낮추면서 유럽의 정직한 중재자(a honest broker)를 자처하며 당시 유럽의 국제질서를 관리하여 40여 년간의 국제평화를 보존했다. 바로 이러한 이유에서 비스마르크는 19세기 외교사에서 가장 빛나는 이름이 되었다. 비스마르크의 회고록인 <감상과 회상> *(Reflections and Recollections, Gedanken und Erinnerugen)*[4]은 영국의 역사가 조지 구치(George Gooch)가 "통치술의 매뉴얼로서 그것의 가치는 상대할 것이 없다. 그리고 그것은 정치가들, 교사들과 역사학도들의 선택된 친구로 항상 남아야 한다"고 주장했다.[5] 이것은 비스마르크가 아주 진지하게 공부할 충분한 가치가 있다는 것을 의미한다.

본서는 단순히 비스마르크가 외교사에서 빛나는 19세기 유럽에서 가장 위대한 정치 지도자라는 이유만으로 집필된 것은 아니다. 나는 2021년 11월 초에 <헨리 키신저: 외교의 경이로운 마법사인가 아니면 현란한 곡예사인가?>[6]라는 저서를 탈고했었다. 그 저서에서 나는 헨리 키신저가 오토 폰 비스마르크를 얼마나 칭송했으며 키신저가 21세기 미국외교정책은 비스마르크를 본받아 수행되어야 한다고 주장했음을 전달했다. 그러나 그 저서에서 정작 비스마르크에 대한 애

---

4) Otto von Bismarck, *Bismarck, the Man & the Statesman: Being the Reflections and Reminiscences of Otto, Prince Von Bismarck,* 2 Vols, London: harper & brothers, 1899.

5) Erich Eyck, *Bismarck and the German Empire,* New York: W. W. Norton, 1964 (originally, 1958), p. ix.

6) 강성학, <헨리 키신저: 외교의 경이로운 마법사인가 아니면 현란한 곡예사인가?>, 서울: 박영사, 2022. 나는 오래 전에 이미 나의 <시베리아 횡단열차와 사무라이: 러일전쟁의 외교와 군사전략>, 서울: 고려대학교 출판부, 1999과 <인간신과 평화의 바벨탑: 국제정치의 원칙과 평화를 위한 세계헌정질서의 모색>, 서울: 고려대학교 출판부, 2006에서 비스마르크의 정책에 대한 진지한 논의를 했었다.

기는 피상적으로 다뤄졌다는 사실을 인식하고 적어도 그 책을 읽은 독자들을 위해 오토 폰 비스마르크에 대한 보다 상세한 책을 내야 할 일종의 의무감 같은 것을 느꼈다. 그리하여 키신저의 마법사 같은 경이로운 외교의 원조 격인 비스마르크에 대해 집필의 필요성을 강렬히 느끼고 11월 초부터 본격 집필에 착수하였다. 비록 본서가 용두사미가 될 지도 모른다는 염려가 없지는 않았지만 그래도 헨리 키신저에 대해 이제 막 출간된 내 저서의 동반서적으로 본서를 집필한 것이다.

나는 고려대학교 정치외교학과에서 1980년대와 1990년대 거의 20년에 걸쳐 외교사 과목을 가르쳤다. 그래서 비스마르크는 나에게 너무나 친숙하다. 외교사 과목에서 오토 폰 비스마르크는 가장 위대한 역사적 영웅이며 정치 지도자였다. 그 과목을 가르친 지도 이제 약 30년이 지난 후에 다시 비스마르크로 돌아갈 기회가 이렇게 올 줄 몰랐다. 먼지에 쌓인 옛 관련서적들을 다시 찾아보는 것도 적지 않은 즐거움이었다. 그렇지 않았다면 관련된 책들을 내가 소장하고 있다는 사실마저 거의 잊고서 살아갔을 것이다. 마치 옛 친구를 다시 만난 듯 관련 문헌을 조사하면서 옛 밑줄과 간단한 코멘트들을 발견하는 것은 참으로 즐거운 일이었다. 그리고 집필의 속도도 비교적 빨리 이루어졌다. 왜냐하면 이제는 비스마르크의 전설적인 스토리는 역사에서 거의 표준화되었다 해도 결코 지나친 말은 아닐 것이기 때문이다.

본서를 집필하는 과정에서도 여러 사람들의 도움을 받았다. 이영석 한국지정학연구원 이사장은 여전히 나의 계속되는 집필을 격려했고 고려대학교 정보보호대학의 강찬옥 교수와 한국전략문제연구소의 부소장이신 주은식 장군의 힘든 교정작업도 계속되었다. 이 분들에게 다시 한 번 감사드린다. 그리고 본서의 집필 과정 내내 자료수집과 참고문헌 작성과 교정 등 전과정에서 애써준 고려대학교 아세아문제연구원 모준영 박사에게도 거듭 감사한다.

그리고 본서의 집필의 모든 과정에서 항상 변함없이 내조해준 내 생의 반려자 신혜경 여사에게 마음 깊이 감사한다. 아내 없이는 이 모든 것이 불가능했을 것이다. 그리고 마지막으로 나의 마음을 언제나 좀 더 풍요롭게 해온 나의 사랑하는 아들 강승온 박사에게 고마운 마음으로 본서를 헌정한다.

2022년 2월 2일
구고서실(九皐書室)에서

차례

저자 서문 / 5

제1장 프롤로그(Prologue): 혁명과 국제적 불평등 ····· 15

제2장 비스마르크의 가문과 정계의 입문 ················· 25

제3장 1948년 2월 혁명과 메테르니히 체제
(the Metternich System)의 붕괴 ························· 45

제4장 거대한 유럽의 국제적 외교무대에 나섬 ········ 73

제5장 프러시아의 철의 수상(the Iron Chancellor):
백색 혁명가(the White Revolutionary)의 등장 ············ 129

제6장 민족통일로 가는 길 I: 덴마크 전쟁 ············· 155

제7장 민족통일로 가는 길 II: 오스트리아와
전쟁 ··· 181

제8장 천재-정치가로 등극 ································· 213

제9장 민족통일과 독일제국으로 가는 길 Ⅲ:
프랑스-프러시아 전쟁(the Franco-Prussian War) ········ 243

제10장 독일제국(the German Empire)의 창건 ·············· 269

제11장 독일제국의 안정화: 3황제연맹
(Dreikaiserbund) ···································· 285

제12장 베를린 회의(the Congress of Berlin, 1878):
정직한 중재자(the Honest Broker) Ⅰ ························· 317

제13장 비스마르크의 동맹체제 Ⅰ: 2국동맹
(The Dual Alliance) ······························· 337

제14장 비스마르크의 동맹체제 Ⅱ: 3국동맹
(the Triple Alliance) ······························ 357

제15장 서아프리카에 대한 베를린회의(The Berlin
Conference on the West Africa, 1884-1885): 정직한
중재자 Ⅱ ··· 375

제16장 러시아에 대한 재보장 정책(the Reinsurance
Policy) ·· 387

제17장 피날레: 독일제국 호 파일럿(Pilot)의 하선
····································· 405

제18장 비스마르크의 리더십의 성공의 비결과

　덕목들 ··· 427

제19장 오토 폰 비스마르크의 유산(legacy) ·············· 445

제20장 에필로그(Epilogue) ······································· 457

오토 폰 비스마르크(Otto von Bismarck)의 약력 / 461

참고문헌 / 463

찾아보기 / 469

제1장
프롤로그(Prologue): 혁명과 국제적 불평등

"정치는 논리에 입각한 과학이 아니다; 그것은 끊임없이 변하는 상황들 속에서 가장 덜 해로운, 가장 유용한 것을, 각 순간에 항상 선택하는 능력이다."
-오토 폰 비스마르크-

　　정치학의 아버지 아리스토텔레스(Aristotle)는 일찍이 그의 <정치학>(*Politics*)의 제5장 "혁명론"에서 그동안 나타난 많은 형태의 정부들에서 언제나 정의와 비례적 평등이 있었다는 것을 먼저 가정해야만 한다고 했다. 민주정은 어떤 면에서 평등하다는 사람들과 모든 면에서 평등하다고 생각하는 사람들 사이에서 발생했다. 왜냐하면 민주정에서는 인간들이 평등하게 자유롭기 때문에 그들은 절대적 평등을 주장한다. 과두정은 한 가지 면에서 불평등한 사람들이 모든 면에서 불평등하다고, 즉, 재산에서 불평등하기 때문에, 그들은 자기들이 절대적으로 불평등하다고 가정한다. 민주주의자들은 그들이 평등하기 때문에 그들은 모든 일에서 절대적으로 평등해야 한다고 생각하는 반면에 과두정주의자들은 한 가지 면에서의 불평등을 모든 면으로 확장해서 불평등하다는 아이디어 아래 너무 많은 것을 주장한다.[7]

모든 정부의 이런 형태들은 일종의 정의를 갖고 있지만 그러나 절대적 기준에 의해 시도되면 불완전하다. 그러므로 양측은 정부에서 그들의 몫이 그들의 예상된 아이디어에 맞지 않을 때는 언제나 혁명을 일으킨다.[8] 탁월한 사람들은 반란을 일으킬 최선의 권리를 갖는다. 그러나 모든 인간들 가운데에서 그들은 그렇게 할 가장 적은 성향의 사람들이다. 높은 계급의 인간들에 의해서 주장되는 우월성(superiority)도 존재한다. 왜냐하면 그들은 부와 탁월한 조상들로부터 나오기 때문에 고결하다고 생각된다. 바로 여기에서 소위 혁명의 동인과 기원이 열린다.[9] 그것은 "과두정 하에 불평등한 자는 평등(equality)을 원하고 민주정 하에 평등한 자는 불평등(inequality)을 원한다"는 인간의 본성을 갈파한 것이다. 그리하여 혁명을 통해 과두정은 민주정으로 바뀌고 민주정은 다시 과두정이 되는 끝없는 과정이 인간사회의 본질인 것이다.

이런 아리스토텔레스의 혁명의 원리를 인간들로 구성된 국가라는 정치공동체들의 관계에 그대로 적용한다면 "불평등한 국가는 평등을 원하고, 평등한 국가는 불평등을 원한다"는 말이 된다. 이것은 국제정치의 본질을 꿰뚫는 진리가 아닐 수 없다. 가까운 역사에서만 보아도 자국이 약할 때는 평등을 원했지만 국제적 평등을 이룩한 뒤에는 주도권(primacy)을 원했다. 19세기 프러시아, 20세기 독일과 일본 그리고

---

7) Aristotle, *Politics*, in Jonathan Barnes, ed., *The Complete Works of Aristotle*, The Revised oxford translation, Vol. Two, Princeton, New Jersey: Princeton University Press, 1984. P. 2066.
8) *Ibid.*
9) *Ibid.*

소련과 미국이 모두 그러했다. 21세기엔 중국이 국제적 평등을 요구하면서 실제로는 주도권을 추구하고 있다. 그러므로 국제정치의 본질은 주도권을 위한 끊임없는 투쟁의 현장이 아닐 수 없다. 이런 현상은 국제사회, 혹은 국제체제의 피할 수 없는 본질이 아닐 수 없다. 서양 세계에서 1648년 소위 근대적 베스트팔렌 국제체제(the Westphalian system)가 탄생한 이래 국제체제의 역사는 전형적인 불평등의 역사이다. 이것은 정치적 집단들이 그들의 힘과 부에 기여하는 타고난 제반 조건에 있어서 크게 서로 다를 뿐만 아니라 그들이 항상 같이 처해있는 기본적인 환경 때문이다.[10]

영토적 크기, 인구, 자연자원, 그리고 지리적 위치에 있어서 국가들은 불평등하게 태어난다. 그런 점에서 인간들 사이의 천부적 불평등이란 거의 미미하게 보일 것이다. 더 나아가서 정치적 집단인 국가의 타고난 여러 가지 많은 불평등에다가 그 후에 추가되는 불균등한 국가들의 발전은 국가들 사이의 불평등을 현저하게 강화시켰다. 그리하여 국가들의 자연적 불평등을 인위적으로 더욱 확대시켰다. 그리하여 국제체제는 본질적으로 경쟁적인 환경의 체제이다. 그럼에도 불구하고 국가들이 구성하고 있는 국제체제를 뚜렷한 불평등의 세계로 만든 것은 그 구성원들인 국가들이 아직 그런 불평등한 국제체제의 환경에서 빠져나오지 못했기 때문이다. 레이몽 아롱(Raymond Aron)의 지적처럼 국제체제란 국내정치 사회처럼 언제나 정당한 폭력의 독점이 존재하지 않기 때문에 무정부적이고, 또 문명사회 밖에서 권리가

---

10) 강성학, 역, <불평등한 세계>, 서울: 박영사, 1983, (Robert W. Tucker, *The Inequality of Nations,* New York: Basic Books, 1977), p. 13.

주로 힘에 의존한다는 점에서 과두적(oligarchical)인 것이다.11) 이 말을 바꾸어 말한다면, 국제체제는 본질적으로 무정부적(anarchical)이기 때문에 언제나 불평등한 구조에 머물고 있다는 것을 의미한다.12)

마치 이런 자연적 원리를 따르듯, 1815년 빈 회의(Congress of Vienna)에서 메테르니히(Klemens von Metternich)에 의해서 주도적으로 수립된 역사적 유럽협조체제(the Concert of Europe)도 결국 과두적 체제였으며 중부 유럽에 설립한 독일국가연합(the German Confederation)이라는 일종의 지역적 하위체제(the regional sub-system)는 표면적으로는 오스트리아와 프러시아가 공동으로 지배하는 과두적 체제였지만 실제로는 오스트리아의 헤게모니 체제(hegemonic)였다. 세계정부의 부재 속에서 지배적인 국제체제는 본질적으로 자조적(the self-help) 체제이다. 자조는 바로 그 단어가 의미하는 것처럼, 자국의 정당한 이익이 언제 위협받거나 침해되었는가를 스스로 결정하고 자국의 이익을 보호하기 위해서 필요하다고 생각되는 강제적 수단, 즉 전쟁을 결정할 권리를 의미한다. 추상적으로 볼 때에는 이 자조의 체제는 국가간 평등성을 의미한다. 왜냐하면 자조권이란 모든 국가들에게 평등하게 유용하기 때문이다. 그러나 실제로는 주로 강대국의 경우에 있어서 사실이다. 왜냐하면 자조권의 유용성은 이 권리를 행사하는 국가가 사용할 수 있는 자신의 힘에 필연적으로 의존하기 때문이다.13)

자조권은 국가간 기존의 불평등을 보존하는 것으로 기대될 뿐만

---

11) Raymond Aron, *Progress and Disillusion: The Dialectics of Modern Society,* New York: Praeger, 1969. P. 160.
12) Robert W. Tucker, *The Inequality of Nations,* New York: Basic Books, 1977, p. 4.
13) *Ibid.*

아니라 오히려 강대국과 약소국 사이의 불평등을 증가시키는 역할을 수행할 것이다. 그렇다면 결국 2천 5백년 전 아테네인들이 밀로스인들(Melians)에게 말했던 것을 투키디데스(Thucydides)가 기록했던 것처럼, "강자는 그들이 할 수 있는 것을 하고 약자는 그것을 인정할 수밖에 없다"는 결론에 도달하게 된다. 자조란 힘 외에 어떠한 억제에도 굴복하지 않으며 그것은 권리가 아니라 힘이며 국제체제란 권리와 법적질서의 부재에 의해 특징된다고 말할 수 있을 것이다.

자조에 기초한 질서란 오직 최소한으로만 만족스럽게 만드는 특별한 결함을 갖고 있다. 거기에는 불확실성이 지배하게 된다. 그리고 힘의 사용 위에서만 권리의 망토를 던질 수 있다. 자조의 극단적인 결과들은 힘의 균형의 덕택으로 전통적인 국제체제 속에서 적어도 부분적으로 회피되었다. 그러나 과거에 힘의 균형에 대한 주된 기대는 국제적 평화가 아니라 다른 강대국에 대한 한 강대국의 헤게모니의 방지였다. 만일 힘의 균형이 약소국가들의 독립을 보존하도록 종종 작용했다 하더라도 그것은 약소국가들의 이익을 희생시키도록 더 빈번하게 작용했다. 약소국들도 역시 강대국들 사이에서 대체적인 힘의 균형으로부터 이득을 보았다면 그것은 균형의 작동에 의한 본질적인 결과가 아니라 우연한 결과였다.[14]

비록 균형의 정당화가 모든 국가들에게 질서와 안전을 가져다주는 기대가 있음에도 불구하고 질서의 대가는 특정된 국가의 안전이나, 극단적인 경우에, 그 국가의 독립의 희생을 필요로 했었다. 바로 이러한 사실에서 지난 수세기 동안 강대국들이 질서를 평등과 동일시했고

---

14) *Ibid.*, p. 6.

그들의 평등한 세력확장과 동일시했던 것이다. 19세기에 보상의 원칙 (the principle of compensation)이라고 표현된 평등한 세력확장의 원칙은 유럽을 넘어서 식민지의 획득을 통해서 점차로 충족되었다. 유럽의 중심적 강대국들과 아시아와 아프리카의 식민지, 보호령, 그리고 준-독립국들인 주변국들 사이에 강요된 불평등 구조는 전통적 국제체제의 말기인 제1차 세계대전까지 이전 약 30년 동안이었다. 유럽인들과 비유럽인들 사이의 불평등은 문명의 기준을 충족시킬 비유럽인들의 무능력에 기인했다. 비유럽인들이 국제사회 속의 참여에 배제된 것은 이러한 이유 때문에 피할 수 없는 것으로 간주되었다. 유럽 국가들의 발전된 탁월함이 후진국가들에게 문명의 혜택을 베풀기 때문에 정당한 것으로 판단되었다.

19세기 대표적 자유주의 철학자였던 존 스튜어트 밀(John Stuart Mill)도 당시의 지배적인 견해를 표명했다.

"동일한 국제적 관습, 그리고 국제도덕의 동일한 규칙이 한 문명국가와 다른 국가, 그리고 문명국가들과 야만인들 사이에서 통용된다고 가정하는 것은 중대한 오류이며, 그리고 어떤 정치가도 빠질 수 있는 오류이다. … 동일한 규칙들이 아주 다른 상황에 적용될 수 없는 많은 이유들 가운데에 다음 두 가지가 가장 중요하다. 첫째로, 일반적 국제도덕의 규칙들은 호혜를 의미한다. 그러나 야만인들은 보답하지 않을 것이다. … 다음으로, 아직 야만적인 국가들은 그들이 외국인들에 의해서 정복당하고 장악되는 것이 자신들의 이득이 되는 시기를 벗어나지 않았다."[15]

---

15) John Stuart Mill, "A Few words on Non-Intervention," *Dissertations and Discussions: Political, Philosophical, and Historical,* Boston: William Spencer, 1864-1867, Vol. 3, pp. 251-252. (*Ibid.,* p. 6.에서 재인용).

칼 마르크스(Karl Marx)는 선진국들이 후진국 인민들에게 베푸는 이익에 관해서 훨씬 더 명시적이었다. 유럽의 식민지 확장에 대한 그의 입장은 이 확장이 정체된 사회들에게 궁극적으로 가져다 줄 결과들에 대한 지지였다. 영국의 인도에 대한 지배에 관해서 마르크스는 이렇게 썼다.

> "영국은 인도에서 2중의 사명을 달성해야만 한다. 하나는 파괴적이고 다른 하나는 갱생적이다. 즉 낡은 아시아 사회의 격멸과, 그리고 아시아에서 서양사회의 물질적 토대를 놓는 것이다."[16]

20세기까지 국제법에서 평등의 원칙은 인류의 다수를 이루고 유럽국제사회나 국제체제 변방이나 밖에 있다고 간주되는 인민들에게는 별로 관련성이 없었다. 그렇다면 19세기 유럽의 국제사회 혹은 국제체제 내에서는 국가간 평등의 원칙이 약소국가의 이익을 보호하는데 봉사했는가? 바꾸어 말해서 본서의 주인공인 오토 폰 비스마르크(Otto von Bismarck) 시대에 국가간 평등의 원칙이 준수되었는가? 그것에 대한 답은 비스마르크 시대의 유럽은 앞서 논의한 전통적 국제체제가 지배하던 시대였다. 그리고 그 시대의 유럽은 공통된 기독교문명의 세계였다. 따라서 유럽국가들 사이에서는 문명과 야만의 기준이 적용될 수 없었으며 오직 강대국과 약소국의 차이가 있었을 뿐이었다. 그것은 유럽 전체에 적용된 유럽협조체제와 중부 유럽의 독일국가연합이라는 메테르니히 체제(Metternich System)가 사실상 전부였

---

16) Karl Marx, "The Future Results of British Rule in India," in Shlomo Avineri, *Karl Marx on Colonialism and Modernization,* New York: Doubleday, 1969, pp. 132-133. (*Ibid.,* p. 6.에서 재인용).

다고 해도 좋을 것이다. 따라서 철저한 현실정치(Realpolitik)가 국가들 사이에 적용되는 지배적 원칙이었다. 그런 원칙은 1815년 빈 회의에서 채택된 힘의 균형 원칙으로 표현되었다. 유럽의 국제체제는 그런 의미에서 전형적인 강대국과 약소국의 불평등 체제였다.

이런 국가간 불평등은 아리스토텔레스의 혁명론을 원용한다면 혁명, 즉 국가간 투쟁과 극단적인 경우에 전쟁은 거의 피할 수 없는 것으로 보였다. 그리고 바로 그런 유럽정치에서 비스마르크는 프러시아가 불평등한 현상을 타파 혹은 현상의 전복을 시도하여 성공한 백색혁명가가 된다. 그는 당시 오스트리아가 주도하는 독일국가연합이라는 메테르니히 체제에 상대적 약소국으로 알려진 프러시아를 지도하여 오스트리아 제국에 대한 국가적 평등(equality)을 추구하는 도전에 성공한 것이다. 그리고 그는 평등한 관계에 만족할 수 없었고 결국 오스트리아에 대한 프러시아의 우월성(superiority)을 추구하여 메테르니히 체제의 상징인 독일국가연합을 폐지하고 중부 유럽, 즉 독일의 세계에서 주도권 혹은 헤게모니를 장악했다. 그러나 프러시아는 여전히 유럽의 제국들 사이에서 아직도 평등한 제국이 아니었다. 유럽의 다른 강대국들과 평등을 이루기 위해서는 프러시아도 독일제국으로 나아가야만 했다. 이런 프러시아를 얕본 루이 나폴레옹(Louis Napoleon) 황제의 프랑스 제국이 끊임없이 프러시아를 견제하려고 들자 프랑스와의 한판 전쟁이 불가피하게 되었다. 그 결과가 보불전쟁(the Franco-Prussian War)이었다.

프랑스와의 전쟁에서 승리한 비스마르크는 독일제국(German Empire)을 선포한다. 이제 독일제국은 명실공히 유럽의 강대국이 된 것이다.

비스마르크는 언제 욕망을 멈추어야 하는 지를 알았다. 그는 이제 더이상 백색 혁명가가 아니었다. 그는 철저한 보수주의자가 된 것이다. 그는 독일제국이 이제 만족한(satisfied) 국가임을 선언하고 독일제국에 평등을 추구하는 국가들을 견제하기 위한 동맹체제를 수립하면서 유럽의 힘의 균형을 통한 국제체제의 안정을 도모한다. 유럽의 안정과 평화를 위한 기존 국제질서의 수호자로 변신한다. 바로 이 점이 비스마르크가 역사상 다른 영웅들과 가장 뚜렷한 차이를 보여준 그의 독특하고 위대한 리더십이었다. 요컨대, 개인들의 경우에서처럼 국가들도 불평등한 국가는 평등을 추구하고 평등한 국가는 불평등을 추구한다는 아리스토텔레스의 혁명론이 국내정치에서 뿐만 아니라 국제정치에서도 그대로 타당하다는 것을 비스마르크는 그의 리더십을 통해 분명하게 입증한 것이다.

제2장
비스마르크의 가문과 정계의 입문

"중요한 일이란 역사를 쓰는 것이 아니라 그것을 만드는 것이다."
-오토 폰 비스마르크-

오토 폰 비스마르크(Otto von Bismarck)는 역사적으로 위대한 영웅이며 천재-정치가였다. 그렇게 되기 전에 그는 우선 귀족의 신분으로 태어났다. 그의 아버지는 프러시아의 융커(Junker)였다. 융커란 귀족이었으며 또한 일반적으로 거대한 지주였다. 귀족으로서 그의 신분은 이름 앞에 붙는 "폰"(von)이라는 전치사에 의해서 표현되었다. 융커들은 일종의 귀족 계급이었다. 그러나 그들은 영국의 귀족계급과 비교될 수 없었다. 그들은 물질적 부와 정치적 영향력에서 덜 중요한 형태의 귀족들이었다. 18세기나 19세기에 프러시아의 어떤 융커들도 영국의 귀족들의 스타일로 살아갈 수 없었을 것이다. 그들 중 많은 사람들은 작은 귀족계급에 속했으며 장교나 공무원으로서 받는 봉급에 의존했다. 융커와 평민 사이의 구별선은 영국에서 보다 더 엄격했다. 왜냐하면 귀족계급의 후손들은 모두가 성 앞에 붙는 "폰(von)"이라는 전치사로 외형상 가시적인 것에 대한 집착을 보존했기 때문이다.

이와는 달리 영국에서는 귀족의 장자만이 그 귀족의 타이틀을 계승했고 동생들은 평민이 되었다. 공작의 손자인 윈스턴 처칠(Winston Churchill)은 그의 아버지가 장남이 아니었기 때문에 단순히 미스터 처칠(Mr. Churchill)이었다. 그러나 비스마르크도 역시 장남이 아니었지만 그는 오토 폰 비스마르크(Otto von Bismarck)였다. 그러므로 바로 이름이 귀족계급의 모든 구성원들을 평민, 단순한 시민, 부르주아(bourgeois)들과 구별했다. 그런 사용법들은 특히 프리드리히 대왕(the Frederick the Great)의[17] 군림 이후에 사회적으로뿐만 아니라 법적으로 중요했다. 프리드리히 대왕의 선언된 정책은 융커들의 손에 중요하게 기사의 토지라고 불리는 토지재산을 유지하는 것이었다. 그리고 귀족 계급의 아들들은 나라를 방어하고 그들의 인종이 너무 좋아서 그들은 모든 방법으로 보존되어야 하기 때문에 그들 계급으로부터 배타적으로 군 장교들을 충원하려는 것이었다. 비스마르크가 태어났을 때까지 이런 특권들은 법적으로 폐지되었지만 실제로는 그렇지 않았다. 오직 귀족들만이 여전히 장교가 될 수 있었고 귀족들만이 지방의 행정수반을 하면서 주민들에 대한 법적 관할권을 행사했다. 그리하여 어린 비스마르크는 그런 지배, 심지어 귀족의 독재마저 수용하는데 익숙하고 자기의 모든 가족 구성원이 타고난 주인이라고 간주하는 그런 사람들 사이에서 아버지의 시골토지에서 성장했다. 그리하여 비스마르크는 자기 자신을 이 계급의 일원으로 간주했다.[18]

---

17) Christopher Duffy, *Frederick the Great: A military Life,* London and New York: Routledge, 1985; H. W. Kock, *A History of Prussia,* London and New Yok: Longman, 1978, 제6장.

오토 폰 비스마르크(Otto von Bismarck)는 나폴레옹의 마지막 워털루(Waterloo) 전투와 메테르니히가 소집한 빈 회의(the Congress of Vienna)가 열린 참으로 역사적인 해인 1815년 4월 1일에 태어났다. 귀족 가문의 아들로서 비스마르크는 2개의 직업 중 하나를 선택을 할 수 있었다. 하나는 군대의 장교가 되는 것이고 다른 하나는 행정부의 고위 관리가 되거나 외교업무에 종사하는 것이었다. 그는 군복무와 군대의 엄격한 규율을 좋아하지 않았다. 프러시아의 행정부에서 자리를 얻기 위해서 그는 우선 법률을 공부하고 그리고 나서 사법과 행정업무의 종사에서 무보수의 보조원으로 몇 년간을 보내야 했다. 그는 하노버(Hanover)에 있는 괴팅겐(Goetingen)에서 공부를 시작했다. 그는 공부를 아주 심각하게 생각하지 않았고 어떤 강의에도 참석하는 일이 별로 없었다. 학우회 소속 학생으로서 무책임한 생활을 했다. 그는 지독한 애주가였으며, 25번 이상의 결투를 했고, 또 상당한 빚도 졌다. 비슷하게 그가 후의 학기들을 보낸 베를린에서도 대학과 그곳의 저명한 교수들을 피했다. 그럼에도 불구하고 그는 시험을 어렵지 않게 통과했으며 벨기에의 국경 근처 라인(Rhine) 지방에 있는 아헨(Aachen, 프랑스어로는 엑스-라 샤펠 Aix-la-Chapelle)에서 행정보조원이 되었다.

아헨은 그 당시에 국제적으로 유명한 휴양지였다. 그리하여 비스마르크는 국제사회와 많은 것을 경험할 수 있었다. 여기서 그는 클리블랜드(Cleveland) 영국 공작의 조카딸인 아름다운 러셀(Laura Russell)과

---

18) Erich Eyck, *Bismarck and the German Empire,* New York: W. W. Norton, 1964 (originally, 1958), p. 12.

사랑에 빠졌다. 그리하여 그는 그녀와 약혼하고 자기의 공식적 의무들을 저버린 채 그녀와 그녀의 가족을 따라갔다. 그는 결혼까지 생각하고 있었으나 알 수 없는 이유로 그녀와 결혼에 이르지는 못했다. 이제 그는 가족 영지 농업으로 관심을 돌렸고 얼마간의 부모님의 재산을 관리했다. 그러나 그곳도 역시 실망스러웠다. 그는 아주 심하게 지루함을 느꼈다. 그는 지루함을 극복하기 위해 여러 가지 방법을 시도했다. 이 시절에 그의 방종으로 그는 "사나운 비스마르크"(wild Bismarck)라는 별명을 얻기도 했다.[19] 그래도 다행히 그는 이 시기에 독서를 많이 했고 약간의 철학책과 시를 읽었으며 역사를 많이 공부했다. 그럼에도 불구하고 30세가 다 되어가는 비스마르크의 삶은 실패한 것처럼 보였다. 그러나 1846년 말과 1847년 비스마르크는 정계의 입문과 결혼이란 두 가지의 그의 생애에 중대한 사건들을 해결해 나갔다.

우선, 비스마르크는 지주라는 지위를 통해 정치에 입문했으며 그의 이웃들과 함께 입문했다. 1846년 12월 19일 프러시아의 법무장관은 전통적인 세습적 사법재판에 대한 개혁안들이 자기에게 제출되어야 한다는 명령을 발했다. 세습적 사법재판이란 융커 지주들이 스스로 판사가 되고 배심원이 되는 그들 자신의 토지에서 법원을 갖는 권리를 의미했다. 비스마르크는 자기의 개인적이고 세습적인 이익이 위협받는 것을 보았을 때 항상 그랬듯이 행동을 취했다.[20] 그와 영향력 있는 이웃인 에른스트 폰 뷜로-쿠머로브(Ernst von Buelow-Cummerow)

19) Erich Eyck, *Bismarck and the German Empire,* New York: W. W. Norton, 1964 (originally, 1958), p. 14.
20) Jonathan Steinberg, *Bismarck: A Life,* Oxford: Oxford University Press, 2011, p. 71.

는 "열대 숲의 개혁방안"(Regenwald Reform Programme)이라고 알려진 것을 제출했다. 제출자들은 왕이 세습사법재판에 대한 많은 종류의 공격에 결국 관심을 갖게 될 수 있음을 두려워하기 때문에 그 방안을 제출했다. 그들의 방안은 한 명의 권위자와 적어도 두 명의 초임 판사들을 갖는 하나의 관할구역 세습 법원을 내다보았다. 이후 판사들은 정기적으로 순회하는 마을에서 재판하도록 했다.

비스마르크는 1847년 1월 7일 자기의 관할구역에서 자기의 동료 지주들의 집회를 소집했고 3월 3일에는 카운티(county) 의회에서, 3월 20일에는 마그데부르크 연방의회(Magdeburg Reichstag)에서, 그리고 그 사이의 3월 8일에는 루트비히 폰 게를라흐(Ludwig von Gerlach)와 여러 시간 동안 대화를 가졌다. 그러는 동안 카운티(county)는 비스마르크에게 정책 입장서를 준비할 것을 지시하고 정부가 그 문제에 어떻게 접근하려고 제안하는 지를 알기 위해서 그에게 베를린으로 가서 법무장관과의 만남을 추진하라고 승인했다. 1847년 3월 26일 비스마르크는 루트비히 헤르라히에게 편지를 써서 개인적인 토지의 법원들을 폐지하고 지방 카운티 의회들이 자기 카운티의 대표를 선출하는 것과 똑같은 방식으로 그것들을 지주들이 관할구역의 판사를 선출할 현지 사법 관할구역으로 대치하는 세습 사법재판의 개혁을 위한 자기의 방안을 제시했다. 비스마르크의 새로운 정치활동은 그에게 굉장한 즐거움을 주었다. 그는 비로소 삶에서 자신의 목적을 발견했다.[21] 그는 탁월하고, 설득력이 있으며 그리고 압도적으로 확신시키는 의회 정치인이었다. 그는 분주히 돌아다니며 선거구민들에게 말하고 그들에게

---

21) *Ibid.*, p. 72.

자기의 제안에 대한 서명을 얻어내고, 결의안들을 작성하고 또 결국에는 그들을 확신시켜서 자기의 급진적 개혁 제안들을 채택하게 만들었다. 이것은 세습적 사법재판에 대한 전통적 권리들의 폐지에 해당했다. 1847년 5월 8일 그는 통일된 의회의 대표자로 선출되었다.[22]

바로 이 시기에 정치 신인으로 바쁜 와중에도 그는 평생의 반려자와 결혼을 하게 되어 처음으로 가정의 안락함을 경험하게 되었다. 그의 삶에서 전환점은 마리 폰 타덴(Marie von Thadden)이라는 여성을 만난 것이었다. 그녀는 트리글라프(Trieglaff)에 사는 아돌프 폰 타덴(Adolf von Thadden)이라는 포메라니아(Pomerania)의 귀족의 딸이었다. 폰 타덴 씨는 아주 한정되고 다소 특이한 기독교 신앙의 아주 경건한 신사들의 낯선 써클(circle)의 중심적 인물이었다. 그들은 루터교회의 경건파들(Pietists)이었으며 성경의 모든 말의 영감을 일으키는 특성을 굳게 믿었다. 이런 관점은 비스마르크와 상당히 거리가 있었다. 당시 그는 자유롭게 생각했고 스피노자(Spinoza)와 헤겔(Hegel)의 급진적 지지자들을 기대하는 하나의 불가지론자(agnostic)였다.[23] 그는 그의 친구인 모리츠 폰 블랑켄부르크(Moritz Blanckenburg)와 약혼 중인 마리 폰 타덴을 만나 서로 종교적 대화를 했었다. 그들은 서로간 강력한 끌림이 있었지만 그녀는 자기의 약혼자인 비스마르크의 친구와 결혼했다. 그러나 비극적이게도, 마리는 그녀가 결혼한 첫 해에 죽었다. 그녀가 심하게 아팠을 때 비스마르크는 그녀에 대한 깊은 걱정으로 16년 만에 처음으로 신에게 기도했다. 이렇게 그의 삶의 첫 단

---

22) *Ibid.*
23) Erich Eyck, *Bismarck and the German Empire,* New York: W. W. Norton, 1964 (originally, 1958), p. 14.

계가 끝났다고 비스마르크는 느꼈다.

　마리가 살아있을 때 그녀는 비스마르크에게 같은 경건파 써클의 회원인 자신의 젊은 친구인 요한나 폰 푸트카머(Johana von Puttkamer)를 소개해 주었다. 그는 자기가 요한나와 결혼하는 것이 마리의 소망임을 알고 있었다. 그는 요한나를 사랑하는 것을 알았고 그녀에게 청혼했다. 그녀도 역시 그를 사랑했지만 그녀는 오직 기독교를 믿는 사람이어야 하며 또한 그는 자기의 경건한 아버지의 허락을 받아야만 결혼할 것임을 분명히 했다. 그리하여 비스마르크는 1846년 12월 21일 요한나의 아버지 하인리히 폰 푸트카머(Heinrich von Puttkamer)에게 그의 유명한 편지를 썼다.

　　"나는 처음부터 본론을 말함으로써 이 편지를 시작합니다. 그것은 당신께서 이 세상에서 최고로 생각하는 당신 딸의 결혼 허락의 요청입니다. … 제가 할 수 있는 것은 제 자신에 관해 완전한 공개성으로 … 그리고 특히 기독교에 대한 저의 관계를 당신께 말씀드리는 것입니다. 어린 시절에 저는 저의 부모님으로부터 소외되어 있었고 그리고 그 후에 결코 편안함을 느끼지 못했습니다. 저의 교육은 저 자신의 이해를 발전시키려는 의도에 의해서 이루어졌습니다. 종교적 가르침을 받는 데 꾸준히 참석하지 않고 완전하게 이해하지 못한 상태로 저는 16살에 슐라이어마허(Schleiermacher)에 의해 세례를 받았으며 곧 다신교적 성향들과 혼합된 노골적인 이신론(deism)이 아닌 다른 어떤 신앙도 갖지 않았습니다. … 그리하여 통상적인 사회적 제약이 아닌 어떤 다른 통제도 없이 저는 부분적으로 유혹하고 또 부분적으로 유혹을 받아 이 세상에, 그리고 나쁜 친구들과 어울리며 살았습니다. … 그리고 저는 그곳에서 저를 부끄럽게 하는 사람들을 발견했습니다. … 저는 곧 그 써클에서 그리고 형제와 남매처럼 제게 소중하게 된 모리츠와 그의 부인과 함께 하며 편안함을 느꼈습니다. 그리고 저는 과거에 결코 경험한 적이 없는 평온함, 즉 마침내 저를 포함하는 가정생활을 발견했습니다. … 저는 지난 저의 존재를 심히 후회했습니다. … 카르데민 (Cardemin)에서 우리의 소중한 친구의 죽음에 관한 소식을 듣고 저는 지금까지 보여준 행위의 사려분별에 관한 반성 없이 처음으로 진지한 기도를 했고, 어린 시절 이후 제가 흘린 적이 없는 눈물을 흘렸습니다. 신은 저의 기도를 듣지 않았지만 저의 기도를 거부하지도 않았습니다. 왜냐하면 그때 이후 기도에 대한 능력을 잃지 않았으며 정확하게 평화는 아니지만 제가 과거에는 전혀 알지 못했던 삶의 의지를 깨닫게 되었습니다. … 겨우 2개월도 되지 않은 마음의 변화에 대해 당신께서 어떤 가치를 부여할지 저는 모르겠습니다. …"[24]

이 유명한 편지는 그의 진정한 종교적 신념들의 표현인지 아니면 단지 요한나와의 결혼이라는 그의 목적을 달성하기 위한 외교적 편의에 지나지 않는가에 대해 의문이 제기되었다. 아마도 그것은 둘 모두에 해당할 것이다. 불가지론자로부터 기독교로 진정한 개종이 있었다. 그러나 그럼에도 불구하고 그 편지는 외교적 솜씨의 강력한 요소를 내포했다. 비스마르크는 인간들을 이해하고 다루는 기술의 대가였다.[25] 비스마르크는 다른 사람에 대해 이기도록 가장 잘 계산된 그런 주장들과 감정들을 정면으로 가져갈 줄을 알았다. 이러한 특성들은 그

---

24) Jonathan Steinberg, *Bismarck: A Life,* Oxford: Oxford University Press, 2011, p. 65.에서 재인용.

25) Erich Eyck, *Bismarck and the German Empire,* New York: W. W. Norton, 1964 (originally, 1958), p. 15.

의 편지들에서 끊임없이 표명되었다. 그리고 당연지사로 그는 이 날부터 자기 자신을 기독교인이라고 불렀다. 그리고 수년 동안 자기 부인에게 보내는 그의 편자들은 종교적 감정의 표현들로 가득했다.

우리는 왜 하인리히 폰 푸트카머가 비스마르크의 요청을 허락했는지를 알 수 없지만 1847년 새해 직후 그는 긍정적으로 답변하면서 자기의 미래 사위에게 새로운 기독교에 대한 어떤 확고한 헌신을 아주 적절히 요구했다. 그것에 대해 비스마르크는 1월 4일에 다음과 같이 답장을 했다.

> "존경하는 폰 푸트카머 님, 당신께서 저의 발이 확실한 걸음을 걸었는지를 물으셨습니다. 저는 당신께서 주신 질문에 긍정적으로 답을 드릴 수 있을 뿐입니다. 다시 말씀드리자면, 저는 확고하고 여러 가지 방식으로 모두와 평화, 또 그것이 없이는 아무도 주님을 볼 수 없는 그 성화(sanctification)를 추구하기로 결심했습니다. 저의 걸음들이 제가 그것들이 원하는 만큼 확고할지의 여부는 말씀드릴 입장에 있지 않습니다. 저는 제 자신을 주님의 도움이 없이는 넘어질 불구로 간주하고 있습니다."[26]

1847년 1월 12일 오토 폰 비스마르크는 요한나 폰 푸트카머와 공식적으로 약혼했다. 비스마르크의 개종은 정치적으로 그에게 큰 가치가 있었다. 그것은 그 후 시기의 투쟁에서 그의 정치적 전우가 될 융커들의 관점에서 조화를 이루게 했다. 그것은 왕 프리드리히 빌헬름 4세에 큰 영향력이 있는 약간의 사람들이 결정적으로 이 기독교 귀족

---

26) Jonathan Steinberg, *Bismarck: A Life,* Oxford: Oxford University Press, 2011, p. 66.에서 재인용.

들의 써클에 속했다는 것이 특히 중요했다. 그들 가운데 2명의 뚜렷한 형제는 왕의 개인적 부관인 레오폴트 폰 게를라흐(Leopold von Gerlach) 장군과 고등법원 의장인 루트비히 폰 게를라흐(Ludwig von Gerlach)였다. 이 형제들은 베를린과 궁정사회에서 보수파의 지도자들이었다. 비스마르크는 처음으로 첫 프러시아 의회, 즉 통일된 의회(United Diet)의 구성원으로 1847년 봄에 베를린에 왔을 때 바로 그들에게 자문과 정보를 구했다.

이 통일된 의회는 무엇이고 그 기원은 무엇이며 왜 그런 이름을 갖게 된 것일까? 1847년 프러시아는 여전히 절대 군주제였다. 왕은 행정권한 뿐만 아니라 입법권한의 배타적 통제를 하고 있었다. 왕의 말로 법이 만들어지고 폐기되었다. 인민들의 어떤 대표성도 어떤 형태로든 전혀 존재하지 않았다. 그러나 그의 가장 큰 위험의 시기, 즉 나폴레옹의 승리의 시기에 왕 프리드리히 빌헬름 3세는 자신의 인민들에게 국가전체 뿐만 아니라 지방들을 위한 국가의 대표제를 주기로 약속했다. 이 약속은 나폴레옹이 엘바(Elba)에서 돌아온 1815년에도 되풀이되었다. 그러나 위험이 지나가고 해방전쟁이 애국적이고 충성스러운 국가의 도움으로 승리했을 때 왕은 이 약속을 거의 잊어버렸다. 남은 것이란 1820년 1월 왕의 명령으로 왕이 미래에 왕국의 3부회(Estates of the Realm)의 동의로만 공적 대여를 올릴 것이라고 선언한 것이었다. 그렇다면 왕국의 3부회는 누구였는가? 그것은 그 명령이 실천될 때 알 수 있을 뿐이었다.

그러나 그 문제는 왕 프리드리히 빌헬름 3세의 군림 하에는 일어나지 않았다. 그는 1840년에 죽고 그의 장남에 의해서 계승되었다.

프리드리히 빌헬름 4세는 많은 재능의 보유자였다. 그는 사기 진작, 웅변 능력이 있었고 위트 그리고 예술과 문학에 대한 훌륭한 이해력을 갖고 있었다. 그러나 그는 특히 어려운 시기에 왕과 지배자에게 필요한 그런 모든 특성들을 결여하고 있었다. 그는 어떤 고정된 목적을 수립하는 것도 완전히 부족했고 간단하고 논리적으로 행동하지 않는 것에 대해 혐오감을 갖고 있었다. 그는 당시에 프러시아에서 최선이었던 것, 즉 충성스럽고 부패하지 않고 많은 편견도 없이 일하는 관료제, 즉 공무를 증오했다.

왕의 시련의 시간은 국가의 대표제 문제가 더 이상 피할 수 없게 되었을 때 왔다. 철도의 시대가 시작되었다. 프러시아 국가는 철도를 건설해야 했다. 군사적 관점에서 철도들 중에서 가장 중요한 것은 수도인 베를린과 왕국의 가장 먼 곳, 즉 동 프러시아 지방과 연계할 노선이었다. 그것은 경제적인 이유에서도 필요했다. 그러나 국가는 공적 대여 없이 이 철도를 건설할 수 없었다. 그리하여 왕국의 3부회와 상의하는 순간이 도래했다. 모든 사항들은 이제 이 3부회가 상정하는 정확한 형태로 타결되어야 만했다. 그런데 그것들의 구조와 구성은 무엇이 되어야 할까? 프러시아인들, 아니, 특히 적어도 교육받은 중산층은 왕국의 3부회의 용어를 과거 왕의 약속의 관점에서 해석했다. 그들은 국가적 대표제, 즉 프러시아의 헌법을 희망했다. 그러나 국가적 대표제와 헌법은 자유주의적 요구였고 왕은 혁명과 동일시하여 자유주의를 증오했다. 국가적 대표제는 그의 눈에 인민주권의 무서운 원칙과 연계되었고 그러므로 그의 왕권신수설과 양립할 수 없었다.[27]

---

27) Erich Eyck, *Bismarck and the German Empire,* New York: W. W. Norton, 1964

프리드리히 빌헬름은 프랑스 혁명 이전의 지위로 돌아가길 원했고 그래서 귀족과 도시 중산층, 그리고 농민의 3부회의 소집을 원했다. 프러시아 지방들은 이런 노선 위에 수립된 지방의회(a provincial diet)를 갖고 있었다. 그러므로 왕은 1847년 2월 3일의 명령에 의해 통일된 의회(United Diet)로써 이 모든 지방의회들을 통일시키는 집회를 소집했다. 그러나 왕의 명령은 기만 당했다고 느끼는 대중들에 의해서 아주 나쁘게 받아들여졌다. 거기에는 일리가 있었다. 통일된 의회는 약속된 국가적 대표제가 아니었고 겁이 많고 신경질적인 낭만주의자들의 인위적 발명품이었다. 그러나 그것의 모든 결함에도 불구하고 그것은 하나의 이유에서 헌정주의를 향한 거보였다. 즉 왕은 의회의 토론에 대한 상세한 보도가 신문들에 의해서 출판되는 것을 허용했다. 그 전까지 독일과 프러시아의 정치문제에 관련해서는 어떤 방식이든 다루는 것이 검열로 금지되고 있었다. 이 토론들이 출판되면서 베를린이나 마그데부르크(Magdeburg), 쾨니히스베르크(Koenigsberg) 혹은 쾰른(Cologne)에서 신문 독자들이 처음으로 자신들의 문제에 관해 뭔가를 읽을 수 있었다. 언론이 없던 국가에게 그것은 거대한 진전이었다. 이런 방식으로 프러시아인들은 인상적인 연설들에서 인민의 권리와 자유를 두려움 없이 옹호하는 사람들을 알게 되었다. 이 사람들은 즉시 인기를 끌었다. 다른 한편으로 모든 자유주의적 요구들을 반대하는 소수의 사람들은 인기가 없었고 거의 증오의 대상이 되었다.

그러나 비대중성의 낙인에 무관심할 뿐만 아니라 오히려 그것을

(originally, 1958), p. 18.

자초하는 한 사람이 있었다. 그것은 바로 작센 나이트후드(Saxon Knighthood)의 의원인 오토 폰 비스마르크였다.[28] 그는 가장 보수적이고 반동적인 견해를 갖고 있을 뿐만 아니라 그 견해를 가장 공격적인 태도로 표현했다. 그는 게를라흐 형제들과 긴밀한 접촉을 했고 때로는 그들과 논의한 아이디어와 주장들을 의회의 연단으로 가져갔다. 그러나 그는 이 주장들을 다른 어떤 융커도 할 수 없는 힘과 풍자로 집중하여 전적으로 자기 자신의 것으로 표현했다. 젊은이로서 그는 이미 자기 적들의 말들을 자기가 자신의 무기로 파괴할 수 있는 그런 방식으로 해석하는 기술을 보여주었다. 그의 의견들과 자극적인 표현 방식은 대중들을 분노하게 하는데 실패할 수 없었다. 다른 한편으로 궁정파와 융커들은 곧 비스마르크를 자기들의 아이디어와 이익을 대변하는 가장 효율적인 챔피언으로 간주하게 되었다.[29]

통일된 의회의 회의는 그것이 동 프러시아의 철도를 위한 대여를 거부했을 때 성급하게 끝나버렸다. 이 거부는 그것이 당시의 프러시아인들의 의식구조에 대한 특징적 반영이기 때문에 중대했다. 철도의 유용성, 아니 필요성은 의심의 여지가 없었다. 누구보다도 동 프러시아의 가장 직접적으로 관심이 있는 의원들의 다수가 그럼에도 불구하고 그 대여법을 반대했다면 그것은 순전히 헌정적 이유들 때문이었다. 그들은 통일된 의회의 헌법적 타당성을 부인했다. 다시 말해서 그들은 결코 폐지되지 않았고 그래서 그들은 여전히 구속력이 있는 것으로 간주하는 1820년의 법에 대한 준수에 도전했다. 그리하여 이 의

---

28) *Ibid.*, pp. 18-19.
29) *Ibid.*, p. 19.

원들은 자신들의 이익보다 법을 더 높였다. 그들은 프러시아의 군주제를 왕에게도 구속력이 있는 법의 지배가 최고인 국가로 간주했다. 그들은 이 원칙의 위배가 의심할 여지없이 중요하고 유용한 철도 건설의 지연보다도 더 자국의 미래에 해로운 것이라는 의견을 갖고 있었다. 이러한 프러시아의 의회가 결코 과격하지 않았다는 사실은 주목할 만하다.[30]

1847년 4월 3일 왕 프리드리히 빌헬름 4세는 프러시아 왕국의 8개 지방의회의 모든 의원들을 베를린에서 통일된 의회에 모이도록 초대했다. 그는 이 시도가 중세의 봉건적이고 낭만적인 것으로 만들려고 신경을 썼다. 그리고 가능한 한 프랑스 국회와는 달리 1인 1표와는 무관하도록 애를 썼다. 프리드리히 빌헬름 4세는 국가를 그 말이 가지는 최고의 의미에서 하나의 예술로 간주했다. 그는 어떤 식으로든 자기 왕국을 인정하는 그런 정신적 세력들과 사람들을 자기의 성당에 입장시키고 또 합병하기를 원했다. 그리고 또한 그는 프러시아 왕국을 위해 적합한 헌법이 있을 것이라는 1815년 그의 전임자에 의한 약속을 아주 명시적으로 인정하려 하지 않았다. 그 의회는 프리드리히 빌헬름 3세가 25년 동안 회피한 의회의 약속이었다. 새 국회는 새로운 세금을 승인하는 것을 제외하고는 아무런 기능을 갖지 않을 것이다. 왕은 경제적 압박과 지성적 불만의 결합이 그로 하여금 그렇게 하도록 강요했기 때문에 새 통일된 의회를 소집했다. 1815년과 1847년 사이에 세계는 극적으로 변했다. 1847년 4월에 비스마르크는 발트해에서 남쪽으로 15마일 떨어진 포메라니아(Pomerania) 가운데 있는 중

---

30) *Ibid.*

간급 크기의 마을인 쾨슬린(Köslin)에서 첫 폭동을 목격했다.

1847년 4월 11일 독일 땅에서 지금까지 개최된 가장 큰 의회를 위해 543명의 대표자들이 베를린에 모였다. 그 날은 눈과 진눈깨비가 섞여서 춥고 으스스했다. 왕이 그의 연설을 했을 때 그는 그가 소집한 국회의 제한된 권한을 분명히 했다. 그는 군주와 인민들 사이에 자연적인 관계를 그로 하여금 인습적인 헌법적 관계로 전환하도록 만드는 데 성공할 수 있는 권력은 이 지상에 없다면서 서면 조각이 하늘에 계신 주님과 이 땅 사이에 들어서는 것을 결코 허용하지 않을 것이라고 말했다. 이런 고무적인 출발 후에 왕은 통일된 의회를 소집함으로써 새로운 세금을 승인하기 위해서 3부회의 모임을 필요로 하는 1820년의 국가채무법(the State Indebtedness)의 규정에 단순히 따른 것이라고 지적했다. 의회의 대표자들은 그들의 정치적 견해와 관계없이 경악했다. 그 연설은 날벼락 같았다. 한 방으로 그들의 희망과 욕망이 말소되었다. 단 한 사람도 행복해하지 않았다.

그런데 기이하게도 그 의회는 신속하고 자연스럽게 정상적인 의회로 변모했다. 1847년 5월 17일 비스마르크는 첫 번째 등원 연설을 했다. 그것은 소위 하원(the House of Commons)의 새 회원에 의한 첫 연설이었다. 그것은 화제를 불러온 데뷔(debut)였다. 이것은 그의 첫 공적인 무대였다. 그래서 비스마르크는 쇼맨십에 대한 타고난 본능으로 그 연단을 이용할 줄 알았다. 젊은 날의 "사나운 비스마르크"의 방식으로 비스마르크는 다른 대표자들을 분노하게 만들었다. 그는 1813년의 열정, 즉 소위 "프러시아의 폭동"이 자유주의나 헌법의 요구와 어떤 관련성도 부인했다. 그는 자유주의자들이 나폴레옹을 그리고 해방전쟁에서 프랑스인들을 격퇴하기 위해 봉기했다는 프러시아 자유주의의 핵심적 신화를 조롱하는 식으로 프랑스의 점령에 대한 인민의 운동을 표현했다. 비스마르크의 언급이 얼마나 공격적이었는가를 가늠하기는 어렵다. 프러시아 자유주의자들의 전 세대는 자유를 위한 인민의 전쟁에 대한 영광스러운 기억에 대한 희망들을 불살음으로써 차가운 반동의 시기를 살았다. 그런데 비스마르크가 바로 그것을 경시했던 것이다.31)

마침내 비스마르크는 프러시아의 정치무대에 도달했다. 후에 프러시아의 의회나 독일제국 의회의 연설에서 보여주는 모든 특징들이 드러났다. 이 기구들의 구성원들에 대한 완전한 경멸, 드라마틱한 제스처들, 난폭한 아이디어들이 빛나는 산문으로 표현되었지만 쉬운 대화의 음색으로 전달되었다. 그는 일관되게 합의보다는 갈등을 선택했고 또 그런 충돌 속에서 명백하게 하는 요소들을 보여주었다. 그가 연단에서 제아무리 대담해도 소란스러운 반응은 그를 약간 무기력하게 했다. 그러나 수일 내에 비스마르크는 극단적 보수주의자들 사이에서 리더십을 잡았다. 통일된 의회에서 극단적 보수주의자들에 대한 우월성을 획득하기 위해서 비스마르크는 자기 자신을 가장 극단주의자로, 가장 사나운 반동주의자로, 그리고 가장 야만적 토론자로 변환시켰다.32)

비스마르크는 정치에 대한 열정을 발견했다. 무엇보다도 그는 타인들을 조작하는 권력을 사랑했다. 그의 다음 주요 연설은 프러시아 유

31) Jonathan Steinberg, *Bismarck: A Life,* Oxford: Oxford University Press, 2011, p. 77.
32) *Ibid.,* p. 79.

대인들의 시민적 무능의 제거에 대한 토론에서 발생했다. 당시 융커의 경건주의자들에게 좋은 유대인이란 오직 개종한 유대인이었다. 1847년 6월 14일에 통합된 의회가 유대인 문제를 토론할 때 유대인에 대한 베를린 포교구의 회장인 루트비히 아우구스트 폰 틸레(Ludwig August von Thile) 장군은 유대인이 결코 독일인이 되지 않을 것이고, 결코 프러시아인이 되지 않을 것이며, 유대인으로 남을 것이라고 주장하면서 유대인들을 위한 완전한 권리에 반대했다. 다음날인 6월 15일 비스마르크는 유대인들을 위한 시민적 평등에 대해 연설을 했다.

> "나는 내가 편견들로 가득 차 있음을 인정한다. 나는 소위 편견들이 몸에 배어 있어서 그들과 수다를 떠는데 성공할 수 없다. 만일 내가 왕의 신성한 존엄의 대표로서 내가 굴복해야만 할 유대인이 내 앞에 있다고 상상을 해야 한다면 나는 몹시 우울할 것이고 굴욕을 당하고 있다고 느낄 것이며 국가에 대해 지금 내가 나의 의무들을 수행하려고 노력하게 하는 자부심과 명예의 감정이 사라질 것이다."[33]

이 경우에 비스마르크는 자기의 융커 동료들 거의 모두가 생각하는 것을 단순히 표현했고 여기에서 변화를 위해 다수에 속했다. 6월 17일 통일된 의회는 220 대 219표로 유대인들이 기독교 국가에서 공직을 갖거나 봉사하는 것을 부결시켰다. 수일 후인 7월 23일에는 유대인법(the Jew law)이 유대인들에게 계급과 신분에 고유한 권리들을 행사하도록 했던 것을 금지시켰다. 그리하여 유대인들은 관할 구역이나 지방

---

33) *Ibid.*, p. 80.에서 재인용.

의회의 회원자격을 가질 수 없게 되었고, 소수의 부유한 유대인들이 시골의 토지를 구입해 소유자들로서 그들에게 부여된 권리를 갖고 있었음에도 불구하고 토지 소유권과 관련된 어떤 권리의 행사도 차단되었다. 비스마르크와 그의 친구들의 극단적 우익당은 그들의 항의에도 불구하고 의회당이 되었으며 1년이 조금 지나 프러시아는 그들의 주도로 헌법을 갖게 되었다. 그들은 관료적 절대주의에 굴복함이 없이 강한 왕의 권력에 관한 이론을 개발한 이데올로기를 필요로 했다. 그리고 1847년에 그들이 가진 모든 것은 국가를 확장된 가정에 비견하는 아담 뮐러(Adam Mueller)와 칼 루트비히 폰 할러(Carl Ludwig von Haller)의 전통적 세습 정당화 이론의 비적합성이었다. 그것은 가장 현저하고 이제는 거의 잊혀진 인물인 프리드리히 율리우스 슈탈(Friedrich Julius Stahl)로부터 왔다. 그는 본질적으로 에드먼드 버크(Edmond Burke)의 역사의 개념을 주장했지만 그것을 역사적 자유주의에 기초하지 않고 인간의 죄악과 타락에 대한 근본적으로 정통 루터식(Lutheran) 견해에 근거를 두었다.[34]

1848년에 상원(the Upper House)에 선출된 비스마르크는 구성원들 가운데 13명의 극단적 보수주의자들 측에 합류했다. 극단적 보수주의자인 비스마르크에게는 아이러니하게도 그의 탁월함을 보여줄 헌법들과 의회들이 필요했다. 그리고 그는 국가와 교회의 엄격한 분리를 옹호했다. 왕 프리드리히 빌헬름 4세가 통일된 의회를 지연시키자 비스마르크는 공적 인물로서 첫 7주간을 완결했으며 그의 견해로는 그것들이 성공적인 주(week)들이었다. 그는 극단적 우익의 젊은 스타로

---

34) *Ibid.*, p. 81.

등장했으며 왕의 측근들 사이에서 자신의 경력을 해롭게 할 수 없는 명성을 이루었다. 통일된 의회의 끝은 그를 김빠지게 했지만 그러나 그는 한가롭지 않았다. 그는 새 보수적 신문을 조직하려고 노력했다. 비스마르크는 다음 단계의 법률적 개혁과 다른 프로젝트들로 분주했지만 무대의 빛은 한동안 사라졌다.

의회가 문을 닫은 뒤에 비스마르크는 1847년 7월에 요한나 폰 푸트카머와 결혼을 했다. 그 결혼은 그가 결혼으로부터 소망했던 모든 행복을 비스마르크에게 가져다주었다. 그녀의 정신적 재능은 그에 비교할 수 없었음에도 불구하고 그녀는 그가 원했던 아내였다. 그는 그의 협력자가 될 수 있거나 혹은 그의 아이디어를 공유할 수 있는 아내를 원치 않았다. 요한나는 결코 그것들을 이해하려 하지 않았고 심지어 신경도 쓰지 않았다. 그녀는 전 세계가 그의 연설들을 논의할 때 그 연설문을 읽지도 않았다. 그러나 비스마르크는 이것을 자기 아내의 단점으로 보지 않았으며 그의 견해에 의하면 아내는 전적으로 가사 영역에 속했다. 그리고 이 영역에서의 그녀가 그가 원하는 모든 것이었다. 그녀는 그의 안락을 보살피고 모든 방법으로 그를 칭송하고 또 추종하며, 사랑하는, 주의 깊은 아내요, 어머니였다. 그녀는 비스마르크의 정치적 갈등들에 대해 순전히 개인적인 견해를 취했다. 그녀는 그의 친구들과 추종자들에게 친구였다. 그녀는 그의 적들을 진정으로 싫어했고 심지어 증오하기도 했다. 그들의 신혼여행 길에 그들은 베니스(Venice)에서 왕 프리드리히 빌헬름을 만났고 그와 개인적인 대화를 길게 가졌다. 왕은 의회에서 그의 연설과 행동에 대해서 잘 알고 높게 평가했다. 그리하여 비스마르크는 왕으로부터 승진을 기대할 수 있었다.35) 그러나 그런 기대가 실현될 수 있기 전에 거대한 사건들이 발생했다. 유럽을 뒤흔드는 혁명의 폭풍이 몰아친 것이다.

35) Erich Eyck, *Bismarck and the German Empire,* New York: W. W. Norton, 1964 (originally, 1958), p. 20.

제3장
1948년 2월 혁명과 메테르니히 체제
(the Metternich System)의 붕괴

"나는 질서의 바위였다."
-메테르니히-

1815년에서 1848년까지 오스트리아(Austria) 제국은 유럽에서 최대의 강대국이었다. 단지 합스부르크 왕가(the Habsburg Monarchy)[36]의 영토에서뿐만 아니라 독일과 이탈리아가 모두 빈(Vienna)의 지배 하에 있었다. 자기 외교의 완전한 탁월성과 힘의 균형의 유지에 굳건한 집중을 통해서 메테르니히(Metternich)는 유럽 대륙에 대한 오스트리아의 지배를 유지했다. 그의 가장 위대한 업적들 가운데에는 오스트리아 제국을 나폴레옹의 소용돌이를 안전하게 헤쳐 나가게 했고, 그 후 1세기 동안 제2의 유럽대륙 전쟁으로부터 성공적으로 유럽을 구원한 빈 회의(the Congress of Vienna)에서 전설적인 벼랑 끝 외교로 밀고 나갔던 것, 그리고 1818년 10월 9일 4개국 동맹국들과 프랑스 사이의

---

36) A. J. P. Taylor, *The Habsburg Monarchy, 1809-1918*, Harmondsworth, Middlesex, England: Penguin Books, 1964(originally, 1948).

엑스-라-샤펠(Aix-la-Chapelle) 조약 체결로 나폴레옹 전쟁의 에피소드를 마침내 제거했던 것이라고 말할 수 있다. 프랑스에 대해 여전히 남아 있는 의심으로 11월 1일 4국동맹(the Quadruple Alliance)이 비밀리에 갱신되긴 했지만, 동맹국들은 프랑스 왕이 그들의 회의에 참여하도록 초청함으로써 프랑스가 마침내 평등한 회원으로 유럽협조체제(the Concert of Europe)에서 정식으로 인정되었다.[37] 이 유럽협조체제는 제1차 세계대전 직후 국제연맹(the league of Nations)과 제2차 대전 직후 NATO를 예시한 유럽의 동맹체제(the European Alliance)로 그것을 창조하는데 그 역할이 있었다. 이에 그는 "최초의 유럽인"(the First European)[38]이었다. 그리고 때로는 "최초의 유럽의 수상"(the First Prime Minister of the Europe)이라고 불리기도 했다.

1790년대 후반 나폴레옹의 정복이 있기 전에 독일의 지도는 350개가 넘는 작은 국가들과 공국들의 황당한 잡동사니 집합체였다. 나폴레옹이 유럽에서 프랑스 제국을 건설하기 시작했을 때 메테르니히는 이 많은 국가들을 함께 묶고 또 남부에 라인 연방(the Confederation of the Rhine)을 수립했다. 빈 회의에서 승전국 정치 지도자들이 시계를 1789년 프랑스 대혁명 이전으로 되돌리려고 노력했지만 그들은 독일에서는 그렇게 하지 않았다. 그 대신에 독일은 오스트리아의 메테르니히 주도 아래 39개 국가들로 분할되어 독일국가연합(the German Confederation, 독일어로 *Bund*)을 창설했다. 4개의 국가들을 제외하고는 모두가 군주나 귀족들에 의해서 지배되었다. 그들은 하나의 황제,

---

37) René Albrecht-Carrié, *A Diplomatic History of Europe Since the Congress of Vienna,* re. ed., New York: Harper & Row, 1973, p. 25.
38) Desmond Seward, *Metternich: The First European,* New Yok: Viking, 1991.

5명의 왕들, 하나의 선거후(Elector), 7명의 대공과 21개의 작은 귀족들이었다.[39] 그것은 오스트리아의 헤게모니 하에 있었으며 일종의 중유럽, 혹은 독일의 메테르니히 체제였다. 이 메테르니히 체제 하에서 프러시아는 주니어(junior) 회원국에 지나지 않았다.

독일 국가연합의 의회(the Diet)가 마인(Main)에 있는 프랑크푸르트에서 개최되었다. 의회는 민주적 의회(a democratic parliament)가 아니었다. 왜냐하면 대표들이 선출되지 않았기 때문이다. 그 대신에 각국가들이 한 명의 대사를 파견했다. 결정은 모든 주요 문제에서 만장일치여야 했으며 각 국가는 자신의 군대를 통제하고 또 자신들의 외교관들을 갖고 있었다. 이 의회는 통일된 독일의 대체물이 아니었다. 그것은 독일인들을 위해 하나의 목소리를 낼 수 없었다. 의회는 오스트리아에 의해서 지배되었지만 오스트리아 황제는 통일된 독립적 독일의 창설을 보고 싶은 마음이 없었다. 왜냐하면 통일된 독일이 합스부르크 제국에서 다른 민족적 집단들의 독립 추구를 부추길 것이기 때문이었다. 어떤 경우에도 통일된 독일에서 마자르족(Magyars)이나 크로아티아인들(Croats) 같은 사람들에게는 장소가 없었기 때문에 독일통일은 오스트리아가 오스트리아 제국의 비독일부분을 포기해야만 하거나 아니면 오스트리아 없이 통일된 독일의 수립을 보아야만 하는 것이었다.

프러시아는 빈 회의에서 원래 전쟁에 대한 참가의 보상으로 그리고 폴란드를 러시아에 잃는 보상으로 작센(Saxony) 전체를 원했다.

---

39) Philip Sauvain, *European and World History 1815 to 1919,* Amersham, Bucks: Hulton Educational Publication, 1985, p. 41.

그 대신에 프러시아는 베스트팔렌(Westphalia)과 작센의 일부를 받았다. 그러나 베스트팔렌에 있는 루르(Ruhr) 탄전이 종국에는 프러시아의 산업 및 군사적 힘을 위한 토대를 제공했다. 프리드리히 크루프(Friedrich Krupp)는 이미 에센(Essen)에 하나의 작은 제철소를 갖고 있었고 그의 아들인 알프레트(Alfred)는 후에 세계의 지도적인 무기제조업자가 되었다. 프러시아에서는 1806년과 1812년에 많은 행정개혁이 있었다. 정부가 재조직되고 학교들과 대학들이 설립되었다. 군대는 샤른호르스트(Scharnhorst)에 의해서 개혁되었다. 신병들은 짧은 기간 동안 훈련을 받았고 그리고 나서 그들의 정상적 직업으로 돌아갔다. 이것은 프러시아인들이 거대한 예비군을 갖고 있으며 비상시에 그들을 소집할 수 있었다.

그러나 프러시아에 선출된 의회는 없었고 당연시되는 많은 자유들이 부재했다. 1815년까지 주로 남부의 일부 독일 국가들이 자유 헌법을 갖게 되었지만 이것은 프러시아와 오스트리아의 경우가 아직 아니었다. 그러나 1815년 귀족 지주들인 융커들(Junkers)의 불만을 달래기 위해서 프러시아의 왕 프리드리히 빌헬름 3세(Frederick William III)는 프러시아가 곧 대표성 있는 의회와 헌법을 갖게 될 것이라고 약속했다. 그러나 독일 전역에서 학생들이 애국사회단체들을 결성하고 그들의 폭동활동이 프러시아 당국에게는 너무 지나친 것으로 입증되었다. 그리하여 새 헌법제안들이 먼저 연기되고 그리고 나중에 철회되었다.

1818년에 프러시아인들 촐페어라인(Zollverein), 즉 관세동맹을 수립하기 위해 이웃 독일 국가들과 협력하기 시작했다. 이것은 아주 성공적이었고 참가국들의 번영과 무역을 증가시키는데 기여했음이 입증되었다. 1828년까지 독일국가연합에 있는 국가들의 대부분이 북부에 있는 프러시아의 관세동맹에 가입하거나 아니면 남부의 다른 관세동맹에 합류했다. 1834년 다른 관세동맹들이 독일관세동맹(Deutscher Zollverein)을 수립하기 위해 스스로 통합했다. 1852년까지 독일국가연합의 거의 모든 국가들이 오스트리아와 북부의 한두 개 국가들을 제외하고는 이 거대한 자유무역지역의 회원이 되었다. 오스트리아는 회원국 신분이 자기 제국의 비독일 지방들을 불리하게 만들 것이기 때문에 합류하길 거부했다.

철도도 독일을 통일하는데 돕는 역할을 했다. 왜냐하면 국가들이 독일을 관통하는 철도선들을 건설하는데 협력해야만 했기 때문이었다. 1851년에 6,000 킬로미터의 철도가 건설되어 있었다. 이것은 당시에 프랑스의 2배 그리고 오스트리아-헝가리의 4배에 달했다. 이것이 1862년까지 12,000 킬로미터로 배가 되었고 1872년까지는 영국의 철로의 길이를 초과했다. 예상대로 철도체제는 프러시아의 수도인 베를린에 집중되었다. 왜냐하면 독일에서 1870년에 826,000명 인구의 가장 큰 도시였기 때문이었다. 철도는 산업들이 번창하도록 도왔다. 사람들은 한 독일 국가에서 다른 독일 국가로 쉽게 이동할 수 있었다. 그들은 독일 전역을 여행했기 때문에 독일을 개별국가들의 집합이 아니라 하나의 나라로 보았다.[40] 통일된 독일에 대한 아이디어를 위한 정치적 지지도 역시 계속해서 성장했다.

유럽의 자유주의와 민족주의 혁명가들은 프랑스 대혁명 이후 혁명

---

[40] Philip Sauvain, *European and World History 1815 to 1919,* Amersham, Bucks: Hulton Educational Publication, 1985, p. 43.

의 북극성이 된 프랑스의 파리에서 혁명의 소식이 오기를 파리 쪽에 귀를 나팔통처럼 항상 열어놓고 기다렸다. "파리가 감기에 걸리면 유럽이 재채기를 한다"[41]는 말이 널리 퍼져 있었다. 마침내 1848년 2월 23일 프랑스에서 전면적인 규모의 혁명이 발생했다. 수 시간내에 루이 필리프(Louis Philippe)은 도망쳤고 강렬한 자코뱅당(Jacobin)의 언어와 공포정치의 기억들과 함께 제2프랑스 공화정(the Second French Republic)이 선포되었다. 파리의 혁명 소식이 유럽으로 퍼져 나가자 코펜하겐(Copenhagen)에서 나폴리(Naples)에 이르는 도시들이 동요하기 시작했다. 집회들이 개최되고 군중들이 모였다. 1848년 2월 27일 만하임(Mannheim)에서 대중집회가 언론자유와 배심재판, 시민군대, 그리고 독일 (선출)의회(a German parliament)의 즉각적 창설을 요구했다. 폭동과 대중 집회들이 모든 독일의 도시에서 발생했다. 1848년 3월 13일 빈에서 폭동이 시작되었고 메테르니히 공작은 빈을 탈출했다. 구체제(the old regime)의 상징적 억압자가 도망자(a fugitive)처럼 자기의 수도 밖으로 황급히 달아났다.[42] 3월 17일 밀라노(Milan)에서 메테르니히의 실각 소식이 도착하자 그 곳에서도 역시 폭동이 발생했다.

베를린에서는 파리의 소식이 도착하자마자 흥분이 시작되었다. 아주 좋은 날씨가 거리에서 군중을 유지하는데 도움이 되었다. 거리를 배회하는 군중들의 점증하는 결의와 무도함에 놀란 경찰국장 율리우스 폰 미누톨리(Julius von Minutoli)는 3월 13일 도시에 새로운 병력을

---

41) René Albrecht-Carrié, *A Diplomatic History of Europe Since the Congress of Vienna*, re. ed., New York: Harper & Row, 1973, p. 17.
42) *Ibid.*, p. 69.

투입했다. 그날 밤에 여러 명의 민간인들이 궁전의 구내 주변의 충돌에서 죽었다. 군중과 군인들은 이제 그 도시 공간의 통제를 위한 집단적 적대자들이 되었다.[43] 다음 며칠 동안 왕 프리드리히 빌헬름 4세는 양보를 주장하는 비둘기파와 무력의 사용을 주장하는 베를린 근위보병 여단장인 칼 루트비히 폰 프리트비츠(Carl Ludwig von Prittwitz) 장군이 이끄는 매파들 사이에서 망설였다. 3월 17일 메테르니히의 도망 소식에 놀란 왕이 마침내 굴복하여 언론검열을 해제하고 프러시아에 헌법을 도입하겠다고 동의했다. 분명히 11개월 전에 국왕의 허풍의 연설이 있었음에도 불구하고 군주와 인민들 사이의 자연적 관계를 통상적인 헌정관계로 전환할 수 있는 지구상의 "힘", 즉 공포가 있다는 것을 그는 발견했다.[44]

다음 날 아침에 군중들이 축하하기 위해 궁전의 광장에 모이자 군대와 시위꾼들 사이에서 일련의 충돌이 발생했다. 베를린 전역에 바리케이드가 세워졌다. 군대가 도시를 통제할 수 없었다. 1848년 3월 18일 자정 직전에 폰 프리트비츠 장군이 왕에게 도시의 소개를 명령하고 나서 반란자들이 항복할 때까지 공격할 허락을 요청하기 위해 궁전에 도착했다. 왕은 요청을 듣고 나서 프리트비츠에게 감사를 표하고 자기의 책상으로 돌아갔다. 왕은 긴 문건을 작성하기 시작했다. 그가 작성하는 문서는 아마도 그의 전 군림기간에서 가장 유명한 것이었다. 그것은 "나의 친애하는 베를린인들에게"로 시작되었다. 새벽

---

43) Christopher Clark, *The Iron Kingdom: The Rise and Downfall of Prussia*, London: Allen, 2006, p. 469.

44) Jonathan Steinberg, *Bismarck: A Life,* Oxford: Oxford University Press, 2011, p. 86.

까지 그 문건은 베를린 전역에 공고되었다. 그 문건에서 왕은 군대가 철수할 것이라고 선언했다. 그리고 왕은 "평화로 돌아가라. 여전히 서 있는 바리케이드들을 치워라. 모든 거리와 광장에서 군대가 사라지고 군부가 점유하는 건물들은 필수적인 소수로 축소될 것이라는 왕으로서 약속을 한다."고 되어 있었다. 그리고 베를린에서 병력을 철수하라는 명령이 다음날 정오 직전에 내려졌다. 왕은 자기 자신의 운명을 혁명의 손에 맡겼다.[45]

독일혁명에는 2가지 측면이 있었다. 한편으로 다른 독일 국가들에 있는 독일인들은 절대 군주정체의 종식을 원했다. 이 목표는 어느 정도 달성되었다. 비록 프러시아의 의회가 독일의 자유주의자들이 희망했고 또 인민들이 싸웠던 이상에 미치는 만큼 하지는 못했음에도 불구하고 프러시아는 입헌군주제가 되었다. 혁명의 또 다른 목표는 민족적 통일이었다. 이 점에서 그것은 1815년 빈에서 수립된 메테르니히 체제에 대한 도전으로 간주될 수 있었다. 나폴레옹의 몰락 후에 빈에 모인 정치 지도자들은 2개 민족, 즉 독일인들과 이탈리아인들의 민족통일에 대한 희망을 철저히 좌절시켰다. 메테르니히는 이탈리아인들의 민족적 동질성을 단호히 거부하면서 이탈리아란 단지 "지리적 개념"이라고 불렀다. 그러나 독일인들은 오스트리아와 프러시아라는 두 강대국으로 시작하여 39개의 상이한 국가들에 계속 귀속되었다. 이 모든 국가들이 독일국가연합(the German Confederation, *Deutscher Bund*)으로 결합되었지만 그러나 이 국가연합은 독일인들이 자신들의

---

45) Christopher Clark, *The Iron Kingdom: The Rise and Downfall of Prussia*, London: Allen, 2006, pp. 474-475.

문제에 목소리를 낼 수 없는 방식으로 구성되었고 독일 이익에 기초하여 독일의 목적을 달성하도록 계획된 통일된 정책이 불가능했다. 그리하여 독일의 자유주의자들이 원하는 것은 연방국가(the Federal State, *Bundes-Staat*)였다.[46]

독일국가연합은 개별 국가들의 대표들로 구성되고 오스트리아 황제의 대표가 주재하는 프랑크푸르트 암 마인(Frankfurt-am-Main)에 연방의회(Federal Diet)라는 오직 하나의 기관만을 갖고 있었다. 반면에 연방국가는 그 자체의 정부와 그 자체의 의회와 입법권, 그리고 그 자신의 행정부와 공무, 그리고 어쩌면 그 자신의 군대를 갖게 될 것이다. 프러시아 같은 회원국가들은 더 이상 존재하지 않을 것이지만 유일하게 외교정책을 결정한 권리를 갖는 연방정부의 단지 복종하는 일부이며 회원이 될 것이다. 이런 유형의 연방국가들은 이미 북 아메리카의 미국과 스위스에 존재했다. 그러나 독일 형태는 여전히 창설되어야 만했다. 독일국가연합의 폐지는 그 의회의 대표들이 혁명의 압박 하에서 스스로 해체했을 때 분명히 달성되었다. 독일 국가를 위한 형태를 발견하는 과제는 옛 프랑크푸르트 암 마인의 자유도시에서 세인트 폴(St. Paul) 교회인 바울 교회(Paulskirche)에 모인 전 독일 인민들에 의해서 선출된 의회인 독일 국회(a German national assembly)에 의해서 시도되었다. 독일이 최선이 되기를 바라는 이들은 바로 이 바울 교회와 그곳에 모인 바로 그 저명인사들에게 희망을 걸었다.[47]

베를린에서 프러시아의 왕은 그의 통상적 충동으로 그 순간에 민

---

46) Erich Eyck, *Bismarck and the German Empire,* New York: W. W. Norton, 1964 (originally, 1958), p. 21.

47) *Ibid.,* p. 22.

족적 대의를 포용하고 그것을 주도하려고 시도했다. 자신의 병력을 철수한 며칠 후에 프러시아의 왕은 말을 타고 자기의 머리 위에 흑, 적, 황색의 독일 깃발을 날리며 베를린 거리를 통해 장엄한 행진을 이끌었고, "나는 독일의 자유와 통일을 원한다"는 열정적 연설을 하고 "프러시아는 지금부터 독일로 합병할 것"이라고 선포했다. 시골에 머물던 비스마르크는 이 선포의 날에 베를린에 도착했다.[48] 그는 혁명에 관해서 분노로 가득 찼을 뿐이라면서 그 혁명을 간단하게 이해하지 않았었다. 그 혁명은 농촌 주민들의 반혁명에 의해서 진압될 수 있는 거리의 폭동 이상이 아닐 것이라고 상상했다. 그는 베를린에 오기 전에 반혁명 운동을 조직하기를 희망했지만 그가 의견을 교환한 모든 사람들은 이런 운동의 성공 가능성이 매우 희박할 것임을 분명히 하고 아무도 그것에 참여하기를 바라지 않았다.

3월 21일 비스마르크는 무장한 농민과 함께 베를린으로 행군하는 것이 의미가 있는지를 알아보기 위해서 서둘러 왕이 머물고 있는 포츠담(Potsdam)으로 갔다. 이 순간부터 비스마르크는 현재의 왕관을 쓴 자에 대항하는 것이라 할지라도 전통적 군주-귀족의 질서를 구원하기 위한 노력에 참가할 결심이었다. 어떤 의미에서 비스마르크는 그렇게 할 수밖에 없었다. 왕이 그를 궁전에 초대했던 지난 9월 이래 비스마르크는 궁전을 통한 경력을 권력으로 가는 자기의 길로 간주했었다. 이제 왕이 혁명의 손아귀에 있기에 그것은 발생하지 않을 것이었다. 비스마르크는 헌법적 정부의 도래가 자기에게 왕의 절대주의의 잔재와 의회의 솜씨를 위한 필요성 사이에서 완벽한 균형을 제공할

---

48) *Ibid.*

것이라고 상상할 수 없었다. 왕과 의회 사이의 갈등이 그에게 자기의 무대(platform)를 제공할 것이었지만, 아직은 아니었다.[49]

3월 29일 왕은 루돌프 캄프하우젠(Rudolf Camphausen)을 새 수상으로 임명하고 4월 2일 통일된 의회를 소집했다. 캄프하우젠은 프러시아의 왕 아래에서 공직을 갖는 새로운 자본주의의 첫 대표자였다. 이런 변화들은 통일된 의회에서 의원이었던 비스마르크에 영향을 주었다. 그리하여 그는 베를린으로 향했다. 그 사이에 프러시아의 국회를 위한 선거가 선언되었다. 참정권은 간접적이었다. 투표자들은 선거인단을 선출했으며 이들이 의원들에 대해 투표했다. 실업 수당을 받고 있지 않고 같은 장소에서 6개월 동안 거주한 성인 남성들은 모두가 투표할 자격이 있었다. 이 선거는 새 참정권을 획득한 농민들과 기술자들에게 감동적인 효과를 가져왔다. 그들은 선거에 앞선 집회에 몰려들었다. 굴종의 습관들이 마치 낡은 옷처럼 그들의 등에서 벗겨졌고 적지 않은 수의 중산계급 급진주의자들이 그들과 합류하여 열정을 품어내고 경력을 만들었다.

프러시아의 새 내각은 자유주의적 경제정책과 헌법적 정당성의 결합을 추구했지만 아담 스미스(Adam Smith)의 자유방임이 아니어서 안전의 보장을 원하는 기술자들과 농부의 불만을 위해서는 아무 것도 하지 않았다. 유권자들은 새로운 프러시아 주의회(Landtag)에 대한 대표자들을 선출함과 동시에 독일 전체를 위한 일종의 헌법대회인 소위 독일의 예비의회(Pre-Parliament)를 위한 대표자들을 선출했다. 이것은

---

49) Jonathan Steinberg, *Bismarck: A Life,* Oxford: Oxford University Press, 2011, p. 87.

새 질서의 지지자들 사이에서 제2의 균열을 가져왔다. 즉 혁명이 발생한 모든 39개의 독일 국가들에서 본질적으로 프러시아인 혹은 바바리아인 혹은 작센인으로 남기를 원하는 사람들과 그들의 국가가, 즉 헤겔의 용어로 표현해서, 새로운 통일된 독일로 부상하는 것을 보고자 하는 사람들 사이에서 균열이 발생한 것이다.[50]

1848년의 혁명은 단일 혁명이 아니라 여러 개의 그리고 상이한 혁명이었다. 이 사건들 자체는 국가들 사이에서 뿐만 아니라 국가들 내에서도 발생했다. 독일 같은 국가 내에서 독일의 39개 혁명이 프러시아 같이 큰 왕국에서 그리고 로이스(Reuss) 같이 아주 작은 국가에서도 동시에 발생했다. 합스부르크 군주국(Habsburg Monarchy)은 민족적 정체성이 있는 거의 모든 곳에서, 특히, 독일의, 체코의, 헝가리의, 이탈리아의, 그리고 폴란드의 도시들과 농노제도가 여전히 존재하는 그런 농촌지역에서 혁명을 겪었다. 독일의 민족국가를 창조하려는 시도는 독일이 무엇을 포함해야 하는가에 관한 이견으로 곧바로 무너졌다.

합스부르크 왕가의 오스트리아 제국에는 독일과 많은 비독일 국가들이 있었다. 각 왕국과 공국, 제후국들이나 도시들은 그들 자신의 봉건적 헌법과 그것의 왕, 공작, 백작 등과 특별한 관계를 갖고 있었다. "대독일"(Greater Germany)을 원하는 독일 민족주의자들은 비독일인이 다수를 이루는 보헤미아(Bohemia)와 모라비아(Moravia) 같은 역사적인 독일 영토를 주장했다. 독일 민족국가는 슐레스비히(Schleswig)와 홀슈타인(Holstein) 공국들을 포함해야만 했다. 당시 홀슈타인 만이

---

50) *Ibid.*, p. 89.

독일 국가연합의 일원이었지만 두 공국들 모두 덴마크(Denmark)의 왕을 그들의 주권자로 두고 있었다. 계급과 지역 사이에, 기업가와 노동자 사이에, 숙련 무역에 대한 진입을 제한하려는 갈망하는 기술자들과 모든 폐쇄된 회사들에게 자유시장의 원칙들을 적용하는 교조적 자유주의자들 사이에서 마찰이 일어났다. 천년의 수림과 들판에 대한 권리들의 붕괴가 농민 양봉 수확으로부터 10%의 권리와 같은 작은 권리들의 상실을 직면한 비스마르크와 그의 계급에 영향을 미쳤다.

민족주의자들이 그들의 새로운 국가들의 수립을 강요하려 들면서 싸움이 전 유럽에서 발생했다. "이탈리아는 자신을 만들 것이다"라는 깃발 아래 피에몽(Piedmont)의 왕 샤를르 알베르(Charles Albert)는 자기의 군대를 이웃 롬바르디(Lombardy)로 파견했다. 그곳에서는 과격한 공화주의자들이 피에몽인들과 합스부르크 지배의 제국군에 대항하여 싸웠다. 서쪽과 동쪽으로, 오직 두 개의 강대국들만이 이 혼란을 피했다. 서쪽의 영국은 이미 자유주의, 자본주의, 헌법, 그리고 중간 계급을 이미 갖고 있었다. 동쪽으로 러시아는 이런 것들 중 어느 것도 갖고 있지 않았다.[51] 25년간의 검열이 하룻밤 사이에 종식되었고 급진주의자들, 보수주의자들, 그리고 각종의 자유주의자들이 연설을 하기 시작했고, 전단지들을 인쇄하고, 신문들을 창설했다. 주마등처럼 복잡한 장소들과 인물들, 쟁점들, 유산들, 무역들, 전통들, 갈등들, 그리고 겹치는 사법관할권들이 동시대인들을 당황하게 했고 그 사건들을 먼저 이해하고 그리고 나서 그것들을 서술해야 하는 역사학자들을

51) Jonathan Steinberg, *Bismarck: A Life,* Oxford: Oxford University Press, 2011, p. 90.

계속해서 좌절시켰다.[52]

　그러나 혁명은 반동의 물결에 의해서 서서히 침식되고 있었다. 왕들과 군주들은 혁명의 초기에 모두가 집단적 용기의 상실을 인정했다. 그러나 처음 쇼크가 가라앉자 그들은 점차로 자신들이 여전히 군대를 갖고 있다는 사실을 자각했다. 그 군대들은 폭동의 진압에 실패하여 격노하고 또 굴욕을 당했지만 그대로 있었다. 그리고 종종 프러시아의 경우처럼 격동하는 도시의 밖에 주둔해 있었다.[53] 북부 이탈리아에서 오스트리아의 군대들이 롬바르디와 베네치아를 통제하기 시작했고 또 6월 17일 프라하에서 체코의 폭동을 진압했다. 6월 23일부터 26일까지 카베냐크(Cavaignac) 장군이 소위 "6월의 날들"(June days)에 파리에서 노동자들의 폭동을 진압했다. 7월 25일과 26일에 라데츠키(Radetzky) 원수가 샤를르 알베르의 피에몽 군대를 결정적으로 패배시키고 북부 이탈리아에서 오스트리아의 지배를 회복했다. 구질서가 자신감을 얻기 시작했다.[54]

　프러시아에서 게를라흐(Gerlach) 형제의 주변에 모인 보수주의자들은 왕이 군중에 굴복한 수일 이내에 왕정 내에서 카마릴라(camarilla)라는 비밀결사단으로 알려진 비밀 그림자 정부(shadow government)를 창설함으로써 그들의 국내적 반혁명을 시작했다.[55] 새 헌법의 조정이 군대에 대한 왕의 권한들을 변경하지 않았기 때문에 게를라흐 형제들이 새 비밀조직의 창조에서 감동적 정신이 되었다. 7월 12일

---

52) *Ibid.,* pp. 90-91.
53) *Ibid.,* p. 91.
54) *Ibid.*
55) *Ibid.*

혁명적 독일 국회와 함께 계속 작동했던 프랑크푸르트에 있는 독일국가연합이 집회를 종식하기로 결정했지만 그것은 비스마르크의 경력에 영향을 줄 방식으로 그렇게 했다. 그것은 존재의 종말을 선언하지 않고 그 대신에 과거 활동의 종식을 발표했다. 혁명이 마침내 종식되었을 때 오스트리아인들은 일시적 중단에서 그것을 되살려 독일 정치구조에 대한 지배를 되찾았다. 그것은 만일 프러시아가 동의한다면 비스마르크가 결국 얻게 된 국가연합의회(Bundestag)에 프러시아의 대표자가 있을 것이라는 것을 의미했다.56)

7월에 프러시아의 국회는 모든 영주의 권리들의 폐지를 토론했다. 그리고 그 결과로 비스마르크의 주변에서 반혁명이 훨씬 더 적극성을 띄었다. 7월 24일 대지주들을 대변하는 조직이 창설되었다. 그것은 지주의 이익의 보호와 모든 계급의 번영을 향상시키기 위한 협회(Association for the Protection of the Interests of Landownership and for the Promotion of the Prosperity of all Classes)라고 불렸다. 비록 시골의 귀족들이 그 협회를 지배했음에도 불구하고 지주의 약 26%는 귀족이 아니었다. 지도적 인물들은 대부분이 브란덴부르크(Brandenburg) 출신들이었다. 8월 18일에 첫 연례 총회가 열렸을 때 작은 지주들과 농부들을 포함하여 약 200~300명이 나타났다. 그 협회의 긴 이름이 부르기 어려웠기 때문에 조직자들은 그 협회를 재산을 보호하기 위한 협회(the Association to Protect Property)로 단축했으며 언론인들은 즉시 그것을 "융커 의회"(the Junker Parliament)로 불렀다. 불과 34세의

---

56) Jonathan Steinberg, *Bismarck: A Life,* Oxford: Oxford University Press, 2011, p. 94.

한스 폰 클라이스트(Hans von Kleist)가 의장으로 선출되었다. 1848년 8월 22일 루트비히 폰 게를라흐가 이 융커 의회에서 연설을 했고 처음으로 영주의 권리들의 보존을 위한 그의 기독교적 정당화를 제시했다. 비스마르크는 이 협회를 조직하고 확장하는데 열심이었다. 그는 다시 한 번 그의 정치적 기술과 에너지를 보였다.

브란덴부르크를 넘어서는 거대한 세계에서 국제적 및 국내적 세력들이 1848-1849년의 독일 혁명들을 억제하고 궁극적으로 진압했다. 1848년 8월 26일 영국과 러시아의 압력 하에 그의 군대가 슐레스비히와 홀슈타인 공국들의 해방을 위해 덴마크에 대항하여 돈키호테식 전투를 벌여온 프러시아 정부가 독일 국회와 협의 없이 덴마크와 휴전에 서명하기로 동의했다. 이런 민족적 대의의 배신은 새 독일의 수도로서 프랑크푸르트가 자신의 집행력을 갖고 있지 않다는 사실을 명백히 했다. 9월 16일 프랑크푸르트에 있는 독일 국회가 휴전을 비준했을 때 거리에서 폭동이 발생했고 두 명의 의원들이 폭도들에 의해 살해되었다. 결국 프러시아 군대가 그 도시에 진입하여 질서를 회복했다. 국회의 위신 상실은 비슷한 방식으로 프러시아 국회에 영향을 끼쳤다. 1848년 9월 11일 자유주의적 내각이 사임했다. 왕은 주저했다. 그가 자유주의자들을 모두 물리칠 수 있을까? 비스마르크가 베를린으로 갔고 그곳에서 왕은 그를 맞이했고 그를 공직에 임명할 생각마저 했었다. 그러나 왕은 69세의 아돌프 폰 푸엘(Pfuel) 장군을 프러시아의 수상으로 임명했다. 그는 1848년 3월 18일까지 베를린의 군사정부 주지사였다. 비록 마르크 브란덴브루크(Mark Brandenbrug)의 족속이었지만 그는 진정으로 자유주의적 동정심을 갖고 있었다. 그는

1848년 3월의 동의를 지키려고 노력했지만 왕과 의회 사이의 갈등이 터져 나오고 게를라흐 형제들에 의해서 악화되었기에 왕의 지지를 받는데 실패했다.

비스마르크는 베를린에 남아 분주하게 보냈다. 그는 여기저기로 돌아다녔고, 이것저것을 보았다. 그리고 자기가 무시될 수 없다는 것을 일반적으로 확신했다. 그는 가까운 미래에 고위직에 임명될 것을 심각하게 기대하는 것으로 보였고 그것이 실제로 아주 옳았던 것으로 판명되었다. 베를린에서 비밀결사대가 점점 자신들의 견해로 왕을 끌어들였다. 1848년 9월 초에 레오폴트 게를라흐는 최종적으로 프러시아에서 혁명을 진압할 장군이 주도하는 군사내각의 수립을 제안했다. 9월 29일 그의 동생은 레오폴트에게 오토 폰 비스마르크, 한스 휴고 폰 클라이스트-레초브, 그리고 총통(generalissimo)으로 프러시아의 왕자와 함께 왕실의 가족인 브란덴부르크 장군 백작으로 구성되는 그런 군사내각을 위한 때가 도래했다고 말했다. 10월 6일에 비밀 결사단은 왕에게 브란덴부르크 장군을 임명하라고 확신시켰다. 브란덴부르크 장군은 혁명으로부터 베를린을 회복한 3명의 장군들 중 세 번째로 가장 젊은이였다. 그는 프리드리히 빌헬름 4세를 어린 시절부터 알았음에 틀림없었다. 그는 많은 덕목을 갖고 있었지만 11월 2일 왕이 폰 푸엘 수상을 계승하도록 그를 임명했을 때 정치에 관해서 알지 못했다.

그 사이에 빈에서는 오스트리아 정부가 무력을 사용했다. 1848년 10월 6일 거리의 투쟁이 발생했고 왕실은 도시에서 도망쳤다. 10월 26일 오스트리아 군대는 도시를 포격하기 시작했고 10월 31일 압도적인 숫자로 치고 들어왔다. 그 싸움에서 2천 명의 사람들이 죽고 프랑크푸르트 국회의 의원인 로베르트 블룸(Robert Blum)을 포함하여 여러 명의 탁월한 지도자들이 총살되었다. 1848년 11월 9일 브란덴부르크 장군은 군대에 의한 도시 점령의 첫 단계로 베를린으로부터 프러시아의 국회를 제거하기로 결정했다. 비스마르크는 가능한 한 자신을 중요하게 만들기 위해 베를린에 남았다. 다음 날 11월 10일 브랑겔(Wrangel) 장군이 베를린을 점령하여 프러시아에서 혁명을 영원히 종식시켰다. 비스마르크는 무엇을 위해 그곳에 있었던가? 같은 날 왕프리드리히 빌헬름 4세는 신민들에게 새로운 헌법을 인정하는 약속을 포함한 선포를 했다.

1848년 12월 5일 프러시아 왕은 의회에 아무런 협의도 없이 헌법을 부여함으로써 자기의 약속을 지켰다. 그는 헌법을 명령했다. 비록 그것이 위로부터 명령된 것임에도 불구하고 왕은 헌법에 대한 계획된 동의를 불가능하게 만든 비상한 상황의 결과라고 선언했다. 1848년 헌법은 결코 전적으로 반동적이지는 않았다. 그것은 모든 프러시아인들은 법 앞에 평등하며 개인적 자유가 보장되고 그들 거주가 방해받지 않으며 또 재산이 침해될 수 없다는 것을 규정했다. 연구와 교육의 자유도 보장되었다. 자신의 공동체에서 6개월 동안 살았고 법원에 의해서 무자격으로 선언되지 않은 24세 이상의 모든 프러시아의 남성들은 투표할 권리를 가졌다. 하원은 3년 임기의 350명으로 구성되었다. 모든 250명의 투표자들이 한 명의 선거인들은 선출했다. 그렇게 조직된 선거구에서 의원들을 선출하고 각 선거구에서 적어도 두 명의 의원들이 선출되었다. 지방과 카운티 그리고 선거구에서 6년 임기로 선

출되는 180명의 상원은 헌법구조를 완성했다.[57]

다른 한편으로 프러시아 국가의 핵심적 구조는 손대지 않았다. 1848년부터 1918년까지 소위 "철의 왕국"(the Iron Kingdom)의 운명은 봉인되었다. 왕은 군대에 대한 최고의 지휘권을 행사했다. 군대와 공직의 인사와 명령이 실제로 절대적 정권의 중추적 핵심이었다. 왕은 전쟁을 선포할 권한과 외국과의 조약을 체결할 수 있는 권한을 가졌다. 왕은 의회들(Chambers)을 해산할 권한을 가졌다. 평등한 참정권을 제거하고 투표자의 소득에 기초한 참정권을 도입한 1850년 헌법에 의해 수정된 헌법구조는 공화정이 군주제를 대치한 1918년 11월 12일까지 유효하게 남았다.

1848년 12월 5일부터 프러시아에서 정치적 게임의 규칙들은 비스마르크에게 유리하게 변화하고 있었다. 그의 보수적 후원자들은 그 어느 때 보다도 그의 기술을 더 필요로 할 것이다. 그리고 무엇보다도 그는 새 하원(the Landtag)에 선출되어야 했다. 시간이 별로 없었다. 유권자들은 1849년 1월 22일 선거인(electors)을 선택할 것이었다. 그리고 선거인들은 2월 5일 의원들을 선출할 것이었다. 비스마르크는 그의 관습적 에너지를 다해 선거운동에 뛰어들었다. 1849년 2월 5일에 오토 폰 비스마르크는 브란덴부르크에 있는 텔토브(Teltow)로부터 프러시아의 의회에 선출되었다.[58]

왕과 그의 내각이 새 프러시아 헌법이 훨씬 더 반동적으로 나가지 못하게 한 이유는 독일통일의 문제가 아직 해결되지 않았기 때문이었

---

57) Jonathan Steinberg, *Bismarck: A Life,* Oxford: Oxford University Press, 2011, p. 99.
58) *Ibid.,* p. 101.

다. 프랑크푸르트 의회는 여전히 독일의 헌법을 토론하고 있었다. 그것은 이제 오스트리아와 프러시아 중에서 누가 독일에서 주도적 국가가 될 것인지의 문제를 해결해야만 했다. 두 학파의 정치사상이 주도권을 다투었다. 즉 대독일(Greater Germany)과 소독일(Smaller Germany) 간의 대결이었다. 대독일파는 합스부르크 왕가, 즉 오스트리아의 독일 부분이 새 독일제국의 일부가 되어야 한다고 요구했다. 반면에 소독일파는 오스트리아의 완전한 배제가 필연적이라고 간주했다. 소독일파는 오직 하나의 강대국만이 회원국이 되어야 하고 그리하여 새 독일의 주도적 회원국이 되어야 한다고 느꼈다. 그것은 독일이 지금부터는 프러시아에 의해서 지도되어야 한다는 것을 의미했다. 길고도 열정적인 토론 후에 소독일파가 승리했다. 의회는 황제(Kaiser)가 독일국가의 원수(the Marshall)가 되어야 하고 의회에 의해서 선출되어야 하며 그 후부터 세습제가 되어야 한다고 결정했다.[59]

1849년 3월 28일 프랑크푸르트 의회는 참정권을 가진 보편적인 성인 남성의 비밀투표로 헌법을 채택하고 독일제국의 황제의 관(the Imperial German Crown)을 프리드리히 빌헬름 4세에 수여하는 결의안을 통과시켰다. 이는 새 독일에 헌법을 부여하는 위대한 과업이 성취되는 것처럼 보였다. 의회의 대표단이 프리드리히 빌헬름에게 황제의 관을 수여하기 위해 베를린으로 파견되었다. 4월 3일 왕은 프랑크푸르트 의회의 의장인 프러시아의 자유주의자 에두아르트 폰 짐존(Eduard von Simson)이 이끄는 프랑크푸르트 대표단을 영접했다.[60]

---

59) Erich Eyck, *Bismarck and the German Empire,* New York: W. W. Norton, 1964 (originally, 1958), p. 26.
60) Jonathan Steinberg, *Bismarck: A Life,* Oxford: Oxford University Press, 2011, p.

제국의 황제 관을 수락함으로써 통일을 위한 독일 민족의 뜨거운 염원을 이루는 일은 이제 프리드리히 빌헬름에게 달렸다. 그러나 그 만남은 빗나갔다. 프리드리히 빌헬름은 역사적 순간이 요구하는 그런 인물이 아니었다. 그는 의회에 의한 선출을, 즉 인민들의 대표들이 제공하는 황제관을 몹시 싫어했다. 그것은 혁명이었다. 그리고 그는 그 이전에 자신이 당한 굴욕을 기억했기 때문에 더욱 더 혁명을 증오했다. 그러므로 그는 오직 그것이 독일의 군주들에 의해 만장일치로 제공될 경우에만 그것을 수락할 것이라는 근거에서 그 황제관을 거절했다.[61]

비스마르크가 속한 프러시아의 하원에서 그 문제가 1849년 4월에 논의되었다. 그 토론에서 비스마르크가 행한 연설은 그가 민족의 감정으로부터 분리된 거대한 간격 때문에 중요했다. 그것은 프랑크푸르트 헌법에 대한 치열하고 냉소적 비판이었다. 그는 프랑크푸르트 헌법을 그것이 독일인들에게 보편적 참정권을 부여했기 때문에 "조직된 무정부 상태"라고 비난했다.[62] 1848년의 독일 혁명은 프리드리히 빌헬름에 의한 황제관의 거절로 실제로 실패했다. 그럼에도 불구하고 그것은 헛되지 않았다. 그것은 결코 완전히 없었던 것으로 되돌릴 수 없는 한 단계의 전진이었다. 처음으로 프랑크푸르트 의회가 쟁점을 명백히 천명했으며 그것의 해결이 소독일과 대독일에 관한 독일의 미래, 즉 프러시아인가 아니면 오스트리아인가의 문제에 결정적이 될 것이었다. 비록 전 독일인의 첫 의회가 실패했지만 이제부터는 독일

101.

61) Erich Eyck, *Bismarck and the German Empire,* New York: W. W. Norton, 1964 (originally, 1958), p. 27.
62) *Ibid.*

의 의회 없이 독일을 조직하는 일은 불가능하였다.[63]

프랑크푸르트에서 혁명적 의회의 좌절 후에 요제프 마리아 폰 라도비츠(Joseph Maria von Radowitz) 장군은 프리드리히 빌헬름 4세를 설득하여 오스트리아 없이 연방의 토대 위에 군주들의 통일(a Union of Princes)로 독일을 통일하기 위해서 프러시아의 새로운 위신을 사용하게 했다. 라도비츠의 계획은 왕의 승인을 받아 군주들의 모임의 소집을 가져왔다. 그러나 베를린에서 라도비츠의 통일 계획은 프러시아 내에서 별로 지지를 받지 못했다. 라도비츠는 공직이 없었지만 왕과의 가까운 우정이 그에게 권력을 주었다. 왕의 각료들도 그 계획을 싫어했다. 비밀 결사단도 그것을 싫어했다. 왜냐하면 그것은 그들의 눈에는 혁명에 버금가는 선출된 독일의회를 도입했기 때문이었다.

1849년 5월 26일 프러시아, 작센 그리고 하노버 사이에 체결된 일종의 "세 왕의 동맹"은 오스트리아를 제외하고 모든 다른 독일 국가들이 동의한다면 통일을 이루려는 것이었다. 1849년 6월 25일 고타(Gotha)의 모임에서 150명에 달하는 과거 독일의회의 자유주의 대표들이 통일헌법(the Union constitution)의 작성에 동의했다. 프러시아의 압력 하에서 28개 독일 국가들이 그 헌법을 인정하고 1849년 8월 말까지 통일에 합류했지만 바바리아가 버티었고 또 그 아이디어에 대한 작센과 하노버의 충성이 결코 강력하지 않았다. 1849년 9월 26일 라도비츠가 마침내 프러시아의 외무장관으로 공직을 맡았지만 그는 내각에서 아무런 지지를 받지 못했다. 왕이 그를 지원했지만 확고하지 않았다. 그 아이디어는 의미가 있었지만 오스트리아 제국과 러시아

---

63) *Ibid.*

제국이라는 두 국가들의 완고한 장애에 부딪쳤다. 러시아의 차르(Tsar) 니콜라스(Nicholas) 1세는 프리드리히 빌헬름 4세가 폭도에 굴복한 것에 분노했고 18세의 오스트리아 황제 프란츠 요제프(Franz Joseph)는 슈바르젠베르크(Schwarzenberg)라는 새 보좌관을 갖고 있었다. 차르와 협력하여 헝가리의 혁명을 진압했던 그는 합스부르크 영토에 완전히 중앙집권체제를 부여했고 의장으로서 오스트리아를 유일한 강대국으로 하는 1848년 이전의 독일의 연방구조를 부활시킬 의도를 갖고 있었다. 그는 일종의 메테르니히의 환영이었다.

통일의회를 위한 1850년 1월 선거가 실시되었다. 비스마르크는 선출되었다. 3월 20일 통일의회가 에르푸르트(Erfurt)에서 처음으로 개최되었다. 반동이라는 그의 검은 명성에도 불구하고 비스마르크는 의회의 서기(secretary)로 선출되었다. 여름의 휴일들이 에르푸르트 연단에 있는 그의 자리에서 해방시켰지만 그러나 9월은 베를린에서 의회를 의미했다. 에르푸르트에 대한 위기는 아직도 해소되지 않았다. 오스트리아와 프러시아가 충돌을 향하고 있었다. 슈바르젠베르크는 1850년 8월 27일 통일계획이 연방법(the Federal Act)과 양립할 수 없음을 선언했고 9월 2일 프랑크푸르트에서 독일국가연합의 비상회의를 소집했다. 슈바르젠베르크는 구 독일국가연합이 여전히 존재한다는 사실을 예리하게 이용했다. 왜냐하면 1848년 7월에 그것은 존재의 종말이 아니라 그 대신에 과거 활동의 종식을 발표했기 때문이었다.[64]

그때 헤세-카셀(Hesse-Cassel) 선제후(Electoral) 공국에서 위기가 발

---

64) Jonathan Steinberg, *Bismarck: A Life,* Oxford: Oxford University Press, 2011, p. 107.

생했다. 왜냐하면 그곳에서 반동적 공작이 시계를 1847년으로 되돌리고, 혁명에서 얻은 것들을 무효화하며, 절대주의를 부활시켰기 때문이다. 그들의 새 헌법 하에서 자유를 향유했던 그의 신민들이 조세 스트라이크를 하면서 반란을 일으켰다. 1850년 9월 17일에 대공, 프리드리히 빌헬름 II세가 그에게 질서의 회복을 돕기 위해 연방집행을 위한 그것의 수립의 조건에서 독일헌법에 호소했다. 즉 군사적 개입을 요청했던 것이다. 헤세-카셀의 영토는 프러시아의 서부 지방들과 프러시아 왕국의 본토 사이에 있었다. 그리고 작손이나 하노버의 병력이 프러시아의 동서간 축을 차단할 것이라는 아이디어가 그렇지 않으면 에르푸르트 통일이나 그것의 의회 혹은 다른 어떤 제도와도 아무런 관계를 원하지 않았던 고위 장교들을 경각시키고 또 분개시켰다. 1850년 11월 1일 독일국가연합의 병력들이 헤세 선제후로 행군했다. 통신선을 보호하려는 프러시아의 조치는 왕을 정당한 주권국가에 대항하여 혁명을 방어하는 기이한 입장으로 몰아넣었다. 차르 니콜라스가 위협을 하자 11월 2일 왕은 라도비츠를 해임했다. 프러시아 정부는 아무도 더 이상 수용하지 않지만 완전한 굴욕을 당할 입장을 방어하는 오스트리아와 독일 국가연합과 전쟁에 휩쓸렸다. 사태는 이제 아무런 목표가 없는 전쟁을 위해 군사적 준비로 나쁘게 진행되었다. 왕족의 구성원들을 주장하고, 내각은 분열되고 분위기가 더욱 불길해졌다.

오스트리아의 슈바르젠베르크는 최후 통첩의 형식으로 요구했다.[65]

---

65) Lothar Gall, *Bismarck: The White Revolutionary,* Vol. 1, *1815-1871,* trans. by J. A. Underwood, London: Unwin Hyman, 1986, p. 76.

용기가 없었던 프러시아의 왕은 결국 굴복했다. 허장성세의 게임은 프러시아 정부가 굴복하는 것으로 끝이 난 것이다. 1850년 11월 29일 프러시아의 만토이펠(Manteuffel)과 오스트리아의 슈바르젠베르크가 모라비아(Moravia)에 있는 올뮈츠(Olmuetz)에서 프러시아가 병력을 철수하고 통일 프로젝트를 포기한다는 조약을 체결했다.[66] 오스트리아에 대한 프러시아의 항복은 국가적 굴욕의 순간으로서 프러시아의 역사에서 예나 전투(the Battle of Jena)와 틸지트의 평화(the Peace of Tilsit) 이후 가장 깊은 국가적 굴욕으로 간주되었다.[67] 그것은 분노의 폭풍을 일으켰다. 프러시아의 왕자 빌헬름이 특별히 분통을 터트렸다. 그는 반동적 정부의 소심한 자기의 형에게 더욱 더 반대했다. 규칙상 정수에 의해 지배되는 의회에서조차 강력한 반대가 일어났다. 그러나 오직 한 사람만이 그 조약을 승인했을 뿐만 아니라 그것은 높게 칭찬했다. 그는 바로 오토 폰 비스마르크였다.

15년 후에 오스트리아를 패배시키고 독일에서 쫓겨날 비스마르크는 지금 1850년 12월 3일 자신의 생애에서 가장 중요한 연설들 가운데 하나를 했다. 그것은 그가 장차 유명하게 될 새로운 음조였다.

"오늘날 강대국들은 왜 싸우는가? 강대국가의 유일하게 건전한 기초는 이기주의이지 낭만주의가 아니다. 이것이 강대국을 약소국으로부터 필연적으로 구별하는 것이다. 강대국이 자국의 이익이 아닌 전쟁을 하는 것은 강대국의 가치가 없다. 신사 여러분, 전쟁의 가치가 있는 하나의 목적을 나에게 보여 주시오. 그러면 나는 여러

---

66) *Ibid.*, p. 77.
67) *Ibid.*, 108; Erich Eyck, *Bismarck and the German Empire,* New York: W. W. Norton, 1964 (originally, 1958), p. 29.

분에게 동의할 것이다. … 나의 견해로는 프러시아의 명예는 자기의 현지 헌법이 위험에 처했다고 느끼는 독일에서 모든 공격받은 의회의 거물에 돈키호테의 역할을 하는데 있지 않다."[68]

그 연설은 진정한 영향을 미쳤다. 그의 보수적 친구들은 비스마르크 연설문의 2만 장을 인쇄하여 전국에 배포했다. 현실적이고 비감정적이며 물질적 이익에 기초한 음조가 현실정치(Realpolitik)의 실천가인 비스마르크가 그의 공적 데뷔를 하는 순간이었다. 오스트리아에 대한 찬사를 하고 그것을 외국 인민들에 대해 지배를 할 만큼 운이 좋은 독일국가라고 불렀다. 그러나 게를라흐 형제들도 그의 얼음처럼 차가운 현실주의가 분노한 대중의 굴욕으로부터 그들을 구원했기 때문에 불평할 수 없었다.[69]

요컨대 이 연설은 비스마르크가 자기 시대에 말하고 행했던 모든 것과 완전히 모순이었다. 그러나 그것은 1866년과 1870년의 비스마르크와 완전히 일치하는 한 문장을 담고 있었다. 즉 강대국의 유일하게 건전한 토대는 낭만주의가 아니라 이기주의이며 자신의 이익의 일부를 형성하지 않는 어떤 것을 위해 싸우는 것은 강대국의 가치가 없다는 것이었다.[70] 오스트리아와 프러시아는 독일국가연합을 공동으로 부활하는데 동의했지만 오스트리아 인들은 그것을 무시했다. 올뮈츠의 굴욕은 에르푸르트 계획의 가장 치열한 반대자들마저 무너뜨렸다.

---

68) Jonathan Steinberg, *Bismarck: A Life,* Oxford: Oxford University Press, 2011, p. 108.에서 재인용.

69) *Ibid.*

70) Erich Eyck, *Bismarck and the German Empire,* New York: W. W. Norton, 1964, p. 29.

이런 상황에서 보수의 의원 연기자로서 보수주의자들을 이끌 전망은 그에게 흥미롭지 않았다. 진정한 권력은 왕의 손에 있었고 궁정의 인물들이 그것을 통제할 것이었다. 올뮈츠의 연설은 그를 국가의 고위직에 자신을 추천하는 결과를 가져왔다. 아무런 자격이나 경험도 없이, 그리고 의지할 만한 명성도 없이 비스마르크는 아주 다른 무대인 외교업무의 자리를 여전히 원했다.[71]

정부정책에 대한 그의 열정적 옹호로 수개월 후에 비스마르크는 프랑크푸르트에 있는 독일 의회에서 프러시아의 전권대사로서 임명되는 보상을 받았다. 그것은 그를 왕에게 추천한 보호자인 폰 게를라흐 장군의 작업이었다. 그리하여 비스마르크는 프러시아의 외교업무에서 가장 중요한 자리에 올랐다.[72] 그가 이 임명에 아주 행복했음에는 의심의 여지가 없었다. 그는 외교업무에 천부적인 재능을 갖고 있었다. 이제 그는 거대한 유럽의 무대에 그의 첫 출연을 하게 될 것이고 그는 자기의 독특한 방식으로 결국은 지배할 것이었다.

71) Jonathan Steinberg, *Bismarck: A Life,* Oxford: Oxford University Press, 2011, p. 108.
72) Erich Eyck, *Bismarck and the German Empire,* New York: W. W. Norton, 1964, p. 29.

제4장
거대한 유럽의 국제적 외교무대에 나섬

"강대국들 사이의 모든 조약들은 그것들이 생존을 위한
투쟁과 갈등을 일으키면 구속력을 잃는다."
-오토 폰 비스마르크-

오토 폰 비스마르크는 아주 기이한 기구에 외교사절로 임명되었다.
1815년 6월 국가연합 조약(the German Confederal Treaty)은 프랑스
대신에 오스트리아를 주도국으로 하는 나폴레옹의 라인 연방(Confé-
dération du Rhin)을 재창조했다. 그렇게 하기 위해서 메테르니히는 나
폴레옹이 유럽을 전환시킨 방식을 수용하고 "혁명"과의 조약을 체결
해야만 했다. 그리고 그는 나폴레옹 하에서 상실했던 국가들에 대한
오스트리아 합스부르크의 정당한 권리 주장을 포기했고 그들의 땅을
회복하려는 축출된 군주들의 권리 주장들을 무시했다. 그리고 그는
무엇보다도 합스부르크 군주제에 유럽의 조정자(arbiter)로서 정당한
지위를 확보하기 위해 그 모든 것 아니 그 이상을 해냈다.[73]

---

73) Jonathan Steinberg, *Bismarck: A Life,* Oxford: Oxford University Press, 2011, p.
111.

1851년 독일 국가연합의 독일 의회(then German Diet)에 프러시아의 대사로 임명된 뒤 비스마르크가 직면한 주된 어려움은 프러시아와 오스트리아 두 강대국의 불평등(inequality)에 있었다.[74] 이 의회는 느슨한 연방계획 속에 독일을 통제하기 위해 그랬던 것처럼 1848년과 1849년 혁명들의 실패 후에 오스트리아에 의해서 부활되었다. 소국들은 훨씬 더 엄격하게 통치되고 또 훨씬 더 한마음(single-minded)인 프러시아 왕국으로부터 보다는 합스부르크 왕가 하에 산만하고, 분권적이고, 다국적 제국으로부터 두려움을 느낄 일이 적었다. 비스마르크의 임명은 두 독일 서로간 강대국들이 대면으로 마주하는 완벽한 전투경기장에 그를 위치시켰다. 그의 새로운 일은 오토 폰 비스마르크에게 거대한 차이를 낳게 했다. 그와 함께 파괴의 세균이 심어졌다. 또 하나의 문제로 그는 자기 부인과 문제가 있었다. 그녀는 아름답지 않았고, 외국어를 몰랐으며, 의상에 대한 감각이 없었고, 궁정의 거대한 세계에 대한 경험이 없었다. 그녀는 결코 유럽의 상류사회의 커다란 무대에서 우아하게 이동할 능력을 갖춘 사교의 숙녀가 되지 않을 것이다. 요한나(Johanna)는 그렇게 되기 위한 노력조차 하지 않을 것이다.

1851년 5월 10일 비스마르크는 기차로 베를린을 떠나서 다음 날인 5월 11일에 프랑크푸르트에 도착했다. 그것은 놀랍게도 25시간 만에 달성한 여행이었다. 이것은 그의 삶에서 뿐만 아니라 독일국가연합의 역사에서 하나의 시대를 기록할 것이다.[75] 그는 대사로서 일한 지 일

---

74) *Ibid.*, p. 113.
75) Erich Eyck, *Bismarck and the German Empire,* New York: W. W. Norton, 1964, p. 30.

주일 만에 프랑크푸르트가 무지무지하게 지루하고 본질적으로 마치 그들이 서로 간에 발견하여 폭로할 가치가 있는 어떤 것을 갖고 있는 것처럼 서로서로 첩보활동 밖에는 할 일이 없다고 다른 외교관들에게 불평하기 시작했다. 비록 자기의 동료들에 관해서 불평을 할 수 있었지만 비스마르크는 그 일을 좋아했고 자신의 상임임명의 공식적 확인을 초조하게 기다렸다. 그리고 그것이 마침내 1851년 8월 중순에 도착했다. 비스마르크는 프랑크푸르트에서 다른 목적을 위해 시간을 사용했다. 그는 프러시아의 하원에 참석하기 위해서 베를린으로 여행을 계속했다.76)

독일국가연합의 구성원들은 주권 국가였다. 의회는 이런 국가들의 외교사절로 구성되었다. 의원들은 자신들의 의견이 아니라 그들이 본국으로부터 받은 훈령에 따라서 투표했다. 이런 유형의 기구는 움직인다 해도 아주 느리게 움직일 수밖에 없었다. 그것의 투표절차는 아주 복잡하고 인위적인 방식으로 규제되었다. 어떤 문제에선 크고 작은 모든 국가들이 한 표를 가졌고 다른 문제에서는 대국들이 소국들보다도 더 많은 투표를 가졌다. 두 강대국인 오스트리아와 프러시아는 4표를 가졌지만 다른 4개의 왕국들은, 즉 바바리아, 뷔르템베르크, 하노버, 그리고 작센도 역시 같은 수의 투표권을 가졌다. 만일 두 강대국가가 같은 노선을 취하면 그들은 실제로 자기들 마음대로 분명히 할 수 있었다. 그러나 만일 그들이 의견을 달리하면 다수는 중간 국가들의 투표수에 달렸다. 국가연합의 창설로부터 혁명까지 전 기간에

---

76) Jonathan Steinberg, *Bismarck: A Life,* Oxford: Oxford University Press, 2011, p. 118.

걸쳐 프러시아는 하나의 규칙으로 오스트리아와 함께 투표했다. 왜냐하면 오스트리아가 주재하는 강대국일 뿐만 아니라 오스트리아의 수상 메테르니히 공작의 우월한 영도력이 계속되는 약한 프러시아의 정부들을 지배했기 때문이다. 그러므로 이 시기에 독일 의회와 독일 국가연합은 메테르니히의 정책을 수행했다. 명실공히 그것은 메테르니히 체제였다.

그러나 1850년 이후에는 이러한 오스트리아와 프러시아 간의 협력으로 복귀하는 것은 불가능했다. 왜냐하면 이 의회의 해산과 부활 사이의 짧은 시간에 프랑크푸르트 의회가 프러시아를 미래 독일의 지도국가로 선포했기 때문이다. 실제로 프러시아 왕이 황제관을 거부했지만 독일인 대표들의 다수가 프러시아의 리더십을 기대했다는 사실은 남아 있었다. 두 강대국들의 적대감과 미래의 독일을 위한 그것의 중요성은 이렇게 표명되었다. 이 사실은 그 후 줄곧 무시될 수 없었다.[77] 프러시아의 왕과 정부는 올뮈츠(Olmuetz)에서 패배한 뒤에 독일에서 오스트리아에 반대하길 원하지 않았다.

비스마르크는 그가 올뮈츠에 대한 연설에서 오스트리아와 프러시아 사이의 이해를 주창했을 뿐만 아니라 오스트리아를 심지어 옹호했기 때문에 프랑크푸르트에 파견되었던 것이다. 뿐만 아니라, 그는 오스트리아 황제의 대표들과 의회의 의장으로서 프랑크푸르트에 파견된 오스트리아의 어느 정치인들 못지않게 충분히 반동적이고 반-혁명가였다. 그러므로 그들 사이에 의회에서 완전한 조화가 지배할 것이라

---

77) Erich Eyck, *Bismarck and the German Empire,* New York: W. W. Norton, 1964, p. 31.

고 기대되었다. 그러나 완전히 정반대의 상황이 발생했다.[78] 비스마르크는 오스트리아의 가장 결연하고 위험한 반대자가 되었다. 의회의 모임들은 전례 없이 폭풍이 몰아쳤다. 그리고 오스트리아 제국 대표들의 가장 진지한 기도는 이 "사나운" 비스마르크로부터 해방되는 것이었다.[79]

이런 개인적인 마찰의 배경에는 비스마르크의 진지한 정치적 목적이 있었다. 그것은 오스트리아로부터 국가연합에서 프러시아의 신분상의 평등성을 완전히 인정받으려는 결연한 자세였다.[80] 오스트리아인들은 베를린과의 사전 합의가 의회에서 다루는 어떤 중요한 일에 대해서도 필요하다는 것을 깨달아야만 했다. 다른 관점에서 보면 그의 목적은 프러시아의 거부권을 확립하는 것이었다. 투표들은 계산될(counted) 뿐만 아니라 가중치가 주어져야(weighted) 했다. 그가 베를린의 훈령 하에서 행동했지만 프랑크푸르트에서 투쟁이 수행되는 성격은 프러시아의 대표인 비스마르크에 의해서 결정되었다.[81] 만토이펠(Manteuffel) 수상과 그리고 레오폴트 게를라흐를 통해 왕에게까지 영향을 미치도록 계획된 교묘하게 작성된 보고서들과 서한들이 꾸준하게 그의 바쁜 두뇌에서 쏟아졌다. 프랑크푸르트에서 그의 첫 전술은 방해였다. 오스트리아가 앞에서 말을 맬 때 프러시아는 뒤에서 말을 맸다. 설득이 실패할 경우에 그는 복수의 공포를 선동했고 상호 질

---

78) *Ibid.*
79) *Ibid.*
80) Otto Pflanze, *Bismarck and the Development of Germany: The Period of Unification 1815-1871,* Princeton, New Jersey: Princeton University Press, 1963, p. 93.
81) *Ibid.*

시와 불화의 씨를 심었다. 그리고 마지막 수단으로서 그는 프러시아의 탈퇴를 위협했다. 이러한 전술들은 전적으로 부정적이었다. 그는 오스트리아의 공세를 정지시킬 뿐만 아니라 프러시아의 공세를 펴부었다.[82]

처음부터 비스마르크는 혁명적이기 보다는 주로 강압적인 접근법에 의존했다. 프러시아가 필요로 하는 것은 반대가 꺾이거나 굴복하도록 몰아 부칠 수 있는 새로운 힘의 자원이었다. 독일에서 고립된 프러시아는 오스트리아와 소국들의 안전을 위협할 유럽의 동맹들에서 찾아야만 했다. 이것은 오스트리아와 프러시아의 동맹이 독일에서뿐만 아니라 유럽에서 포기되어야 만했다. 과거에 오스트리아와 프러시아 그리고 러시아 사이 동부의 제휴는 두 가지 목적에 봉사했다. 그것은 유럽에서 보수주의의 요새였으며 또 독일의 중소국가들이 프랑스와 동맹을 함으로써 오스트리아와 프러시아의 지배에서 탈출하려는 모색을 방지했다. 비스마르크는 이제 그 제휴가 더 이상 이런 기능들을 수행하지 않는다고 주장했다. 내부적으로 이제 독일은 1848년 3월의 사건들의 반복으로부터 제법 안전하게 보였고 또 파리에서 제2공화국이 유럽의 질서에 덜 위협적으로 간주되는 제2의 제국으로 변모했다. 그리하여 프러시아는 오스트리아와의 연계를 풀 수가 있고 프랑스와 동맹의 유령을 창조할 수 있을 것이었다. 1853년 1월에 비스마르크는 게를라흐와 만토이펠에게 보내는 일련의 서한에서 그런 주장을 하고 나서길 시작했다.[83]

---

82) *Ibid.*, p. 94.
83) *Ibid.*, p. 95.

비스마르크의 미래에 대한 2개의 위협이 그의 프랑크푸르트 시기 초기에 등장했다. 만토이펠 수상과 게를라흐 장군의 일단의 적들이 외교업무 내외에서 형성되었다. 로베르트 폰 데어 골츠(Robert von der Goltz)는 항상 자기를 외교장관으로 선택하는 것을 자연스럽게 간주 했고 비스마르크를 싫어했다. 두 번째 위협은 비스마르크의 개성에서 직접 일어났다. 이 스토리는 기이하다. 1852년 3월 그는 결투에 관련 되었다. 독일국가연합 의회에 비스마르크가 임명된 초기 의장으로서 툰(Thun) 백작이 시가를 하나 꺼내서 보다 작은 회의 중에 그것에 불을 붙였다. 오직 연방 회의의 의장만이, 즉 오스트리아의 사절만이 관습적으로 회의에서 담배를 필 권리를 갖고 있었다. 프러시아의 동등한 신분을 보여주기 위해서 비스마르크도 즉시 시가에 불을 붙였다. 그는 이 스토리를 프러시아의 하원에서 베스트팔렌에 있는 하겐(Hagen)의 대표인 게오르크 프라이헤르 폰 빈케(Georg Freiherr von Vincke)에게 말했다. 빈케는 비스마르크를 자극하길 좋아했다. 빈케는 비스마르크가 외교적 사려분별이 부족하다고 비난하면서 지금까지 그의 유일한 업적이 "시가를 태우는 것"이었다고 말했다.

비스마르크는 연단에서 그에게 그의 언급은 외교적 사려분별의 경계선들을 넘었을 뿐만 아니라 누구나 모든 적절히 교육받은 사람에게 기대할 권리가 있는 그런 정상적인 사려분별을 넘었다고 대답했다. 비스마르크의 스토리에 의하면, 다음 날, 빈케는 총 4발의 결투를 신청했고 비스마르크는 수락했다. 빈케는 48시간의 연기를 요청했고 비스마르크는 동의했다. 3월 25일 아침 8시에 그들은 타겔(Tegel)을 나가 호수 옆 아름다운 지점으로 갔다. 비스마르크가 도전이 너무 높게 정해졌다며 결투는 각 한 발로 축소하길 제안했다. 빈케는 그 제안을 수락했고 더 나아가 만일 비스마르크가 그의 언급을 사죄한다면 도전을 철회할 준비가 되어 있다고 발표했다. 비스마르크는 그럴 생각이 없었기에 그들은 모두 피스톨을 잡고 발사했지만 둘 다 빗나갔다. 그것으로 끝났다. 둘은 악수를 했다.[84]

1851년 12월 2일 프랑스에서 제2공화국의 선출된 대통령인 루이 나폴레옹 보나파르트(Louis Napoleon Bonaparte)가 제2공화국의 헌법에 대항하여 잘 계획된 무혈의 쿠데타를 단행했다. 그 쿠데타는 유럽에서 전반적인 외교적 상황을 변화시켰다. 루이 나폴레옹은 프러시아의 보수주의자들만큼이나 기억의 포로였다. 그는 그의 선출 뒤에 있는 신화를 실현하기 위해서 자기 삼촌의 제국을 재창조해야만 했다. 프랑스 혁명의 위대한 원칙들, 즉 "자유, 평등 그리고 박애"가 주장되어야 했다. 무엇보다도, 그는 황제관을 필요로 했고 그래서 1852년 11월 7일 상원은 황제의 타이틀을 수립했다. 이제 이 독재자는 나폴레옹 3세가 되었고 그리하여 더 이상 루이 나폴레옹으로 불리지 않았다. 황제 나폴레옹 3세의 다음 조치는 낮이 가면 밤이 오는 것만큼이나 확실하게 뒤따를 것이었다. 그는 외교문제에서 나폴레옹식 자세를 취해야만 했고 그리고 오스트리아가 이제 방금 회복시킨 균형을 뒤엎는 것이었다.

루이 나폴레옹 보나파르트의 등장으로 비스마르크의 이후 경력이 가능하게 되었다. 생각해낼 만한 다른 어떤 지배자도 나폴레옹 3세만

---

84) Jonathan Steinberg, *Bismarck: A Life,* Oxford: Oxford University Press, 2011, p. 122.

큼 완벽하게 비스마르크의 손에서 놀아날 수는 없었을 것이다. 다른 어떤 강대국도 비스마르크가 프랑크푸르트에 와서 추구한 정확하게 바로 그 목적인 유럽에서 오스트리아의 힘을 파괴할 이유를 갖지 못했다. 비스마르크의 반응은 정치적 가능성들에 대한 비통상적이고 예리한 감각을 보였다. 비스마르크는 오스트리아와 독일 소국 군주들을 당황하게 하기 위해 새 보나파르트와 화해할 것을 주장하고 나섰다.[85] 베를린에 있는 보수주의자들이 나폴레옹 3세의 제국의 자처를 공적 경멸로 대하는 것은 틀렸다고 그는 주장했다. 그리고 비스마르크는 1853년 1월 초에 레오폴트 게를라흐에게 이런 편지를 썼다.

> "나는 프러시아 정부가 프랑스와 동맹에 들어간다면 그것은 프러시아에 큰 불행이 될 것이라고 확신한다. 그러나 만일 우리가 그것을 이용하지 않는다면 어떤 조건하에서 이 악을 두 개 가운데 차악으로 선택할 수 있는 가능성을 우리의 동맹의 고려에서 제거해서는 결코 안 될 것이다."[86]

프랑스에 대한 프러시아의 적대감이 회복될 수 없다는 인상을 일소함으로써 프러시아가 과거에 힘의 확장을 위해 그렇게 성공적으로 사용했던 바로 그 지위의 자유를 재획득하는 것이 가능할 것이다. 이러한 문건들은 비스마르크의 프랑크푸르트 시기 중에서 가장 중요한 것들에 속했다. 이런 주장은 원칙과는 아무런 관계가 없었으며 힘의

---

85) *Ibid.*
86) Otto Pflanze, *Bismarck and the Development of Germany: The Period of Unification 1815-1871,* Princeton, New Jersey: Princeton University Press, 1963, p. 95.

현실이나 그런 현실의 등장과 관련되었다. 만일 프러시아가 독일의 소국들에게 그들의 머리 위에서 베를린과 파리 사이의 거래가 가능할 것이라는 인상을 준다면 그들은 갑자기 그리고 체면도 생각하지 않고 그들의 어떤 것도 프랑스 황제에게 약속되지 않을 것이라는 보장을 받기 위해 베를린으로 몰릴 것이었다. 독일의 소국들이 프러시아의 염원에 복종할 것이었다. 또한 프랑스 제국과의 잠재적 동맹은 오스트리아를 놀라게 할 것이며 게임에서 프랑스의 손을 강화할 것이었다. 프러시아에게 적은 오직 오스트리아가 될 것이었다.[87] 그리고 비스마르크의 목적을 위해 가용한 유일한 주요 강대국은 프랑스로 보였다. 그의 이름과 혁명적 기원으로 인해 꺼림을 당하는 나폴레옹 3세는 유럽의 군주국들 사회에서 버림받은 사람이었다.

비스마르크가 이제 프러시아를 위해 주장하고 나선 바로 그 정책은 바른 것을 위해 비스마르크가 오스트리아와 중소국들을 규탄하는데 결코 그치지 않았다. 그는 종종 독일에서 프러시아에 대한 압력을 행사하기 위해 나폴레옹 3세와 화해하여야 한다고 오스트리아를 비난했다. 그리고 그는 독일남부의 중소국들이 기회만 있으면 나폴레옹 1세 시대의 라인연맹정치로 돌아가려 한다고 빈번하게 경고했다. 그럼에도 불구하고 당시에 비스마르크는 프러시아가 실제로 프랑스와 동맹을 갈망한다는 어떤 것도 부인하는데 진지했다. 그의 의도는 하나의 제휴를 다른 제휴로 대체하는 것이 아니라 대안적 압력의 전략을 채택하는 것이었다. 프러시아는 오스트리아와 프랑스 사이에서 중간

---

87) Jonathan Steinberg, *Bismarck: A Life*, Oxford: Oxford University Press, 2011, p. 122.

적 지위를 유지하길 추구해야만 했다. 어느 쪽에도 묶이지 않은 채로 서로 간 대립시켜 이용할 수 있을 것이며 오직 극단적인 상황에서만 분명한 선택을 할 것이었다.[88]

외교의 의례상 비스마르크가 자기의 임기 초기에 빈(Vienna)을 방문했다. 그는 황제를 알현했다. 그리고 그는 1852년 4월 5일 슈바르젠베르크 공작의 갑작스러운 사망 후에 장악한 오스트리아의 새 지배자들을 만났다. 본국의 만토이펠 수상에게 보내는 보고서에서 비스마르크는 오스트리아를 운영하는 유대인들에 관해서 코멘트를 했다. 비스마르크와 융커들에게 그들은 변함없이 불쾌한 사람들이었다.[89] 독일 의회의 새 오스트리아 의장인 안톤 프로케쉬 폰 오스텐 백작(Anton Prokesch Count von Osten)이 도착했다. 비스마르크는 그를 싫어했다. 그는 언제나 군인 복장을 하고 있었다. 비스마르크의 오스트리아와 프랑스 사이를 이간질하는 전술적 계획은 하나의 중대한 단점을 갖고 있었다. 오스트리아와 러시아 간의 동부동맹이 그대로 있는 한 프랑스에 대한 프러시아의 불장난은 비스마르크가 갈망하는 아무런 효과를 가질 수 없었다. 러시아의 지원으로 오스트리아는 여전히 독일에서 굳건한 입장을 취할 수 있었다. 그러나 새로운 위기가 동부의 지평선에서 발전하고 있었다. 그리고 발칸에서 갈등의 등장은 프랑크푸르트에 있는 야심적 젊은 외교관 비스마르크의 전망을 갑자기 변화시켰다.

---

88) Otto Pflanze, *Bismarck and the Development of Germany: The Period of Unification 1815-1871*, Princeton, New Jersey: Princeton University Press, 1963, p. 96.

89) Jonathan Steinberg, *Bismarck: A Life*, Oxford: Oxford University Press, 2011, p. 123.

1853년 5월에서 7월 중에 오토만 제국(the Ottoman Empire)에 살고 있는 기독교 주민들에 대한 러시아의 보호령을 인정하라는 요구에 대한 터키의 저항이 다뉴브 공국들(the Danubian Principalities)에 대한 러시아의 점령을 가져왔다. 영국과 프랑스의 격려를 받은 술탄(Sultan)이 10월에 전쟁을 선포했다. 크리미아 전쟁(the Crimean War)이 시작된 것이다. 6개월 후에 유럽은 정치인들이 원하지 않았으며 회피할 지혜도 없는 주요 갈등에 휩쓸렸다. 필연적으로 그 갈등은 오스트리아와 프러시아에 압력을 가했다. 러시아를 공격할 지리적 조건의 어려움은 서쪽에서 그들의 참여를 영국과 프랑스에 치명적으로 보였던 반면에 러시아의 차르 정부는 보수적 강대국으로서 그리고 신성동맹(the Holy alliance)의 회원국으로서 오스트리아와 프러시아의 지원을 자신 있게 기대했다.[90]

빈에서 오스트리아의 외상 부올(Buol) 백작은 다뉴브에 러시아 군대의 출현에 놀랐다. 그도 이 사태에서 러시아를 발칸에서 영원히 추방하고 그 지역에 오스트리아의 힘을 수립할 절호의 기회를 보았다. 그러나 보수적인 각료들이 그를 반대했다. 프란츠 요제프 황제는 모호한 태도를 취했다. 우선 부올은 중도로 나가면서 러시아에 적대시하는 것을 피하고 동시에 서방국가들의 우정을 획득하려고 모색했다. 1854~1855년에 그는 러시아와의 전쟁에 위험스럽게 가까이 갔다. 그러나 이것을 위해서 그는 프러시아와 독일국가연합의 지지가 필요했다. 비스마르크에게 적합한 길은 분명했다. 프러시아는 자기 자신을

---

90) Otto Pflanze, *Bismarck and the Development of Germany: The Period of Unification 1815-1871,* Princeton, New Jersey: Princeton University Press, 1963, p. 97.

만족시킬 오스트리아의 필요성을 이용해야 했다. 1854년 초 비스마르크는 만토이펠 수상에게 오스트리아가 동쪽에서 철저히 개입할 때까지 기다릴 것을 권유했다. 일단 오스트리아의 군대가 발칸 전선에 전개되면 프러시아는 합스부르크에게 프러시아의 지원이나 적대감의 대안을 갑자기 제시해야 할 것이다. 의회에서 오스트리아인들은 프러시아의 거부권을 존중해야만 한다. 만일 거부당한다면 프러시아는 노출된 보헤미아 전선을 공격할 수 있을 것이다. 거대한 위기들이 프러시아의 성장을 위한 날씨를 제공할 것이다 프러시아는 "만족한 국가"(a satisfied state)가 아니었다.[91]

러시아와 터키의 전쟁이 계속됨에 따라 상황은 악화되었다. 이탈리아 통일의 주역인 카부르(Cavour)[92]의 피에몽(Piedmont)과 함께 영국과 프랑스가 러시아 제국에 대항하여 서방국가들과 터키의 동맹을 형성했다. 오스트리아는 이제 독일 의회의 지지를 기대했지만 프러시아와 오스트리아 간의 긴장은 회의장의 시가에 대한 충돌을 넘어서 전쟁과 평화의 문제로 옮겨갔다.[93] 1854년 3월 22일 의회에 대한 오스트리아의 대사 프로케쉬-오스텐은 오스트리아의 외상 부올에게 편지를 썼다.

"나는 프러시아 측으로부터 결코 정직한 게임을 기대하지 않았다. 그리고 나는 종종 우리가 함께 제휴할 수 있는 지의 여부를 물었다. 그리고 우리가 그것을 가질 때 프러시아를 해롭지 않은 크기

---

91) *Ibid.,* p. 98.
92) Denis Mack Smith, *Cavour,* London: Weidenfeld and Nicolson, 1985.
93) Jonathan Steinberg, *Bismarck: A Life,* Oxford: Oxford University Press, 2011, p. 124.

로 축소하기 위해 해양국의 도움으로 그것을 사용할 수 있을 것이라고 내 자신에게 묻는다. 우리는 그것이 힘을 갖고 있는 한 이 경쟁자를 결코 제거할 수 없을 것이다. 하물며 그것이 상장할 때 카우니츠(Kaunitz)의 정책들은 프리드리히 2세의 무도함을 노렸다 그리고 오늘날의 프러시아는 바로 프리드리히 2세의 옛 국가이다."[94]

아니 그것은 결코 그렇지 않았다. 1854년의 프러시아는 어떤 결심도 할 수 없는 왕을 갖고 있었다. 그는 결코 프리드리히 대왕이 아니었다. 러시아의 차르는 그에 대해 "나의 친애하는 매부는 러시아인으로 자러 가서 영국인으로 눈을 뜬다"고 경멸적으로 썼다. 비스마르크는 프러시아의 국제적 위상을 강화하기 위해 이 위기를 사용할 결심이었다. 그리고 그것은 오스트리아와 동맹에 끌려들어가는 것의 거부를 의미했다. 그는 또한 독일 소국들의 움직임을 감시해야만 했다.

1854년 3월 28일 프랑스와 영국이 러시아 제국에 선전포고를 하고 해군 부대들과 지상군 병력을 동 지중해로 파견하여 그 전투에서 터키와 합류했다. 4월 5일 영국의 병력이 갈리폴리(Gallipoli)에 도착했다. 이런 배경에서 1854년 4월 20일 프러시아와 오스트리아가 공수동맹(an offensive-defensive alliance)조약을 체결했다. 그것은 오스트리아에게 러시아가 다뉴브 공국들에서 철수해야 한다는 1854년 6월 3일의 요구에 대한 지원을 제공했다. 며칠 후에 오스트리아의 황제 프란츠 요제프와 프러시아의 왕 프리드리히 4세가 정책을 조절하기 위해 테셴(Teschen)에서 만났다. 6월 24일 중소크기의 독일 국가들이 오스트리아와 프러시아의 동맹에 동의했다. 비스마르크는 이 모든 것에

94) *Ibid.,* p. 125.에서 재인용.

반대했다.[95]

일련의 패배들로 러시아의 자신감이 흔들렸다. 7월 28일 러시아는 프루트 강(the Pruth River)의 전선 뒤로 철수했다. 이제 서방국가들은 야심적 작전을 집합하여 흑해 해안에 상륙할 계획을 했다. 8월 8일 프랑스, 독일, 그리고 오스트리아가 러시아에게 평화협상을 위한 토대로서 4개항을 제시했다. 1. 다뉴브 공국들에 대한 보호령을 포기할 것; 2. 다뉴브 강에서 모든 수송의 자유를 인정할 것; 3. 1842년 7월 13일 조약의 개정을 수락할 것; 4. 술탄의 신민들에 대한 보호령을 포기할 것 등이 그 4개항이다. 12월 2일 프랑스, 영국, 그리고 오스트리아의 3국동맹이 체결되고 3 강대국들은 프러시아가 합류하도록 초대했다. 비스마르크는 즉시 절대로 그 동맹에 합류해서는 안 되고, 그 이유는 그들 모두 우리가 두려움에서 그렇게 할 것으로 보고 또 그들이 우리를 놀라게 하면 할수록 우리에게서 더 많은 것을 얻을 것으로 결론지을 것이기 때문이라고 게를라흐에게 편지를 썼다.

그 달 말까지 비스마르크는 프러시아가 12월 2일 체결된 3국동맹에 합류하지 않을 것이라는 반가운 소식을 베를린으로부터 들었다. 여기서 처음으로 비스마르크는 자기의 테크닉의 일면을 보여준다. 즉 그것은 위기에서는 두려움과 불확실성을 조성해서 적들이 프러시아가 어떻게 행동할지를 확신할 수 없게 하고, 수단의 선택에 있어서 절대적으로 양심에 흔들려서는 안 된다는 것이었다. 프러시아는 그것이 그렇게 할 필요가 있으면 어떤 세력이나 국가와도 동맹을 할 수 있었다. 이 테크닉들은 그것들이 도구적이고 비원칙적이라 할지라도 크리

---

95) *Ibid.*, p. 125.

미아 전쟁에서 그가 권좌에서 실각할 때까지 비스마르크의 외교적 접근법을 표시했다.[96]

1855년 1월 10일, 비스마르크는 협의를 위해 베를린으로 소환되어 1월 18일까지 그곳에서 머물렀다. 프랑크푸르트에서 비스마르크와 프로케쉬 사이의 관계는 완전히 무너졌다. 2월 20일에 오스트리아의 부올 외상은 프러시아의 만토이펠 프러시아 수상에게 편지를 써서 프로케쉬의 다가오는 소환을 알리고 그를 요한 베른하르트 그라프 폰 레히베르크와 로텐뢰벤(Johann Bernhard Graf von Rechberg und Rothenloewen)으로 대체한다는 것을 프러시아 정부에 알렸다. 부올은 이 기회를 이용하여 악명이 된 비스마르크의 언급의 관점과 오스트리아에 대한 적대감을 보이는 비스마르크를 대치하는 것이 가능할지를 물었다. 만토이펠 수상은 이 요청을 단호하게 거부했다. 오스트리아와의 동맹에 관한 위기에서 비스마르크는 그의 첫 외교적 승리를 거두었다.[97] 1855년 1월 30일 의회는 동원하려는 프로케쉬의 제안을 거부했고 오스트리아는 그것을 철회했다. 비스마르크의 역제안은 "중립"이라는 단어를 사용했다. 그리고 의회가 동원하려는 오스트리아의 요청에 대한 답변에서 비스마르크는 동의했지만 그 동원은 모든 방향으로 전개되어야 한다는 구절을 추가했다. 이것은 반러시아 추진을 제거했고 또 포괄적으로 오스트리아 인들을 엿 먹였다. 비스마르크는 프랑스의 침공군이 자기들의 국경선들을 넘어 행군할 지도 모른다는 독일 소국들의 두려움을 이용했다. 이것은 비스마르크의 외교적 걸작

---

96) *Ibid.*, p. 126.
97) *Ibid.*, p. 127.

이었다.

크리미아 전쟁은 수치스러운 종식에 다다랐고 나폴레옹 3세는 1856년 파리에서 평화회담을 요청했다. 이 파리 평화회담은 1856년 2월 24일에 개최되었다. 니콜라스 2세를 계승한 러시아의 새 젊은 차르 알렉산더(Alexander) 2세는 권좌에 올라서 러시아의 패배들이 개별적인 실패가 아니라 체제적 실수들을 대변한다고 깨달았다. 차르 정권은 개혁, 근대화, 그리고 증가하는 교육받은 중간계급의 포섭이 필요했다. 어떤 면에서 크리미아 전쟁에서 패배는 정확히 50년 전인 1806년 나폴레옹에 패배한 예나(Jena) 전투가 프러시아에 미쳤던 동일한 효과를 1856년 러시아에 미쳤다.[98] 차르는 귀족제를 손상시키지 않고 애국주의와 지성을 체제에 유입해야만 했다. 농노들은 해방되어야 했다. 마을과 카운티 학교들이 도입되어야 했으며 중심지는 지방정부들을 세워야만 했다.

크리미아 전쟁에서 러시아의 패배 없이는 비스마르크가 후에 통일을 위한 3번의 전쟁을 결코 치를 수 없었을 것이다. 동등하게 중요한 것은 프러시아가 중립으로 남아서 러시아와 정중한 유대를 유지했다. 오스트리아인들은 러시아를 배신했으며 그것의 옛 동맹으로부터 아무것도 기대할 수 없을 것이다. 러시아를 고립시키려는 오스트리아의 노력은 오히려 오스트리아 자신을 고립시키는 결과를 가져왔다. 오스트리아는 국제문제에서 신뢰에 대한 명성이 전술적 영민함보다 더 중요한 자산이라는 것을 너무 늦게 깨달았다.[99] 때가 왔을 때 비스마르

---

98) Jonathan Steinberg, *Bismarck: A Life,* Oxford: Oxford University Press, 2011, p. 129.

99) Henry Kissinger, *World Order,* New York: Penguin Press, 2014, p. 73.

크는 독일에서 오스트리아의 권위를 파괴하기 위해 러시아의 분노를 이용하는 방법을 정확하게 알고 있었다.[100]

요컨대, 1853~1856년 크리미아 전쟁은 메테르니히의 빈체제의 두 개의 핵심적 기둥 가운데 하나였던 오스트리아, 프러시아, 그리고 러시아의 보수주의 국가들의 단결을 깨뜨려버렸다. 이 결합이 혁명에서 기존의 제도들을 방어했다. 그것은 과거 평화를 어지럽힌 프랑스를 고립시켰다. 이제 또 하나의 새로운 나폴레옹이 자기 자신을 여러 가지 방향으로 내세울 기회들을 탐색하고 있었다. 크리미아 전쟁에서 나폴레옹은 러시아가 콘스탄티노플(Constantinople)로 뻗어 나가 지중해에 접근하는 것을 방지하는 영국의 역사적 노력과 자신을 동맹하여 그의 고립을 종식하려는 책략을 보았다. 그 동맹은 러시아의 전진을 실제로 견제했지만 그러나 점점 부서지기 쉬운 외교의 대가를 지불해야 했다.[101]

또 하나의 국제적 사건이 비스마르크에게 동등하게 강력하지만 그러나 덜 행복하게 영향을 주었다. 1855년 9월 29일 영국의 빅토리아 여왕(Queen Victoria)이 "오늘 우리의 친애하는 빅토리아가 14일 이래 영국을 방문 중에 있던 프러시아의 프리드리히 빌헬름(Frederick William)과 약혼했다"고 그녀의 <하이랜드 생활의 편린들>(*Leaves from our Journal of Our Life in the Highlands*)에 썼다. 비스마르크는 처음부터 영국과의 결혼을 싫어했다. 그녀의 사위로서 프리드리히 빌헬름 전하가 영국에서 아무런 존경을 발견하지 않을 것이라고 썼다.

100) Jonathan Steinberg, *Bismarck: A Life,* Oxford: Oxford University Press, 2011, p. 129.
101) Henry Kissinger, *World Order,* New York: Penguin Press, 2014, p. 72.

1856년과 1857년 또 하나의 아주 중요한 문제로 그의 후원자들인 두 게를라흐 형제들과의 우정이 긴장되기 시작했다. 비스마르크는 프러시아 목표의 달성을 위해서 나폴레옹 3세의 유용성에 관해 열심히 그리고 아주 비통상적으로 생각하기 시작했었다. 그런 생각을 한다는 것은 그들의 근본적인 원칙들에 대한 공격에 해당했다. 그들에게 나폴레옹 3세는 혁명의 화신이었다. 그는 용납될 것이 아니라 격리되어야 했다. 그의 정권은 부당(illegitimate)했다. 그는 붉은(red) 찬탈자요 민주주의자였다. 그러나 비스마르크는 동의하지 않았다. 가능성들은 힘과 대응 힘의 합리적 계산의 문제였다. 참가자들은 게임의 규칙들, 다른 참가자들의 심리들과 그에게 열린 움직임의 수를 알 필요가 있다. 수년 후에 비스마르크는 이렇게 관찰했다.

> "나는 전 생애를 다른 사람들의 돈으로 하는 높은 몫을 위한 도박으로 보냈다. 나는 나의 계획이 성공할 지의 여부를 결코 정확하게 내다볼 수 없었다. … 정치는 모든 것이 우연과 추측에 달려 있기 때문에 보람이 없는 직업이다. 우리는 일련의 가능성들과 불가능성들을 고려에 넣고 이 고려에 자신의 계획들을 기초해야 한다."102)

비스마르크가 1850년대에 사용하기 시작한 은유들은 카드, 주사위 그리고 그런 것들의 우연의 게임을 했던 자신의 경험에서 나왔다. 정치는 선과 악, 미덕과 악덕과는 무관하며 오직 힘과 자기이익과 관련된다고 비스마르크는 갈수록 공개적으로 주장했다. 나폴레옹 3세에

---

102) Jonathan Steinberg, *Bismarck: A Life,* Oxford: Oxford University Press, 2011, p. 130.에서 재인용.

대한 프러시아의 태도에 관해서 비스마르크와 그의 후원자들 사이의
서신 교환은 비스마르크 경력에서 전환점을 이루었고 또 그가 자신의
공직상의 지위를 신세진 기독교 보수주의자들과 첫 심각한 균열을 이
루었다. 1866년 여름에 비스마르크는 파리를 방문했다. 그리고나서
그는 그 점에 대해서 레오폴트 폰 게를라흐로부터 강의를 받았다. 비
스마르크는 대답했다.

> "기회가 발생할 때 나는 내 자신의 직접적인 관찰로부터 벗어나
> 야만 하는 요소들을 알고 있어야 한다. 당신은 나의 정치적 건강을
> 위해 두려워할 필요가 없다. 나는 오리와 같은 천성을 가지고 있어
> 서 물이 나의 깃털들로부터 떨어진다. 그리고 나의 피부와 나의 심
> 장 사이에는 먼 길이 있다."103)

　1857년까지 비스마르크는 농담을 멈추고 레오폴트 폰 게를라흐에
게 2통의 편지를 썼다. 그것은 비스마르크의 성숙함의 첫 장면을 우
리에게 제공한다. 비스마르크는 힘 있고 선명했다. 이 편지들은 새로
운 외교적 스타일의 등장, 즉 흥미롭게도 적절한 영어의 번역이 없는
"현실주의 정치"(*Realpolitik*)라고 알려진 것의 탄생을 발표했다.104)
첫 번째 편지는 1857년 5월 2일자이다. 이곳에서 그는 자기의 후원자
들로부터 자기의 독립선언서를 썼다.105) 어쩌면 그가 쓴 편지들 중
가장 중요한 것일 것이다.

---

103) *Ibid.*
104) 영어로는 보통 "권력정치"(power politics), 혹은 "힘의 정치"라 불린다.
105) Jonathan Steinberg, *Bismarck: A Life,* Oxford: Oxford University Press, 2011,
　　 p. 131.

"당신은 내가 나에게 인상적인 개인에게 나의 원칙들을 희생해야 한다는 가정에서 시작한다. 나는 그 문장의 첫 번째 그리고 두 번째 구절을 모두 거부한다. 인간은 나에게 전혀 인상을 주지 않는다. 사람들을 찬양하는 능력은 나에게 장점보다는 약점에 대해 더 예리한 안목을 주는 비전의 결점과 다르지 않게 내 안에서 별로 발전하지 않았다. 만일 나의 마지막 편지가 다소 생생하게 색칠을 하고 있다면 나는 내가 당신에게 영향을 미치길 희망하는 수사학적 메커니즘에 그것을 돌리라고 요청한다. 내가 어떤 원칙을 희생한다고 가정하는지 나는 당신이 쓴 글에서 정확하게 형성할 수가 없다. … 프랑스는 그것이 내 조국의 상황에 영향을 주기 때문에 나에게 관심이 있을 뿐이다. 그리고 우리는 존재하는 프랑스와 함께 우리의 정책을 만들 수 있을 뿐이다. … 외국이나 외국 인물들에 관해서 동정심과 반감은 내 조국의 외교업무에서 나의 의무의 개념과 화해할 수 없다. 그것은 나에게 있어서나 다른 사람의 경우에도 마찬가지이다. 그들에게는 우리가 봉사하는 주님이나 땅에 대한 불충의 세균이 있다. … 장기판의 일부가 우리 자신의 선택에 의해서 우리에게 폐쇄되거나 혹은 다른 사람들이 우리에게 불리하게 양 팔을 사용하는 곳에서 우리의 선택으로 우리의 한 팔이 묶여 있다고 우리들 각자가 믿는 한 그들은 우리의 친절을 두려움 없이 그리고 고마움 없이 사용할 것이다."[106]

1857년 레오폴트 폰 게를라흐는 평소답지 않게 방어적이고 불확실한 스타일로 대답했다.

"만일 당신이 원칙의 문제에 관해서 여전히 나에게 동의할 필요를 느낀다면 우리가 먼저 원칙을 찾고 사실을 무시한다거나 프랑

---

106) *Ibid.*, p. 131.에서 재인용.

스를 정치적 결합에서 배제하는 것과 같은 부인에 만족하지 않을 의무가 있다. … 나의 정치적 원칙은 혁명에 대항하여 투쟁하는 것이고 여전히 그렇다. 당신은 그가 혁명의 편에 있지 않다고 나폴레옹을 확신시킬 수 없을 것이다. 그에게는 그 밖의 다른 곳에 있을 욕망이 없다. 왜냐하면 그의 지위가 그에게 그의 결정된 이점을 그에게 주기 때문이다. 따라서 여기에서는 동정심이나 반감의 어떤 문제가 아니다. 보나파르트의 이 지위는 당신이 무시할 수 없는 '사실'이다. … 당신은 스스로 사람들이 우리에게 의존할 수 없다고 말하지만 그러나 오직 그만은 이익의 변하는 개념이나 그런 등등에 따라서가 아니라 명백한 원칙들에 따라서 행동하는 사람에게 의지한다는 것을 인식하는데 우리는 실패할 수 없다."[107]

게를라흐는 대응 주장을 아주 분명하게 제시했다. 정치는 원칙에 입각해야 한다. 왜냐하면 오직 원칙만이 동맹과 선수를 위해 꾸준한 토대를 제공하기 때문이다. 원칙에 입각한 국가가 믿을 만한 국가이다. 이에 대해 비스마르크는 1857년 5월 30일에 훨씬 더 긴 편지에서 다음과 같이 대답했다.

"혁명에 대항하는 투쟁의 원칙은 나의 것이기도 하다는 것을 인정하지만 그러나 루이 나폴레옹을 혁명의 유일한 대표자로 만드는 것은 실수라고 생각한다. … 오늘의 정치적 세계에서 혁명적 토양에 뿌리를 두지 않은 얼마나 많은 존재가 있겠는가? 1688년의 명예혁명의 의식에 자신을 기초하지 않은 스페인, 포르투갈, 브라질, 모든 아메리카 공화국들, 벨기에, 홀란드, 스위스, 그리스, 스웨덴 그리고 영국을 예로 들겠다. … 그리고 과거 혁명적 등장들이 퇴직의 정도에 도달하지 않았을 때에도 파우스트(Faust)에서 지옥으로

---

107) *Ibid.,* pp. 131-132.에서 재인용.

부터 자기의 마실 물을 가진 마녀처럼 여기에서 나는 이따금씩 더 이상 전혀 악취가 없는 하나의 병을 가지고 있다. 즉 국가들은 사랑하는 접촉을 철회하기 위해 필요한 겸손을 보이지 않았다. 크롬웰(Cromwell)은 아주 반혁명적 군주들에 의해서 '친애하는 형제'로 불리었고 그리고 그의 우정은 그들이 그것이 필요할 때 추구되었다. 명예로운 군주들은 그들의 독립이 스페인에 의해서 인정되기 전에 네덜란드의 계승자들(the Estates of the Netherlands)과 동맹을 맺고 있었다. 영국에서 오렌지 공 윌리엄(William of Orange)의 계승자들은 스튜어트(Stuarts) 왕가가 여전히 왕위를 주장하고, 그리고 우리가 미합중국에 1785년 헤이그 조약(the Treaty of Hague)에서 그들의 혁명적 기원들을 용서할 때조차도 우리의 조상들에 의해서 철저히 정당한 것으로 인정되었다. … 프랑스에서 현 정부의 형태는 임의적인 것이 아니다. 즉, 루이 나폴레옹이 정정하거나 변경할 수 있는 것이 아니다. 그것은 그가 주어진 것으로 발견한 어떤 것이고 그리고 아마도 프랑스가 앞으로 오랫동안 지배될 수 있는 유일한 방법이다. 그 밖의 다른 것을 위해서는 국민성에서 토대가 없거나 아니면 분쇄되고 상실되었다. 만일 앙리 5세(Henry V)가 왕위에 온다고 할지라도 그는 달리 지배할 수 없을 것이다. 루이 나폴레옹은 혁명적 조건을 창조하지 않았다. 그는 기존질서에 대항하여 반란을 일으키지 않았지만 누구의 재산도 아닌 무정부의 소용돌이에서 그것을 낚은 것이다. 만일 지금 그가 그것을 내려 놓으면 그는 유럽을 크게 당혹스럽게 할 것이고 유럽은 거의 만장일치로 그에게 그것을 다시 집어 들라고 애걸할 것이다."[108]

1857년 10월 왕 프리드리히 빌헬름 4세가 심장마비로 더 이상 통치할 수 없게 된 후에 즉각적으로 레오폴트 폰 게를라흐는 비스마르

---

108) *Ibid.*, 132.에서 재인용.

크에게 유용성을 상실했다. 비스마르크는 프랑스에서 대중들이 급진주의가 아니라 질서를 위해 투표하는 것과 나폴레옹 보나파르트에게 압도적인 위임을 주는 것을 보았다. 독일인들도 프러시아의 지위를 강화하려는 비스마르크의 계획에서 같은 역할을 하지 않을까? 비스마르크는 자기의 목적들을 달성하기 위해서 그가 비밀결사단(camarilla)을 이용했던 것처럼 민족주의를 이용할 생각이었다. 그는 다음과 같이 이해하게 되었다.

> "정치는 과학이 아니라 기술이다. 그것은 가르침을 받을 주제가 아니다. 사람은 그것의 재능을 갖고 있어야만 한다. 최선의 충고마저 부적절하게 수행되면 아무런 쓸모가 없다. 정치가 그 자체로는 하나의 정확하고 논리적인 과학이 아니라 가장 덜 해롭거나 가장 적당한 상황의 각 덧없는 순간에 선택하는 능력이다. 정치가 아직은 정치적 육아실을 벗어나지 않았기 때문에 독일인들은 정치적 문제를 가능성의 공부로 간주하는데 익숙할 수가 없다."[109]

가능성의 예술! 그것이 정치가의 통치술에 대한 비스마르크의 개념이었다. 그러나 모든 위대한 예술가는 천재성과 자기의 보통 기술에서 진전된 지식의 복합이다. 만일 과거의 연구가 정치과학을 낳을 수 없다고 해도 비스마르크는 그것이 정치가에게 아무런 가치가 없다고는 결코 생각하지 않았다. 그에게 역사는 주로 배우기 위해 존재했다. 사건들이 비록 되풀이하지 않는다 해도 적어도 환경과 인물들은

---

109) Otto Pflanze, *Bismarck and the Development of Germany: The Period of Unification 1815-1871,* Princeton, New Jersey: Princeton University Press, 1963, p. 89.

되풀이한다. 그것들을 관찰함으로써 우리는 우리의 마음을 자극하고 교육할 수 있다. 그는 리더십의 기술에서 그의 전임자들의 실수에서 배웠고 또 아주 좁은 의미에서 그의 이론을 수립했다. 나폴레옹 1세의 실수들로부터 그는 가장 위대한 성공 후에 현명한 온건성을 행사하는 것을, 나폴레옹 3세로부터는 교활함을 거짓과 혼동하지 않는 것을 배웠다. 비스마르크는 "나는 엄연한 진실을 말했다. 그들이 종종 나를 믿지 않고 그리고 나서 후에 아주 놀라고 환멸을 느끼는 것은 나의 잘못이 아니다"라고 말했다.[110]

승리에서 기만적 정직성과 온건성은 비스마르크의 전술적 무장에서 중요한 무기였다. 그럼에도 불구하고 그가 정치적 행동을 위한 가이드로서 역사적 전례에 많이 의존한 것은 의심스럽다. 그가 나폴레옹 1세의 운명에서 실제로 배웠을 지는 몰라도 나폴레옹 3세는 역사적 인물이 아니었다. 그러나 유럽의 정치에서 나폴레옹 3세는 그의 당대의 적이었다. 최근 유럽의 역사에 정통했음에도 불구하고 비스마르크는 그 사실들은 주로 다른 근거에서 이루어진 결정들을 지원하기 위한 주장의 저수장으로 사용했다. 정치적 사실들에 대한 그의 지식은 역사적 본보기보다는 그의 개인적 경험과 직감에서 나왔다. 그래서 비스마르크는 그 무엇에서보다 더 정치는 바른 길이 놓여있는 각 새로운 상황에서 직감적으로 알아볼 능력이 요구된다는 것을 의미했다. 정치가는 시대에 앞서 오는 것들을 볼 수 있어야만 하고 그것들을 위해 준비가 되어 있어야 한다. 긴요한 조건은 인내력이다. 그는 올바른 순간이 올 때까지 기다릴 수 있어야 하며, 아무리 유혹이 강력하다

---

110) *Ibid.*, p. 90.

해도 아무 것도 촉발해서는 안 된다. "나는 어린시절부터 사냥꾼이고 낚시꾼이었다. 이 두 경우에 올바른 순간을 기다리는 것이 내가 정치에 적용하는 규칙이었다. 총을 쏠 순간이 오기 전에 나는 숨어서 오랫동안 서 있으면서 나를 위장하고 벌레들에 물려야만 했다."[111]

비스마르크는 적에 대한 정확한 평가가 역시 성공에 긴요하다고 말했다. 이것은 조심성의 행사를 의미한다. 장기에서 우리는 상대방이 다음 번에 어떤 확실한 수를 둘 것이라는 긍정적 가정에서 결코 움직여서는 안 된다. 왜냐하면 그것이 발생하지 않을 수 있으며 그렇게 되면 게임에 지기 쉽기 때문이다. 우리는 상대방이 마지막 순간에 예상하지 않은 다른 수를 두고 그에 따라 행동할 것이라는 가능성을 항상 생각해야만 한다. 바꾸어 말한다면, 우리는 항상 불 속에 두 개의 인두를 갖고 있어야 한다. 목적에 이르는 길은 많다. 그는 하나씩 모두를 시도해야만 했고 가장 위험한 것은 마지막에 시도했다. 정치적 행동에서 한 길만 가는 것은 비스마르크의 방식이 아니었다. 인내력과 조심스러운 타이밍, 올바른 길에 대한 직감적 인식, 그리고 자기의 적들에 대한 정확한 평가, 이런 모든 것들이 비스마르크식 통치술의 특징들이었다. 그러나 그의 두 개의 인두와 많은 길들이 무엇보다도 가장 중요한 노출이었다. 그것들은 그가 1850년대의 외교적 싸움에서 개발했고 그리고 후에 국내외적 문제에서 많은 다른 상황들에 적용한 정치전략의 일반적 테크닉에 대한 실마리들이다.[112]

1857년 10월 참모총장인 칼 폰 라이헤르(Karl von Reyher)가 사망

---

111) *Ibid.*
112) *Ibid.,* p. 91.

했다. 그리고 왕 프리드리히 빌헬름 4세가 3개월 동안 섭정(Regent)으로 임명했던 빌헬름 왕자(Prince William)가 1857년 10월 23일에 헬무트 폰 몰트케(Helmuth von Moltke)를 후임으로 참모총장에 임명했다. 이것은 빌헬름이 수행한 두 번의 가장 중요한 임명들 가운데 하나였다. 또 하나는 후에 1862년 9월 22일에 비스마르크를 임명한 것이었다. 몰트케는 비스마르크만큼이나 비범한 인물이었지만 기질적으로 그리고 사교적으로 그와 정반대였다. 그는 1800년 10월 26일 메클렌부르크(Mecklenburg)에 있는 파르힘(Parchim)에서 절약심이 없는 아버지의 아들로 태어났다. 몰트케와 그의 다른 두 형제들은 경제적인 이유에서 모두 군인이 되어야 했다. 1822년 왕립 덴마크 육군(Royal Danish Army)에서 프러시아 육군으로 전속되었고 1822에서 1826년까지 전쟁대학(Kriegsakademie)에서 수학했다. 몰트케는 수석으로 졸업했다. 그는 노력 없이도 항상 모든 면에서 최고였다.[113] 1833년에 그는 일반참모에 합류했지만 1835년 발칸을 통해 콘스탄티노플로 6개월간 여행을 했다. 1836년 술탄의 대사가 프러시아 정부에게 훈련교관을 요청했고 이미 그곳에 가 있던 몰트케가 그 자리를 얻었다. 그는 3년간 터키군의 군사고문으로 봉사했으며 발칸과 중동을 여행하고 1841년에 자기의 회고록을 출판해서 즉시 유명인사가 되었다. 1842년 영국 여인 마리 버트(Marie Burt)와 결혼했고 슬하에 자녀는 없었다.

1858년 1월 25일 프러시아 황태자 프리드리히 빌헬름(Frederick Wilhelm)이 왕실 교회당, 즉 세인트 제임스 궁전(St. James's Palace)에서

---

113) Jonathan Steinberg, *Bismarck: A Life,* Oxford: Oxford University Press, 2011, p. 135.

영국의 빅토리아 공주와 결혼을 했다. 비스마르크는 아직 윈저(Windsor) 왕실에 충분히 저명하지는 않았지만 베를린에서 왕실결혼을 위한 다양한 만찬에 초대를 받았다. 1858년에 프리드리히 빌헬름 4세는 일련의 심장마비로 언어능력을 상실해 군주의 업무를 수행하는 것이 점차 불가능하게 되었다. 1858년 10월 7일 그는 자기의 왕권을 그의 동생인 빌헬름 왕자(Prince William)에게 넘겨 섭정의 역할을 취하도록 했다. 섭정 빌헬름은 자기 형보다 재능이 부족했다. 그러나 그는 훨씬 강한 성격이었고 목적의식이 단호했다. 그는 좋은 자문을 받을 만큼 충분히 겸허했다. 그는 자기가 믿을 만하다고 생각하는 각료들과 관리들을 일관되게 지원했다. 그리고 그는 상당한 정의감도 있었다. 그러나 큰 정치적 아이디어가 부족했다. 그는 우선 그리고 무엇보다도 군인이었다. 그의 최초 야심은 독일국가연합의 항구적인 최고 사령관이 되는 것이었다. 만일 그가 그 자리를 얻을 수 있다면 그는 독일문제의 다른 측면에 관해서는 별로 신경을 쓰지 않았다. 국내정치에서 그는 구형식의 보수주의자였다. 그는 만토이펠 수상이 프러시아의 가장 쓰라린 올뮈츠의 주인공이라는 것을 잊을 수 없었다. 만토이펠에 대한 그의 적대감은 정치적 성격이기 보다는 도덕적이었다. 그러나 환경은 그가 만토이펠을 해임하고 새정부를 형성할 때 그로 하여금 온건한 자유주의자들에 기대했다. 그는 호엔촐레른(Hohenzollern)의 작은 공국이 주권적 지배자였지만 그러나 프러시아 왕실의 구성원이 되기 위해 자기의 주권을 사임한 칼 안톤(Charles Antony) 공작을 새 수상으로 임명했다.114)

---

114) Erich Eyck, *Bismarck and the German Empire,* New York: W. W. Norton,

다시 말해서, 섭정으로서 황태자는 보수적인 만토이펠 수상을 해임하고 비스마르크가 적들로 간주하는 사람들로 구성된 새 정부를 구성했다. 소위 "새 시대"(New Era)는 프러시아 자유주의자들의 열정적 지지를 받았지만 그러나 비스마르크에게 그것은 재앙을 의미했다. 비스마르크의 견해로는 섭정 하에서 영국의 영향과 소위 새 시대는 동등하게 위험스러웠다. 새 시대는 비스마르크가 권력에 대한 그의 직접적인 연계의 상실을 의미했고 그것이 비스마르크를 낙담하고 병들게 했다.[115] 안톤 수상은 섭정의 개인적인 친구였고 약간의 자유주의적 견해를 갖고 있었다. 그의 각료들 대부분이 온건한 자유주의자들이었다. 새 내각은 프러시아에서 굉장히 인기가 있었고 그리하여 사람들은 섭정으로 시작된 "새 시대"를 말했다. 의회의 총선에서 보수당은 별 볼 일 없는 소수가 되었다. 이런 정책 변화의 결과들 중의 하나는 비스마르크를 프랑크푸르트에서 소환한 것이었다. 프랑크푸르트에서 비스마르크의 활동이 빌헬름이 섭정이 되면서 끝난 것이다. 섭정은 비스마르크의 정책을 좋아하지 않았다. 그러나 섭정은 비스마르크의 능력을 높이 평가해서 완전히 버리지는 않았다. 그래서 그는 프러시아 외교에서 가장 유명한 자리인 러시아의 상트 페테르부르크(St. Petersburg)의 궁전 대사로 비스마르크를 임명했다.[116]

1858년 6월 24일 비스마르크가 영향력의 상실에 애를 태우고 있는

1964, p. 40.

115) Jonathan Steinberg, *Bismarck: A Life,* Oxford: Oxford University Press, 2011, p. 139.

116) Erich Eyck, *Bismarck and the German Empire,* New York: W. W. Norton, 1964, p. 41.

동안 알브레히트 폰 론(Albrecht von Roon)은 세인트 존 기사작위(the Knight Order of St. John)를 받는 행사에 초대되었다. 1849년 프러시아의 군대가 바덴(Baden)에서 혁명을 진압했을 때 폰 론 소령은 폰 히르쉬펠트(von Hirschfeld) 중장 휘하에서 라인 작전군(the Operation Army of the Rhine)의 제1군단에서 참모로 일했다. 당시 모든 작전은 프러시아의 빌헬름 왕자의 지휘 하에 있었다. 그 인연으로 론 소령은 미래의 왕과 자신의 지위를 강화하게 되었다. 1850년 폰 론은 중령으로 승진했으며 토른(Thorn)에서 제33 예비보병 여단의 지휘관이 되었다. 다음 해 겨울에 그는 대령으로 승진했고 그의 여단은 토른에서 왕실부부가 거주하는 코블렌츠(Koblenz)의 근처인 쾰른(Cologne)으로 행복하게 이전했다. 그곳에서 프러시아의 왕자는 제33여단을 종종 사열했고 그리고 론을 정기적으로 보았다. 코블렌츠는 프랑크푸르트에서 멀지 않았지만 론과 비스마르크 사이의 관계는 여전히 공식적인 토대에 머물었던 것으로 보인다.117)

1858년 6월 25일, 빌헬름 왕자는 론을 사적으로 불러서 군의 개혁을 위해 그의 생각과 계획들을 서면으로 제출하라고 요구했다. 섭정은 론이 충원과 인사 절차에 관한 보다 효율적인 관리를 위한 제안을 하길 원했다. 원칙적으로 모든 성인 남성은 군복무의 대상이었다. 그러나 실제로는 소수만이 2년 동안 신병으로 복무했다. 1850년대에 충원은 년간 약 4만 명에 머물렀다. 보다 나은 군대는 보다 많은 충원, 보다 더 잘 훈련되고 더 오랫동안 복무하는 것을 의미했다. 그것은 또

---

117) Jonathan Steinberg, *Bismarck: A Life,* Oxford: Oxford University Press, 2011, p. 141.

한 현지의 민병대에 관해 심각한 무언가를 하는 것을 의미했다 현지 민병대는 7년간 복무하고 추가적으로 7년간 징병할 수 있었다. 론은 1858년 7월 18일에 "조국을 위한 군대의 구조를 위한 비망록과 설계"(Notes and Drafts for a Structure for an Army for the Fatherland)를 제출했다. 론은 다음과 같이 항목별로 주장함으로써 그의 조사를 시작했다.

> "1. 민병대란 정치적으로 잘못된 제도이다. 왜냐하면 그것은 이제 더 이상 외국인들에게 인상을 주지 않고 또 외교나 국내정치에 그 중요성이 의심스럽기 때문이다.
> 2. 민병대는 동시에 군사적으로 잘못되고 위약한 제도이다. 왜냐하면 그것은 a) 진정하고 굳은 군인정신과 그리고, b) 그것 없이는 어떤 믿을 만한 군사조직도 설계할 수 없는 확실한 규율통제가 부족하기 때문이다.
> 그러므로 재건은 다음의 점에서 일어나야 한다.
> 1. 민병대와 정규군 부대들(the Line units)과의 엄격한 혼성이 일어나야 하고,
> 2. 적합한 리더십의 결핍이 교정되어야 한다."[118]

그리고 론은 3년의 군복무는 본질적이며 충원의 규모는 더 커야 한다고 주장했다.[119]

론의 개혁안은 궁극적으로 3년은 현역으로 그리고 5년은 동원예비군으로 8년간의 군사적 의무를 갖는 연간 6만 3천 명의 충원을 내다보았다. 새로운 프러시아 군대는 변변치 못하게 훈련된 최대한 약 20

---

118) *Ibid.*, p. 142.
119) *Ibid.*

만 명의 군인들을 생산할 수 있는 현재의 태만한 제도에 반대해서 30만 명 이상의 완전히 훈련된 병력을 어느 때나 즉시 갖게 될 것이다. 그 계획은 아주 급진적이었다. 군대의 눈부신 확장에서뿐만 아니라 민병대가 론이 단호히 거부한 두 개의 원칙을 대변했기 때문이다. 무기를 들 권리는 언제나 자유인의 표시였다. 그런 신념은 미합중국의 헌법에 대한 제2의 수정법에서 표현을 발견했다. 그러나 프러시아는 자유로운 국가가 아니었다. 프러시아는 시민이 없고 오직 신민이 있을 뿐이었다. 프러시아의 자유로운 민병대를 전통적인 프러시아 군대에 병합하는 것은 자유주의적 중간 계급들의 전체적 자기 이미지를 공격했다. 재정적 비용은 높을 것이고 프러시아의 의회는 그것들에 동의하지 않을 것이다.[120]

프러시아가 그런 비용을 쉽게 감당할 수 있으리라는 것은 세금을 내는 계급들의 의식을 아직은 전혀 침투하지 않았다. 1819년 프러시아가 창설한 관세동맹, 즉 촐페어라인(Zollverein)은 오스트리아가 배제된 강력한 시장이었다. 1860년대 프러시아는 촐페어라인 내에서 생산되는 모든 선철과 석탄의 9/10, 철광석의 2/3, 그리고 거의 모든 강철과 아연을 차지했다. 덜 분명하지만 그러나 적어도 그 만큼 중요한 것은 1815년에서 1860년까지 프러시아 전역에 퍼져 나간 교육에서 혁명이었다. 1850년 프러시아에서 문자 해득률은 약 85%였으며 문자 해득율의 기준은 글 읽기와 글쓰기의 기술로 구성되었다. 당시 프랑스는 읽기가 오직 61%에 지나지 않았으며 영국에서는 읽기와 쓰기가 주민의 오직 52%에 지나지 않았다. 교육받은 노동력은 과학과 기술

---

120) *Ibid.*, p. 143.

을 응용하기 시작한 산업에서 고용을 발견했다. 프러시아의 대학교들은 과학적 선구자들을 배출했으며 기술 전문대학들은 과학을 산업에 응용할 수 있는 세대들을 훈련시켰다. 박사학위들을 가진 독일대학교, 세미나들, 연구의제들 그리고 기술전문 대학들은 독일을 유럽에서 지배를 위한 투쟁에서 훨씬 앞서갔다.

알브레히트 폰 론이 섭정 빌헬름을 위해 그의 정책건의서를 제출했을 때 프러시아 왕국은 패러독스를 제시했다. 프리드리히 대왕(Frederick the Great)이 모델을 제공했다. 옛 프리드리히의 절대군주의 정신이 1850년의 헌법에 의해서 조금 수정되어 반영되었다.[121] 프러시아의 귀족계급이 군대의 공직에서 권력을 여전히 독점한 반면에 사회는 아주 갑작스러운 산업화를 수반한 급속한 근대화를 시작했다. 그것은 보다 많은 대표성과 진정한 의회정치를 요구하는 부유한 중산계급과 거대한 산업적 노동계급의 부상을 가져왔다. 프러시아는 거대한 공장들, 대도시들, 그리고 진전된 기술을 가진 프리드리히 대왕의 군사국가로 남았다. 그러나 아직 론의 군대는 조금도 변하지 않았다. 프리드리히의 귀족계급이 여전히 프러시아를 지배했지만 그들이 지배하는 프러시아는 전혀 달랐다. 이 패러독스가 비스마르크, 론, 그리고 몰트케의 경력들을 구성했다. 비스마르크의 성공은 19세기 말까지 이 패러독스의 보존에 있었다.[122]

1859년 1월 러시아의 대사로 전보되어 비스마르크가 우울하게 이사준비를 할 때 론도 역시 기분이 안 좋았다. 그는 자기보다 10년 연

---

121) *Ibid.*, p. 144.
122) *Ibid.*, p. 145.

상이며 야전군 사령관으로 자기와 비교할 수 없이 뛰어났던 새 전쟁상 에두아르트 폰 보닌(Eduard von Bonin)의 적대감에 직면했다. 폰보닌은 정규군과 민병대에 관한 자신의 아이디어를 갖고 있었으며 론의 정책건의가 그에게는 인상적이지 않았다. 1월 11일 섭정 빌헬름은 군사개혁 프로젝트가 의제인 각료회의를 소집했다. 론은 그 모임의 끝 무렵에 초대되어 폰 보닌 전쟁상이 내각의 이름으로 개혁제안의 가능성을 연구하기 위한 위원회의 의장으로 자신을 임명했다고 발표하는 것을 들었다. 그 모든 것이 아주 근사해 보였지만 론은 여전히 회의적이었다. 그는 폰 보닌이 위원회에 그것들을 묻어 버림으로써 개혁들을 방해하려고 하고 있고, 또 모든 그런 위원회들 쟁점에 대해 실패할 것으로 확신하고 있었다.

그러나 론과 비스마르크의 운명은 사실상 세계의 다른 곳에서 결정되고 있었다. 1859년 1월 29일 양측에 의해서 비준된 프랑스-피에몽 조약은 대체로 나폴레옹 3세와 피에몽의 수상인 카부르(Cavour)가 1858년에 쁠롱비에흐(Plombieres)에서 주로 이루어진 합의된 조건들을 명문화했다. 그것은 이탈리아에서 오스트리아의 침략으로 발생하는 오스트리아-피에몽 간의 전쟁의 경우에 프랑스는 오스트리아인들을 이탈리아에서 축출하고 사보이 왕가(the House of Savoy) 하에 상부 이탈리아(the Upper Italy) 왕국을 수립하는 노력에 합류할 것을 내용으로 하고 있었다. 며칠 후인 1859년 2월 4일 나폴레옹은 자기가 그의 전임자인 삼촌의 의제를 시작할 것이라는 팸플릿을 출판했다. 그는 또한 이탈리아를 해방할 것이며 반동적인 합스부르크 제국의 힘을 축소시킬 것이라고 말했다. 19세기 중반 국제질서에 대한 이 담대한 공격은 론과 비스마르크를 권력으로 부상시키고 또 독일도 통일될 수 있을 조건들을 창조할 진동을 촉발했다.[123]

새로운 임무에 대한 그의 저항에도 불구하고 실제로 비스마르크는 상트 페테르부르크 대사직을 즐겼다. 그의 주된 일은 러시아 제국 내에 살고 있는 4만 명에 달하는 프러시아인들을 보살피는 것이었다. 섭정 빌헬름은 러시아 대사 자리를 차르 알렉산더 2세가 그의 조카이고 그의 프러시아의 삼촌에게 최고의 존경심을 갖고 있었기 때문에 아주 중요하게 평가했다. 그럼에도 불구하고 비스마르크는 프랑크푸르트로부터 그의 소환에 관해서 거의 분노했다. 그는 그것을 위신의 상실로 그리고 그가 올바르게 그의 개인적인 공헌으로 간주한 독일정책의 부인으로 간주했다. 그의 분노는 그의 후임자가 자기가 싫어하는 귀도 폰 우제돔(Guido von Usedom)이라는 사실에 더 증폭했다. 비스마르크 부부는 그들이 아주 안락하고 기분 좋은 삶을 살았던 프랑크푸르트를 무거운 마음으로 떠났다. 프랑크푸르트에서 상트 페테르부르크로 전근할 때 비스마르크는 베를린에서 수일간 머물렀다. 비스마르크는 1859년 4월에서 1862년 4월까지 상트 페테르부르크에 머물렀다. 이 3년의 기간은 그가 미래의 정책 수행에서 다루게 되는 강대국 가운데 하나를 잘 알게 했기 때문에 그의 정책을 위해 중요했다. 이때 러시아의 인물들은 차르 알렉산더 2세와 그의 수상인 고르차코프(Gortchakoff)였다.[124]

고르차코프 수상의 정책은 오스트리아에 대해 복수하고 그리고 최

---

123) *Ibid.,* p. 148.
124) Erich Eyck, *Bismarck and the German Empire,* New York: W. W. Norton, 1964, p. 42.

근의 크리미아 전쟁에서만 러시아의 적이었던 나폴레옹과 우호적인 이해를 수립하는 것이었다. 비스마르크가 상트 페테르부르크에 도착하기 수일 전인 1859년 3월에 러시아와 프랑스 사이에 고도의 비밀조약이 체결되었다. 그것으로 나폴레옹은 1858년 7월 쁠롱비에흐에서 사르디니아의 카부르 수상과 체결한 비밀합의의 결과로 사르디니아(Sardinia) 왕국의 동맹국으로서 곧 싸우게 될 임박한 오스트리아에 대한 전쟁에서 러시아의 우호적 중립을 확보했다. 오스트리아에 대항하는 프랑스-사르디니아 전쟁은 독일에게 특히 프러시아에게 아주 중요하고 어려운 문제를 제기했다. 즉 만일 그들이 오스트리아를 도와주어야 하는가 아니면 나폴레옹에게 오스트리아 황제를 전복하도록 허용하여 그로부터 2개의 이탈리아 지역을 박탈해야 할 것인가의 문제가 발생했다.

한편으로는, 오스트리아가 독일 국가연합에서 주재하는 강대국이었고 그래서 이탈리아에서 나폴레옹의 승리가 라인(Rhine)에 대한 프랑스 침략의 전조가 될 수 있었다. 예를 들에서 위대한 전략가인 몰트케 장군은 정책건의서에서 프러시아의 섭정에게 말했다. "만일 우리가 오스트리아를 대패하도록 놓아둔다면 오스트리아는 롬바르디(Lombardy)의 상실로 인해 깊은 상처를 받을 것이다. 그러면 1806년의 전쟁처럼 프랑스의 다음 단계는 프러시아를 공격하는 것이 될 것이다."[125] 다른 한편으로, 나폴레옹과 카부르는 독일 통일의 친구들로서 통일 타결을 위해 싸웠다. 그것이 빈(Vienna) 조약이었다. 이탈리아인들과 독일인들은 민족통일이라는 동일한 이상을 갖고 있었다. 독일에서 여론

---

125) *Ibid.*, p. 43.

은 신문들과 많은 팸플릿에서 난폭한 논쟁을 일으켰다. 예를 들어서 독일의 사회-민주당의 창설자인 페르디난트 라살레(Ferdinand Lassale)는 프러시아 정부에게 독일 민주주의 자체가 프러시아의 기준을 갖게 될 국가적 전쟁을 선포하라고 촉구했다.126)

프러시아 정부는 어느 쪽 편을 들어야 할지에 대해 의심하고 있었다. 그것은 오스트리아를 기꺼이 도울 수 있지만 오직 확실한 조건들 하에서 최우선적인 것은 프러시아의 섭정이 독일 국가연합의 모든 병력의 사령관이 되는 것이었다. 그러나 비스마르크는 의심하지 않았다. 그에게는 오스트리아라는 오직 하나의 적이 있을 뿐이었다. 비스마르크는 섭정 자신이 읽기를 희망하는 편지를 섭정의 전속부관(aid-de-camp)에게 보냈다. "만일 프랑스에 대한 오스트리아의 전쟁이 깊어지게 한다면 현재의 상황은 우리가 다시 한 번 복권에서 거대한 당첨을 하는 것이다. 그러면 우리의 모든 군대를 가지고 남쪽으로 행군합시다."127) 그는 자신이 도덕일 뿐만 아니라 법적 의무와는 절대적으로 관계없음을 보여주었다. 그러나 프러시아는 여전히 독일 국가연합의 일원이었다. 그것은 그 구성원들이 서로 다른 회원국들을 겨냥하는 외교정책의 모든 행위를 금지하고 헌법의 바로 제1조에서 독일 군주들은 독일의 내외적 안전과 개별 독일 국가들의 독립과 순수성을 보존하겠다고 서약했다. 섭정에 대한 비스마르크의 권유는 프러시아 국가가 독일국가연합을 향해 수락했던 장엄한 의무를 무모하게 깨도록 요구하는 것이나 다름없었다. 그러나 섭정이나 폰 슐라이니츠

---

126) *Ibid.*
127) *Ibid.*

(Schleinitz) 프러시아의 외상은 비스마르크의 무모한 권고를 따를 사람들이 아니었다.[128]

1859년 4월에 오스트리아인들은 나폴레옹 3세와 카부르가 그들을 위해 놓은 덫 안으로 맹목적으로 행군했다. 4월 20일 프러시아의 섭정은 유럽의 전면 전쟁을 대비하여 프러시아의 3개 군단들과 전 정규군 기병대의 동원령을 내렸다. 4월 23일 오스트리아는 피에몽인들이 무장 해제를 요구하는 최후의 통첩을 피에몽-사르디니아에게 보냈고 이것은 4월 26일 피에몽 정부에 의해서 거부되었다. 다음 날 오스트리아의 왕실협의회에서 프란츠 요제프 황제는 그것을 명예와 의무의 명령이라고 부르면서 최종적으로 전쟁을 결정했다. 그러한 무능한 절대군주 하에서 오스트리아는 4월 29일 프랑스-피에몽 동맹조약을 유발하는 침략행위인 피에몽에 대한 전쟁을 선포했다.

오스트리아의 군부 리더십은 너무 느리게 움직였고 그래서 포 계곡(Po Valley)에서 폭우를 만났다. 비록 수는 훨씬 적었지만 프랑스의 군대는 오스트리아인들이 기대했던 것보다도 빠르게 철도를 이용하여 그들의 병력을 배치했다. 주세페 가리발디(Giuseppe Garibaldi)도 자신의 민족주의적 게릴라들을 "알프스의 사냥꾼들"(the Hunters of the Alps)이라고 불리는 세력으로 조직했다. 이것은 오스트리아인들을 측면에서 괴롭히는 신속 기동 부대였다. 나폴레옹 3세는 신속하게 일을 해야만 했다. 왜냐하면 그는 독일의 주도국으로서 오스트리아인들이 프러시아와 독일 국가연합 의회를 자기편으로 동원하지 않을 것이라고 확신할 수 없었기 때문이었다. 그는 러시아인들이 1854년 그들을

---

128) *Ibid.*, p. 44.

배신한 프란츠 요제프와 그의 정부를 돕기 위해 손가락 하나 까딱하지 않을 것임을 알고 있었다.

1859년 5월 20일에 프랑스 보병과 사르디니아의 기병대가 오스트리아 군대를 패배시켰고, 또 1주일 후에 가리발디의 "알프스의 사냥꾼들"은 산 페르모(San Fermo)에서 오스트리아인들을 패퇴시키고 코모(Como)를 해방시켰다. 두 개의 아주 크고 피에 물든 전투가 뒤따랐다. 6월 4일 마젠타(Magenta) 전투와 6월 21일부터 24일까지 솔페리노(Solferino) 전투가 그것들이었는데 후자의 경우에 나폴레옹 3세 지휘하에 프랑스-피에몽 군대가 프란츠 요제프 황제 자신의 지휘하에 있던 오스트리아 군대를 패배시켰다. 그 전투는 너무나 많은 사상자와 부상자들을 남겨 그것은 스위스의 관찰자인 앙리 뒤낭(Henri Dunant)으로 하여금 적십자(the Red Cross)를 창설하게 했다. 이때 헝가리(Hungary)에서 혁명이 발생했다. 오스트리아 황제는 이번의 비상사태에서 그가 비타협적인 마자르인들(Magyars)을 진압하는데 러시아와 크로아티아(Croatian)의 병력이 돕지 않을 것임을 알고 있었고 그리하여 그는 평화를 구애하는 것 외에 다른 선택의 여지가 없었다.

1859년 7월 11일 그는 빌라프랑카(Villafranca)에서 나폴레옹 3세를 만났다. 이제 나폴레옹 3세는 서둘렀다. 왜냐하면 그가 자신의 이탈리아 정책의 통제력을 상실했기 때문이다. 프랑스는 원래 오스트리아에서 1815년 오스트리아에 부여한 롬바르디와 베네치아(Venetia)라는 두 개의 북부 이탈리아 지역을 오스트리아에서 빼앗아서 그것들을 피에몽에게 주기로 계획했었다. 그러나 전투의 결과 프랑스와 피에몽인들이 롬바르디를 장악했지만 베네치아는 여전히 오스트리아의 손에 굳건히 남아있었다.129) 이런 나폴레옹의 배신 행동에 염증을 느껴 카부르는 피에몽의 수상직을 사임했다. 그리고 이탈리아에서 여러 가지 종류의 민족주의적 세력들은 강대국들이 영광스러운 혁명의 성격을 그들에게 강요하게 내버려 줄 의도가 없었다. 빌라프랑카 조약은 나폴레옹 3세가 투스카니(Tuscany) 대공국과 파르마(Parma)와 모데나(Modena) 공국들 같은 오스트리아의 공국들을 우아하게 회복시킬 지위에 있을 것이라고 가정했지만 국가 연합의회와 프러시아인들이 그런 사치를 그에게 허용하기에는 너무 일찍 개입이 이뤄졌다. 나폴레옹 3세는 전쟁에서 탈출하는 것이, 그것도 신속하게 탈출하는 것이 필요했다.

빌라프랑카 조약은 독일에서 굉장한 인상을 주었다. 그것은 그들이 유럽의 미래에 영향을 주는 결정에 아무런 발언권이 없다는 것을 표명했다. 일반적 감정은 독일국가연합의 헌법이 그것으로 하여금 유럽정책의 형성에 참여하여 신속한 결정에 이르는 것을 막았다는 것이다.130) 그러나 이런 헌법을 수정하기 위해서 무엇이 행해질 수 있을까? 어떤 방향으로 그것이 수정되어야 하는가? 비스마르크는 처음부터 프러시아는 오스트리아-프랑스 전쟁에서 중립으로 남아야 한다고 주장했다. 그는 프러시아가 자국에게 아무런 소득이 없는 전쟁들에서 자신의 힘을 써버릴 만큼 충분히 부유하지 않다고 주장했다. 그는 5월 12일 프러시아의 새로운 외상 아돌프 폰 슐라이니츠(Adolph von

---

129) Jonathan Steinberg, *Bismarck: A Life,* Oxford: Oxford University Press, 2011, p. 153.
130) Erich Eyck, *Bismarck and the German Empire,* New York: W. W. Norton, 1964, p. 45.

Schleinitz) 백작에게 의회가 항상 프러시아에 반대할 것이 틀림없고, 프러시아가 기존의 연방조약들 내에서 지속적이거나 만족스러운 방식으로 헤쳐 나갈 아무런 수단이 없다면서, 의회에 대한 프러시아의 관계에서 조만간 철과 불(iron and fire)로 치유해야 할 프러시아의 우유부단을 보고 있다는 장문의 전문을 보냈다.[131] "철과 불"은 1862년 9월 수상(재상)으로서 그의 첫 연설에서 나온 보다 유명한 "혈과 철"(blood and iron)이라는 문구의 전조였다. 그것은 분명히 같은 의미를 갖고 있었다. 프러시아는 철과 불, 즉 전쟁으로 자신의 운명을 개척해야만 할 것이었다. 프러시아는 오스트리아의 현 어려움을 의회의 제계획을 위해 사용해야만 한다. 그리고 프러시아는 오스트리아 국경선으로 병력을 파견하여 프랑스와 오스트리아 사이의 전쟁 동안에 소국들을 압도하도록 위협해야 한다.[132]

1859년 6월 14일 프러시아의 몰트케 참모총장은 기대하지 않은 문제를 숙의하기 위해서 모든 군단의 지휘관들과 그들의 참모장들의 회의를 소집하였다. 그러나 프러시아의 동원은 실패했다. 프랑스와 오스트리아 사이에서 휴전이 이루어질 때까지 프러시아 군대의 2/3만이 동원되었으며 아무 것도 할 수 없는 입장에 처했다. 동원령이 내려졌을 때 오직 절반의 군단들만이 그렇게 할 준비가 되어 있었다. 철도의 수송은 준비되었지만 민간인 교통이 우선이었다. 군대는 라인강(Rhine)으로 이동했다. 몰트케 장군은 경악했다. 일반 참모의 완전한 재조직이 뒤따랐다. 철도부가 설립되고 동원부서인 일반 참모의 제

131) Jonathan Steinberg, *Bismarck: A Life,* Oxford: Oxford University Press, 2011, p. 154.
132) *Ibid.*

사단이 창설되었다. 그리고 섭정과 그의 외무상인 폰 슐라이니츠는 무엇을 할지 결정할 수 없었다. 비스마르크는 이제 이탈리아의 본보기로 많이 고무된 독일 민족주의 운동과 동맹하여 적극적이고, 반-오스트리아, 그리고 명시적인 독일정책을 주장했다.[133] 그러나 섭정은 합스부르크에 대한 그의 자연적인 충성을 스스로 깰 수 없었으며 "독일"을 만들기 위한 계기를 이용할 결정을 할 수 없었다.[134]

1859년 11월 29일 섭정 왕자가 알브레히트 폰 론(Albrecht von Roon)을 전쟁상(Minister of War)으로 임명했다. 공식명령은 12월 5일 자였다. 50세인 론은 프러시아 군대에서 가장 젊은 중장이었다. 전쟁상으로서 의회에서 첫 출현은 프러시아 의회의원들에게 비호의적인 인상을 주었다. 무엇보다도 그가 반동적이라는 것이었다. 그러나 아무도 그를 너무 연성(soft)이라고 비난하지는 않았다. 군의 개혁이 중요하게 된 것은 섭정(빌헬름 1세)이 그것을 최우선으로 삼았기 때문이었다. 1860년 1월 12일 섭정은 왕실 군주들과 고위 장성들 앞에서 비상한 공개강의를 하고 거기서 군개혁들의 중요성을 논의했다. 론은 비스마르크가 청소년이었던 때부터 비스마르크를 알고 있었고 비스마르크가 얼마나 재능이 있는 지를 알고 있었다. 론은 왕에게 자기가 전쟁상으로 임명된 첫 날부터 비스마르크를 재상(수상)에 임명하도록 촉구했다.[135]

군개혁은 전 정부의 작동을 완전히 마비시키는 왕과 의회의 갈등

---

133) *Ibid.,* pp. 154-155.
134) *Ibid.,* p. 155.
135) *Ibid.,* p. 159.

을 가져왔다. 장군들에게 그것은 1848년 혁명의 제2막을 예시하는 것처럼 보였다. 베를린 군중과 혁명적 소요에 대한 두려움은 1859~1862의 위기의 배경으로 작용했다. 비스마르크에 대한 론 전쟁상의 지지는 보다 더 긴급하고 저항할 수 없게 되었다. 비스마르크는 개혁 프로그램과 그것을 위한 재정이 초래한 교착 때문에 재상이 되었다. 프러시아의 장군이며 전쟁상으로서 론은 왕과의 알현을 요청하기 전에 재상과 협의해야 하는 1852년 9월의 내각 명령(the Cabinet Order)에 구애를 받지 않았기 때문에 그런 권한을 행사했다. 다른 사령관들처럼 그는 즉각 왕을 알현할 지위에 있었다. 어떤 중간적인 것도 프러시아의 장군들이 최고 사령관인 왕에 대한 접근을 방해할 수 없었다. 론의 개혁은 물론 군사적인 이유에서 중요했다. 그것은 현역 군대와 동원 예비병력의 규모를 50%이상 증가시키고 더 큰 군대가 보다 잘 훈련될 것을 보장했다. 그것은 민간인을 프러시아의 군인으로 변화시키기 위해 3년간의 현역복무를 요구하는 정책을 수립했다. 그리고 바로 이것은 1859년부터 제1차 세계대전의 발발 때까지 의회의 반대를 야기했다. 그것은 전통적 민병대 예비역들을 축소시켰으며 그것이 예비역 장교들과 많은 애국적 부르주아들을 분노하게 했다. 그것은 군대의 연간 비용을 인상했지만 무엇보다도 그것은 군대가 왕의 군대인가 아니면 소위 의회의 군대인가라는 프러시아 정체성의 핵심이 되는 문제로 왕과 의회를 부딪치게 했다.[136]

군개혁은 또한 왕이 원했기에 중요했다. 프리드리히 대왕 이후 호

---

136) Jonathan Steinberg, *Bismarck: A Life,* Oxford: Oxford University Press, 2011, p. 160.

엔촐레른(Hohenzollern) 왕가의 군주들 가운데에서 빌헬름은 가장 헌신적 군인이었다. 그는 자신을 사령관으로서 뿐만 아니라 군대의 미래에 관하여 전반적 아이디어를 가진 사상가로 자처했다. 섭정은 론이 1860년 2월 개혁안을 제출했을 때 그 법안이 받을 적대적 반응을 깊이 생각하지 않았다. 의회의 자유주의자들은 겁을 먹었다. 여기에는 아주 명시적으로 의회와 대의제도의 성장에 대한 방벽이 될 군대를 창조하기 위해서 예산의 거대한 증가가 있었다. 온건한 자유주의자들이 군 예산에 동의한 1860년에 타협이 있은 후에 의회는 론의 예산확대의 승인을 간단히 거부했으며 그것의 재정에 관한 모든 조치들에 반대하는 투표를 했다. 왕과 의회는 싸웠고 어느 쪽도 굴복하지 않을 것이다. 론이 전쟁부에서 자신의 자리를 잡고 있는 동안 비스마르크는 무엇인가가 발생하기를 기다렸다. 그러나 그는 상트 페테르부르크로 돌아갈 수 없었고 또 자신의 미래에 대한 똑바른 대답도 얻을 수 없었다. 2월이 가고, 3월이 가고, 또 4월이 가도 비스마르크는 여전히 왕이 결심을 할 때까지 베를린에서 기다릴 수밖에 없었다.[137]

베를린에서 어쩔 수 없이 머무는 동안에 그와 그의 어린 시절 친구인 모리츠 폰 블란켄부르크(Moritz von Blanckenburg)는 새 각료의 일에 관해 논의하기 위해 론을 정기적으로 만났다. 론은 전쟁상으로서 자신의 경력 초기에 그가 받을 수 있는 모든 도움이 필요했다. 왜냐하면 그는 의회의 자유주의자들과 군대에서 반동주의자들로부터 동시에 공격을 받았기 때문이다. 의회의 자유주의자들에게 론은 너무 반동적이었고 군대의 반동주의자들에게 그가 너무 온건하다고 비난을

---

137) *Ibid.*, p. 161.

받았던 것이다. 이들 가운데 가장 끈질기고 왕과 가장 잘 연계된 인물은 에드빈 폰 만토이펠(Edwin von Manteuffel) 장군이었다. 1850년에서 1857년까지 비스마르크를 보호하고 승진시킨 전 수상 오토 폰 만토이펠의 사촌인 에드빈 폰 만토이펠 장군은 실제로 1918년까지 프러시아의 독일 군사문제들을 형성했던 몰트케, 론과 함께 장군의 3두 체제를 창설했다.[138]

에드빈 폰 만토이펠 장군은 프리드리히 빌헬름 4세가 그를 전쟁부 내에서 인사문제 담당국장으로 임명했던 1857년 초에 그의 가장 중요한 자리를 잡았다. 비스마르크가 권력을 얻기 훨씬 전에 만토이펠은 자기 업무를 전쟁부의 통제 하에서 왕의 인사본부로 이전을 조정했다. 그리고 그곳에서 그의 직책은 군사내각의 수석이 되었다. 이것은 1861년 1월 18일에 행해졌다. 그때 왕 빌헬름 1세는 그때부터 인사, 업무의 세부사항 혹은 지휘문제를 결정하는 군대명령은 각료의 연서를 필요로 하지 않을 것이라는 주목할 만한 내각명령을 내렸다. 수석 군사각료가 사실상 모든 계급의 장교들의 자리를 부여하기 위한 제안을 위해 왕에게 유일하게 책임을 지게 되었다. 가장 해로운 효과는 결정과정의 왜곡에 있었다. 프러시아 왕국처럼 준-독재국가에서 근접성의 사실이 모든 사실들을 압도했다. 군사내각은 권한과 권위가 점차 성장하여 비대해지자 1883년 3월 8일에 마침내 황제가 각료의 목록에서 그 제도를 제거해버렸다.[139]

만토이펠은 독일의 고위 사령부에서 피할 수 없이 만인에 대한 만

---

138) *Ibid.*, p. 162.
139) *Ibid.*, p. 163.

인의 투쟁 상태를 가져온 과정을 시작했다. 그리하여 1866년과 1870년 전쟁에서 몰트케가 달성한 집중과 효율성을 가져왔고 그것은 만토이펠의 유산이었다. 1860년 3월 10일 만토이펠은 론에게 군사내각의 무조건 유지가 특히 현 시점에서 필연이라는 편지를 썼다. 그리고 1860년 5월 29일에는 의회가 필요한 자금을 인정하든 말든 론의 계획에서 약속된 새 여단들이 즉시 창설되어야 한다고 론에게 촉구했다. 론, 몰트케, 그리고 후에 비스마르크는 모두가 만토이펠의 도움과 지지를 필요로 했다. 그는 그들의 목적을 공유했으며 섭정이 몰트케를 참모총장으로 임명하고 그에게 폭넓은 권한을 부여하도록 설득하는데 핵심적 역할을 했다. 1860년에 만토이펠이 제기한 문제는 그의 현란한 기질, 왕에 대한 직접 접근성, 궁전에서 그의 위치, 그의 탁월성과 문학적 재능, 그리고 그가 장군이었기에 단지 민간인에 지나지 않는 비스마르크의 통제 밖에 있었다는 사실에 기인했다.[140]

1860년에 비스마르크는 아무런 명령을 받지 못한 채 베를린에서 지냈다. 분명히 섭정은 비스마르크가 그곳에 머물러야 한다고 구체적으로 지시를 했었다. 비스마르크는 처음에 외무상으로서 4개월 정도 그리고 그 후 재상으로서 입에 오르내렸다. 그러나 그의 적들은 비스마르크가 무원칙한 융커에 지나지 않는다고 비판했다. 1861년 1월 18일 의회에 의해서 승인되지 않은 36개의 새 여단들이 프리드리히 대왕의 묘지에 그들의 군기들을 헌정했다. 폰 아우어스발트 수상은 왕을 알현하기 위해 만토이펠에 요청하러 갔지만 만토이펠의 오만과 도발적 태도의 맛을 보았다. 그의 분노를 사는 태도는 칼 트베스텐(Karl

---

140) *Ibid.*, p. 164.

Twesten)이라는 한 젊은 의원을 격분시켰다. 그는 88쪽에 달하는 팸플릿을 출판하여 만토이펠이 그를 불신하는 군대와 오랫동안 접촉이 없는 위험스러운 정치 장군이라고 공격했다. 만토이펠은 그에게 결투를 신청하여 1861년 5월 27일 실행되었다. 만토이펠은 트베스텐의 오른쪽 팔을 날려버렸다. 이 결투는 두 당사자들을 전국적으로 유명하게 만들었지만 법에 의해 금지된 결투행위에 대해 빌헬름 왕은 만토이펠을 해임하고 군사재판에 넘겼다. 6월 초, 결투에서 부상당한 트베스텐도 함께 좌익 자유주의자들이 독일진보당(the German Progressive Party)을 결성하고 민족정당, 강력한 정부, 충분한 의회의 권위와 지역자치를 내세워 의회에서 최대정당이 되었다. 그들이 내세운 것들은 독일 역사에서 최초로 공식적 정당의 프로그램이었다.[141]

그 사이에 프러시아의 왕으로 빌헬름 1세의 대관식에 대해서 또 하나의 소란이 일어났다. 자유주의자들은 그가 헌법에 서약을 해야 한다고 고집을 부렸지만 왕은 양보를 요구하는 어떤 것도 절대적으로 거부했다. 그는 봉건적 대관식을 원했다. 이제 론이 행동에 들어갔다. 1861년 6월 28일 그는 비스마르크에게 "아무 일도 아니다. 지체 없이 계획된 휴가를 시작하라. 지체는 위험하다"는 전문을 보냈다. 비스마르크는 답변에 시간이 걸렸다. 그는 자기의 의제가 수락될 때까지 권력을 잡기 위해 서두르지 않았다. 대관식은 아우어스발트 내각을 전복하기엔 너무 사소했고 국내정책과 외교정책에서 우선순위가 해외에서 보수적이고 국내에서 자유주의적으로 정확하게 잘못되었다. 비스마르크는 1861년 7월의 편지에서 론에게 설명했다. "충성 어린 대중

---

141) *Ibid.*, p. 168.

의 유권자들은 대관식 문제를 이해하지 못할 것이다. 민주주의는 그
것을 왜곡할 것이다. 군사문제에 단단히 매달려서, 그것에 관해 의회
와 결별하고 그리고 국가에게 왕이 어떻게 자기의 인민들 편에 있는
가를 보여줄 새 선거를 요구하는 것이 더 낫다."는 것이었다. 이것은
1861년 여름까지 비스마르크가 후에 1863년과 1864년에 그가 따를
정책의 단호한 윤곽을 갖고 있음을 보여주었다. 즉 국내에서는 자유
주의에 어떤 양보도 없으며 대중적 상상력을 붙잡기 위해 저돌적인
외교정책을 추구하는 것이었다.[142]

비스마르크가 "주권 사기"(the Sovereign swindle)라고 공격하는 동
안 왕은 봉건적 대관식을 양보하고 1861년 10월 18일 쾨니히스베르크
(Koenigsberg)에서 더 이상의 마찰 없이 왕위에 올랐다. 마침내 섭정의
시대가 끝났다. 비스마르크는 충성스러운 신하로서 그 대관식에 참석
했다. 1862년 3월에 왕은 그의 새로운 자리를 시사함이 없이 비스마
르크를 상트 페테르부르크에서 소환했다. 비스마르크는 입각할 것으
로 기대하면서 베를린으로 갔다.[143] 이때 국내적 상황은 다시 암울했
다. 왕은 의회를 해산하고 그의 자유주의적 각료들을 해임했다. 론과
다른 보다 보수적인 각료들이 들어왔다. 베른스토르프(Bernstorff) 백
작은 외상으로 남았다. 그러나 선거는 정부의 패배와 진보당의 멋진
승리였다. 그럼에도 불구하고 왕은 아직 비스마르크를 입각시킬 수
없었다. 그는 결심하는데 언제나 어려움이 있었다.

다른 한편 비스마르크는 상황이 아주 악화되어 왕이 명백하게 탈

---

142) *Ibid.*, p. 169.
143) Erich Eyck, *Bismarck and the German Empire,* New York: W. W. Norton,
     1964, p. 52.

출구가 없을 때까지 기꺼이 자신의 때를 기다렸다.[144] 그는 절대적으로 왕이 철저히 그를 따를 수밖에 없는 그런 단계에서 각료가 되길 원했다. 그리하여 그는 우선 파리에 주재 대사로 갔다. 그는 대사로서 파리에 오직 몇 개월만 있었다. 그 기간 동안에도 그는 프랑스의 수도에서 실제로 벗어나 있었다. 그는 당시 산업박람회가 열리고 있는 런던을 방문했다. 이 방문 중 하나의 사건은 주목할 만했다. 그는 벤저민 디즈레일리(Benjamin Disraeli)를 만나서 그에게 깊은 인상을 주었다. 이 대단한 두 사람이 서로 만난 것은 처음이었다. 1852년에 하원의 지도자와 더비(Derby) 경의 정부하에서 재무상을 역임했던 디즈레일리가 이제는 긴 야당의 시기를 보내고 있었다. 그는 1868년에 가서 영국의 보수당 정부의 수상이 된다.

디즈레일리는 비스마르크가 놀라울 정도로 솔직하게 선언한 그의 정치적 의도에 관한 천명을 기록했다.

> "나는 곧 프러시아 정부의 수행 업무에 착수하게 될 것이다. 나의 첫 관심은 의회의 도움이 있건 없건 간에 군대를 재조직하는 것이 될 것이다. … 군대가 존경심을 불러일으킬 그런 조건으로 들어가게 되자마자 나는 첫 최선의 구실을 장악하여 오스트리아에 전쟁을 선포하고, 독일 의회를 해산하고, 소국들을 굴복시키고 그리고 프러시아의 리더십 하에 독일에 민족통일을 가져다 줄 것이다. 나는 여왕의 각료들에게 이 말을 하기 위해 여기에 왔다."[145]

---

144) *Ibid.*
145) Jonathan Steinberg, *Bismarck: A Life,* Oxford: Oxford University Press, 2011, p. 174.

7월 5일 비스마르크는 파리로 돌아와서 기다리고 있던 론의 다양한 편지들을 발견했다. 7월 15일 답장에서 그는 런던에 관한 자기의 인상을 간단히 보고했다. 그리고 그는 론에게 자기는 베를린에 머물면서 왕에게 압력을 가하지 않을 것이며 집에도 가지 않을 것이라고 자신의 미래 계획을 설명했다. 그리고 비스마르크는 남부 프랑스로 휴가를 떠났다. 1862년 27일부터 29일까지 그는 보르도(Bordeaux)에 있었고 8월 1일에는 산 세바스티얀(San Sebastian)으로 갔다. 8월 4일 그는 비아리츠(Biarritz)에 도착하여 호텔에서 푸른 대서양 바다의 매혹적인 전망을 볼 수 있었다.

베를린에서는 그 사이에 일급 위기가 발생했다. 정부는 대중들의 요구에 상당한 양보를 하지 않고 의회를 통해 군사적 제안들을 통과시킬 수 없다는 것을 발견했다.[146] 핵심적 사항은 병사들의 2년 복무였다. 만일 정부가 이 사항을 양보한다면 군 재조직의 가장 큰 부분이 구제될 수 있었고 전 국가와 헌법의 위기를 피할 수 있었다. 헌정국가에서 의회는 예산의 권한을 가지고 정부의 정책에 영향을 미칠 지위에 있었다. 프러시아 보수주의의 이론가인 슈탈(Stahl)은 프러시아의 의회가 예산을 장악한 이 권한으로 국왕을 압도적인 지위에서 퇴출할 수 있을지도 모른다는 위험성을 항상 마음에 두었다. 그러므로 그는 헌법의 제109조를 집어넣었는데 그것은 기존의 세금과 관세는 그것들이 새 법에 의해서 변경될 때까지 계속 징수되어야 한다는 것을 명시했다. 당시 통용되던 이 조항의 해석에 따르면 시민들은 예산안이

---

146) Erich Eyck, *Bismarck and the German Empire,* New York: W. W. Norton, 1964, p. 54.

의회에서 통과되지 않았을 때 조차도 세금과 관세를 내야만 했다.[147]

그러나 다른 한편으로 헌법 제99조는 아주 많은 단어들로 예산과 지출이 매년 말 평가되어 예산안에 반영되고 그리고 그 예산은 매년 법으로 정해져야 한다고 규정했다. 법은 의회의 양원과 왕의 동의를 가정했다. 이 조항을 객관적으로 해석하는 어떤 법률가도 의회의 승인 없이 단 1페니(penny)라도 지출하는 정부는 헌법을 위반하여 행동하고 있다는 결론에 필연적으로 도달할 것이다. 따라서 제99조에 따라 비록 세금이 재무성의 금고에 계속해서 흘러 들어간다고 해도 의회에 의해 승인되지 않았을 때는 언제나 정부는 어떤 돈도 소비할 수 없을 것이다. 지금까지 헌법은 아주 명백한 것으로 보였다.[148] 이것은 당시에 왕 앞에 각료들이 제출한 정책건의서에서 분명했다. 여기에서 그들은 아주 공개적이고 뚜렷하게 의회에 의한 예산의 거부는 정부로부터 행정의 헌법적 기초를 박탈할 것이라고 말했다. 만일 그들이 의회의 명시적 투표에 반하여 예산을 지불하려고 시도한다면 그들은 반헌법적으로 행동할 것이다. 이 정책건의서는 론을 포함하여 모든 각료들에 의해서 서명되었다.

왕은 이 정책건의서에 아주 화가 나서 자신의 각료들과 논쟁하려고 시도했다. 그러나 각료들은 자신들의 입장을 고수했다. 그러다 갑자기 9월 17일 오전에 론이 의회에서 일어나 만일 의회가 약간의 양보를 할 준비가 되어 있다면 정부는 전 각료의 이름으로 결코 갈등을 원하지 않으며 3년간 복무안을 가능한 타협의 토대로 간주할 수 있을

---

147) *Ibid.*
148) *Ibid.*

것이라고 선언했다. 그것은 대단한 것이 아니었다. 그러나 그것은 즉시 하원의 감정을 바꾸기에 충분했다. 더 이상의 소동 없이 하원은 예산위원회의 비밀회의에서 의회와 이해에 도달할 기회를 정부에게 주기 위해 휴정에 들어갔다. 그러나 모든 희망은 왕에 의해서 즉시 물거품이 되었다. 그에게 2년 복무를 양보하라고 권유한 그의 각료들에 그는 귀를 기울이지 않았다. 그에게는 오직 군부의 보좌진들의 목소리만 들렸다.

론이 타협을 위한 정부의 용의를 선포했던 바로 그날인 9월 17일 저녁 때 왕은 각료회의를 개최했다. 각료들은 론이 갑자기 전선을 변경하여 왕에게 그가 예산 없이 정부를 수행해갈 준비가 되어 있다고 선언했을 때 분개했다. 왕과 의회 사이에 갈등을 피할 수 없이 만든 것은 론 측의 이런 아주 기대하지 못했던 성명이었다. 론은 그렇게 함으로써 헌법에 대한 충성 맹세를 깬다는 것에 의심의 여지가 없었다. 그러나 그는 그것에 신경을 쓰지 않았다. 그는 헌법적 주저함이 없이 프러시아를 통치할 과업을 해낼 인물이 있다는 것을 알고 있었다. 론은 각료회의가 끝나자마자 위기의 현장에 즉시 출현을 촉구하는 전문을 보냈다.[149]

의회들은 물론 론이 정부가 어떤 것도 양보할 준비가 되지 않았을 뿐만 아니라 그가 결코 아무 것도 제안하지 않았다고 그들에게 말했을 때 아주 화가 났다. 피할 수 없는 결과로 의회는 군사예산을 폐기해버렸다. 이제 갈등은 공개적으로 발생했다. 비스마르크가 베를린에 도착하기 전에 왕을 타협으로 이끌려는 마지막 노력이 황태자(the

---

149) *Ibid.,* p. 56.

Crown Prince)에 의해서 행해졌다. 황태자는 자기의 전 세대처럼 자유주의자였고 2년간의 군복무가 충분하다고 생각했다. 왕은 그의 주장을 논박할 수 없었다. 그러나 왕은 그의 앞에 자신이 황태자를 위해 양위한다는 서류를 내놓고 거기에 서명함으로써 그의 동의를 나타내도록 요구했다. 황태자는 단호하게 거절했다. 의견의 차이에도 불구하고 그는 자기의 아버지를 사랑했으며 아버지 생전에 자신의 머리 위에 왕관을 쓸 준비가 결코 되어 있지 않았다. 그렇다면 이제 비스마르크에게 길이 열린 것일까? 황태자는 그렇게 가능하게 생각할 수 없었다. 왜냐하면 왕이 그에게 무슨 일이 있어도 비스마르크를 부르지 않을 것이라고 말했기 때문이었다. 의심할 여지없이 왕은 부인의 영향하에서 행동했다. 그리고 그 부인은 비스마르크를 그녀의 용서 못할 적으로 간주했다. 그러나 3일 후 비스마르크는 수상이 되었다.[150]

1862년 9월 22일 론은 의회가 1862년의 수정된 예산을 승인했지만 예산안의 일부로서 전 군개혁을 거부했다는 것을 보고하기 위해서 왕이 머물고 있는 바벨스베르크(Babelsberg)에 갔다. 왕은 론의 권유를 요구했다. 론은 비스마르크를 부르라고 말했다. 왕은 그가 그것을 원치 않을 것이며 이제는 그가 그것을 받지 않을 것이라고 말했다. 뿐만 아니라 그는 여기에 있지 않았다. 그와 아무것도 논의할 수가 없다고 말했다. 론은 그가 여기에 있으며 그는 왕의 명령을 기꺼이 수락할 것이라고 말했다.[151] 비스마르크는 9월 20일에 베를린에 도착했었다. 이것이 다음에 일어난 일에 대한 비스마르크의 설명이었다.

---

150) *Ibid.,* p. 57.
151) Jonathan Steinberg, *Bismarck: A Life,* Oxford: Oxford University Press, 2011, p. 178.

"나는 황태자에게 불려갔다. 상황에 관한 나의 견해에 대한 그의 질문에 나는 오직 아주 조심스러운 답변을 했다. 왜냐하면 나는 지난 수 주일 동안 독일 신문들을 읽지 않았기 때문이다. … 나의 알현의 사실이 준 인상은 왕이 나를 지칭하면서 그에게 말한 론의 성명으로부터 즉시 감지할 수 있었다. '그는 나쁘지도 않다. 그가 이미 내 아들을 만났다는 것을 알고 너는 알고 있다.' 이 언급의 의미는 나에게 즉각 이해되지 않았다. 왜냐하면 왕이 양위를 생각했기 때문에 내가 알거나 혹은 그것을 의심하여 나 자신을 황태자에게 잘 보이려고 노력한다고 그가 가정하는 것을 나는 알지 못했다."[152]

왕의 의심에도 불구하고 그는 비스마르크를 알현에 초대했다. 여기에 그 상황에 관한 비스마르크의 설명은 다음과 같다.

"나는 9월 22일 바벨스베르크에서 영접받았고 그리고 상황은 전하가 그것을 다음과 같은 말로서 정의했을 때 나에게 분명하게 되었을 뿐이다: '내가 신과 나의 양심과 그리고 나의 신민들에게 대답할 수 있는 방식으로 그것을 할 수 없다고 할지라도 나는 사임하지 않을 것이다. 그러나 의회에서 현재 다수의 의지에 따라 내가 지배하려면 나는 그것을 할 수 없다. 그리고 나는 자신들과 나를 의회의 다수에 굴복하지 않고 내 정부를 수행해갈 준비가 되어있는 어떤 각료도 더 이상 발견할 수 없다. 그러므로 나는 나의 왕관을 내려놓기로 결심했다. 그리고 나는 내가 언급한 동기에 기초하여 내 양위의 선포를 대충 그렸다.' 그것이 이미 서명된 것인지의 여부를 내가 알 수는 없었지만 왕은 나에게 책상 위에 놓여 있는 그가 손으로 쓴 서류를 보여주었다. 전하는 적합한 각료들이 없이는 그가 통치할 수 없다는 것을 반복함으로써 끝을 맺었다.

---

152) *Ibid.*에서 재인용.

나는 내가 입각하려는 나의 준비를 전하께서 5월 이래 알고 있을 것이라고 대답했다. 나는 론이 나와 함께 그의 편에 남을 것으로 확신했다. 그리고 나는 다른 각료들이 나의 입각으로 사임할 수밖에 없다고 스스로 느낄 것으로 가정하여 우리가 내각을 완성하는데 성공할 것이라고 의심하지 않았다. 상당한 숙고와 논의 후에 왕은 각료로서 군의 재조직을 주장하고 나설 준비가 되어 있는 지의 여부를 나에게 물었다. 내가 동의했을 때 그는 나아가서 의회의 다수와 결의안들에 반대하면서까지 그렇게 할 수 있는 지의 여부를 나에게 물었다. 내가 나의 용의를 내세우자 마침내 그는 선언했다. '그렇다면 당신의 도움을 받아 투쟁을 계속해서 시도하는 것이 나의 의무이다. 그리고 나는 양위를 하지 않을 것이다.' 나는 책상 위에 있는 그 서류를 왕이 파기했는지 아니면 그가 그것을 기억을 위해 보존했는 지의 여부를 알지 못한다."[153]

빌헬름 왕과의 알현이 끝났을 때 비스마르크가 수상(the Minister-President) 겸 외무상(the Foreign Minister)이 될 것이라는 것이 확실했을 뿐만 아니라 왕이 처음에 제안하길 바랐던 것과 같은 어떤 프로그램에 의해서도 그가 구속을 받지 않을 것임이 확실했다. 비스마르크를 임명하는 결정은 빌헬름의 가정에 곤란한 일이 생길 것이 분명했다. 황태자는 왕후가 필사적으로 불행할 것이라고 기록했다. 왕후와 수상 사이에 전투가 시작했다.[154]

그러나 자기 왕에게 충직한 신하가 되려는 비스마르크의 진정한 염원을 의심할 필요는 없었다. 그리고 그의 심장에서 그가 왕을 빌헬름이 꿈도 꾸지 않은 목적으로 이끌 것이라는 것을 비스마르크는 알

153) *Ibid.*, pp. 178-179.에서 재인용.
154) *Ibid.*, p. 179.

고 있었다. 빌헬름에게 자기를 따를 것을 약속하면서 비스마르크는 왕이 그를 철저히 따를 수밖에 없을 것이며 또한 그리하여 직책을 맡는 그의 조건들이 성취될 것이라고 비스마르크는 확신했다.[155) 20년 전인 1838년 당시 23세의 젊은이였던 비스마르크는 이렇게 썼다: "나는 내 자신이 좋아하는 음악만을 만들거나 아니면 아무런 음악도 일체 만들지 않길 바란다." 이제 1862년 9월에 그는 오케스트라를 지휘하고 또 그래서 그가 좋아하는 음악을 만들 지위에 올랐다. 그의 음악은 프러시아에 의해, 독일에 의해, 아니, 전 유럽에 의해 28년 내내 들릴 것이다.[156)

---

155) Erich Eyck, *Bismarck and the German Empire,* New York: W. W. Norton, 1964, p. 57.
156) *Ibid.*

제5장
프러시아의 철의 수상(the Iron Chancellor): 백색 혁명가(the White Revolutionary)의 등장

"우리 시대의 중대한 문제들은 연설이나 다수결에 의한 결정에
의해서가 아니라 피와 철에 의해서 타결될 것이다."
-오토 폰 비스마르크-

전통적으로 유럽의 정치는 다른 군주들과 다른 국가들과 거래를 다루는 주로 외교 문제들과 관련되었다. 혁명을 피할 수 있는 한 그런 문제들은 국내 정책 보다 더 중요하게 간주되었고 또 실제로 그러했다. 산업혁명과 민주혁명의 도래로 이 모든 것이 변하기 시작했다. 처음에는 천천히 변했지만 비스마르크 시대에는 점증하는 속도로 변하기 시작했다. 19세기 역사가 레오폴트 랑케(Leopold Ranke)는 특히 중유럽에서 "외교정책의 지배"(the Primacy of Foreign Policy)를 강조했었다. 그러나 비스마르크 시대에 국내와 외교 문제들은 서로 간 조건이 되었다. 비스마르크의 정치에서 첫 비틀거리는 조치들은 국내정치적 분야였다. 그러나 1851년 프랑크푸르트에 있는 독일국가연합 의회에 외교사절로 임명되기 훨씬 이전에 그의 관심은 그가 외교문제들

과 주로 관련되었다. 그가 정치의 기능에 관해서 아는 것은 외교문제의 공부에서 배운 것이었다. 그러므로 그가 프러시아의 수상으로 임명되었을 때 외무상을 동시에 겸직했던 것이다. 프러시아와 후에 독일제국의 업무 처리는 분명하게 이 점을 보여주었다.[157]

오토 폰 비스마르크가 마침내 프러시아의 수상이 되었을 때 그의 첫 과제는 그의 내각을 구성하는 것이었다. 처음에 비스마르크는 온건한 자유주의자들과 접촉하려고 했다. 예를 들어서 그는 타협 수정안의 발안자인 트베스텐(Twesten)을 만나려고 했다. 비스마르크는 군복무 기간에 관해서 강력한 견해를 갖고 있지 않았다. 그러나 왕이 그것에 반대하자 그는 트베스텐에게 제안할 수 있는 것이 아무것도 없었다. 그리하여 그와의 면담은 쓸모없게 되었다. 비스마르크는 자유주의자를 자신의 내각에 둘 진지한 의도는 결코 없었다. 실제로 그는 보수적 의견들을 갖고 있는 귀족 신분의 관리들로 내각을 구성했다. 이 융커들이 아무리 별 볼일 없는 인물들이었다고 해도 그들은 비스마르크가 자기의 각료들의 자격으로 염두에 뒀던 두 가지 조건을 충족했다. 즉 그들 모두는 야당을 무찌르는데 그를 도울 준비가 되어 있었고 자기의 방식에 어떤 장애물도 놓지 않고 그가 자신의 외교정책을 수립하게 할 것이다.[158]

9월 29일 비스마르크는 의회에서 내년의 예산안을 철회함으로써 자기의 활동을 시작했다. 그가 하원 예산위원회에서 다음에 제안할 것이 무엇이냐는 질문을 받고 그는 가장 큰 소동을 일으킨 연설을 했다.

---

157) Bruce Waller, *Bismarck,* Oxford: Basil Blackwell, 1985. P. 18.
158) Erich Eyck, *Bismarck and the German Empire,* New York: W. W. Norton, 1964, p. 58.

그는 자기 주머니에서 올리브 가지 하나를 꺼내 평화의 표시로 그것을 하원에 제공하려고 한다면서 예산위원회 의원들에게 그것을 보여주었지만 그것이 아직은 시기상조라는 결론에 도달할 수밖에 없었다. 그리고 나서 그는 프러시아의 현재 상황과 미래의 과제에 관한 연설을 해야 했다. 그것은 수상으로서 그의 첫 의회 출연에서 그의 가장 유명하게 된 연설을 했다. 그 연설 중 가장 유명한 구절은 다음과 같다:

> "프러시아는 이미 여러 차례 왔다가 간 유리한 순간을 위해 힘을 기르고 보존해야 한다. 빈 조약들 하에서 프러시아의 국경선들은 건강한 존재에 유리하지 않다. 우리 시대의 중대한 문제들은 연설과 다수의 결정에 의해서 해결되지 않고 … 그런 생각이 1848년과 1849의 큰 실수였다. … 피와 철로 해결될 것이다."[159]

이 놀라운 연설이 일으킨 소동은 호의적이지 않았다. 론조차도 어떤 식으로도 도움이 안 될 "도발적 습격"(racy excursions)에 화를 냈다. 후에 비스마르크의 가장 거리낌 없는 전령이 된 역사가 하인리히 폰 트라이츠케(Heinrich von Treitschke)는 그가 그것으로 독일을 굴복시키려는 피와 철을 자랑하는 이 가벼운 융커의 우스꽝스러운 저질에 관해서 분노했다.[160] 왕도 전혀 기뻐하지 않았다. 왕은 그때 왕후와 그들의 딸, 바덴의 대백작, 그리고 사위인 대공과 함께 바덴-바덴(Baden-Baden)의 온천에 머물고 있었다. 비스마르크는 그들 가운데

---

159) Jonathan Steinberg, *Bismarck: A Life,* Oxford: Oxford University Press, 2011, pp. 180-181.에서 재인용.

160) Erich Eyck, *Bismarck and the German Empire,* New York: W. W. Norton, 1964, p. 59.

누구도 자기의 친구가 아니라는 것을 알고 있었다. 그리고 그들이 자기 연설로 그에 반대하게 될 것이 그는 두려웠다. 결혼한 사람은 누구나 왕후 아우구스타(Augusta)의 영향을 이해하기가 어렵지 않을 것이다. 왕은 가정의 평화를 원했고, 그래서 그는 굴복했다. 그러나 그는 베를린으로 돌아가서 비스마르크를 쫓아낼 생각이었다. 그는 비스마르크를 제거할 것이었다. 비스마르크는 그 연설이 실수였다는 것은 물론이고 언제나처럼 잘못된 것임을 인정하지 않으려고 조심했다. 그는 왕을 급히 만나야 한다는 것을 알고 있었다. 그래서 그는 왕이 탄 기차가 베를린에 들어오기 전에 그 기차를 세우는 비상하고 필사적인 조치를 취했다. 비스마르크는 왕을 다잡기 위해 왕을 베를린 직전 마지막 역인 위테르보크(Jueterbog)에서 왕을 만났다.161) 후에 비스마르크는 이렇게 설명했다:

"관리들의 퉁명스러운 답변으로 인해 나는 왕이 보통의 1등칸에 앉아 있는 보통 열차의 차량을 발견하는데 약간의 어려움이 있었다. 그의 부인과의 관계의 부작용은 분명한 걱정이었다. 그리고 내가 그의 부재 중에 발생한 사건들을 설명할 허락을 간청했을 때 그는 내 말을 자르며 이렇게 말했다. '나는 이 모든 것이 어디에서 끝날지 완전하게 잘 알고 있다. 거기에서, 오페라 하우스 앞에서, 나의 창문 아래에서 그들은 네 목을 자를 것이다. 그리고 잠시 후에 내 목도 자를 것이다.' 나는 짐작했고, 그리고 그것은 그 후에 증인들에 의해서 확인되었는데, 바덴-바덴에서 그가 일주일간 머무는 동안에 그의 마음에는 폴리냐크(Polignac), 스트래퍼드(Strafford),

---

161) Jonathan Steinberg, *Bismarck: A Life,* Oxford: Oxford University Press, 2011, p. 182.

그리고 루이 16세(Louis XIV)의 테마에 관한 여러 가지가 작동했다. 그가 말이 없을 때 나는 간단히 답했다. '그 다음에는요, 전하?(Et après, Sire?)' '그 다음에는(Après), 정말로; 우리는 죽을 것이다'라고 왕은 대답했다. 나는 계속해서 '예, 우리는 죽겠지요. 하지만 우리는 모두가 조만간 죽되, 보다 명예롭게 사라지겠지요? 나는 왕의 대의를 위해 싸우고, 당신은 신의 가호 아래 왕으로서 전하의 권리들을 당신의 피로 봉하고 있어요; ... 전하는 싸울 수밖에 없어요. 당신은 굴복할 수 없어요; 신체적 위험을 감수하더라도 앞으로 나아가 강제로 어떤 시도라도 맡아야 해요.' 내가 이런 의미로 말을 계속하자 왕은 점점 결의에 차올랐다. 그리고 나는 왕국과 조국을 위해 싸우는 공직자의 역할을 취하기 시작했다."[162]

위기가 이렇게 지나갔고 비스마르크는 자기 직책을 유지했다. 왕이 비스마르크의 발언에 대해서 무엇을 생각했든 그는 의회를 다루는 데 비스마르크가 불가결하다는 것을 알고 있었다.[163] 그곳에서 일어난 대 논쟁에서 그리고 온건한 또 급진적 의원들이 다 같이 비스마르크의 헌법적 주장들을 반박하는 데 있어서 유명한 법률가인 그나이스트(Rudolf von Gneist) 교수는 원칙의 문제를 강조했다. 그는 비스마르크에게 독일인들의 기본적 성질을 존중하라고 경고했다. 국가들의 역사에서 마지막이고 결정적인 요인은 굳은 도덕적이고 법적인 질서에 대한 믿음이라는 것이다. 그나이스트는 옳았다. 그 때에는 그런 것이 프러시아인들 중 가장 중요한 부분의 감정이었다. 그러나 중대한 문제는 법적이고 도덕적인 질서의 결정적 힘에 대한 믿음이 사건들에

---

162) *Ibid.*에서 재인용
163) Erich Eyck, *Bismarck and the German Empire,* New York: W. W. Norton, 1964, p. 60.

의해서 정당화될 수 있는 지의 여부였다.[164]

　우선, 사태발전은 정반대의 방향으로 나아갔다. 의회가 통과시킨 예산안은 봉건영주협회에 의해서 거부되었고 정부는 예산 없이 통치했다. 정부는 세금과 관세를 계속 거두었고 징수된 돈을 군사적 목적들을 위해 아주 임의적으로 지출했다.[165] 당시는 번성하는 경제적 삶의 시기였기 때문에 세수가 증가했고 그래서 정부는 돈의 부족으로 당황하지 않았다. 의회는 이 과정을 중지할 수 없었다. 그것은 세금징수를 멈추거나 정부를 탄핵할 법률적 수단이 없었다. 헌법은 각료들이 책임이 있다고 선언했지만 그것은 만일 그들이 헌법을 위반했을 경우에 그들의 탄핵을 위한 길을 열지 않았다. 그러므로 의회의 힘은 미약했다. 외국의 비판자들은 이런 입장을 이해하지 못했다. 비스마르크가 하원에서 타협이 이루어질 수 없어 갈등이 발생하면 갈등은 권력의 문제가 된다. 권력을 가진 자는 누구든 자기의 의견에 따라 행동한다고 퉁명스럽게 말했을 때 논쟁은 극에 달했다.

　비스마르크는 1783년 영국에서 젊은 윌리엄 피트(William Pitt)가 찰스 폭스(Charles Fox)와 하원의 다수에 도전했던 것처럼 의회에 도전했다. 두 사람은 다 같이 왕에 의존했다. 그러나 아주 중요한 차이가 있었다. 피트 영국 수상은 유권자들이나 유권자들을 지시하는 사람들이 자기편에 있다는 것을 알고 있었고, 그리하여 그는 보다 호의적인 다수를 얻기 위해서 의회를 해산할 자신의 시간을 벌기만 하면 되었다. 반면에 비스마르크 수상은 사람들이 의회에서 보다 그에 보

---

164)　*Ibid.*
165)　*Ibid.*

134　오토 폰 비스마르크 -천재-정치가의 불멸의 위대한 리더십-

다 훨씬 더 열정적으로 그에게 반대하고 있다는 것을 알고 있었다.166) 그가 거듭해서 의회를 해산했지만 유권자들은 언제나 동일한 다수를 선출했다. 모든 격렬하고 그리고 종종 불법적인 정부의 압력들은 그들이 정부측 후보자들에게 투표하게 만드는데 성공하지 않았다. 1862~1866년의 기간에 프러시아의 야당은 참으로 그들의 유권자들에게 효과적으로 의지할 수 있었던 독일의 전 헌정사에서 유일한 시기였다. 그 이후 의회의 해산은 언제나 정부가 원하는 다수를 정부에게 제공했다 왜냐하면 충분한 유권자들이 야당의원들을 저버렸기 때문이었다.167)

1863년 1월 14일, 새 의회가 개회되었고 비스마르크는 그의 극적인 대결과 도발의 정책을 계속했다. 비스마르크는 그가 반헌법적 절차들을 통해 통치하고 있다는 자유주의적 주장을 거부했다.

> "헌법이 당신들에게 권한으로서 무엇을 인정하든 당신들은 충분히 받을 것이다; 그것을 넘어 당신들이 요구하는 것은 어떤 것이든 우리는 거절할 것이다. … 프러시아의 군주제는 그것의 사명을 아직 성취하지 않았다. 그것은 당신들의 헌법구조에서 순전히 장식용 보석이 될 준비가 아직 되지 않았다. 그렇다고 해서 의회제도의 작동에서 기계의 죽은 부품으로 삽입될 만큼 아직 잃지도 않았다."168)

비스마르크는 왕과 의회의 갈등의 경우에 남겨진 권한들은 왕에게

---

166) *Ibid.*, p. 61.
167) *Ibid.*
168) Jonathan Steinberg, *Bismarck: A Life*, Oxford: Oxford University Press, 2011, p. 190.에서 재인용.

있다고 발표했다. 따라서 입법부가 그런 조치들을 거부한다고 할지라도 왕은 세금을 징수하고 비용을 지출하는 정부의 업무를 수행할 완벽한 권리를 가졌다. 헌법의 구멍 이론이라고 불리게 된 이 이론은 비스마르크에게 그의 가장 분명하게 반헌법적인 활동들을 밀고 나갈 자신감을 주었다.[169]

비스마르크의 재임 중 첫 국제적 위기가 발생했다. 1863년 1월 21일 러시아령 폴란드에서 반-러시아 반란이 발생했다. 당시에 폴란드는 3개 강대국들, 즉 러시아, 오스트리아, 그리고 프러시아에 속했다. 이 강대국들은 18세기에 폴란드를 3번이나 분할하여 폴란드를 장악했다. 서방측 유럽은 이 분할들을 근대사에서 하나의 공포스러운 오점으로 간주했다.[170] 그러나 3개의 동부 강대국들은 폴란드인들이 강력하고 질서 있는 정부를 유지할 능력이 없다는 근거에서 그 분할을 정당화했다. 그럼에도 불구하고 심지어 독일 인민들 사이에서 조차도 불행하고 굴복한 폴란드인들에게 동정심이 있었다. 그러나 이런 감정은 비스마르크에게 전혀 영향을 미치지 못했다. 그는 폴란드의 전 문제를 프러시아 국가의 힘의 관점에만 배타적으로 고려했다. 프러시아의 힘이 폴란드 지방들의 분리로 상당히 약화될 것이라는 사실에는 의심의 여지가 없다. 그러나 그는 더 나아갔다. 그는 폴란드인들은 프러시아의 적으로 간주했다. 따라서 폴란드에 대해서는 어떠한 탄압도 국가이익을 위해 정당화되었다. 비스마르크에게 폴란드 민족 운동의 모든 성공은 프러시아에게 패배였다. 그는 이런 요소에 대항해서는

169) *Ibid.*, p. 191.
170) Erich Eyck, *Bismarck and the German Empire*, New York: W. W. Norton, 1964, p. 68.

시민 정의의 규칙에 따르지 않고 오직 전쟁의 규칙에 따라서 싸움을 수행할 것이라고 말했다.[171]

1863년의 반란은 오직 차르 체제의 조치에 의해서만 야기되어 러시아의 영토에 국한되었다. 그것은 프러시아의 정부에 대항하는 어떤 폴란드의 반란도 없었다. 그것은 프러시아의 영토를 전혀 건드리지 않았다. 그럼에도 불구하고 비스마르크는 프러시아의 폴란드에 4개의 사단병력을 동원하라고 즉시 군대에 요구했다.[172] 러시아의 현장과 행위자들을 아주 잘 알았던 비스마르크는 왕실에서 "개혁" 일당이 폴란드인들을 위해 헌법적 권리를 찬성할 것이라고 이해하고 있었다. 프러시아인들처럼 역사적 폴란드의 상당한 부분을 지배한 오스트리아인들은 영국과 프랑스에 합류하여 폴란드인들을 위한 새 헌법적 조정을 제안했다. 반-오스트리아 정책적 계산에서 반대입장을 취할 비스마르크는 차르 왕실의 호전주의자들을 지지하는데 시간을 낭비하지 않고 폴란드 반란자들에 대항하는 공동조치에 대한 합의를 마련하기 위해 왕의 무관들 중 한 사람인 폰 알벤스레벤(von Alvensleben) 장군을 상트 페테르부르크에 파견하여 러시아 왕실에 베를린의 왕실은 자신은 공동의 적에 대항하는 러시아의 동맹으로 간주한다고 말했다.[173]

2월 8일 비스마르크에 지시에 따라 알벤스레벤과 차르는 군사협정을 채결했다.[174] 이 협약은 양국이 폴란드의 도망치는 폴란드의 반란

171) *Ibid.*
172) Jonathan Steinberg, *Bismarck: A Life,* Oxford: Oxford University Press, 2011, p. 191.
173) Erich Eyck, *Bismarck and the German Empire,* New York: W. W. Norton, 1964, p. 69.
174) Jonathan Steinberg, *Bismarck: A Life,* Oxford: Oxford University Press, 2011,

자들을 추격하기 위해 상대국의 국경선을 넘는 것을 허용했다. 프러시아에서는 모든 것이 조용했기 때문에 프러시아의 병력이 러시아의 국경선을 넘어갈 이유는 없었다. 따라서 그 협정은 차르의 도망치는 폴란드 신민을 추격하기 위해서 러시아 병력이 프러시아의 국경선을 무시할 권리를 갖는다는 것을 의미할 뿐이었다.[175] 그 군사협약은 비밀이었지만 비스마르크는 한 프러시아 의원에게 아주 솔직하게 그것에 관해서 말했다. 물론 이 부주의는 빠르게 확산되었다. 폴란드인들에 대한 동정심이 강했던 서방의 유럽에서는 그 협정에 대한 일반적 불평이 있었다. 베를린에서 영국 대사가 비스마르크에게 유럽은 러시아의 폴란드 점령을 용인하지 않을 것이라고 말했을 때 비스마르크는 "누가 유럽인데?"라는 반문으로 대답했다. 프랑스에서는 여론이 깊게 자극되었고, 그래서 나폴레옹 3세는 프러시아의 대사에게 그 협정이 유감이라고 말했다.[176]

의회에서 반대도 아주 소란스러웠다. 그리고 비스마르크는 그것들을 더 자극하기 위해 자기의 최선을 다했다. 야당은 프러시아가 자국의 폴란드 지방들을 포기하길 분명히 원하지 않았다. 그러나 그것은 차르 정부에 대한 정부의 편파성에 강력히 반대하면서 엄격한 중립을 요구했다. 그러나 알벤스레벤 협정은 오랫동안 비스마르크 정책의 걸작으로 칭송되었다. 그것을 통해 비스마르크는 중대한 1866~1871년에 러시아의 도움을 받았기 때문이었다.[177] 그럼에도 불구하고 당시

---

p. 192.

175) Erich Eyck, *Bismarck and the German Empire,* New York: W. W. Norton, 1964, p. 69.

176) *Ibid.*

에 폴란드의 반란은 유럽 강대국들의 재결집을 야기했으며 비스마르크의 과제를 크게 조장했다. 프랑스, 영국, 그리고 오스트리아가 러시아 정부에게 폴란드 주민들에게 약간의 양보를 요구하는 공동각서를 보냈다. 비스마르크는 이런 종류의 개혁에 별로 관심이 없었으며 그 문제를 단지 프러시아의 이익의 관점에서만 고려했다. 러시아가 그의 친구임을 차르에게 보여주는 것만이 프러시아의 이득인 반면에 다른 강대국들은 그에 반해서 손을 잡았다. 그 결과는 3개국의 외교적 패배였고 폴란드 반란의 잔인한 진압이었다.[178]

이 외교적 작전 중 2개의 사건들이 특히 중요했다. 자기의 통치 기간 내내 나폴레옹 3세는 그의 외교정책에서 항상 적어도 하나의 동맹국을 가지려고 애를 썼다. 그는 러시아와 이해에 도달하려고 노력했지만 그러나 그가 폴란드의 말썽에 개입했을 때 그것은 어쩔 수 없이 끝나버렸다. 그리고 비스마르크가 프러시아를 러시아 진영으로 이끌자 나폴레옹은 오스트리아에 동맹을 제안했다. 그러나 오스트리아는 그 제안을 거절했다. 오스트리아의 레히베르크(Rechberg) 수상이 그런 성격의 동맹으로 위험은 확실하지만 이점은 문제가 있을 것이라고 말했다. 그는 여전히 프러시아와 이해에 도달하길 희망했다. 레히베르크는 보수주의자였고 그래서 비스마르크를 동료 보수주의자로 간주했다. 또 하나의 동맹 제안은 1863년 6월에 차르가 프러시아에 제안한 것이었다. 그러나 비스마르크와 빌헬름 왕은 그것을 거절했다. 왜냐하면 그들은 독일문제에 외부 강대국의 개입을 혐오했기 때문이었다.

---

177) *Ibid.*, p. 70.
178) *Ibid.*, p. 71.

그러나 실제로 차르가 프러시아에 제안했던 것은 오스트리아가 아니라 나폴레옹 3세에 대항하는 것이었다. 그것은 러시아, 프러시아, 그리고 오스트리아로 구성되는 것이었다. 바꾸어 말해서 그것은 옛 신성동맹(the Holy Alliance)의 부활이었다. 비스마르크는 자신의 거절을 위장하는 방식으로 거절했던 것이다. 그러나 2개의 이런 제안과 거절들은 오스트리아의 레히베르크와 비스마르크의 리더십의 차이를 보여주었다. 레히베르크는 편견과 결정의 부족으로 프랑스의 제안을 거절했다. 그는 무엇을 해야 할지를 몰랐다. 그러므로 그는 아무 일도 하지 않았다. 반면에 비스마르크는 자기가 원하는 것을 정확하게 알고 있었다. 그리고 바로 이런 이유에서 그는 그의 행동의 자유를 제한할 모든 연계를 피했던 것이다.[179]

한 번 헌법을 침해한 정부는 거기에서 멈출 수가 없었다. 그것은 하나의 불법에서 다른 불법으로 환경과 자기의 행동에 의해 강요되었다. 비스마르크의 다음 공격대상은 헌법에 의해서 보장된 언론의 자유였다. 대다수의 신문들은 자유주의적이었고 야당을 힘차게 지지했다. 비스마르크는 내각에서 프러시아의 언론 자유를 제한하는 언론 칙령을 작성했다. 비록 헌법의 제27조가 검열을 금지하고 표현의 자유를 보장했음에도 불구하고 탈출 구절이 있었다. 즉, 언론의 자유에 대한 모든 다른 규제는 입법의 방식을 통해서만 이루어질 것이며 정부에게 인쇄된 표현의 모든 미디어를 허가하고 통제할 권한을 정부에게 준 1851년의 언론법이 있었다.[180]

---

179) *Ibid.,* p. 72.
180) Jonathan Steinberg, *Bismarck: A Life,* Oxford: Oxford University Press, 2011, p. 194.

1863년 6월 1일 왕은 행정명령에 의해서 야당 언론을 침묵시키고 법원에 어떤 호소도 제거하는 언론 칙령에 서명했다. 그때부터 유일한 호소는 내각에만 할 수 있을 것이다.[181] 언론에 대한 왕의 이 칙서는 예기치 못한 곳에서 놀라운 효과를 보았다. 왕세자가 공개적으로 그것의 반대를 선언했던 것이다. 왕세자와 그의 부인인 빅토리아는 비스마르크의 방식을 절대로 승인하지 않았다. 그들은 헌법의 침해에 반대했으며 또한 그것이 프러시아 인민과 왕조 사이에 극복하기 어려운 간격을 열 것이라고 두려워했다. 왕세자는 왕에게 헌법의 침해에 관해서 경고했다. 왕은 그에게 자기 자신이 주재하는 위원회들에 참석하라고 명령했다. 그러나 언론에 대항하는 왕의 칙령의 결정은 왕세자가 부재 중에 이루어졌다. 그는 동부지방에서 군의 시찰을 위한 여행 중이었다. 그때 그는 신문 보도를 통해 갑자기 그 칙령에 처음으로 알게 되었다. 그를 수행한 빅토리아 세자비와 단치히(Danzig)의 자유주의 시장인 빈터(Winter)의 권유로 단치히 타운 홀(Town Hall)에서 빈터의 연설에 답변하는 형식으로 자기는 그 칙령에 관해서 사전에 아는 바가 없었으며, 자기는 부재 중이었고, 그래서 그것을 권유한 사람들에 속하지 않는다고 선언했다.[182]

왕세자의 이런 말은 어쩔 수 없이 엄청난 소동을 일으켰다. 프러시아인들은 왕세자의 공개적인 반대에 깊이 감동받았다. 그러나 왕은 크게 분개하여 자신의 아들을 작은 어린애처럼 취급하는 편지를 썼다. 이 단치히 에피소드는 왕세자 부부의 삶에 결정적인 사건이 되었

---

181) *Ibid.*, p. 195.
182) Erich Eyck, *Bismarck and the German Empire,* New York: W. W. Norton, 1964, p. 62.

다. 비스마르크는 왕세자의 이 반대를 결코 잊거나 용서하지 않았다. 그리하여 이 왕세자 부부의 고립이 시작되었다. 비스마르크는 왕세자가 아무런 공식적 신분을 갖고 있지 않기 때문에 정치적 역할을 하고 자기의 아버지에게 반대할 자격을 갖고 있지 않다고 주장했다.

헌법투쟁이 진행되고 있는 동안에 비스마르크의 생각은 주로 외국, 특히 바로 그 시기 그의 적인 오스트리아의 다소 적극적인 독일 정책에 관심을 두었다. 이탈리아에게 패배한 뒤 합스부르크 왕국은 헌법주의에 돌아갔다. 1861년 2월 새 헌법이 공포되고 전 군주제에 중심적 의회를 부여했다. 이 의회에서 독일의 자유주의자들이 득세했다. 새 헌법은 1848년 프랑크푸르트 의회에서 오스트리아 파의 주도적 의원이었고 오스트리아 제국의 공사였던 안톤 폰 슈멜링(Anton von Schmerling)의 작품이었다. 그는 독일에서 헌정주의에 돌아가는 것을 오스트리아의 헤게모니를 보존하는 수단으로 간주했다. 그러나 불행하게도 독일문제는 그의 각료 업무에 속하지 않았고 외무상인 폰 레히베르크(von Rechberg) 남작의 외무성에 속했다. 슈멜링은 자유주의자로 간주되었고 레히베르크는 자신을 보수주의자이며 메테르니히의 학생이라고 불렀다. 이 두 장관들은 조화로운 협력을 수립할 것 같지 않았다. 레히베르크는 프랑크푸르트에서 의회를 주재한 비스마르크의 동료였다. 그는 비스마르크를 잘 알게 되었고 비스마르크의 능력, 에너지, 그리고 절대적인 무자비함에 크게 인상을 받았다. 아니 그 이상으로 그는 비스마르크를 두려워했다. 비스마르크가 수상이 되기 전에 레히베르크는 자기의 코트를 벗고 스스로 바리케이드에 올라갈 수 있는 사나운 비스마르크에 관해서 말했다.[183]

이제 이 사나운 비스마르크가 프러시아의 수상이었다. 레히베르크 외상이 그와의 적대감을 피할 수 있을까? 그러나 프러시아와 오스트리아 사이에 적대감은 사실상 피할 수 없는 것이었다. 독일인들은 빌라프랑카(Villafranka) 이후 줄곧 독일 국가연합의 개혁이 올 수밖에 없다고 확신했다. 개혁 프로젝트를 제안한 첫 정치가는 작센 왕의 각료인 아주 영리한 보이스트(Beust) 남작이었다. 그가 빈에서 제국황실을 권유하여 프러시아가 정부의 약함으로 어려울 때 가능한 한 빨리 국가연합의 보수적 개혁을 조장했다. 보이스트 자신이 자세한 제안을 마련했다. 그러나 그것은 실패했다. 수개월 후에, 비스마르크가 권좌에 오르기 얼마 전에 오스트리아는 중간 크기 국가들의 지원을 받는 또 하나의 제안을 했다. 주민들의 요구들을 충족시키기 위해서 어떤 중요한 문제들을 다루는 법률들, 예를 들어 민사소송에서 절차의 과정을 독일 전체를 위해 통일하자는 것이었다. 이 제안의 가장 중요한 사항은 개별국가의 대표들이 그런 법률의 심의를 위해 소집하기로 되어 있었다. 이것은 비록 오직 간접적이지만 국가연합 내에서 독일인들의 대표성의 출발이 될 것이다.

바로 그 순간에 프러시아의 수상이 된 비스마르크는 수년 전에 섭정에게 동일한 형식의 대표성을 제시했었다. 그러나 지금의 그는 그렇게 할 생각이 전혀 없었다. 왜냐하면 이 형식은 국가연합의 존속을 연장하고 또 오스트리아의 영향력을 강화할 것이기 때문이었다. 그는 어느 것도 허락하지 않을 것이다. 왜냐하면 그는 국가연합의 전복을 노렸기 때문이었다. 비스마르크는 이제 독일에서 "백색 혁명가"(a

183) *Ibid.*, p. 64.

white revolutionary)의 길을 모색했다. 그러므로 그는 자기가 동원할 수 있는 모든 수단을 동원하여 이 개혁을 패배시키려는 결의에 차 있었다. 그리고 그는 성공했다.[184]

이 오스트리아의 제안에 관한 협상의 과정에서 비스마르크는 두 번의 인터뷰를 통해 오스트리아인들에게 그들이 새 프러시아의 수상에게 무엇을 기대해야 하는 지를 보여주어야 했다. 베를린 주재 오스트리아의 공사인 카롤리(Karolyi)와 인터뷰에서 비스마르크는 자기의 말을 조금도 삼가지 않았다. 그는 어떤 상황에서는 퉁명스러움이 최선의 방법임을 알고 있었다. 그리하여 그는 오스트리아의 외교사절에게 솔직하게 만일 그것이 곧 향상되지 않으면 오스트리아와 프러시아 사이의 관계가 종국에는 전쟁으로 나아갈 그런 성격이라고 말했다. 그렇다면 이 무장 갈등을 피하려면 무엇을 해야 하는가? 합스부르크 왕가는 그것의 중력을 동쪽으로, 즉 헝가리로 이동해야 했다. 이것은 독일에서, 특히 프러시아가 자신의 자연적인 영향권이라고 간주하는 독일의 북부에서 오스트리아의 지위의 포기를 의미할 것이다. 만일 합스부르크 왕가가 이 권고를 따른다면 프러시아는 그것의 충실한 동맹국이 될 것이다. 그러나 만일 그렇지 않다면 앞에 재앙이 있을 것이다.[185] 이보다 더 공개적으로 그리고 위협적으로 말하기는 불가능했다. 만일 진정한 정치가가 오스트리아의 외교정책을 지휘했다면 그는 비스마르크의 권고를 따르거나 아니면 전쟁을 준비했을 것이다. 그러나 레히베르크는 어느 것도 하지 않았다.

---

184) *Ibid.*, p. 65.
185) *Ibid.*

비스마르크가 가진 또 하나의 인터뷰는 한때 프랑크푸르트에서 오스트리아의 동료였고 지금은 러시아 주재 오스트리아 대사인 툰 백작(Count Thun)과 가진 것이었다. 그는 과거 동료와 함께 현 사태에 관해서 얘기하고 타협을 시도하고 도달하기 위해 베를린에 왔다. 비스마르크는 또 다시 아주 솔직했고 오스트리아의 외교관에게 국제적 조약의 신성한 의무에 관해 그가 무엇을 생각하는지를 노출했다. 조약들은 지켜져야 한다는 것이 국제법의 토대였다. 그러나 비스마르크는 툰 백작에게 이렇게 말했다.

> "오스트리아와 프러시아는 조약의 텍스트에 의해 묶여 있기에는 너무 큰 국가들이다. 그들은 자신들의 이익과 편의에 의해서만 지도될 수 있다. 만일 조약이 이런 이익과 편의에 방해가 된다면 그 조약을 깨져야 한다."[186]

메테르니히의 학생으로서 국제조약을 존중하게 양육된 레히베르크는 그가 비스마르크의 이런 마키아벨리식 공헌을 읽었을 때 툰 백작의 보고서 가장자리에 두 개의 커다란 느낌표를 찍었다. 그러나 그것이 그가 행한 전부였다.

두 독일 강대국들 사이의 균열은 프랑크푸르트 의회가 오스트리아의 제안을 근소한 득표의 다수결로 거부했기 때문에 피했다. 1863년 1월 21일 비스마르크는 오스트리아 대표단의 제안을 개별국가들의 의회로부터 몰아내기 위해 프러시아의 독일국가연합 의회의 대사

---

186) Erich Eyck, *Bismarck and the German Empire,* New York: W. W. Norton, 1964, pp. 65-66.

인 우제돔(Usedom)을 시켜 아주 강력한 선언을 했다:

"독일국가는 갓 연합국가의 그것의 주민에 따라 인민에 의해 직
접 선출된 대표기구에서만 그것을 통해 공동문제의 노선에 영향을
미칠 권능을 가진 기관을 발견할 수 있다."[187]

이것은 참으로 혁명적인 역-제안이었다. 여기서 비스마르크는 프랑
크푸르트 의회에 의해서 표현되었고 그리고 민족주의 동맹 프로그램
이었던 1848년 혁명의 아이디어를 채택했던 것이다.[188] 다시 말해서,
프러시아 정부는 인민이 선출한 "독일 의회"를 선호한다고 발표하는
성명서를 읽게 함으로써 의회의 소위원회를 놀라게 했다. 비스마르크
가 군주들에 대항하는 무기로 "인민"에게 접근한 이 첫 경우는 그의
정해진 원칙의 완전한 부재가 어떻게 그의 적들에게 부인된 융통성을
그에게 허용하는지를 보여주었다. 독일의 소국들은 그 무엇보다도 일
반 보통 선거권을 두려워했다. 왜냐하면 그것은 그들의 정통성을 간
단히 쓸어버릴 것이기 때문이었다.[189] 아무도 그것이 비스마르크의
진심이었다고 믿지는 않았다. 프러시아 의회에서 헌법적 권리들을 박
탈했던 독재적 융커가 어떻게 인민의 독일 의회의 챔피언이 될 수 있
겠는가?

조약들의 신성함은 비스마르크가 권좌에 올랐을 때 다루어야 했던

---

187) Jonathan Steinberg, *Bismarck: A Life,* Oxford: Oxford University Press, 2011,
    p. 191.에서 재인용.
188) Erich Eyck, *Bismarck and the German Empire,* New York: W. W. Norton,
    1964, p. 66.
189) Jonathan Steinberg, *Bismarck: A Life,* Oxford: Oxford University Press, 2011,
    p. 191.

오스트리아와 다른 분쟁에서도 역시 쟁점이었다. 그것은 가장 큰 경제적 중요성의 문제와 관련되었다. 1860년에 유럽의 경제정책은 프랑스와 영국간의 통상조약으로 새로운 단계에 접어들었다. 그것은 나폴레옹 3세, 리처드 코브던(Richard Cobden), 그리고 영국의 재무상 글래드스턴(Gladstone)의 작품으로 자유무역의 가장 위대한 승리였다. 동일한 아이디어에 따라 나폴레옹은 1862년 프랑스의 이웃 국가인 프러시아와 통상조약을 체결했다. 그러나 관세와 통상의 문제에서 프러시아는 완전히 독립적인 국가가 아니었다. 프러시아는 그 구성원들에게 공통의 관세정책을 시행하고 있는 독일 관세동맹(German Zollverein)의 회원국이었고 더 나아가 주도적 회원국이었다. 그리하여 프랑스-프러시아 통상조약은 관세동맹에 의해서 채택된 이후에만 효력을 발생할 수 있었다. 그러나 관세동맹의 많은 회원국들은 결코 그렇게 할 생각이 없었다.

오스트리아는 1830년대에 오스트리아의 염원과 이익에 대항하여 프러시아에 의해서 창설된 관세동맹의 회원국이 아니었다. 그러나 1848년 혁명 후 수년이 지나서 장기적 안목의 오스트리아의 정치가인 브루크(Bruck) 통상상이 북해에서 아드리아 해 그리고 함부르크에서 트리에스테(Trieste)에 이르는 모든 국가들을 포함하는 중부-유럽관세동맹(a Central-European Customs Union)이라는 거대한 아이디어를 선전했다. 그러나 이 거대한 계획은 프러시아의 저항으로 좌절되었다. 오스트리아가 획득한 유일한 양보는 1853년 오스트리아-프러시아 통상조약에서 한 구절이었다. 그것으로 관세동맹의 다른 회원국들과 프러시아의 조약이 소멸하기 전에, 다시 말해서 1865년이 끝나기 전에 프러시아가 통상동맹에 관한 협상에 들어갈 것이라고 오스트리아에 약속했다.

그러므로 1862년 프랑스와 프러시아의 통상조약은 이 의무의 위반이라고 간주했다. 왜냐하면 그것은 달성을 불가능하게 만들었기 때문이었다. 이런 견해는 옳았다. 그런데 아주 기이하게도 프러시아의 통상정책의 지도자 루돌프 델브뤼크(Rudolf Delbrueck)가 오스트리아의 견해에 충심으로 동의했다. 그는 프랑스와 조약이 오스트리아와 관세동맹을 불가능하게 하고 또 그러므로 논의 중인 구절을 위반한다고 고백했다. 그럼에도 불구하고 그는 흥미로운 주장으로 그 조약을 지지했다. 즉 어떤 국가도 과거의 압력에 의해서 거기에 기인하는 약속에 자국의 중대한 이익을 희생할 수 없다는 것이었다. 이 주장은 조약의 신성성에 대한 비스마르크의 주장과 비슷했다. 물론 비스마르크는 자신의 모든 수단을 동원하여 프랑스와의 조약을 단호히 시행할 생각이었고 관세동맹의 다른 회원국들이 그것을 수용하도록 강요했다. 이런 노력에서 비스마르크는 경제적 이유에서 뿐만 아니라 민족적 이유에서 의회 의원들 다수의 지지를 받았다. 프러시아의 자유주의자들은 자유무역주의자들이었다. 그리고 그들은 관세동맹이 독일에서 프러시아 영향력의 기둥이라고 간주했다.[190]

오스트리아의 정치가들은 근시안적이었지만 그들도 독일 국가연합이 아주 부적절하고 그래서 독일문제의 해결이 긴급하다는 것을 깨닫지 않을 수 없었다. 보다 강력하고 또 보다 효율적인 중앙권력과 사태

---

190) Erich Eyck, *Bismarck and the German Empire,* New York: W. W. Norton, 1964, p. 67.

의 일반적 방향에 그들의 참여를 위한 독일 인민들의 갈망을 만족시키기 위해서 무엇인가가 행해져야만 했다. 만일 주재국인 오스트리아가 이니셔티브를 쥐지 않는다면 그것은 프러시아 정부나 인민들로부터 나올 것이다. 이것들 중 어느 것도 오스트리아에게는 별로 호소력이 없었다. 그러므로 황제와 그의 보좌진들, 특히 슈멜링과 레히베르크는 이니셔티브를 쥘 결의에 차 있었다. 상당히 많은 일들이 오스트리아 정부의 독일 대법관에서 그리고 이 가장 어려운 문제를 해결하는데 자발적으로 돕는 다양한 정치가들에 의해서 이 수개월 동안에 행해졌다. 그들은 대부분이 청교도 프러시아 왕가의 부상을 두려워하는 로마 가톨릭들이었다. 그들은 오스트리아인으로 태어나지는 않았지만 남서부 지역의 중간급 국가들로부터 왔다. 그리하여 빈의 독일 대법관의 수장인 폰 비겔레벤(von Biegeleben) 남작은 헤센-다름슈타트(Hessen-Darmstadt)에서 출생했다. 그는 독일 문제를 위한 오스트리아 정부의 최고 전문가였고 그래서 큰 무게가 있었다. 그는 프러시아의 야심을 깊이 의심했으며 그래서 오스트리아의 궁정과 중간급 국가들의 궁정들의 협력을 수립하여 그것을 좌절시키길 희망했다.

이 모든 사람들은 독일연합국의 부수적 개혁에 동의했다. 즉 인민의 대표성이나 통일에 관하여 그들은 인민들의 요구를 수용하지 않는 개혁에 합의했던 것이다. 그들은 개별 국가연합국들의 주권을 가능한 한 많이 보존하길 원했다. 그들의 목적은 통일된 독일국가가 아니라 개혁된 국가연합이었다. 오스트리아가 제안하길 원하는 두 개의 혁신은 행정권한을 가진 이사회(Directoate)와 대표단 의회(Assembly of Delegates)였다. 이사회는 6명의 회원으로 구성되었고 그들 가운데에는 오스트리아 황제와 그리고 프러시아와 바바리아의 왕들이 있었다. 대표단의 의회는 독일 인민들의 대표여야 했다. 그러나 그들은 개별 국가들의 의회에 의해서 간접적으로 선출될 예정이었다. 예를 들어 오스트리아 의회가 75명, 프러시아 의회가 75명을 선출하는 것이었다. 오스트리아의 프로젝트를 실천하기 위해 제안된 방법은 프랑크 푸르트 암 마인(Frankfurt-am-Main)에서 개최될 모든 독일 군주들의 회의였다. 대다수의 군주들은 황제의 이 초청을 받고 행복했을 것이다. 그러나 여기에는 극복해야 할 하나의 장애물이 있었다. 그것은 프러시아의 왕이 참석할 지의 여부가 여전히 불확실했다. 이때 프러시아의 왕 빌헬름은 오스트리아의 영토에 있는 가슈타인(Gastein)에서 온천을 즐기고 있었다. 자기 각료들의 권유에 따라 프란츠 요제프(Francis Joseph) 황제가 왕을 친히 방문하여 자기의 초청을 직접 개인적으로 제시하기로 결정했다. 이것이 가장 정중한 방식이고 또 성공의 최선의 기회를 약속하는 것으로 보였다.

그러나 프러시아의 왕은 가슈타인에 혼자 있지 않았다. 비스마르크가 동행했다. 그는 왕이 자기의 정책을 반대하는 영향에 응하는 것을 막기 위해서 가능한 한 많이 왕의 곁에 있기를 원했다. 실제로 빌헬름은 만일 그가 홀로 있어 스스로 판단했다면 그 초청을 수락했을 것이라는 데에는 의심의 여지가 없었다. 8월 2일 프란츠 요제프 황제가 갑자기 호텔 바트 가슈타인(Bad Gastein)에 도착했다. 처음에 그들 사이에 대화를 가진 다음에 황제는 왕이 아직 결정하지 않았지만 호의적으로 보이며 그가 프랑크푸르트에 올 것이라 생각한다는 전문을 빈에 보냈다. 빌헬름은 아직도 "피와 철"을 좋아하지 않았으며 평화적인 개혁에 반대하지 않았다. 그러나 비스마르크는 왕을 보자마자 왕이 프랑크푸르트에 가는 것을 허용할 수 없다고 단호히 결의했다. 그는 빌헬름이 수많은 군주들에 둘러싸여 협력하고 돕지 않을까 염려했다. 그러나 군주들의 국가연합의 성공은 오스트리아의 위신을 강화할 뿐만 아니라 국가연합에 새로운 생명력을 불어넣을 것이다. 그런 사태를 불가능하게 만드는 유일한 길은 시작부터 그것을 중지시키는 것, 즉 프러시아 왕의 참석을 막음으로써 군주들의 의회를 망가뜨리는 것이었다. 그는 만일 빌헬름이 참석하지 않으면 회의가 몰락할 것임을 의심하지 않았다.[191]

그러나 왕에게 불참을 설득하기가 쉽지 않았다. 비스마르크는 자기의 모든 권한들을 다해 왕이 그 초청을 거절하도록 해야 했다. 그러나 비스마르크는 왕이 바덴-바덴으로 돌아가자마자 마음을 바꾸지 않을까 하고 염려했다. 왜냐하면 그곳에서 왕은 왕후의 영향 하에 있을 것이기 때문이었다. 그러므로 그는 왕을 바덴-바덴까지 동행해서 자기의 군주에 대한 그의 개인적 우위를 유지하려고 했다. 이것은 아주 필요한 예방조치임이 드러났다. 왜냐하면 군주들의 회의가 프랑크푸르트에서 모이자마자 그것은 그들 모두의 이름으로 초청을 되풀이하기 위해 바덴-바덴으로 그들 중 한 군주인 작센의 왕 요한(Johann)을 보냈다. 빌헬름 왕은 왕을 메신저로 보낸 30명 군주들의 초청을 거절할 수 없다고 느꼈다. 그러나 비스마르크는 그에게 모든 에너지를 쏟았다. 그것은 어렵고 흥미로운 투쟁이었다. 이것은 왕과 비스마르크

---

191) Erich Eyck, *Bismarck and the German Empire,* New York: W. W. Norton, 1964, p. 74.

사이에 절대적으로 피할 수 없는 개성의 충돌이었다. 빌헬름 왕은 거의 울상이었고 비스마르크는 성공했다 초대는 명백하게 거절되었다.

1863년 8월에 왕의 영혼을 위한 투쟁은 비스마르크의 이후 경력을 가능하게 만들었다. 그는 프러시아의 왕이 초청을 거절하도록 설득하고 강요했다. 대립하는 동안에 두 사람이 경험한 강렬한 감정과 그 후 눈물과 탈진은 아버지와 아들 간의 투쟁처럼 근본적 투쟁이 프랑크푸르트 군주들의 회의에 대하여 왕과 비스마르크 사이에 발생했다는 것을 암시했다. 비스마르크가 이겼다. 왜냐하면 왕은 이 불가능한 비스마르크가 자기에게 중요하다는 것을 자신의 영혼 깊이 느꼈기 때문이었다. 그는 비스마르크 없이 아무 것도 할 수 없었다.[192]

1863년 9월 1일 프랑크푸르트에서 군주들은 프러시아의 답변을 고집했다. 24명의 왕과 군주들이 빌헬름 왕에게 독일 국가연합을 개혁하는 그들의 프로젝트에 합류해 달라고 요청하는 편지를 썼다. 왕은 그것을 국무성에 내려 보냈고 국무성은 1863년 9월 15일에 조건들의 항목과 함께 답변했다. 그것들 가운데 가장 고집하는 것은 대표제도의 개혁과 관련되었다.

"전 국가의 직접 참여에서 등장하는 진정한 국회가 있어야만 한다. 오직 그런 대표제도만이 프러시아에게 안전을 허락할 것이며 그것은 전 독일을 이롭게 하지 않을 희생을 할 아무것도 갖고 있지 않다. 연방부처들을 위해 어떤 인위적으로 마련된 기구도 왕조와 특수이익의 조치와 대응조치를 배제할 수 없다. 그것은 국가적 의회에서 대응 무게와 외교정책을 발견해야만 한다."[193]

---

192) Jonathan Steinberg, *Bismarck: A Life,* Oxford: Oxford University Press, 2011, p. 197.

독일인들을 위한 일반 보통선거권의 위협은 오스트리아의 프로젝트를 끝장내 버렸다. 어떤 오스트리아 정부도 19세기에 일반 선거권을 수락할 수 없었다. 여기에서 다시 비스마르크의 솜씨가 보였다. 인민들을 군주들에게, 즉 민족들을 합스부르크 왕가에 들이댐으로써 비스마르크는 프러시아를 완전한 지점에 세웠다. 만일 군주들이 협력한다고 할지라도 인민들은 더 많이 위협할 것이다.[194]

비스마르크는 승리했다. 프러시아 왕의 불참은 군주들의 회의를 희망이 없는 일로 만들었다. 비록 프란츠 요제프 황제가 놀라운 기술을 가지고 회의를 주재했고 군주들은 합의에 도달하기 위해서 최선을 다했지만 그리고 비록 독일인들의 강한 세력의 호의를 발견했다고 할지라도 프러시아가 부재하면 어떤 개혁도 가능하지 않았을 것이다. 오스트리아의 외상 레히베르크는 프러시아의 반대에 대항하여 군주들의 회의의 정책을 수행할 능력도 의지도 없었다. 그리하여 아무 것도 행해지지 않았으며 회의 후에 모든 것은 그전 그대로였다. 비스마르크는 물론 프러시아의 정책을 선언함으로써 회의의 깨짐을 정당화해야 한다. 이것은 9월 15일 왕에게 보내지는 프러시아 정부의 보고서에서 이루어졌다. 굉장한 소동을 일으킨 그것의 가장 중요한 요지는 전 독일인들에 의해서 직접 선출될 진정한 국가적 대표성의 요구였다.[195] 비스마르크가 오스트리아의 대사에게 이제 국가연합의 개혁은 한 발을 무덤에 두고 있다고 말했을 때 그것은 결코 과장이 아니었다.

---

193) *Ibid.,* p. 198.에서 재인용.
194) *Ibid.,* p. 198.
195) Erich Eyck, *Bismarck and the German Empire,* New York: W. W. Norton, 1964, p. 76.

불과 몇 년 후에 개혁뿐만 아니라 국가연합 자체는 죽어서 묻혔다.

1863년 9월 15일 프랑스의 황제 나폴레옹 3세가 파리에서 유럽회의에 유럽의 군주들을 초대했다. 그러나 이 회의는 프랑크푸르트 회의 보다 훨씬 더 행운이 없었다. 우선 영국의 외상인 러셀(Russell)경의 나폴레옹에 대한 극복하기 어려운 불신으로 그 회의는 열리지도 못했다. 비스마르크도 이 회의의 아이디어를 좋아하지 않았다. 그러나 그는 영리하게 다른 사람들이 그것을 좌절시키게 두었다. 실패는 항상 비판을 불러온다. 그리하여 나폴레옹의 아이디어는 종종 조롱을 당했다. 그 후 많은 역사가들은 비스마르크의 현실주의와 나폴레옹의 꿈을 대조했다. 전쟁에 의해서만 해결될 수 있는 문제들을 회의를 통해 해결하려는 나폴레옹의 아이디어를 많은 역사가들은 비웃었다.

제6장
민족통일로 가는 길 I : 덴마크 전쟁

> "강대국들 간의 모든 조약들은 그것들이 생존투쟁과
> 갈등에 들어가면 구속력이 중단된다.
> —오토 폰 비스마르크—

    1843년 11월 15일 덴마크(Denmark)의 왕 프레데리크 7세가 계승자 없이 죽었다. 이 죽음으로 비스마르크에게 큰 기회가 마련되었다. 덴마크의 계승 위기는 비스마르크에게 해외에서 승리로 국내적 반대를 헤쳐가는 데 필요한 기회를 제공했다.[196] 11월 18일 덴마크의 새 왕 크리스티안 9세(Christian IX)가 슐레스비히를 덴마크 왕국으로 병합하는 헌법의 텍스트에 서명을 했다. 그러자 슐레스비히(Sleswig)와 홀슈타인(Holstein) 문제가 갑자기 첨예한 문제로 등장했다. 마침내 비스마르크가 원하는 해외 위기가 발생했다. 그의 첫 움직임은 슐레스비히와 홀슈타인의 계승과 지위에 관한 과거의 합의들을 방어하기 위해 오스트리아인들과 합의를 확보하는 일이었다. 1863년 11월 28일 프

---

196) Jonathan Steinberg, *Bismarck: A Life,* Oxford: Oxford University Press, 2011, p. 210.

러시아와 오스트리아는 덴마크의 조치들을 거부하고 1851년과 1852년의 조약들을 그들이 간섭하는 법적 근거로 인용한 각서를 덴마크 정부에 보냈다. 슐레스비히-홀슈타인 문제는 이해할 수 없다는 명성을 갖고 있었다. 영국의 파머스톤(Palmerston) 경의 이 고도로 복잡한 문제에 대한 익살은 잘 알려져 있었다: "오직 3사람만 그것을 이해했다. 한 사람은 죽은 군주 알베르트(Albert)였고, 두 번째 사람은 미쳐버린 독일 철학자였다. 내가 세 번째 사람인데 나는 그것에 관해 모두 잊었다."197)

덴마크는 군주제 국가였다. 그 군주제는 왕의 절대주의와 여자에게 승계할 수 있는 승계법을 갖고 있었다. 슐레스비히와 홀슈타인의 두 역사적 공국들은 오직 남자 후계자만이 상속할 수 있는 살리카 법(The Salic Law)을 준수했다. 게다가 두 공국들은 역사적으로 영원히 분할되지 않는다는 구절에 합류했었다. 그러나 실제로 홀슈타인은 독일 국가연합의 일부였던 반면에 슐레스비히는 그렇지 않았다. 따라서 덴마크 왕은 홀슈타인의 공작이라는 자기의 권능으로 독일국가연합의 일원이었다. 1848년 혁명이 덴마크에 헌정주의를 도입했을 때 왕 프레데리크 7세는 두 공국들이 새 왕국에 편입될 것이라고 발표했다. 프랑크푸르트에서 혁명적 독일의회는 독일의 국가적 영토를 서둘러 방어했고 주로 프러시아 병력으로 싸운 전쟁이 발생했다. 그러나 프러시아가 정신을 회복하자 일방적으로 그 전쟁을 포기했다.

1863년 11월 덴마크 문제의 재등장은 비스마르크에 완전하게 어

---

197) Erich Eyck, *Bismarck and the German Empire*, New York: W. W. Norton, 1964, pp. 77-78.

울렸다.[198] 슐레스비히-홀슈타인 위기는 비스마르크에게 여러 가지의 대안들을 이용할 수 있는 공간을 제공하는 복잡한 요소들의 결합이었다: 덴마크 대 독일 민족주의, 왕조 대 대중정치, 프러시아 대 오스트리아, 프러시아 대 독일 국가연합, 왕정 대 의회, 그리고 마지막으로 강대국들의 역할로 인해 국제적 차원의 문제였다. 1852년 런던에서 개최된 국제회의는 오스트리아와 프러시아가 모두 덴마크의 순수성을 인정할 것이고 그 대신에 덴마크는 결코 공국들을 병합하거나 그런 목적을 향한 어떤 조치도 취하지 않는다고 동의했었다. 강대국들은 만일 덴마크의 프레데리크 7세가 자식이 없이 사망한다면 덴마크 왕국과 두 공국의 계승은 후계자인 글뤽스베르크(Gluecksberg)의 크리스티안(Christian)에게 넘어갈 것이라고 인정했다. 살리카 법에 의해 두 공국들의 후계자인 아우구스텐부르크(Augustenburg)는 그 합의에 서명했지만 결코 자기의 권리들을 영원히 포기하지 않았다. 따라서 1863년 3월에 프레데리크 7세가 새 헌법적 조정을 발표했을 때 위기가 새롭게 분출할 위협을 했지만 이 때에 덴마크 인들은 보다 나은 결과를 희망했다. 당시 유럽의 외교관들은 폴란드 위기에 관심을 집중했고 덴마크 내각은 런던조약들을 폐기하기 위한 충분한 지지를 받을 수 있을 것이라고 생각했다. 그런 와중에 프레데리크의 갑작스러운 죽음이 그 문제를 첨예하게 만들었던 것이다.

1863년 12월 초 프러시아의 왕은 왕이 직접 주재하고 왕세자도 참석하는 내각회의를 소집했다. 비스마르크는 프러시아 정책의 목표는

---

198) Jonathan Steinberg, *Bismarck: A Life,* Oxford: Oxford University Press, 2011, p. 211.

프러시아에 의한 두 공국들의 획득이어야 한다는 것을 분명히 했다.[199] 그러자 왕세자는 마치 그가 비스마르크의 정신을 의심하듯 자기의 손을 쳐들었다. 그리고 왕이 자기는 홀슈타인에 아무런 권리가 없다는 말을 되풀이했다. 그는 자신의 입장을 정확히 말했다. 그는 왕조적 권리나 공국을 주장할 것이 아무 것도 없었다. 그러므로 그것들을 자기 왕국에 병합할 아무런 정당성이 없었다. 비스마르크는 왕의 반대에 부딪치자 그는 즉시 아우구스타(Augusta) 왕후의 사악한 영향을 탓했다.[200]

비스마르크는 늘 그랬던 것처럼 제2의 전략을 마음에 두고 있었다. 군주들의 프랑크푸르트 회의의 실패 후에 오스트리아의 레히베르크 외상은 절망적으로 프러시아에 반하지 않고 일하기로 결정했다. 비스마르크는 프랑크푸르트에서 레히베르크와 치열하게 충돌했고 그래서 두 사람은 언제든 결투를 하기 위해 숲속으로 갈 것 같았다. 레히베르크는 성질이 급한 기질로 잘 알려져 있었고 비스마르크는 그에게 익숙했다. 그들 사이의 관계가 무엇이든 레히베르크는 메테르니히 하에서 교육되어 전통적이고 보수적인 외교를 의미했기 때문에 그는 비스마르크의 목적에 완벽하게 봉사했다. 레히베르크가 이제 독일을 위한 오스트리아-프러시아의 위원회를 선호했기 때문에 그는 런던조약의 서명국으로서 두 강대국은 덴마크가 조약의 글자를 엄격히 준수해야 한다고 주장하는 비스마르크의 제안에 자연스럽게 동의했다. 만일 왕이 병합에 따르는 노골적 병합의 정책을 이제 찬성하지 않으려 한다

---

199) *Ibid.*
200) *Ibid.*, p. 212.

면 비스마르크는 소국들이 젊은 아우구스텐베르크 공작을 위한 국가적 열정의 파도를 탈 어떤 독일의 해결도 발생하지 않을 것임을 확실히 할 필요가 있었다.[201]

12월 7일 국가연합 의회는 1852년 런던조약들을 준수하도록 덴마크에 강요하기 위한 연방 "집행"(execution)을 한 표 차이의 다수결로 통과시켰다. 그것은 비스마르크 마음에 아주 흡족했다. 원칙적으로 3가지의 대안이 있었다. 첫째, 최선은 프러시아에 의한 두 공국의 병합, 둘째, 용인할 만한 것은 덴마크와 개인적 통합으로 현상의 유지, 그리고 마지막으로, 최악은 언제든 프러시아에 반해서 투표할 준비가 되어 있는 또 하나의 불가능한 중간 크기의 국가를 추가하게 될 아우구스텐부르크 공작을 선호하는 국가연합과 소국들의 승리였다. 오스트리아의 레히베르크 외상과 카롤리 대사는 비스마르크가 런던 조약들에 충실하게 머물 것이라는 굳건한 보장을 필요로 했지만 비스마르크는 왕이 왕후의 사악한 영향을 받아 젊은 아우구스텐부르크를 지지한다는 것을 진정으로 설명할 수 없었다. 독일국가연합은 작센과 하노버의 병력들을 홀슈타인에 진입시키도록 명령했다. 그 결과 프러시아와 오스트리아 군대도 역시 국경선을 넘었다. 이 시기에 비스마르크의 신경은 날카로웠다. 그는 군대나 군 사령관들의 변덕을 통제할 수 없었다.[202]

비스마르크는 이중으로 묶여 있는 자신을 발견했다. 그는 자기의 덴마크 정책을 수행할 수 있기 전에 극복할 국내위기를 갖고 있었고

---

201) *Ibid.*
202) *Ibid.*, p. 213.

또 그가 영국, 프랑스, 그리고 러시아가 자기의 작은 전쟁에 개입, 즉 런던 조약들의 서명국으로서 그들은 완벽한 권리를 가진 개입을 막아야 하는 국제적 위기를 갖고 있었다. 국내문제에서 그는 전쟁을 위한 예산이 법적으로 배당될 것이라는 것을 불가능하지는 않아도 있을 것 같지 않게 만드는 의회와 교착상태에 놓여 있었다. 1월 15일 비스마르크는 덴마크 모험을 위해서 법적으로 승인된 자금들을 사용하길 원하지만 만일 이것들이 거부되면 그것들을 발견할 곳에서는 어디에서든 그것들을 취할 것이라고 말했다. 해외문제에서 그는 오스트리아를 통제 하에 두어야 했다. 다음날 1864년 1월 16일 비스마르크와 칼로리는 오스트리아-프러시아 병력의 합동 군사작전을 슐레스비히 안으로 확대하는 의정서에 서명했다. 비스마르크는 가능하면 전쟁에 개입하기를 분명히 의도했다.[203] 왕, 왕실과 왕가와 그들의 많은 관련들과 아우구스텐부르크의 젊은 공작이 비스마르크의 계획에 거의 극복하기 어려운 장애물을 발생시켰다. 1863년 크리스티안 9세의 선포에 대한 반응으로 젊은 아우구스텐부르크는 자기가 슐레스비히-홀슈타인의 프레데리크 8세라고 선포하고 독일 여론에서 널리 지지를 받았다. 비스마르크는 그가 통제할 수 없고 그를 민간인 참견자로 취급하는 장군들도 해쳐 나아가야 했다.[204]

외국에서, 비스마르크는 강대국들이 그가 자기의 계획을 수행하게 내버려 두도록 확실히 해야만 했다. 나폴레옹 3세는 라인(Rhine) 강의 왼쪽 둑에 있는 프러시아의 영토 같은 양보를 얻기 위한 지지를 얻어

---

203) *Ibid.*, p. 214.
204) *Ibid.*

내려고 노력했다. 런던의 자유당 정부는 작은 덴마크에 동정했고 또 프러시아의 반동적 언론 칙서의 당사자를 깊이 불신했다. 영국의 외상은 존 러셀(John Russell) 경으로 가역하고 요란스러운 수상인 파머스톤(Palmerston) 경 하에서 재임 중이었다. 덴마크 위기가 터지자 영국의 내각은 정책에 합의할 수 없었다. 파머스톤은 덴마크인들에게 그들이 혼자가 아님을 믿도록 격려했지만 내각은 군사적 개입의 승인을 거부했다. 프랑스 외상은 놀라지 않을 수 없었다. 그는 1863년 말에 영국 대사에게 폴란드의 문제는 영국이 전쟁에서 멀리 있을 때 영국은 의지할 수 없다는 것을 보여주었다고 말했다.[205]

1864년 1월 16일 오스트리아와 프러시아의 정부는 1863년 11월 18일의 헌법을 수용하지 않겠다는 그들의 결의를 분명히 하는 공동각서를 덴마크 외상 폰 크바데(Quaade)에게 제시했다. 1864년 1월 25일 프러시아의 왕은 프러시아의 의회가 1864년의 예산안을 거부하고 또 슐레스비히-홀슈타인 조치를 재정적으로 뒷받침할 1천 2백만 탈러(thaler)의 대부를 거부했을 때 의회를 해산했다. 비스마르크가 직면한 다음 난관은 장군들과 관련되었다. 비스마르크는 서방국가들에 반하는 자신의 주장을 런던조약에 대한 엄격한 준수와 오스트리아인들과 밀집행진으로 나아가는 공약에 의지했다. 그것은 프러시아의 장군들이 그들이 염원하는 것보다는 보다 천천히 이동해야 한다는 것을 의미했다. 이들 가운데 가장 고집스러운 것은 야전군 원수인 폰 브랑겔(von Wrangel) 백작이었다. 1864년 1월 브랑겔 원수는 거의 80세에 달했지만 슐레스비히에서 프러시아 군의 사령관이었다. 왕의 명령을

---

205) *Ibid.*

통해 전달된 비스마르크의 자제 필요성이 브랑겔을 분노하게 만들었고 비스마르크에게 분노를 터트렸다.

비스마르크는 브랑겔 야전군 원수의 사령부에 자기를 대변할 외교관이 필요했다. 그는 에밀 폰 바그너(Emil von Wagner) 대사를 임명했다. 비스마르크는 브랑겔을 제압하라고 설득했고 왕은 바그너를 사령부에 파견했다. 그는 기쁨에 넘쳐 돌아왔다. 야전군 원수는 매력적인 사람이었다. 왕의 질책이 성공했다. 그것은 성공했지만 비스마르크에게 긴장과 압박감을 가져다주었다. 비스마르크에게는 다행스럽게도 전쟁상 알브레히트 폰 론은 그의 지지에서 결코 흔들리지 않았다. 비스마르크는 론에게 자신의 군사적 제안을 할 만큼 충분히 믿고 있었다. 론과 비스마르크 사이의 상호신뢰 관계는 비스마르크의 복잡하고 대조되는 병력의 불안정한 상황에서 오직 계산할 수 있는 유일한 요소였다. 비스마르크는 론이 필요했다. 왜냐하면 민간으로서 비스마르크는 일단 싸움이 시작하면 사건들의 과정에 대한 아무런 권한이 없었다. 론은 비스마르크가 할 수 없는 것을 할 수 있었다. 고위 장군으로서 그리고 전쟁상으로서 론은 1852년 9월 8일의 내각명령에 구애받지 않는 유일한 각료였다.[206] 왕만이 군지휘의 문제에 개입할 비스마르크의 유일한 수단이었다. 이 단계에서 비스마르크는 아직 위대한 비스마르크가 아니었다. 론의 변함없는 충성과 왕에 대한 꾸준한 접근 기회는 비스마르크가 그 위에서 운영해야 하는 보이지 않는 토대였다.[207]

---

206) *Ibid.*, P. 216.
207) *Ibid.*, p. 217.

덴마크 전쟁은 보통 전쟁들이 치러지지 않는 계절에 명예롭게 시작했다. 성탄절 이틀 전에 독일 국가연합은 고대의 땅에 대한 권리를 주장하기 위해 1만 2천 명의 병력을 하노버와 작센에서 홀슈타인으로 진입시켰다. 덴마크의 여단들은 전선의 바로 북쪽에 있는 아이더 강(the Eider River)으로 후퇴했다. 성탄절에 덴마크 정부는 체념하고 전쟁을 할 생각이 없었다. 그러나 새 정부는 싸우길 원했다. 일주일 후에 독일 국가연합의 외교사절이 최후의 통첩을 제시했다. 브랑겔 원수는 덴마크 최고 사령관인 크리스티안 율리우스 데 메자(Christian Julius de Meza)에게 슐레스비히를 떠날 기회를 제안했다. 데 메자는 브랑겔의 사령부에 모습을 들어내고 원수가 싸울 준비가 되었다면 자기도 그렇다고 말했다.208) 전투가 시작될 수 있었다. 경비병들은 이제 더 이상 적에게 경례를 하지 않았다.

브랑겔 원수는 옛날식으로 운영하려고 시도했다. 일은 구두로 수행되었다. 그는 브리핑 문건들을 들여다보길 거부했다. 그는 자신의 참모에게 자기는 종이가 아니라 검으로 전쟁을 한다고 말했다. 지휘관들의 회의는 원수에게 간단히 기억된 제시를 하는 공식 업무였다. 브랑겔은 한 번 이상 중단시키면서 그들에게 이것은 강의가 아니라 보고라고 상기시켰다. 그의 명령은 빈약했다: "2월 1일에 나는 슐레스비히에서 잠자기를 원한다!"209) 덴마크 전쟁의 처음 절반 기간 동안에 날씨는 비참했다. 지상에는 많은 눈이 쌓였고 또 매일 눈이 내렸다. 기온은 섭씨 영하 6도였다. 이제는 차가운 이슬비가 내리다가 발

---

208) Arden Bucholz, *Moltke and the German Wars, 1864-1871,* New York: Palgrave, 2001, p. 81.
209) *Ibid.,* p. 83.

제6장 민족통일로 가는 길 I : 덴마크 전쟁 **163**

트해(the Baltic Sea)에서 동쪽으로 그리고 북해(the North Sea)에서 서쪽으로 불어대는 차가운 안개 바람이 있었다. 몰트게 장군이 예측했던 대로 날씨가 프러시아의 지상군에 대항하여 단 한 척의 철갑 증기선을 파견한 덴마크의 해군을 제약했다. 별다른 결과가 없었다.210)

1864년 2월 1일 화요일 오전 7시 프러시아의 전진부대들이 커다란 함성을 지르면서 아이더 강을 건넜다. 함성의 목적은 보병 공격이 준비된 모든 이웃 부대들에게 명확하게 들리는 신호를 보내서 그 함성을 듣고 모두가 합류하도록 한 것이었다. 그것은 프러시아의 중요한 몰트케의 작전 방법이었다. 오전 11시까지 선두 소대들이 에케른푀르데 만(Eckernförde Bay)에 도달했다. 적선이 사정권에 들어오자 해안에 설치한 프러시아의 포대들이 6인치 포탄을 발포했다. 정지된 포들은 목표물을 칠 수 있었다. 이동하는 포대들은 그럴 수 없었다. 선박이 물러났다. 브란덴부르크(Brandenburg) 보병 대대가 정오에 에케른푀르데 시에 진입했다. 덴마크의 첫 도시가 해방되었다. 독일 거주인들은 환호했다.211)

2월 4일 아침 슈라이(the Schlei)의 물과 주변 습지를 얼어붙게 한 강추위가 몰아왔다. 그것은 다네비르케(the Dannevirke)의 요새화된 전선이 얼어붙은 측면으로부터 공격할 수 있다는 것을 의미했다. 프러시아와 오스트리아인들은 2월 초에 다네비르케를 공격하여 덴마크인들이 밤새 폭설 속에서 전선에서 철수하게 만들었다. 덴마크인들은 강을 건너 유트란트(Jutland)와 동부 슐레스비히에 있는 뒤펠(Dueppel)에 있

---

210) *Ibid.*
211) *Ibid.*, p. 84.

는 요새와 참호로 후퇴했다. 진지한 싸움을 하지 않고 단행한 덴마크의 후퇴는 국가적 수치였지만 그것이 거의 두 배의 병력을 가진 오스트리아-프러시아의 원정군에게는 상당한 승리도 아니었다. 2월 18일 프러시아의 군대는 슐레스비히의 국경선을 넘어 덴마크 땅으로 진격하여 콜딩(Kolding)이라는 마을을 장악했다. 비스마르크는 이 진격을 이용하여 전쟁에서 군사적 몫을 올리길 희망했지만 오스트리아는 슐레스비히-덴마크 국경에 머물렀다. 사실상 프러시아-오스트리아 군대들이 심각한 싸움도 없이 슐레스비히의 대부분을 점령했다. 그렇다면 이제 뭘 할 것인가? 론과 몰트케는 무기의 승리가 정치적인 관점에서 얼마나 중요한 것인 지를 왕에게 말했다. 그들은 상당히 실질적인 군사적 성공은 국내외에서 얻은 위신을 잃지 않을 뿐만 아니라 많은 어려움을 극복할 것이라면서 현 전쟁의 상태에서 프러시아 군대의 영광보다도 더 중요한 목표는 없다고 말했다.[212]

1주일 후에, 오스트리아인들과 프러시아인들은 전쟁을 덴마크 본토로 밀고 들어가기로 합의하고 1864년 3월 11일, 1852년의 조약들이 더 이상 두 강대국들을 구속하지 않는다고 발표했다.[213] 이것은 긴장된 시기였다. 왜냐하면 덴마크의 침공이 전쟁을 확대하고 또 강대국들의 개입을 가져왔기 때문이다. 영국 내각은 개입을 논의했지만 조치를 취하는데 주저했다. 프랑스에 대해 비스마르크는 강력한 입장을 취했다. 만일 프랑스인들이 개입한다면 프러시아는 유트란트 작전들을 완전히 중지할 것이었고 프랑스에 대항하여 오스트리아와 공동의

---

212) Jonathan Steinberg, *Bismarck: A Life,* Oxford: Oxford University Press, 2011, p. 217.
213) *Ibid.*

대의를 갖게 될 것이었다. 비스마르크는 프랑스인들이 얼굴을 내미는 순간 우리는 오스트리아와 좋은 관계로 들어갈 것이라고 말했다.[214]

영국 정부는 1864년 4월 20일에 열릴 1851년과 1852년의 조약들에 관한 논의를 위한 국제회의를 런던에서 소집했다. 이것은 비스마르크에게 압박을 가중시켰으며 그의 신경을 파괴했다. 프러시아의 군대가 어떤 종류의 군사적 승리를 거두지 않는 한 그 회의에서 프러시아의 대표는 강대국들로부터 호의적인 결정을 성취할 지렛대가 없을 것이기 때문이다. 다행스럽게도 프러시아의 모든 장군들은 군대가 승리를 필요로 한다는데 동의했다. 4월 18일 프러시아의 보병 46개 부대들이 뒤펠(Dueppel)의 요새 전선을 치고 들어가 6시간의 치열한 전투 후에 슐레스비히에 있는 덴마크의 주된 방어 지역을 장악했다. 그리고 1864년 4월 24일에 런던회의가 시작되었다. 뒤펠에서의 승리로 프러시아 병사들은 지상에서 사실들을 창조했다. 이제 비스마르크는 병합을 향해 나아가기 위해 프러시아의 자유에 대한 제약들을 분쇄하기 시작할 수 있었다. 오스트리아와 프러시아의 대표들은 그 회의에서 그들이 더 이상 런던조약들에 의해 구속을 받지 않는다고 통보하고 두 공국들은 덴마크 왕에게 오직 개인적 통합으로만 묶이는 새로운 헌법의 조정을 제안했다. 덴마크인들은 오스트리아인들에게 당혹스럽게도 그 타협안을 완강하게 거부했다. 1864년 5월 12일 공식적 휴전이 시작했다. 모든 병력들은 그날의 위치에서 머물기로 했다.[215]

덴마크인들이 두 공국들을 덴마크 왕 하에 개인적인 통일이라는

---

214) Ibid., pp. 217-218.
215) Ibid., p. 218.

오스트리아-프러시아의 제안을 완고하게 거절하자 오스트리아의 레히베르크 외상은 난관에 부딪쳤다. 레히베르크는 두 공국들을 아우구스텐부르그보다는 프러시아에 인정하라는 론이 제시한 선택에 직면했다. 5월 28일 레히베르크는 갑자기 아우구스텐부르그를 선택하기로 결정했고 오스트리아와 프러시아의 대표들은 런던회의에서 두 공국들이 덴마크로부터 완전히 분리되고 독일인들의 눈에는 가장 큰 계승권을 가진 아우구스텐부르그 공작 하에 단일 국가로 그들의 통일을 위한 지지를 발표했다. 이것은 비스마르크가 가장 바라지 않는 대안이었지만 그는 이미 왕과 왕세자와 함께 프러시아의 입장을 고려했다. 왕 빌헬름과 프레데리크 공작 사이에 편지를 교환한 후에 지난 2월 26일 왕세자는 프러시아가 평화적 해결에서 세습공작(the Hereditary Duke)에게 제시한 일단의 요구들을 작성했다. 이 조건들 하에서 프레데리크 8세는 프러시아의 군사지구가 될 곳에서 명목상으로만 통치자가 될 것이다. 이 가설을 시험하기 위해서 비스마르크는 회담을 위해 공작을 베를린으로 초대했다.[216]

　　1864년 5월 31일 프레데리크 공작이 비스마르크와의 회담을 위해 베를린에 도착했다. 비스마르크는 1864년 6월 1일 저녁 9시에 슐레스비히-홀슈타인의 세습공작을 영접했다. 비스마르크는 그가 할 수 있는 한 강력하게 자기의 주장을 분명히 했고 공작은 자정이 되어서 자기가 조건들을 수락하든 아니면 거절하든 별차이가 없을 것이라는 것을 깨달았다. 왜냐하면 프러시아가 이미 슐레스비히를 이름은 아니라 해도 사실상 프러시아의 소유로 전환하기로 적어도 결정을 했고 그것

---

216) *Ibid.*, p. 220.

을 중지하기 위해 그가 할 수 있는 일이 별로 없었기 때문이다. 왕세자의 조건들에 추가하여 비스마르크는 프러시아가 보수적 정부제도의 보장을 필요로 한다는 자신의 조건을 제시했다. 그렇게 된다면 그것은 공국들의 계급들이 그들의 군주에 반하게 할 것이고 그에게 독일의 자유주의자들과 민족주의자들의 지지를 잃게 할 것이었다. 세습공작은 그런 조건들을 거부해야 했고 실제로 거부했다, 비스마르크는 이제 그의 두 번째 대안을 제거했다.[217]

아우구스텐부르크의 제거로 그에게는 제3의 대안과 그가 선호하는 대안이 남았다. 그것은 두 공국을 병합하는 것이었다. 공국들의 영토들은 대규모의 프러시아 군대를 갖고 있었으며 공무원들은 프러시아의 법과 화폐 등을 도입하기 시작했다. 지금까지 그는 레히베르크가 마지막 카드를 사용했기 때문에 그것의 성취에 가까이 다가갔다. 완고한 세습 군주는 아우구스텐베르크의 해결책이 없다는 것을 의미했다. 1864년 6월 26일 휴전이 소멸되면 다시 전투가 시작될 것이었다. 덴마크를 지지하겠다고 약속했던 영국 정부는 아무 일도 하지 않았다. 전쟁의 재개는 새로운 국내적 위기를 야기했다. 6월 12일 덴마크 전쟁의 재정을 논의하기 위해 왕이 주재하는 내각회의가 열렸다. 칼 폰 보델슈빙(Karl von Bodelschwingh) 재무상은 그가 아주 싫어하는 인물이었다. 비스마르크는 초조했고 보델슈빙은 관료주의자였다. 재무상은 1864년 5월까지 1천 7백만 탈러가 소비되었고 재무성은 1천 6백만 예비비가 있을 뿐이며, 더 많은 돈이 필요할 것이지만 재무성에 남아 있는 것이 별로 없다고 보고했다. 비스마르크는 의회의 승인

217) *Ibid.*, p. 221.

없이 국채를 올리자고 요구했지만 재무상과 다른 각료들은 그것을 1850년 헌법과 1820년 프리드리히 빌헬름 3세의 국가채무법(the State Debt Law)의 위반으로 보았다. 그들은 왕의 각료들은 자신들이 헌법을 유지한다는 서약에 묶여 있는 한 그것은 의회의 사전 승인 없이 국가채무를 수용하는 것은 서약과 양립할 수 없다고 선언했다.[218]

론 전쟁상이 긴급한 필요성의 경우에 그리고 전쟁을 계속하기 위해서, 헌법의 제63조와 제103조에 따라서 국가채권이 의회의 승인이 없이도 일시적으로 사용을 위해 법의 힘으로 헌법상 행해져야 한다고 강력하게 주장했다. 설사 그것이 수용된다고 할지라도 투자가들이 헌법의 의심스러운 해석에 입각해 발행된 프러시아 왕국의 의무를 구매할 것으로 발견할 지의 여부가 결코 선명하지 않았다. 이에 아무런 행동이 취해지지 않았다. 1864년 7월 17일 왕은 추가적인 지출을 승인하지 않은 의회를 폐쇄했다.[219] 그 이전에 1864년 6월 19일 왕과 비스마르크가 오스트리아의 프란츠 요제프 황제와 레히베르크 외상과 6월 24일 끝난 정상회담을 위해 여름휴양지 온천 도시인 칼스바트(Carlsbad)에 도착했다.[220] 다음 날 런던회의도 공국들의 미래에 관해 아무런 결정 없이 폐회되었다. 영국은 덴마크의 동맹들을 위해 아무것도 하지 않았다.

7월 18일 결국 덴마크의 새 정부가 전쟁을 포기하고 평화를 호소했다. 한스 델브뤼크(Hans Delbrueck)에 의하면 덴마크의 전쟁은 3단

---

218) *Ibid.*, p. 223.
219) *Ibid.*
220) 뒤에서 곧 다시 언급될 것임.

계로 구분될 수 있다.[221] 처음에 프러시아인들은 덴마크의 좌측면을 돌아서 동쪽으로 가려고 했지만 미순데(Missunde)에서 많은 사상자를 내면서 격퇴당했다. 다음날 덴마크인들은 다네베르크(Danewerk)에서 철수하고 북쪽으로 후퇴했다. 몰트케가 시찰 여행을 하고 왕에게 보고했다. 그리고 나서 프러시아와 오스트리아는 군사작전의 전략적 목적들을 협상했다. 그 후 프러시아는 동쪽 해안의 중간 지점에 있는 디볼(Dybbol)까지 진격했으며 그 사이에 오스트리아인들도 동시에 서쪽 해안까지 이동했다. 참호 속의 보병에 대한 전면공격은 많은 사상자들을 가져왔다. 빈으로부터 엄격한 억제를 받고 있던 오스트리아는 영국의 개입을 두려워했다. 끝으로 비스마르크는 왕에게 군사적 승리가 전투장에서 명백한 승리가 필요하다고 설득했다. 프러시아 왕국은 워털루 이래 군사적 승리가 없었다. 몰트케는 보병이 아니라 포병이 이 승리를 가져올 것으로 결론을 내렸다. 그 후 강력한 포위 포병이 베를린에 주문되었다. 3월 23일 대포들이 자리를 잡았다. 그들은 유럽에서 본적이 없는 천천히 강화되는 25일 간의 포격을 가했다. 디볼에 대한 포격의 끝에 디볼은 20분 만에 진격 당했다. 진지는 거의 완전히 파괴되었다. 포탄들로 충격을 받은 방어자들은 계속할 의지나 물리력이 없었다. 4천 8백 명의 사상자가 났다. 제1단계의 전쟁이 끝났다.

비록 병사들은 전쟁이 전혀 끝나지 않았다는 것을 알고 있었지만 프러시아에서는 거대한 축제가 있었다. 왕은 슐레스비히로 떠나 승리

---

221) Arden Bucholz, *Moltke and the German Wars, 1864-1871,* New York: Palgrave, 2001, p. 84.

한 군인들의 경호를 받으며 그들에게 메달과 훈장을 나누어 주었다. 이 시점에 두 번째 단계를 예시하는 갑작스럽고 기대를 넘어서는 변화들이 있었다. 5월 12일부터 6월 20일까지 휴전이 선언되었다. 그리고 런던에서 협상이 열렸던 것이다. 몰트케는 합동군 사령관인 오스트리아의 새 총사령관 프리드리히 칼(Friedrich Charles) 공작의 참모장이 되었다. 임명된 지 10시간 후에 몰트케는 지상에서 상황을 검토한 뒤 왕에게 메모를 보냈다. 그는 모이고 집중하여 덴마크 군대에 대해 타격을 가하고, 그들에게 평화를 호소하도록 강요할 괴멸적 파괴를 단행하겠고, 동쪽 해안에 있는 알젠 섬(Alsen Island)을 장악하고 그리고 유트란트를 점령할 것이다. 프러시아가 성공할 수 있는 곳에서 덴마크인들에 대한 공격하고 모든 기술적 이점을 이용할 것이라고 보고했다. 몰트케는 제1단계를 깊이 명상한 뒤 자신 있게 자기의 계획을 실행할 작전들을 준비했다. 프러시아인들과 오스트리아인들은 무엇인가 새로운 것을 시도할 준비가 되었다. 그러나 오스트리아의 총사령관은 기술적이고 정치적인 반대를 제기했다. 무엇보다도 그는 외국의 개입을 두려워했다.

휴전 동안에 덴마크인들은 북쪽으로 프레데리시아(Fredericia)와 알젠 섬까지 모든 것을 철수했다. 그것은 어떤 실질적 군사적 승리를 은폐하는 동안 독일 국가연합의 승리의 인상을 주었다. 그러나 덴마크인들은 패배감을 전혀 느끼지 않았다. 그들은 모든 큰 섬들과 유트란트의 가장 넓은 부분을 장악하고 있었다. 그러므로 그들은 중립국인 스웨덴이나 영국이 적어도 그들 편에 설 때까지 버틸 수 있다고 믿고 있었다. 제3단계는 칼스바트(Karlsbad)에서 오스트리아의 황제 프란츠 요제프와 프러시아의 왕 빌헬름 1세 간의 정상회담으로 시작했다. 그들은 몰트케의 계획에 합의했다. 불가사의한 야간 도강 상륙 침공작전의 결과로 휴전이 끝난 뒤 4일 만에 알젠 섬은 프러시아의 손안에 있었다. 오직 그 때에 가서야 덴마크인들은 패배감을 느끼기 시작했다. 이제 그들은 푸넨 섬(Funen Island), 어쩌면 제란트(Zeeland), 그리고 아마도 코펜하겐(Copenhagen) 자체에 대한 비슷한 공격을 두려워했다. 그들의 저항 의지가 깨졌다. 그리고 영국의회에서 진행되는 논쟁은 영국이나 혹은 다른 유럽의 어떤 국가도 덴마크를 그것의 운명에서 구할 준비가 되지 않았다는 것을 보여주었다. 덴마크는 명확한 평화협상을 위한 준비가 되었음을 스스로 선언했다. 두 번째 휴전이 7월 20일에 시작되었다. 예비 평화조약이 8월 1일에 서명되었고 최종적 조약은 10월 30일에 체결되었다.

덴마크와의 전쟁은 독일국가연합, 특히 프러시아가 거의 일방적으로 덴마크 군을 압도한 전쟁이었다. 전쟁은 6개월 만에 끝이 났다. 테오도르 폰타네(Theodor Fontane)는 덴마크 병력의 절반인 예비군들이 너무 늙거나 너무 젊은 사람들로 이루어져 있었다고 썼다: 늙은이들은 싸우는 방법을 잊었고 그리고 젊은이들은 아직 싸우는 법을 배우지 않았다. 장교들과 사병들은 훈련과 부대단결이 부족했다. 정신적으로 그리고 육체적으로 그들은 프러시아인들의 상대가 아니었다. 그것은 고대 농업 엘리트들과 산업화된 대규모 군대 사이의 충돌이었다. 그것은 덴마크의 겨울 눈 속에서 그리고 봄에 풍성한 구식 용기와 무서운 유혈의 살육을 가져온 기술과 조직 그리고 리더십의 충돌이었다.[222]

---

222) Arden Bucholz, *Moltke and the German Wars, 1864-1871,* New York: Palgrave,

평화회담은 처음에 빈에서 열렸다. 비스마르크가 회담을 위해 떠나는 아침에 아주 감동한 왕은 비스마르크에게 감사를 표했다. 비스마르크는 덴마크의 평화 회담 대표들이 도착하기 전에 레히베르크와 협의하기 위해 일찍 빈에 도착했다. 협상은 1864년 8월 말에 쇤브룬(Schoenbrunn) 궁전에서 개최되었다. 레히베르크는 비스마르크가 공국들을 원하고 있음을 완전하게 잘 알고 있었다. 8월 24일 아침에 레히베르크는 모인 왕들과 그들의 수행원들에게 불안스럽게 부정확한 협상안을 제시했다. 덴마크의 왕은 두 공국들을 포기하고 모든 그의 권리를 오스트리아 황제와 프러시아 왕에게 양도해야만 했다. 빈의 평화조약의 주된 구절인 제3조는 다음과 같이 규정했다:

"덴마크의 왕은 슐레스비히-홀슈타인과 그리고 라우엔베르크(Lauenberg) 공국들에 대한 그의 권리를 오스트리아의 황제와 프러시아 왕에게 포기한다."[223]

프란츠 요제프와 빌헬름 1세는 레히베르크와 비스마르크의 면전에서 이제 승자들이 전리품을 어떻게 해야 할 지에 관해서 얘기했다. 만일 프러시아가 오스트리아의 이탈리아 지방이 베네치아(Venetia)를 방어할 뿐만 아니라 어떤 환경 속에서 밀라노(Milan)와 롬바르디(Lombardy)를 회복하는 것을 돕기로 한다면 오스트리아는 전 전리품을 양도할 준비가 되어 있었다. 비스마르크는 빌헬름에게 그가 그것

2001, pp. 85-86.

223) Jonathan Steinberg, *Bismarck: A Life,* Oxford: Oxford University Press, 2011, p. 226.에서 재인용.

들에 아무런 권리가 없다는 말로 공국들에 대한 프란츠 요제프의 제안을 거절하도록 진술했다. 그러나 이것이 결정적인 주장은 아니었다. 비스마르크에겐 나폴레옹과 비토리오 에마누엘레(Vittorio Emanuele)에 대항하여 이탈리아에서 오스트리아를 도울 의도가 전혀 없었다. 공국들에 관해서 그는 서두르지 않았다. 비스마르크는 자기가 조만간 그것들을 얻을 것이라고 아주 확신하고 있었다.[224]

평화를 축하하기 위해서 레히베르크는 모든 외국 외교관들과 함께 비스마르크를 케텐호프(Kettenhof)에 있는 자기의 시골집의 만찬에 초대했다. 여기에서 비스마르크는 프랑스 대사인 그라몽 공작(Duke of Gramont)에게 그의 특히 무분별한 태도로 얘기할 기회를 가졌다. 비스마르크는 그에게 영국이 아니라 오직 프러시아 만이 나폴레옹에게 라인(Rhine) 강의 좌측 제방을 줄 수 있을 것이라고 말했다:

"우리는 누구보다도 더 잘 프랑스와 함께 행군할 수 있다. 왜냐하면 시작부터 우리는 프랑스에 다른 강대국들은 오직 약속만 할 수 있는 것을 줄 수 있다. 우리는 유럽의 대 화재를 바라지 않는다. 그러나 만일 그것이 온다면 우리는 패자들 사이에 있지 않을 것이다. 이런 전망이 우리들에게 놀랍지 않다."[225]

지금에 이르러 유럽의 어떤 정치가도 비스마르크가 두려움이 없을 뿐만 아니라 절대적으로 무모하다는 데 아무런 의심을 하지 않았다. 그의 무분별한 그라몽과의 대화에 관해서 들은 사람은 누구든 당시에

---

224) Erich Eyck, *Bismarck and the German Empire,* New York: W. W. Norton, 1964, p. 93.
225) *Ibid.,* pp. 93-94.

그의 동맹국인 오스트리아가 그에 의해 두려움 없이 그리고 무모하게 싸울 그의 적이 될 것이라는 생각을 했을 것이다.[226)

빈의 평화에 의해 덴마크의 왕은 오스트리아의 황제와 프러시아의 왕에게 두 공국에 대한 그의 모든 권리들을 양보했다. 그런데 이 권리들은 무엇이란 말인가? 오스트리아와 프러시아는 공국들의 명백한 지배권에 관해서 동의할 수 없었다. 그러므로 그들은 그것들은 임시로 공동소유로 취급하기로 동의했다. 그들은 소위 "공동지배"(Condominium)를 수립했던 것이다. 그것은 실제로 프러시아가 단계적으로 그것의 목적을 향해 전진하고 오스트리아는 마지못해 동의를 해준 것이었다. 상황은 다시 비스마르크의 손안으로 들어왔다. 프러시아는 사실상 슐레스비히를 병합했지만 오스트리아는 자국에게 전혀 쓸모 없는 영토에서 자국의 국경선에서 수백 킬로미터가 떨어진 홀슈타인에서 점령군을 갖고 있었다.

그 사이에 오스트리아에서는 레히베르크 외상이 해임되었다. 그의 정책 실패는 오스트리아 인민들뿐만 아니라 다른 각료들에 의해서도 느껴졌다. 그리하여 여전히 강력한 의회의 지위를 갖고 있던 슈멜링(Schmerling)이 황제에게 그와 레히베르크 중 선택하라고 요청했다. 황제는 레히베르크를 해임했지만 그의 후임자로서 슈멜링이 눈을 마주할 것 같지 않은 또 다른 보수주의자인 알렉산더 폰 멘스도르프(Alexander von Mensdorff) 백작을 임명했다. 그는 기병대 장군 출신으로 아주 부유했으며 자기 어머니를 통해 영국의 왕실과도 고도의 연계를 갖고 있는 인물이었다. 황제는 자기 각료들 사이에 의견의 획

---

226) *Ibid.*, p. 94.

일성 같은 것이 나타나는 것을 좋아하지 않았다. 만일 그가 각료들을 경쟁시키면 자신의 권력은 커질 것이다. 그러나 멘스도르프는 결코 외무상 자리에 적합한 사람이 아니었다. 따라서 오스트리아 외무성의 독일담당 국장인 비겔레벤(Biegeleben)이 이제는 보다 더 영향력을 행사하게 되었다. 그는 점진적으로 레히베르크 정책의 비판자가 되었다.

비스마르크는 공국들에서 말썽을 촉발하기 위해 멘스도르프의 무경험을 이용하기로 했다.[227] 그곳에는 여전히 국가연합이 덴마크와 싸우기 위해 북쪽으로 보냈던 작센과 하노버의 군부대들이 있었다. 비스마르크는 그들을 축출하기로 결정하고 그들이 아주 짧은 사전 통보 아래 슐레스비히를 나가도록 요구했다. 독일 국가연합의 이 굴욕은 오스트리아를 어려움에 밀어 넣었다. 그들은 국가연합을 약화시키지 않고 강화할 필요가 있었다. 비스마르크는 이 작업에 멘스도르프를 끌어 들였고 두 강대국들은 1864년 11월 14일 공동각서를 발표였다. 그것은 동맹국들의 군대들이 철수할 것을 요구했고 적당한 과정을 거쳐서 그렇게 했다. 12월 7일 덴마크 전쟁에서 싸웠던 프러시아 군대는 베를린으로 승승장구의 행진을 했다. 이것은 비스마르크가 자신의 공적을 주장할 수 있는 성공의 첫 대중적 축제였다.[228]

독일국가연합에 대한 프러시아의 취급과 그 속에서 오스트리아의 굴복은 예리한 보이스트(Beust) 작센 공사에게 국가연합이 그대로는 지탱될 수 없다는 것을 아주 분명히 해주었다. 그는 오스트리아의 외교사절에게 인민들에 의해서 직접 선출되는 의회가 앞으로 피할 수

---

227) Jonathan Steinberg, *Bismarck: A Life,* Oxford: Oxford University Press, 2011, p. 226.
228) *Ibid.*

없을 것이며, 오스트리아는 이 트럼프 카드를 비스마르크에게 남기지 않는 것이 좋을 것이며, 그리고 비스마르크는 공국들의 병합으로부터 독일 국가들의 굴복으로 진행할 것이라고 말했다. 그는 오스트리아인들에게 빌헬름 왕의 정직성이 그들을 최악으로부터 보전할 것으로 희망하지 말라고 경고했다. 비스마르크는 프러시아 정신의 전형이기 때문에 무서운 세력이라고 그는 덧붙였다. 그의 예측은 정확한 것으로 드러났다. 그러나 보이스트의 제안은 여전히 비스마르크와 이해에 도달하기를 희망하는 오스트리아의 정치가들에게 너무 담대했다. 어쨌든 그들은 일시적 공동지배의 무한한 연장이 오스트리아의 이익이 아니라는 것을 간파하지 못했다. 그들은 비스마르크로부터 명확한 타결에 대한 동의를 얻으려고 노력했다. 오스트리아는 공국들이나 그것들의 일부조차 원하지 않았다. 그것은 아우구스부르크 공작의 임명을 원했다. 왜냐하면 그의 계승권을 오스트리아가 런던회의에 대한 선언에서 인정했고 또 그만이 프러시아에 의한 공국들의 병합을 막을 수 있었기 때문이었다. 비겔레벤은 탁월한 외교전문들을 통해 자기의 최선을 다했다.[229]

1865년 초 몇 주간은 오스트리아와 프러시아 사이의 긴장을 임계점으로 몰아갔다. 멘스도르프는 프러시아의 의도를 밝히라고 계속해서 압박했다. 마침내 2월에 비스마르크는 더 이상 답변을 지연시킬 수 없었다. 그리하여 그는 소위 "2월의 조건들"(the February Conditions)을 발표했다.[230] 그것은 오스트리아와 아우구스텐부르크 모두가 예상했

229) Erich Eyck, *Bismarck and the German Empire,* New York: W. W. Norton, 1964, p. 96.
230) Jonathan Steinberg, *Bismarck: A Life,* Oxford: Oxford University Press, 2011,

던 최악을 능가하는 것이었다. 그 조건들은 두 공국들의 육군과 해군은 프러시아에 의해서 흡수될 것이고 병사들은 프러시아의 왕에게 충성을 서약한다는 것이었다. 또한 프러시아는 해안의 요새들과 전 영토에 걸쳐 운하를 건설할 권리를 인정받고 프러시아의 경비원들은 남아 있을 것이었다. 그리고 공국들은 여전히 합스부르크 제국을 배제하고 있는 관세동맹(Zollverein)에 합류할 것이었다. 비스마르크의 이런 2월의 조건들에 오스트리아인들은 경악했고 황제는 그것들이 전혀 수용될 수 없다고 말했다. 빈과 베를린 간의 협상은 거의 끝이 났다. 비스마르크는 홀슈타인에 있는 훌륭한 항구인 킬(Kiel)을 프러시아의 해군기지로 전환시키고 또 론 전쟁상이 의회에서 공개적으로 프러시아는 어떤 환경에서도 이 항구를 단호히 간직할 것이라고 선언함으로써 사태를 훨씬 더 악화시켰다. 동시에 비스마르크는 공국들로부터 아우구스텐부르크 공작의 추방에 빈의 동의를 요구했고 또 오스트리아인들이 이것을 거절했을 때 그들을 동맹의 토대를 파괴한 것으로 공식적으로 비난했다.[231]

당시에 국제적인 상황은 오스트리아에 대한 비스마르크의 저돌적 조치들에 호의적이었다. 영국은 자유당 하에서 덴마크의 방어를 위해 개입할 의도를 보이지 않았거나 개입할 수 없었다. 프랑스의 나폴레옹 3세는 대서양 건너 멕시코(Mexico)에 제국을 창립하려는 기이한 시도에 빠져 있었다. 차르의 러시아는 1861년 농노의 해방으로 야기된 국내의 사회적 혼란을 헤쳐 나가야 했다. 이런 강대국들이 독일의

p. 226.
231) Erich Eyck, *Bismarck and the German Empire,* New York: W. W. Norton, 1964, p. 97.

내전에 개입한다는 것은 있을 수 없었다. 그러나 비스마르크는 망설이는 것처럼 보였다. 왕은 오스트리아인들의 행위에 분노하기 시작했다. 4월 25일 그는 론에게 프러시아의 주둔군의 감소와 관련된 킬 항구에 대한 타협에 관한 오스트리아의 각서를 비스마르크가 보여주었다고 말하면서 오스트리아에 대한 모든 양보가 새로운 배은망덕과 가식을 만났기 때문에 그는 그것을 할 수 없다는 편지를 썼다.[232]

　1865년 5월 29일 왕이 주재한 내각회의에서 왕이 처음으로 공국들의 병합은 "국가"(민족)에 의해 거의 만장일치로 요구되고 있다고 선언했다. 왕이 그 영토들을 병합하려는 결심을 선언한 후에 비스마르크는 오스트리아와의 관계에 대한 자신의 기대를 제시했다. 조만간에 전쟁이 올 것이었다. 지금 당장, 국제적 상황은 호의적이었다. 그럼에도 불구하고 가장 현명한 길은 "2월의 조건들"에서 가장 큰 반대에 부딪친 2개의 항목을 제거하는 것이었다 그것들은 충성의 서약과 프러시아와 공국들의 병력들을 합병하는 것이었다. 그러나 비스마르크는 이 모든 것에도 불구하고 단 하나 완화된 2월의 조건들을 획득하려고 시도하는 것을 권유했다. 그리고 만일 왕이 이런 조건들에 만족하지 않고 공국들의 완전한 병합을 원한다면 이것은 오직 왕의 자유로운 결정의 결과일 것이라고 그는 말했다.[233]

　다른 각료들, 모든 장군들, 그리고 보다 신중하게, 몰트케 장군이 전쟁에 찬성했다. 오직 왕세자만이 아우구스텐부르크의 권리와 정의

---

232) Jonathan Steinberg, *Bismarck: A Life,* Oxford: Oxford University Press, 2011, p. 227.
233) Erich Eyck, *Bismarck and the German Empire,* New York: W. W. Norton, 1964, p. 99.

로운 타결을 주장했다. 그는 오스트리아 및 남부 독일 국가들과 전쟁에 반대하는 경고를 하고 그것을 "독일의 내전"이라고 불렀다. 비스마르크는 그 명명에 반대해 강력히 항의하고 만일 오스트리아에 대항하여 프랑스와의 동맹하는 전쟁이 금지된다면 프러시아의 정책은 더이상 가능하지 않다고 덧붙였다. 만일 전쟁이 오스트리아에 대해 수행된다면 그것은 공국들의 합병을 가져올 뿐만 아니라 독일의 중, 소국가들과 프러시아의 관계에서 새로운 조정을 가져올 것이다. 여기서 비스마르크는 왕의 면전에서 처음으로 독일이 "피와 철"에 의해 재조직되어야 한다는 그의 아이디어를 표명했다.[234] 그러나 비스마르크는 현재의 동맹국에 대한 전쟁이 합병 요구의 배타적 토대에서만 수행될수 없다는 것을 잘 알고 있었다. 전쟁은 당대인들과 후손의 눈에 정당화할 수 있는 목표를 가져야만 했다. 이 보다 큰 목표를 위해 그는 자기 왕의 느린 마음을 준비해야만 했다. 이러한 이유에서 그는 모든 책임을 왕에게 부여했고 또 이러한 이유에서 그는 전쟁의 발발을 지연하고자 했다. 그 사이에 비스마르크는 재정적으로, 외교적으로, 그리고 군사적으로 전쟁을 준비하고 슐레스비히-홀슈타인 갈등을 악화시키기 위해 그가 할 수 있는 일을 다하고 있었다.[235]

---

234) *Ibid.*
235) *Ibid.,* p. 100.

제7장
민족통일로 가는 길 Ⅱ: 오스트리아와 전쟁

"독일은 우리 둘(프러시아와 오스트리아)을 위해 충분히 크지 않다."
-오토 폰 비스마르크-

프러시아와 오스트리아는 공국들의 행정 사이에서 불화들이 보다 빈번해졌고 날이 갈수록 심각해졌다. 오스트리아인들이 거의 언제나 수세적이었다. 그것은 마치 프러시아인들이 그들의 지위를 견딜 수 없게 만드는 의도적 목표를 가지고 일하는 것처럼 보였다. 비스마르크가 빈에 보내는 외교전문들은 더욱 더 날카롭고 보다 더 저돌적이었다.[236] 비스마르크는 적의 힘을 과소평가하는 실수를 결코 범하지 않았다. 그는 오스트리아가 모든 어려움에도 불구하고 여전히 군사적 강대국임을 잘 알고 있었다. 그러므로 그는 그가 돌이킬 수 없이 결심하기 전에 아주 조심스럽게 국제적 상황을 조사했다. 오스트리아에 가능한 한 나쁜 감정을 가진 러시아로부터 두려워할 것은 아무 것도 없었다. 그러나 많은 것이 프랑스와 이탈리아로부터 기대하는 태도에

---

236) Erich Eyck, *Bismarck and the German Empire,* New York: W. W. Norton, 1964, p. 102.

달려 있었다.[237]

이탈리아에서 나폴레옹의 영향은 컸다. 이탈리아 정부와 인민들은 오스트리아와의 전쟁에서 그들을 도왔던 나폴레옹 황제에게 감사할 충분한 이유가 있었다. 그러나 그들 사이에는 한 가지 중요한 문제가 있었는데 그것은 로마(Rome)의 문제였다. 나폴레옹은 1848년에 새 공화국의 대통령으로서 가리발디(Garibaldi)와 로마 공화정에 대항하여 교황 비오 9세(Pius IX)를 돕기 위해 프랑스 군대를 파견했었다. 영광스러운 투쟁 후에 가리발디가 패배했고 교황은 로마로 귀환했다. 그러나 나폴레옹은 자기의 병력을 철수할 수 없었다. 이탈리아 왕국(Italian Kingdom)의 수립 후에 그것의 가능성은 더 줄어들었다. 모든 이탈리아의 애국자들은 로마를 자기들 조국의 자연적인 수도로 간주했다. 프랑스의 주둔군이 로마에서 철수하자마자 이탈리아인들은 행군할 것이 거의 분명했다. 그것은 교황의 세속적 지배의 종식을 의미할 것이다. 프랑스에서 그의 통치가 성직자들과 주민의 성직자 같은 마음을 가진 부분에 의지하고 있는 나폴레옹은 이런 종류의 상황이 자신의 왕좌에 위험스러운 타격이 될 것이고, 그래서 어떤 경우에도 그런 일이 일어나서는 안 된다고 느끼고 있었다.

다른 한편으로 나폴레옹은 가능한 한 빨리 자신의 군대를 철수하길 원했다. 그리하여 1864년 9월에 이탈리아 왕국과 조약을 체결했다. 그것으로 이탈리아는 교황국(Papal State)의 영토를 결코 공격하지 않고 그 영토를 모든 침략에서 방어하겠다고 약속했다. 그 대신에 나폴레옹은 이탈리아 왕국의 수도를 투린(Turin)에서 피렌체(Florence)

---

237) *Ibid.*

로 전환한 2년 뒤에 자기의 군대를 철수하기로 약속했다. 이 약속은 몇 달 후에 당연히 효과가 있었지만 그러나 이탈리아의 인민들은 그럼에도 불구하고 로마에 대한 권리 주장을 포기하지 않았다. 교황은 1864년 12월에 선포한 자신의 회칙으로 그가 근대 세계에 어떤 양보도 할 의향이 없다고 선포했다.

빈의 궁정은 이런 사태 발전을 불신으로 바라보았다. 로마로 입성하는 것이 막힌 이탈리아가 베니스로 눈을 돌리지 않을까? 만일 오스트리아가 새 이탈리아의 공격에 대항하여 프러시아로부터 도움을 기대할 수 있다면 그것은 공국들에서 중요한 양보들을 프러시아에게 할 용의가 있을 것이다. 그러나 이제 비스마르크가 그 도움을 철저히 거부할 것이 분명했다. 그러므로 빈은 파리로 눈을 돌려 교황의 세속적 권력의 유지에 공동이익을 강조함으로써 나폴레옹과 좋은 관계를 획득하려고 시도했다. 비스마르크는 이 협상을 좋아하지 않았다. 파리로 가는 길이 오직 자기만을 위해 배타적으로 열려 있게 하는 것이 그의 정책이었다. 그는 파리에 있는 프러시아 대사인 폰 데어 골츠(von der Goltz)를 불신했기에 베를린 주재 프랑스 대사인 베네데티(Benedetti)와 관계를 형성했다. 비스마르크와 베네디티 대사 간의 접촉은 아주 우호적이었다. 실제로 베네데티는 프랑스-프러시아 간 이행의 친구였고, 그리하여 비스마르크의 견해를 자신의 황제에게 강조하기 위해 자기의 최선을 다했다.[238]

다른 한편으로, 나폴레옹의 정책은 프랑스 의회에서 예리하게 비판을 받았다. 그것은 1865년에 실패가 명백해진 멕시코에 대한 불운

238) *Ibid.*, p. 103.

의 원정에 대한 설명에서 특히 비판을 받았다. 가장 첨예하고 비중이 있는 비판자들 가운데 한 사람인 아돌프 티에르(Adolphe Thiers)는 과거 루이 필리프(Louis Philippe) 왕정의 전 각료였으며 후에 제3공화국의 첫 대통령이 될 것이다. 티에르는 나폴레옹 정책의 중심적 사항, 즉 민족성의 이론을 공격했다. 그는 이탈리아와 독일이 스스로 통일하는 것을 돕는 것은 프랑스의 이익에 절대적으로 반한다는 것을 과시하려고 노력했다. 4천만의 독일인들과 2천 6백만의 이탈리아인들이 프랑스가 희생자가 되는 동맹을 결성할 것이라고 절규했다. 그러나 이 비판은 나폴레옹이 그의 외교정책을 바꾸도록 하지 못했다.

정반대로, 티에르의 연설 직후 베네데티는 비스마르크에게 그가 황제로부터 원하는 것이 무엇이고 그리고 그가 황제에게 무엇을 기꺼이 제공할 것인지에 관해서 솔직하게 설명하도록 요구하라는 승인을 받았다. 그것은 은밀한 베일에 쌓인 동맹이었다. 그러나 비스마르크는 그것에 들어가지 않았다.[239] 이 태도에 대한 베네데티의 해석은 왕이 프랑스의 원조가 그에게 부과할 희생을 할 생각이 없다는 것을 비스마르크는 알고 있었다는 것이었다. 물론 그가 마음에 두고 있었던 것은 라인(Rhine) 강의 왼쪽 제방이었다. 그것의 일부가 프러시아에 속했지만 다른 부분들은 바바리아와 다른 독일 국가들에 속했다. 이탈리아를 끌어들이기 위해서 비스마르크는 중소국가들이 이탈리아와 통상조약을 체결하도록 유인하기 위해서 관세동맹에서 프러시아의 영향력을 이용했다. 이것은 이탈리아가 아직도 여전히 적으로 간주되는 오스트리아에서 비우호적인 행위로 간주되었다. 합스부르크 왕가는

---

239) *Ibid.*, p. 104.

아직도 공식적으로 이탈리아 왕국을 인정하지 않았다.

그러나 당시에 합스부르크 왕가는 국외에서뿐만 아니라 국내문제에서도 어려움을 겪고 있었다. 가장 큰 어려움은 공동의회에 들어가기를 거부하는 헝가리인들에 의해서 만들어졌다. 그 결과로 황제는 슈멜링(Schmerling)에 대한 신임을 잃고 그를 해임했다. 그의 후임자로 황제는 벨크레디(Belcredi)를 임명했는데 그는 헌정주의의 적이라는 명성을 갖고 있었고 군주제에서 독일 부상의 친구가 분명히 아니었다. 이것도 역시 독일에서 오스트리아의 지위에 하나의 타격이었다. 이런 상황에서 1865년 여름 비스마르크는 오스트리아에 대항하는 예리한 외교적 작전을 시작하고 두 공국들에 있어서 오스트리아의 지위를 반하는 공격을 강화하였다. 그는 오스트리아에게 두 공국에서 아우구스텐부르크 공작의 추방에 동의할 것을 요구했다. 그는 자기가 공작을 체포하여 그를 포로로 프러시아의 요새에 투옥하는데 주저하지 않을 것이라고 오스트리아에 이해시켰다. 그가 무엇을 할 수 있는지를 오스트리아인들에게 보여주기 위해서 오스트리아 정부와 아무런 사전 이해 없이 프러시아 신민인 한 홀슈타인의 신문 편집장을 체포했다. 그리고 그는 프러시아 군대에 의해 프러시아 감옥에 투옥되었다. 언론의 자유를 다루는 이런 잔혹한 방법에 대항하는 절규가 독일에 있었다. 그러나 비스마르크는 그것에 의해 조금이라도 감동을 받거나 공국들에 있는 오스트리아 행정부의 항의에 전혀 아랑곳하지 않았다.[240]

외교작전의 클라이맥스는 1865년 7월에 왔다. 그때 비스마르크는

---

240) *Ibid.*

온천을 찾아 보헤미아(Bohemia)에 있는 칼스바트(Karlsbad)에 있었다. 그곳에서 그는 빈에 불만으로 가득한 4개의 외교전문들을 보냈다. 그것들에서 비스마르크는 만일 오스트리아가 자기의 제안에 대한 동의를 거절한다면 그는 필요한 조치들을 일방적으로 취할 것이며 어떤 위험에도 그것들을 실행하겠다고 선언했다. 상황은 심각했다. 왕은 레겐스부르크(Regensburg)에서 각료회의를 개최했다. 이 회의에 참석하도록 파리에서 소환된 그라프 골츠(Graf Goltz) 대사는 어떻게 비스마르크가 론의 면전에서 오스트리아와 전쟁은 시간문제이고 현재 수난이 가장 호의적이라고 말한 것을 전달했다. 회의의 결과는 간결하고 공세적인 전문을 오스트리아에게 보내서 프러시아는 오스트리아가 프러시아의 요구를 수락하지 않는 한 더 이상의 어떤 협상도 거부할 것이라고 선언했다.[241]

이 외교문서가 빈에 도착하기 전에 오스트리아의 외상인 멘스도르프 백작은 빈에 있는 프러시아의 대사를 통해서 왕이 개인적 면담의 수단으로 타결에 이를 마지막 노력을 하기 위해 오스트리아의 밀사를 기꺼이 맞아 줄 것인지를 비스마르크에게 물었다. 비스마르크는 동의했다. 그러나 이후 곧 도착한 레겐스부르크의 외교 전문은 멘스도르프 외상에게 이런 종류의 면담을 위한 시간이 끝나지 않았는가 하는 의구심을 갖게 했다. 그러나 비스마르크는 그럼에도 불구하고 그가 그의 외교사절을 아주 기꺼이 만날 것이라고 그에게 알렸다. 그가 비록 완전한 결렬로 움츠리지 않았지만 그는 다른 해결이 가능한 한 문을 완전히 닫아 버리길 원하지 않았다. 이것이 그의 방법의 특징이었

---

241) *Ibid.*, p. 105.

다. 가능한 한 비스마르크는 모든 문을 열어 두었다.[242]

1865년 7월 27일 비스마르크와 왕이 가슈타인(Gastein)에서 온천을 즐기고 있을 때 빈 궁정의 밀사가 그곳으로 왔다. 그것은 오스트리아의 뮌헨(Munich) 공사인 블로메(Blome) 백작이 이끄는 오스트리아의 대표단이었다. 이 일에 그 보다도 더 적합한 인물은 발견될 수 없었을 것이다. 블로메는 슈멜링의 몰락에 희열을 느낀 강력한 보수주의자였다. 그리고 그는 로마 가톨릭의 개종자로서 1864년 교황의 회칙의 아이디어들의 실현에 봉사하는데 그들의 모든 자원을 활용하는 것이 모든 정부의 최고의 의무로 간주하는 인물이었다. 그는 독일의 민족주의 운동이나 아우구스텐부르크 공작에 동정심이 없었다. 그는 비스마르크를 보수주의 정치가, 아니 혁명에 대항하는 공동의 보수주의 투쟁의 챔피언으로 간주했다. 비스마르크는 항상 그의 우수한 지성과 기술 덕택에 어떤 개인적 협상에서도 우위를 점했지만 그러나 그 누구도 블로메 백작 보다 그에게 사태를 더 쉽게 해준 인물은 없었다.[243]

블로메 밀사는 새로운 지시를 받기 위해 빈으로 갔다가 8월 1일에 새로운 제안을 가지고 돌아왔다. 그것은 사실상 비스마르크가 그에게 제안했던 것으로 양국이 공국들을 분할해야 한다는 것이었다. 즉 프러시아가 슐레스비히에 대해 주권을 갖고 오스트리아는 홀슈타인에 대해 주권을 갖는 것이었다. 오스트리아인들은 주권이라는 말을 싫어하여 그것을 행정으로 축소시켰다. 라우엔부르크는 즉시 프러시아에 반

---

242) *Ibid.*
243) *Ibid.*, p. 106.

아들여지게 될 것이었다. 비스마르크가 동의했고 블로메는 최종적 협의를 위해 빈으로 돌아갔다.[244] 1865년 8월 14일 비스마르크와 블로메는 잘츠부루크(Salzbrug)에 있는 에피스코팔 궁전(Episcopal Palace)에서 합의에 서명했다. 이것이 가슈타인 협정(the Convention of Gastein)이었다. 그것은 공국들을 분할함으로써 그것들에 대한 오스트리아-프러시아의 공동지배를 끝냈다.[245] 홀슈타인에 있는 킬 항구의 요새화는 프러시아에 넘겨졌다. 이런 방식으로 오스트리아는 프러시아에 속하거나 프러시아에 의해서 통치되는 영토들에 의해서 양쪽에서 갇혀 버린 소유물을 얻은 것이다. 결국 오스트리아는 평화를 추구하는 것 외에 다른 선택이 없었다.[246]

가슈타인 협정은 모든 쪽에서 분노의 절규를 야기했다. 독일인들에게 그것은 독일 뿐만 아니라 오스트리아와 프러시아가 슐레스비히 문제가 처음 제기되었을 때 아주 처음부터 호소했던 원칙, 즉 "공국들은 하나이며 영원히 분할될 수 없다"는 원칙을 용서 받을 수 없이 위반한 것이었다. 심지어 프러시아의 대사들도 가슈타인 협정이 내포하고 있는 원칙에 의해 두려움을 느꼈다. 파리 주재 프러시아의 대사인 골츠 백작은 런던 주재 프러시아 대사인 베른스토르프(Bernstorff) 백작에게 가슈타인 협정은 프러시아를 영구히 속임수, 무력, 그리고 법률 위반의 길로 밀어 넣을 것이라고 말했다. 두 계약 당사국들은 평

244) Jonathan Steinberg, *Bismarck: A Life*, Oxford: Oxford University Press, 2011, p. 233.
245) Erich Eyck, *Bismarck and the German Empire*, New York: W. W. Norton, 1964, p. 106.
246) Jonathan Steinberg, *Bismarck: A Life*, Oxford: Oxford University Press, 2011, p. 233.

등하게 그런 규탄들에 직면했다. 그러나 정치적 관점에서 본다면 프러시아가 승자이고 오스트리아가 패자임에는 의심의 여지가 없었다.[247]

공공연하게 권력정치에 기운 프러시아는 원칙들과 조약들을 깰 수 있었다. 그러나 오스트리아는 그렇게 할 수 없었다. 왜냐하면 오스트리아의 존재 자체가 조약에 의존하고 있었기 때문이었다. 오스트리아의 정책은 최종적으로 법의 유지라는 보수적 원칙 위에 서 있었다. 프러시아가 공개적으로 독일 국가연합에 도전했지만 오스트리아는 주도국이었을 뿐만 아니라 그것의 전 독일의 지위는 조약에 의해서 깊이 상처받는 독일 정부들의 선의에 의존했다. 조약을 깨뜨리기에는 너무 소심했던 오스트리아는 공국들의 분할이 오직 잠정적이어야 한다고 제안하는데 있어서 용서받지 못한 실수를 범했다. 이리하여 그것은 비스마르크에게 그 문제를 새로이 열어 홀슈타인의 오스트리아 행정을 방해할 모든 기회를 주었다.[248]

슐레스비히는 평화롭지 않았다. 프러시아와 오스트리아 간의 합의는 슐레스비히에서 프러시아의 주권을 인정했다. 슐레스비히의 획득은 그 영토의 통치자가 임명되어야 한다는 것을 의미했고 비스마르크는 에드빈 폰 만토이펠(Edwin von Manteuffel) 장군을 추천했다. 왕은 1865년 8월 24일 그를 임명했다. 그것은 항구적 문제의 행복한 해결이었다. 이 영향력 있는 장군이 킬(Kiel)에 있을 것이었다. 장군은 언제나 왕으로부터 직접 명령을 받고 내각의 명령을 받지 않기 때문에 만토이펠 장군의 임명에 대한 걱정이 있었다. 그러나 비스마르크는

---

247) Erich Eyck, *Bismarck and the German Empire*, New York: W. W. Norton, 1964, p. 107.
248) *Ibid.*

왕이 자기로부터 명령을 받고 지금까지 그렇게 해온 이상 그런 걱정
에 별로 신경을 쓰지 않았다. 1865년 9월 16일 왕은 비스마르크를 백
작의 신분으로 격상시켰다.[249]

비스마르크가 오스트리아인들과 협상을 벌이는 동안 몰트케 참모
총장은 덴마크 전쟁의 교훈을 끌어내기 시작했다. 그것들의 모두가
행복한 것이 아니었다. 프러시아인들은 공식적 선전이 제시했던 것
보다 잘 하지 못했다. 덴마크인들은 아주 효율적으로 참호들과 요새
화된 작업을 사용했고 화력을 집중함으로써 프러시아인들에게 심한
사상을 입혔다. 몰트케는 근대 육군의 규모는 전통적인 나폴레옹식
병력집중이 재앙, 즉 일종의 군사적 교통혼잡을 가져올 수밖에 없다
는 것을 의미한다고 확신했다. 철도의 군사적 통제에 대한 점진적 확
대는 몰트케가 아주 다른 동원 시간표에 일 할 수 있고 따라서 다른
방식의 병력의 전개를 할 수 있다는 것을 의미했다. "따로 행군하고
함께 공격하라"는 슬로건이 몰트케의 대범한 혁신과 관련되게 되었다.
군사적 문제를 이해하는 왕이 몰트케에게 실험할 권능을 주었다.[250]
9월 말경에 연례 왕실 훈련이 있었고 왕은 군대 전개의 효율성에 아
주 만족했다. 이 훈련 직후에 비스마르크는 자기 가족과 함께 휴일을
위해 비아리츠(Biarritz)로 떠났다.

비스마르크는 자기의 계획을 추구하는데 시간을 잃지 않았다. 가
슈타인에서 협상하는 동안 그는 오스트리아에 대항하여 이탈리아를
동맹으로 끌어들이고 나폴레옹 3세가 그것에 찬성하도록 유인하려고

249) Jonathan Steinberg, *Bismarck: A Life,* Oxford: Oxford University Press, 2011,
    p. 234.
250) *Ibid.,* p. 235.

열심히 일했다. 두 시도는 모두 실패했다. 나폴레옹과 이탈리아 공사인 라 마르모라(La Marmora) 장군은 비스마르크와 동일한 게임을 했다. 각자는 상대방이 되돌아 갈 수 없을 조치를 취할 때까지 기다리길 원했다. 이탈리아가 특히 자신을 노출하기 전에 프러시아가 자기들을 대가로 오스트리아와 이해에 도달할 수 없다는 것을 확실히 하길 원했다. 그러므로 라 마르모라 공사는 비스마르크가 그에게 오스트리아와 이해는 불가능 하다고 보장한 직후에 가스타인 협정을 체결했을 때 크게 분개했다.[251]

이제 비스마르크는 간접적으로, 즉 나폴레옹의 도움으로 이탈리아에 접근하기로 결정했다. 1865년 10월 4일과 11일에 비스마르크는 비아리츠(Biarritz)에서 나폴레옹 3세를 만났다. 비록 그들이 실제로 무엇을 논의했는지는 명확하게 수립되지 않았지만 비스마르크는 분명히 자기의 프랑스 대안들을 열어놓고 가슈타인 협정의 불안정한 성격을 암시했을 것이다. 비스마르크는 실제로 오스트리아-프러시아 전쟁에서 나폴레옹이 중립을 지켜줄 경우 그에 대한 보상으로 벨기에(Belgium)나 룩셈부르크(Luxembourg)를 제안했다.[252] 비스마르크는 그의 귀경 중 파리에서 아주 영향력 있는 이탈리아의 대사 니그라(Nigra)와 회담을 가졌다. 비스마르크는 그에게 오스트리아와의 전쟁이 피할 수 없는 것이라고 말하고 그에게 프러시아와 이탈리아가 동

---

251) Erich Eyck, *Bismarck and the German Empire,* New York: W. W. Norton, 1964, p. 108.
252) A. J. P. Taylor, *The Struggle for Mastery in Europe 1848-1918,* Oxford: Oxford University Press, 1971, p. 159; Erich Eyck, *Bismarck and the German Empire,* New York: W. W. Norton, 1964, p. 108; Jonathan Steinberg, *Bismarck: A Life,* Oxford: Oxford University Press, 2011, p. 236.

맹국으로 싸울 수 있는지를 알아보라고 촉구했다. 베를린에서 비스마르크는 새로운 각서들, 새로운 접근법, 그리고 새로운 요구로 오스트리아를 다시 한 번 압박하기 시작했다. 더 나아가 그는 이제 슐레스비히의 통치자인 폰 만토이펠 장군으로 하여금 홀슈타인의 오스트리아 통치자를 끊임없이 자극하도록 유도했다. 그리하여 가슈타인 협정이 체결된 지 오직 수개월 만에 그는 자신의 동맹국에 대항하는 전쟁을 계획하고 있었다. 그러므로 비스마르크가 공개적 파열로 나아가는 것은 오직 기회의 문제였다.[253]

비스마르크에게는 이탈리아와 동맹을 협상하는 왕의 승인이 가장 중요했다. 그는 이탈리아 정부를 끌어들이기 위해 계속적으로 노력했다. 그러나 가슈타인 협정이 라 마르모라 장군에게는 충격이었다. 그래서 그는 차라리 이탈리아의 옛 적인 오스트리아와 이해에 들어가길 원했다. 탁월한 오스트리아의 연계를 갖고 있던 이탈리아의 귀족인 말라구치(Malaguzzi)가 빈에 가서 은화 수백만을 지불하면 베네치아를 양도하겠다고 제안했다. 그러나 프란츠 요제프 황제는 그 문제를 권력정치의 관점에서가 아니라 위신(prestige)의 관점에서 고려했다. 유럽에서 가장 오래된 군주의 대표로서 그는 이런 종류의 거래를 하기엔 너무나 자부심에 차 있었고 또 성직자 보좌진은 교황의 적과 합의하는데 강력하게 반대했다. 그리하여 아무 것도 이루어지지 않았고 라 마르모라는 프러시아로 돌아가야만 했다.[254]

비스마르크는 이탈리아에 있는 프러시아의 우제돔(Usedom) 대사

---

253) Erich Eyck, *Bismarck and the German Empire,* New York: W. W. Norton, 1964, p. 110.
254) *Ibid.,* p. 112.

에게 거듭해서 라 마르모라가 프러시아와 합의에 찬성하도록 영향을 행사하라고 촉구했다. 그는 이 동맹이 너무나 중요해서 그는 우제돔을 전혀 좋아하지 않았지만 자신의 비밀스러운 생각을 들려주었다. 1866년 1월의 각서에서 비스마르크는 그에게 프러시아의 정책이 보다 근본적인 민족적 토대로 돌아가서 프러시아를 민족주의와 동맹을 결성하는 자신의 아이디어를 그에게 노출했다. 그의 모든 보수적 슬로건과 프러시아의 자유주의에 대한 그의 난폭한 공격에도 불구하고 비스마르크는 그가 프랑크푸르트 의회에서 배웠던 교훈을 잊지 않았다. 2월 28일 어전회의에서 비스마르크가 이탈리아를 다룰 왕의 승인을 요청했을 때 그는 이미 라 마르모아가 준비되어 있다는 것을 알고 있었다.

우제돔 이탈리아 주재 프러시아 대사가 24일 이탈리아의 왕인 빅토르 에마누엘(Victor Emanuel)과 그의 공사가 오스트리아에 대항하여 합동 전쟁을 수행하기 위해서 동맹을 위한 프러시아의 제안들을 기대하고 있다는 전문을 쳤었다. 1866년 3월에 이탈리아의 특사인 고보네(Govone) 장군이 베를린에 왔다. 이탈리아인들은 비스마르크가 빈의 궁정에게 오직 보여주기 위해서 그리고 모든 갈망하는 오스트리아의 양보를 얻어내기 위해서만 그들과 합의를 추구한다고 두려워했다. 그의 불신은 여러 가지 구실로 왕 빌헬름과의 만남을 회피했을 때 더욱 증폭되었다. 늘 그랬던 것처럼 왕은 결심을 할 수 없었다. 모든 이런 장애물에도 불구하고 협상이 성공하고 동맹조약이 체결된 것은 오직 나폴레옹 3세의 도움 덕택이었다.

비스마르크는 한참 후에 고보네 장군에게 모든 것은 프랑스 황제에게 달려있으며 자기는 오직 프랑스가 동의하는 경우에만 자기의 계획을 진행할 수 있을 것이라고 말했다. 왕 빅토르 에마누엘은 황제의 개인적 친구인 이탈리아의 귀족인 아레세(Arese) 백작을 나폴레옹에게 그가 프러시아와 동맹할 것인지의 여부를 물었다. 나폴레옹은 그를 영접하고 동맹을 찬성한다고 권유했지만 그것은 어떤 책임도 지지 않는 사적인 개인으로서 이 권유를 제공했다. 참으로 기이한 정책이었다. 물론 이것은 결과와 그것들에 대한 책임을 회피할 길은 없었다. 비스마르크의 굉장한 성공의 상당한 부분은 정말로 황제의 보좌진들이 그렇게 위약한 정치인들이었다는 사실에 기인했다. 프란츠 요제프는 어떤 정치적 본능도 없는 평범한 인물이었고 나폴레옹은 항상 기획하고 꿈을 꾸었지만 결심하지 못하고 자기의 행동과 부작위의 결과를 내다보지 못했다.

1866년 4월 8일 프러시아-이탈리아의 조약이 체결되었다. 조약의 조건에 따르면 이탈리아 왕국은 만일 90일 이내에 전쟁이 발생하면 오스트리아 제국과 전쟁에 들어가야 할 의무를 갖게 되었다. 비스마르크는 분명히 그런 상황이 발생하게 할 것이었다.[255] 결정적인 사항에 관해서 말한다면, 그 동맹조약은 비스마르크에게 그가 원하는 것을 주었다. 프러시아는 전쟁을 수행할 의무가 없었지만 만일 프러시아가 전쟁을 선포하면 뒤따를 이탈리아의 의무가 있었다. 그러나 이탈리아인들은 만일 프러시아가 3개월 내에 전쟁을 선포하지 않으면 동맹이 자동적으로 종식될 것이라는 구절을 성취했다. 이에 비스마르

---

255) Jonathan Steinberg, *Bismarck: A Life,* Oxford: Oxford University Press, 2011, p. 241.

크는 당장 행동해야만 했다.[256]

이 동맹조약은 사실상 독일 국가연합을 파괴했다. 국가연합의 헌법은 어떤 회원국가도 다른 회원국가에 대항하여 외국 강대국과 동맹을 명시적으로 금지했다. 참으로 이런 종류의 동맹은 그것의 목표가 모든 회원국들의 공동보호인 국가연합의 바로 그 존재 자체와 양립할 수 없었다. 오스트리아에 대항하는 이탈리아와 프러시아의 동맹은 독일 헌법의 근본적인 위반이었다. 왕 빌헬름이 그 조약에 서명하길 망설인 것은 전혀 이상하지 않았다. 그러나 비스마르크는 당연히 자기가 무엇을 했는지에 대해 정확히 알고 있었다. 그것은 그의 정책의 완벽한 승리였다. 그는 이탈리아와 동맹체결 후 단 하루도 그냥 지나치게 허용하지 않았다.

다음날인 1866년 4월 9일 프러시아의 대사는 독일 국가연합에 독일의 전 역사를 바꾸는 제안을 제출했다. 비스마르크의 긴 경력에서 많은 눈부신 조치들 가운데에서 이것이야말로 가장 중요한 것이었다.[257] 마침내 프러시아가 오스트리아에 대해 그렇게 오랫동안 꿈꾸고 모색해 왔던 오스트리아 제국과의 국가적 평등을 선언했던 것이다. 1866년 4월 11일 발표된 공식 선언은 다음과 같았다:

"프러시아 정부는 국가연합 의회에서 가장 중요한 조치를 방금 취했다. 그것은 연합의회가 직접적이고 일반 보통 선거권에 의해서 그리고 국가연합 헌법의 개혁을 위한 독일 정부들의 제안들을 접

---

256) Erich Eyck, *Bismarck and the German Empire,* New York: W. W. Norton, 1964, p. 114.
257) Jonathan Steinberg, *Bismarck: A Life,* Oxford: Oxford University Press, 2011, p. 241.

수하고 고려하기 위하여 정당한 과정을 통해서 소집될 것으로 결정되는 날짜에 선출될 의회를 소집할 결정에 따라야 한다는 제안을 제출했다. 그리고 앞서 말한 의회가 수립될 때까지 그 사이에 그런 제안들은 정부 자신들 사이의 합의에 의한 그런 제안들을 결정할 것이다."[258]

비스마르크는 그들의 11개 민족집단들과 부상하는 민족주의의 위협으로 합스부르크 왕가가 결코 지상에서 경쟁할 수 없을 것이라는 사실을 알고서 오스트리아인들과 독일 국가연합국들을 협공하기 위해 민족주의 힘을 불러냈던 것이다.[259] 독일의 여론은 비스마르크의 조치에 경악했다. 오스트리아인들은 이탈리아 전선에서 비스마르크의 이탈리아와의 동맹으로 협공을 당했고 그리고 독일에서 그의 인민들과 동맹에 의해서 협공을 당했다. 나폴레옹은 무엇을 할지에 관해 결심할 수 없었고 그의 보좌진들 사이에서 통일된 입장을 확보하지도 못했다. 프러시아와 이탈리아에 합류할 것인가? 중립에 대한 보상으로 프러시아인들로부터 라인(Rhine)에 있는 독일 영토를 우려낼 것인가? 힘의 균형을 유지하기 위해 오스트리아를 지원할 것인가? 비스마르크가 영토를 할애한다면 왕도 그럴 것인가? 그런 것들의 어려움이 있었다.

결국 1866년 5월 24일 욕심과 두려움 사이에 빠진 나폴레옹 3세는 두 독일 강대국들 사이를 중재하기 위해서 3개의 중립국들인 프랑스, 영국, 그리고 러시아의 이름으로 파리에서 슐레스비히-홀슈타인, 이탈

---

258) *Ibid.*에서 재인용.
259) *Ibid.*, p. 241.

리아, 그리고 독일국가연합의 3문제들을 타결하기 위해 국제회의를 소집했다.[260) 비스마르크는 이 초청에 극단적으로 괴로워했으나 프러시아 정부는 비스마르크의 모든 정책을 위험하게 하는 나폴레옹의 파리 회의에 대한 초청을 수락했다. 왜냐하면 프랑스 황제를 감히 실망시킬 수 없었기 때문이었다. 그러므로 그가 초청을 맨 먼저 수락했다. 비스마르크는 진정으로 정치가였다. 반면에 프란츠 요제프 황제는 그렇지 않았다. 오스트리아의 멘스도르프 외상은 파리 회의 참석이라는 조건을 달아서 결국 거부했다. 왜냐하면 베네치아의 지위가 논해질 것이고 이탈리아에 있는 오스트리아의 영토들은 협상의 대상이 아니었기 때문이었다. 나폴레옹의 국제회의가 완전히 무너졌다.[261) 또 다시 비스마르크는 그의 적들의 실수로 인해 아주 어려운 상황에서 구원되었다. 베네데티가 국제회의의 취소를 발표하는 전문이 도착했을 때 그와 함께 있었다. 그는 벌떡 일어나서 소리쳤다. "이제는 전쟁이다. 왕 만세!"[262)

이런 결과에 이르기 전 수일 동안이 비스마르크에게는 최고의 긴장의 시간이었다. 나폴레옹의 찬성을 얻기 위해서 그는 기꺼이 극단으로 나아갈 생각이었다. 동맹조약을 협상했던 이탈리아의 고보네 장군은 이 때에 베를린에 있었다. 그는 비스마르크에게 프랑스를 만족시킬 어떤 국경선이 있느냐고 물었다. 비스마르크는 "물론 있다. 그것은 모젤(Moselle)이다. 나는 개인적으로 프러시아인이기보다는 덜 독

---

260) *Ibid.*, p. 244.
261) *Ibid.*, p. 245.
262) Erich Eyck, *Bismarck and the German Empire,* New York: W. W. Norton, 1964, p. 122.

일인이다. 나는 프랑스에게 모젤과 라인(Rhine) 사이의 전 영토를 프랑스에 양도하는데 개인적으로 반대하지 않는다"[263]라고 대답했다. 이틀 후에 그는 베네데티에게 프랑스에게 룩셈부르크와 함께 상부 모젤(the Upper Moselle)을 양도하기 위해 왕에게 자신의 영향력을 이용할 것이라고 말했다. 프랑스에 대한 왕의 권유는 프랑스어가 사용되는 영토를 병합하는 것이라고 덧붙였다. 그것은 비스마르크가 나폴레옹의 눈 앞에 이런 미끼를 매단 것이 처음도 마지막도 아니었다.[264]

1866년 6월 2일 왕 빌헬름 1세는 그의 가장 중요한 결정들 중 하나를 내렸다. 그는 참모총장인 헬무트 폰 몰트케(Helmuth von Moltke)를 왕의 이름으로 명령을 발할 권한과 함께 프러시아 군대의 사령관으로 공식 선포했다. 이것은 왕이 전선에서 자기의 군대를 지휘해야 한다는 프리드리히 대왕(the Frederick the Great)의 전통을 깨고 몰트케에게 전시의 모든 작전과 평화 시에 준비 리더십의 통제권을 부여했다.[265] 작은 일에까지 철저한 준비와 관심은 보답이 있을 것이다. 참모총장은 24시간까지 그것의 작전을 위해 이동했으며 모든 지휘관들은 동원의 첫날부터 전쟁 일기를 작성하라는 명령을 받았다. 6월 5일 그리고 6일까지 국경선들에 약 33만명에 달하는 프러시아 군의 전개는 완결되었다. 그러나 아직은 여전히 전쟁은 없었고 전쟁을 위한 중대한 구실도 없었다. 그런데 바로 이 시점에서 오스트리아의 외상 멘스도르프 백작이 심각한 실수를 범했다. 오스트리아인들이 국가연합

263) *Ibid.*, p. 123.
264) *Ibid.*
265) Jonathan Steinberg, *Bismarck: A Life,* Oxford: Oxford University Press, 2011, p. 245.

의회에게 갈등에 개입하여 그 결정을 장악하라고 요구했다. 그것은 또한 홀슈타인이 있는 점령군 사령관에게 공국의 3부회의를 소집하라고 명령했다. 그렇게 함으로써 그것은 일방적으로 가스타인 협약을 폐기하고 비스마르크에게 공식적 언론을 통해 아래와 같이 선언할 기회를 주었다.

"독일 국가연합에 행해진 선언으로 그리고 홀슈타인 3부회의의 가까운 미래에 소집을 통해 오스트리아는 슐레스비히와 홀슈타인의 공동 섭정으로서 프러시아 왕의 주권적 권리들을 의문시하고 또 위험하게 하였다. … 우리의 정부는 그 권리들의 방어에 그것의 모든 에너지를 다하여 조약 위반에 대응할 것이다."[266]

6월 9일 비스마르크는 폭력의 행동만이 독일 문제를 해결할 것이라고 썼다. 이제 프러시아와 오스트리아는 전쟁을 향해 나아갔다. 6월 10일 비스마르크는 오스트리아를 배제하고 일반 보통 선거권에 입각한 하원을 갖게 될 새연방헌법을 위해 독일 국가들에게 텍스트를 제시했다. 바바리아와 프러시아는 새 독일국가의 군사령부를 공유할 것이다. 그리고 6월 11일에 그는 하인리히 폰 트라이츠케(Heinrich von Treitschke)를 시켜 전쟁의 전날 밤에 왕이 전국에 연설하는데 사용할 선언문을 작성하게 했다. 슐레스비히-홀슈타인 문제의 타결이 오스트리아와 프러시아 사이의 이해를 통해서 불가능하다는 것이 명백해진 이후 오스트리아는 독일의 중소국가들을 자기 편으로 끌어들이려고 노력할 수밖에 없었다. 그러므로 오스트리아의 멘스도르프 외상이 6월

---

266) *Ibid.*, p. 246.에서 재인용.

초에 국가연합 의회로 이 문제를 가져왔던 것이다.

1866년 6월 10일 첫 전쟁 행위가 발생했다. 오스트리아가 일방적으로 가슈타인 협정을 위반했기 때문에 프러시아는 이제 홀슈타인과 슐레스비히의 공동주권의 권리를 갖게 되었고 만토이펠 장군은 홀슈타인 인들에게 왕 전하의 위협받는 권리들을 보호하기 위해서 홀슈타인 공국의 최고 권위를 장악할 의무가 있다는 선포를 발했다. 비스마르크는 슐레스비히에 있는 프러시아 군대를 홀슈타인으로 진격하라는 명령을 내렸다. 프러시아의 군대가 오스트리아 여단들을 크게 압도했다. 오스트리아의 홀슈타인 부섭정인 루트비히 폰 가블렌츠(Ludwig von Gablenz) 장군은 자기 군대의 철수를 명령했다. 비스마르크는 오스트리아와 프러시아 군대 간의 충돌이 화약통에 불을 던지는 꼴이 되길 희망했다. 그러나 슐레스비히의 사령관 만토이펠이 기사도 정신에 입각하여 오스트리아의 가블렌츠(Gablenz)가 홀슈타인에서 오스트리아 군대의 철수를 평화적으로 수행하도록 허용했다. 비스마르크는 분노로 충천했지만 폰 만토이펠 장군에게 명령을 내릴 수는 없었다.[267] 만토이펠 장군은 비스마르크 수상이 아니라 왕에게 복종했다. 그럼에도 불구하고, 비스마르크는 자기의 목적에 도달했다. 이탈리아 동맹 조약에서 제시한 3개월이 지나기 전에 전쟁이 발발했다. 이제 마지막 말은 검으로 하는 것이었다.

1866년 6월 14일 프랑크푸르트의 프러시아 대표는 국가연합의 헌법이 깨어졌다고 선언했고 그리고 다음 날 하노버, 드레스덴, 그리고

---

267) Jonathan Steinberg, *Bismarck: A Life,* Oxford: Oxford University Press, 2011, p. 248; Erich Eyck, *Bismarck and the German Empire,* New York: W. W. Norton, 1964, p. 123.

헤세-카셀에서 프러시아의 공사들은 그들이 주재했던 정부들에게 최후의 통첩을 제시하고 자정까지 답변을 요구했다. 그것은 프러시아 제안의 완전한 수락이었다. 독일에서 감정은 압도적으로 반-프러시아적이었다.[268] 비스마르크도 신경을 썼다. 왜냐하면 그 때 오스트리아가 승리하길 기대하는 알려진 군사적 의견과 여러 명의 탁월한 군사전문가들이 설득력 있게 그렇게 예상했기 때문이었다. 몰트케의 차분한 확신에도 불구하고 그도 역시 걱정할 이유가 있었다. 그는 동서로 자기의 군대를 분할해야만 했다 서쪽에서는 하노버와 헤세의 병력에 대처해야 했고 동쪽에서는 작센인들을 상대로 1군을 파견하고 다른 2개 군은 승리를 위한 자신의 계획이 의존하고 있는 포위 기동작전을 수행하기 위해서 오스트리아로 진격시켜야 했기 때문이었다. 그의 군들은 다양한 정도의 특성과 똑같이 왕의 다양한 정도의 신임을 받는 지휘관들을 갖고 있었다. 왕의 조카인 프리드리히 칼(Frederick Charles) 공작과 왕세자인 프리드리히는 탁월한 야전군 지휘관들이었다. 오스트리아도 비슷한 문제들이 있었지만 그러나 불행하게도 정반대의 결과를 가져왔다. 보헤미아에서 오스트리아의 북부군의 총사령관인 루트비히 폰 베네데크(Ludwig von Benedek)는 1859년 전쟁에서 신뢰 있게 나타난 소수의 오스트리아 사령관들 중의 하나로 대담함의 명성을 가진 솔페리노(Solferino) 전투의 사자로 알려져 있었다. 베네데크라는 이름만으로도 그는 신속하게 나와서 좌우로 타격을 가할 것이라는 것을 의미했다. 그가 그렇게 했고 그래서 프러시아의 부대들을 하나씩 장

---

268) Jonathan Steinberg, *Bismarck: A Life,* Oxford: Oxford University Press, 2011, p. 249.

악했더라면 결과는 달랐을 것이다.

그러나 군단을 그렇게 잘 지휘했던 베네데크는 전군을 통제할 수 없었고 또 여러 중대한 지점에서 망설였다. 왕이 그를 좋아했기 때문에 평범한 에두아르트 포겔 폰 파켄슈타인(Eduard Vogel von Fackenstein)에게 서쪽 군을 지휘하게 해야만 했던 몰트케는 대신에 보헤미아에서 훌륭한 지휘관들을 갖고 있었다. 프란츠 요제프 황제는 이름 없고 근시안의 대공작인 알브레히트 대공(Archduke Albrecht)으로 하여금 오스트리아의 남군(South Army)을 지휘하도록 선택했다. 공적이 있는 유능한 장교인 프란츠 욘(Franz John) 참모의 도움을 받아 알브레히트 대공은 이탈리아인들에게 승리를 달성했다.[269]

몰트케는 자기가 통제할 수 없는 또 하나의 위협, 즉 통신의 문제에 직면했다. 철도는 대규모의 병력을 이동할 수 있게 했고 또 전문들은 그런 이동의 통제를 아주 쉽게 해주었다. 실제로 전략적 기동은 크게 향상되었지만 일단 철도에서 벗어나면 또 특히 전투 중에는 지휘관들이 서로간 접촉할 길이 없었다. 몰트케는 자기의 군대가 어디에 있는 지를 알 수 없는 경우가 많았고 또 그들을 찾아 낼 방법이 없었다.[270] 그러나 프러시아의 단발 후방장전총은 오스트리아의 낡은 전방장전총에 비해 월등히 우수했다. 주요 접전에서 오스트리아인들은 프러시아인들 보다 평균 3배 이상의 병사들을 잃었다. 총검으로 달려드는 오스트리아의 전술들은 프러시아인들의 총을 맞고 그들의 병사들이 죽어 나가게 만들었다.

---

269) *Ibid.,* p. 250.
270) *Ibid.*

비스마르크와 몰트케는 필사적이 되었다. 그들의 장군들은 자신들의 임무를 느슨한 태도로 이동했다. 몰트케는 자기의 계획이 수백 킬로미터에 걸쳐 비교적 작은 부대들을 전개하여 프러시아의 병력이 아주 취약하게 만들었다는 것을 알았다. 만일 베네데크가 프러시아의 제1군이 엘베(the Elbe) 부대와 제2군과 결합하기 전에 제1군만 있을 때 공격했더라면 몰트케의 전 계획은 무너졌을 것이다. 6월 28일 포겔 폰 파켄슈타인 장군과 프러시아 주력군은 랑엔잘차(Langensalza)에서 하노버 군대를 패배시켰고 하노버는 항복했다. 이 첫 패배 후에 프란츠 요제프 황제는 그의 각료들을 교체했다. 6월 30일 새 백작들, 즉 벨크레디(Belcredi), 에스테르하지(Esterhazy), 그리고 멘드스도르프(Mendsdorff)의 새 정부가 빈에서 수립되고 그것은 보다 더 많은 결의를 약속했다.

6월 30일 프러시아의 왕 빌헬름은 보헤미아에 있는 이친(Jicin)으로 전쟁지도부(the Great Headquarters)를 옮겼다. 그곳에서 몰트케는 당황스럽게도 3개의 군 집단들 모두가 베네데크의 북부군과의 연락선을 완전히 잃어버렸고 그들이 어디에 있는지를 알지 못한다는 것을 발견했다. 프랑스 외교사절이 적대행위들이 중단되어야 한다는 요구를 가지고 본부에 도착할 것으로 기대되었기 때문에 시간이 없었다. 장거리 행군과 비가 전진하는 프러시아 병력을 지치게 했고 사기를 떨어뜨렸다.

1866년 7월 3일 대전투가 엘베 강(the upper Elbe River) 상류에 있는 쾨니히그래츠(Koeniggraetz)라는 보헤미아 타운에서 북서쪽에 있는 자도바(Sadowa) 마을에서 벌어졌다. 그것은 프러시아의 엘베군과 제1

군들에 의한 프러시아의 공격으로 시작했다. 포위작전에 참가하기 위해 오고 있던 왕세자의 제2군은 아직 도착하지 않았다. 오전 1시 30분 베네데크는 엘베강을 따라 강력한 프러시아 병력이 포진되어 있다는 정보를 받았다. 오스트리아의 제4군단의 임시 사령관인 야전군 사령관 안톤 프라이헤르 폰 몰리나리(Anton Freiherr von Mollinary) 중장은 그들이 노출되어 있는 동안 프러시아군의 좌측면의 공격의 허락을 요구했다. 결연한 공격은 적의 왼쪽 날개를 제거하고 승리의 길로 나아갔을 것이다. 그러나 그 순간은 지나가 버렸고 이른 오후에 왕세자의 제2군이 어려운 지형과 안개, 그리고 후장총과 포병의 도움을 받아 짧은 시간 내에 오스트리아의 측면을 깼다. 그런 사태가 너무 빨리 지나가서 베네데크는 처음에 그 보고를 믿으려 하지 않았고 그것을 가져온 장교에게 "터무니없다"라고 대답했다. 그때가 1866년 7월 3일 오후 3시였다.[271] 프러시아인들은 그곳에서 오스트리아인들을 결정적으로 패배시켰다. 오스트리아인들이 패주했을 때 프러시아의 장군 한 사람이 비스마르크에게 말했다: "각하, 당신은 이제 위대한 사람입니다. 그러나 만일 왕세자가 너무 늦게 왔다면 당신은 지금 가장 큰 악마일 것이다."[272] 그 말은 완벽한 진실이었다. 그리고 비스마르크는 그것을 알고 있었다.

그날 오후 늦게 제2군의 사령관인 프리드리히 칼(Friedrich Karl) 왕자는 갑자기 놀랍게도 휴전의 조건을 묻기 위해서 온 오스트리아의

---

271) Jonathan Steinberg, *Bismarck: A Life,* Oxford: Oxford University Press, 2011, p. 252.

272) Erich Eyck, *Bismarck and the German Empire,* New York: W. W. Norton, 1964, p. 126.

야전군 사령관인 폰 가블렌츠 중장을 만났다. 비스마르크는 휴전의 조건으로 독일에서 오스트리아의 배제와 완전한 통일로 가는 첫 단계로 주로 청교도인 북부 독일 국가들의 통일을 요구했다. 작센의 왕을 제외하고 어떤 주권자도 퇴위되지 않았다. 헤센과 하노버는 프러시아의 동쪽과 서쪽 지방의 필요한 연결을 확보하기 위해 축소되어야만 했다. 행운이 우연으로 프러시아의 유권자들은 쾨니히그래츠-자도바 전투의 바로 그날에 투표장에 갔다. 진보당의 지배가 깨졌다. 그 당은 하원에서 많은 수의 의석을 보다 온건하고 부분적으로 보수적이고 또 부분적으로 자유주의적 의원들에게 넘겨주었다. 해외에서 승리가 국내에서 반대를 제거했다. 24시간도 안 되어 비스마르크는 천재-정치가(the genius-statesman)가 되었다. 비스마르크가 우리가 아는 "비스마르크"가 된 것이다.273)

어느 것도 그 성공만큼 성공적이지 않았다. 쾨니히그래츠-자도바의 전투 이후 바로 그날 저녁에 바로 비스마르크는 프러시아의 영웅이 되었다. 그는 전쟁을 준비하고 승리한 위대한 정치가가 된 것이다. 모두가 그는 천재였다고 인정했다. 성공은 전투장에서 거두었지만 그러나 그의 정책이 그것을 가능하게 했다. 그는 정말 혼자서 수많은 난관들을 극복했다.274) 그의 다음 단계는 그가 천재-정치가라는 타이틀이 마땅하다는 것을 보여주었다. 그는 영토의 합병이나 빈에서 승리의 군사 퍼레이드 없이 오스트리아와 평화를 이루었다. 그것은 인간의

---

273) Jonathan Steinberg, *Bismarck: A Life,* Oxford: Oxford University Press, 2011, p. 253.
274) Erich Eyck, *Bismarck and the German Empire,* New York: W. W. Norton, 1964, p. 128.

그리고 외교의 관점에서 가장 위대한 순간이었다.[275]

쾨니히그래츠-자도바에서 프러시아의 거대한 승리는 전 유럽에 걸쳐 굉장한 인상을 주었다. 모두가 새 시대가 시작하고 있다고 느꼈지만 그것은 독일에게 국한되지 않았다. 왜냐하면 그것으로 유럽의 힘의 균형이 과격하게 변해버렸기 때문이었다. 유럽의 모든 강대국들은 이것을 느꼈다. 그러나 프랑스보다 더 그러지는 않았다. 나폴레옹 3세는 갑자기 가장 두려운 지위에 있었다. 시간에 맞게 단호한 결정에 도달할 수 없었던 그는 두 개의 적대자들을 다루었다. 그는 프러시아를 도와 지난 4월에 이탈리아와 동맹을 체결하게 했고 또 6월에는 오스트리아와 비밀 조약을 체결했었다. 그는 장기적인 전쟁을 기대했고 그럴 경우에 그가 적당한 때에 개입할 수 있었을 것이다. 그러나 모든 것이 그가 아직 준비가 안 된 수주만에 결정되어 버렸다. 패배 다음 날 파리 주재 오스트리아 대사인 리하르트 메테르니히(Richard Metternich) 공작은 두 적과의 오스트리아 평화조건을 조정하는데 돕겠다는 약속한 나폴레옹에게 베네치아(Venetia)를 넘겨주었다. 다음날 나폴레옹 황제는 자기가 평화제조자와 중재자의 역할을 수행하겠다고 선포했다.[276]

며칠간 프랑스인들은 황제가 유럽의 조정자이고 평화의 구원자라고 생각했기 때문에 열광했다. 그러나 그들은 곧 잘못을 깨달았다. 외상인 드루앵 드 뤼(Drouyn de Lhuys)가 황제에게 군의 병력 일부를 동원하여 라인(Rhine) 강으로 관측군을 파견하라고 권유했다. 그러나

---

275) Jonathan Steinberg, *Bismarck: A Life,* Oxford: Oxford University Press, 2011, p. 254.

276) Erich Eyck, *Bismarck and the German Empire,* New York: W. W. Norton, 1964, p. 129.

황제는 그의 권유를 따르지 않았다. 그는 외무상을 반대하는 다른 보좌진의 권유를 경청했다. 그렇게 한 그의 치명적인 주된 이유는 그의 병이었다. 바로 이 시기에 그는 가장 큰 고통을 견뎌 내야만 했다. 황후 유진(Eugenie)은 그에게 양위를 권유했고 보이스트(Beust)는 몇 년 전만 해도 유럽의 가장 영리하고 가장 강력한 군주라고 생각되었던 사람의 정신적 및 신체적 조건에 깊이 놀랐다. 이런 조건하에서 중재하려는 나폴레옹의 시도는 결코 기회를 가질 수 없었다.

이제 황제는 승리로 그의 힘이 상당히 증대되었고 또 외교의 크고 작은 기술들을 모두 완벽하게 마스터한 재빠르고 단호한 결의의 사나이를 다루어야 만했다. 비스마르크는 나폴레옹의 개입의 결과가 자기의 계획에 입힐 심각한 손상을 어떻게 막을 지를 알고 있었을 뿐만 아니라, 그에 대한 나폴레옹의 행동을 적대적이라고 서술했다. 그것에 대해 나폴레옹은 적절한 때에 분명히 대가를 지불해야 할 것이었다.[277] 그러나 유럽의 힘의 균형이 완전히 뒤집히는 것을 막기 위한 나폴레옹 측의 시도는 프랑스의 관점에서 보면 그의 의무였고 그리고 분명히 비스마르크는 나폴레옹에게 한 그의 거듭된 선언과 제안 후에 기대해야 했던 어떤 것이었다. 그는 고보네에게 자기 자신의 계획이 황제의 의지에 달려 있다고 말했고 또 사실상 이탈리아의 동맹에 대해 그에게 감사해야 했다. 비스마르크는 나폴레옹에게 프랑스어를 사용하는 모든 영토의 프랑스 보유라는 덫을 놓았을 뿐만 아니라 이 협상들 중에 그것을 되풀이했다.[278]

---

277) *Ibid.*
278) *Ibid.,* p. 130.

오스트리아에 대한 전쟁을 무자비하게 수행했지만 비스마르크는 한 가지 점에서 나폴레옹이 원하는 것을 기꺼이 할 생각이었다. 비스마르크는 오스트리아의 어떤 영토도 프러시아의 영토로 병합하지 않았다. 그런 획득은 프러시아 왕가에게 이득이 아니라 부담이 될 것이었다. 훨씬 더 중요한 것은 합스부르크 왕가를 영원히 프러시아의 적으로 만드는 것이 프러시아의 이익이 아니라는 멀리 내다보는 주장이었다. 그러나 이러한 전망은 왕 빌헬름의 머릿속에는 맞지 않았다. 그의 생각은 정복자란 정복된 적으로부터 뭔가를 취할 자격이 있다는 단순한 것이었다. 그러나 비스마르크는 프러시아가 유럽에 홀로 있는 것이 아니라 3개의 인접 국가들과 살아가야 함을 알고 있었다. 이것이야 말로 진정한 정치가의 생각이었다. 그러나 그는 이 정책을 수행하는데 왕이라는 가장 큰 어려움에 부딪쳤다. 왕은 그의 습관적 완고함으로 자기의 아이디어를 위해 싸웠다. 왕과 그의 수상인 비스마르크가 아주 치열하게 이 투쟁을 벌인 것은 니콜스부르크(Nikolsburg)에서였다. 비스마르크가 왕의 완고함을 꺾는 데에 비스마르크를 최종적으로 도운 것은 왕세자였다.[279]

쾨니히그래츠-자도바에서 승리한 다음 날 비스마르크는 왕세자와 화해했다. 왕세자는 비스마르크가 옳았고 또 그가 가까운 장래에 필요 불가결한 사람이라는 것을 이제는 확신했다. 그러므로 그는 수상을 돕기 위해 자신의 노력을 수상의 노력에 보탰다. 마침내 왕은 빈의 문 앞에서 정복자가 쓴 약을 삼키고 최종적 심판을 후손에 맡긴다고 불평을 하면서 아주 마지못해서 양보를 했다.[280] 후손들은 명백하고

---

279) *Ibid.*, p. 133.

분명하게 심판을 내렸다. 비스마르크의 칭송자와 비판자들 모두가 니콜스부르크 예비 평화회담에서 그가 보여준 온건성을 그의 영원한 명성의 가장 확실하고 또 최선의 토대로 간주했다. 1879년 그가 독일제국과 합스부르크 왕가 사이에 동맹을 체결했을 때 니콜스부르크의 평화가 그 길을 닦았던 것으로 간주되었다.[281]

1866년 7월 26일 프러시아와 오스트리아는 니콜스부르크에서 다음과 같은 합의를 이룬 예비 평화 합의안에 서명했다: 첫째, 오스트리아는 독일국가들의 연합에서 완전히 철수할 것이다. 둘째, 오스트리아는 프러시아의 리더십 하에 북부 독일 국가의 연방수립을 인정한다. 셋째, 그들 사이에 남부 독일 국가들과 북부 독일국가연합 사이의 관계는 자유롭게 합의된 조정에 의해서 결정되게 남겨 둔다. 넷째, 오스트리아는 북 독일에서 시행될 재산의 변경을 인정한다. 다섯째, 오스트리아는 피해에 대해 4천만 탈러의 배상금을 지불한다.[282] 한 번의 펜을 휘둘러 역사적인 하노버의 왕국은 그것의 독립을 상실했고 빅토리아 여왕의 사촌인 왕 조지(King George)는 자기의 왕관을 잃었다. 나사우(Nassau) 공국과 마인강의 북쪽에 있는 헤세-카셀의 일부와 프랑크푸르트 시는 간단히 프러시아에 합병되었다. 만일 니콜스부르크에서 비스마르크의 온건성이 최선의 측면을 보여주었다면 프랑크푸르트 자유시에 대한 그의 취급은 그의 최악을 보여주었다. 그것은 승리에 도취한 프러시아 군대의 잔인한 행동의 축소판이었다.[283]

---

280) *Ibid.*
281) *Ibid.*
282) Jonathan Steinberg, *Bismarck: A Life,* Oxford: Oxford University Press, 2011, p. 256.

1866년 7월 16일 포겔 폰 파켄슈타인 장군이 프랑크푸르트를 점령하고 그 도시를 장악했다. 3일 후에 프러시아 군대는 155파운드의 은을 장악하여 베를린으로 수송했다. 포겔 폰 파켄슈타인 장군의 후임으로 온 만토이펠 장군은 24시간 내에 2천 5백만 은화를 요구했다. 그것은 당국이 이미 지불했다고 설명했을 때 1천 9백만으로 감소되었다. 그 명령은 비스마르크로부터 직접 내려왔다. 1866년 7월 25일 니콜스부르크의 예비 평화가 서명되기 바로 전날 비스마르크는 프랑크푸르트를 합병될 국가들의 목록에 추가했다. 더 나아가서 프랑크푸르트의 시민들은 비스마르크가 어떤 반대도 용인하지 않는다는 것을 알게 되었다. 이 도시가 프러시아인들에 의해 취급된 방식은 아주 특별했다. 프랑크푸르트의 대표가 의회에서 바바리아의 제안에 찬성했었다. 비록 그 도시가 어떤 군사적 행동에도 결코 참가하지 않았지만 이것은 비스마르크가 그 곳을 적으로 다루는데 충분한 구실이었다. 프랑크푸르트는 아무런 저항없이 점령되었지만 적대적으로 정복된 도시로 취급되었다.[284]

비스마르크의 승리의 규모는 과장될 수 없었다. 그는 혼자서 유럽의 국제적 질서를 완전히 전환시켰다. 그는 경청하는 사람들에게 자기가 무엇을 할 의도이며, 어떻게 그것을 할 생각이며, 그리고 그것을 어떻게 했는 지를 말했다. 그는 군대를 지휘하지 않고, 큰 정당을 통제하지 않고, 군인들에게 명령을 내릴 능력도 없이, 거의 보편적인 적대감에 직면하여 참으로 대중적 지지 없이, 의회에서 다수결도 없이,

283) *Ibid.*
284) Erich Eyck, *Bismarck and the German Empire,* New York: W. W. Norton, 1964, p. 134.

내각의 통제력도 없이, 그리고 관료들의 충성스러운 추종도 없이 이 믿을 수 없는 위업을 성취했다. 그는 그가 권좌에 오르는 것을 도왔던 강력한 보수주의 집단들의 지지를 더 이상 받지 않았다. 외무 업무에서 로베르트 데어 골츠(Robert der Goltz)와 알브레히트 베른스토르프(Albrecht Bernstorff) 같은 최고위 외교관들은 그의 맹세한 적들이었고 비스마르크는 그것을 알고 있었다. 여왕과 왕실 가족들은 그를 미워했고 감정적이고 믿을 수 없는 왕은 곧 70세 생일을 맞게 될 것이다. 비스마르크는 론(Roon)과 모리츠 폰 블란켄부르크(Moritz von Blankenburg)를 넘어서 자기의 정책에 관해서 진실을 말할 수 있는 어떤 친구들도 생각할 수 없었다. 참으로 론의 조용한 주장과 완전한 충성이 없었다면 그는 정치적으로 그리고 신체적으로 살아남지 못했을 것이다. 1866년 8월에 그는 자신의 책상을 내리치면서 이렇게 소리쳤다: "내가 그들 모두를 물리쳤다!"[285]

285) Jonathan Steinberg, *Bismarck: A Life,* Oxford: Oxford University Press, 2011, p. 257.

제8장
천재-정치가로 등극

"유럽에 대해 말하는 자는 누구나 틀렸다: 그것은 지리의 표현일 뿐이다."
-오토 폰 비스마르크-

비스마르크의 위대한 승리는 그를 새로운 상황에 처하게 했다. 그는 국가적 아니 민족적 영웅이 되었고 "천재-정치가"로 인정받고 찬양되었다. 오스트리아와의 전쟁에서 승리한 결과로 4천만 탈러에 달하는 오스트리아의 전쟁 배상금은 프러시아 정부의 재정적 상황을 전환시켰다. 그는 이제 독일을 위해 건설할 완전히 새로운 구조를 갖고 있었다. 옛 독일 국가연합은 사라졌고 모든 독일 문제에서 추방된 오스트리아는 "동부 강대국"(eastern power)으로 그것의 새로운 정체성을 발견해야 했다.

평화의 결과는 프러시아에게 북부 독일에서 절대적으로 부상할 기회를 제공했다. 오스트리아는 독일에서 배제되었을 뿐만 아니라 프러시아가 자기의 의지대로 북부 독일을 조직하는데 동의했다. 이 새 조직은 남부 독일을 포함하지 않았다. 그것은 나폴레옹이 북부 독일에서 프러시아의 합병에 동의한 조건이었다. 마인 강의 선은 힘의 균형 같은 것을 여전히 보존하기 위해서 매달린 희망이었다. 따라서 프러시아와 오스트리아 간의 최종적 조약이 1866년 8월 23일 프라하(Prague)에서 체결되었다. 이 조약으로 오스트리아는 독일에서 철수해야만 했다. 전쟁 중에 오스트리아 편에 섰던 하노버와 헤세-카셀은 슐레스비히-홀슈타인 그리고 프랑크푸르트와 함께 프러시아에 합병되었다. 그들의 지배자들을 퇴위시킴으로써 비스마르크는 한때 신성동맹(the Holy Alliance)의 핵심이었던 프러시아가 국제질서의 지도 원칙으로 정통성(legitimacy)을 포기했음을 분명히 했다.[286]

이 프라하 조약은 프러시아가 장악할 새 독일 조직을 마인 강의 북부에 제한했다. 마인 강 남쪽의 독일 국가들은 이 조직의 밖에 남았으며 독립적인 국제적 존재를 가질 통일을 형성할 권리를 획득했다. 그들의 독립을 유지한 북부 독일 국가들은 비스마르크의 새 창조물인 북부 독일연합(the North German Confederation)에 흡수되어 무역입법으로부터 외교정책에 이르는 모든 것에서 프러시아의 리더십을 따를 것이었다.[287] 그러나 이 조약을 체결하기 전에 비스마르크는 바바리아, 뷔르템베르크(Württemberg), 그리고 바덴(Baden)은 그들의 독립을 유지하게 하되 그들과 비밀 동맹조약을 체결했다. 그리하여 그것들이 이런 종류의 국제적으로 독립적인 존재를 불가능하게 해버렸다. 이 조약에서 바바리아와 뷔르템베르크 그리고 바덴의 대공(the Grand Duke)은 전시에 자기들의 모든 병력을 프러시아의 왕의 처분에 두고

---

286) Henry Kissinger, *Diplomacy*, New York: Simon & Schuster, 1994, p. 117.
287) *Ibid.*

그들을 왕의 지휘 하에 두기로 약속했다. 비스마르크는 이 국가들의 영토의 일부를 합병하겠다고 위협함으로써 그들이 이 조약을 체결하게 만들었다. 이 동맹조약들은 나중에 나폴레옹에 대항하는 그의 투쟁에서 비스마르크가 사용할 무기였다. 그는 남부 독일의 국가들이 프랑스와의 전쟁의 경우에 그를 따르도록 확실히 해주었다. 그는 프랑스 황제가 자신을 위해 뭔가를 획득하려고 노력할 때 이 전쟁이 잠재적으로 임박하다고 간주했다.[288]

나폴레옹은 자신의 중재가 지속되는 한 어떤 것도 자신을 위해 요구할 수 없었다. 그러나 이 협상이 끝난 후에는 자신의 이익을 요구할 자유가 있다고 그는 생각했다. 그러므로 1866년 7월 23일 프랑스에게 1814년의 국경선들과 룩셈부르크를 제공하는 비밀협정에 찬성하는 지의 여부를 비스마르크에게 묻도록 베네데티 대사에게 지시했다. 베네데티 대사는 7월 26일 프러시아의 본부에서 비스마르크와 첫 대화를 가졌다. 비스마르크는 이 환영 못할 문제를 완벽한 기교로 처리했다. 그는 베네데티에게 가장 전망이 좋은 힌트를 주었지만 그는 이런 접근이 왕에게 줄 나쁜 인상에 대해 그에게 경고했다. 베네데티는 물러나서 프랑스 외상에게 "심지어 영토의 양보라는 대가를 지불하면서도 긴밀하고 항구적인 프랑스와의 동맹이 프러시아 정부에 이롭다고 이해하는 인물은 전 프러시아에서 비스마르크 오직 한 사람뿐"이라는 편지를 썼다. 이 편지는 1870년 전쟁 중에 비스마르크의 손에 들어왔다. 그가 이 문장을 읽었을 때 비스마르크는 너무나

---

288) Erich Eyck, *Bismarck and the German Empire,* New York: W. W. Norton, 1964, p. 136.

경악하여 그 편지의 가장자리에 "그가 실제로 그것을 믿었다. 그렇다면!"이라고 적었다.[289]

베네데티 대사의 이 보고서에 격려된 프랑스 외상 드루앵(Drouyn)은 대사로 하여금 비스마르크 앞에 그가 독일 영토의 과도한 양도를 요구하는 비밀동맹 조약안을 제시하게 했다. 비스마르크는 이 제안을 거절하기가 쉬웠다. 그것은 그와 베네데티가 베를린에 돌아온 8월 초였다. 비스마르크는 이 제안의 요점과 그의 거절이 프랑스의 야당 신문의 손에 들어가게 했다. 이 출판이 일으킨 소동은 프랑스 정부에게 고도로 손상을 입혔고 그래서 드루앵 외상은 사임해야만 했다. 이제 프랑스에서는 황제 다음으로 가장 강력한 인물인 루에르(Rouher)가 협상을 직접 맡았다. 그는 프러시아 동맹의 진지한 지지자였고 드루앵의 적대자였다. 그는 베네데티에게 가장 우호적인 형태로 협상하고 그리고 어떤 형태의 위협도 피하라고 지시했다. 그는 비스마르크 자신의 표현대로 프랑스어가 사용되는 벨기에와 룩셈부르크 외에 독일의 영토를 요구하지 않았다.

8월 중순에 베네데티는 비스마르크와 사적인 밀담을 가졌다. 이 대화의 결과를 그는 절대적 비밀로 유지하라는 지시를 받았기 때문에 자기 손으로 두 번이나 쓴 문건에 집어넣었다. 한 부는 루에르 외상에게 보내졌고 다른 한 부는 왕 앞에 그것을 제시하겠다고 약속한 비스마르크에게 주었다. 그리고 나서 베네데티는 베를린을 떠나 온천을 위해 칼스바트로 갔다. 그는 조약의 체결을 위해 비스마르크가 자기를 부르는 전보를 기대하고 있었다. 그러나 그는 전보를 결코 받지 못

---

289) *Ibid.*, p. 137.

했으며 그 문건이 그에게 돌아오지도 않았다. 그는 그것을 프랑스가 프러시아에 선전포고한 일주일 후인 1870년 7월 25일 영국의 <더 타임즈>(*The Times*)에서 보게 되었다.[290]

나폴레옹은 자기 조국을 막다른 골목으로 몰아넣었다. 너무 늦게 그는 자기 자신이 군사적 조치로 그리고 중립으로 독일에서 추방했던 오스트리아와 동맹을 시도했다. 그러나 오스트리아는 지위를 회복하는 일에 관심을 잃었고 빈과 부다페스트(Budapest)에 기초한 이중 군주제로서 제국의 재건에 우선 집중하기를 선호했다. 영국은 룩셈부르크와 벨기에에 대한 프랑스의 노림수에 의해서 멀어졌고 또 러시아는 나폴레옹이 폴란드에 대한 그의 행위를 결코 용서하지 않았다. 프랑스는 이제 완전히 홀로 역사적 유럽의 우월성의 몰락을 보살펴야 했다. 그것의 지위가 보다 더 희망이 없으면 그만큼 더 나폴레옹은 논을 잃을 때마다 자신이 건 돈을 배가하는 도박사처럼 어떤 빛나는 조치로 그것을 재탈환하려고 모색했다.[291] 비스마르크는 그의 눈앞에 영토적 획득의 전망, 즉 처음에는 벨기에 그리고 나서는 룩셈부루크의 미끼를 통해 오스트리아-프러시아 전쟁에서 중립을 조장했다. 이러한 전망은 그가 그것들을 채가려 할 때마다 사라졌다. 왜냐하면 나폴레옹은 보상이 자기에게 넘겨지길 원했고 반면에 비스마르크는 나폴레옹의 우유부단의 결실을 이미 수확하고 나서 그에게 모험을 할 이유가 없었기 때문이다.[292]

---

290) *Ibid.*
291) *Ibid.*, p. 118.
292) *Ibid.*

평화는 외국의 적뿐만 아니라 프러시아 의회와 인민들과도 이루어져야 만했다. 대중들의 감정은 참으로 상당한 변화를 겪었다. 그것은 1866년 7월 3일 총선에서 나타났다. 비스마르크는 전쟁에 착수하기 전에 의회를 해산했다. 선거는 쾨니히그래츠 전투와 같은 날 실시되었다. 선거는 투표 당시에 프러시아의 위대한 승리를 아직 알지 못했을 때였다. 그럼에도 불구하고 그들은 의심할 여지없이 전쟁의 분위기의 영향을 받았다. 그리하여 대규모의 선거권자들이 야당에서 여당인 보수주의자들로 돌아섰다. 보수주의자들은 과거 의원수의 3배가 되어 돌아왔다. 자유주의자 다수가 완전히 파괴된 것은 아니었지만 심각하게 약화되었다. 그럼에도 불구하고 진보당원인 폰 포르켄베크(von Forckenbeck)가 의장으로 선출되었다. 민족주의의 물결이 독일을 휩쓸었지만 비스마르크는 민족주의자가 아니었다. 그는 왕세자와 좋은 관계에 있었으며 왕세자는 그와 빈번히 협의했다. 비스마르크도 그를 알게 되었고 그를 신임했다.

새 의회가 관심을 가진 주된 문제는 그동안 정부의 헌법의 침해에 대한 면책권의 문제였다. 1866년 8월 14일 새 재무상인 아우구스트 폰 데어 하이트(August von der Heydt)가 하원의 예산위원회에 면책법안(the indemnity bill)을 제출하고 정부는 아무런 압박도 느끼지 않기 때문에 면책권과 새로운 신용의 선들의 요청이 함께 고려되어야 한다고 말했다. 정반대로 정부의 재정적 지위는 전적으로 긍정적이었기에 정부는 양보할 성향을 갖고 있지 않았다. 예산위원회는 두 개의 법안에 25 대 8로 찬성했다. 왜냐하면 정부에 신용을 인정하면서 면책권을 거부하는 것은 비논리적이라고 보였기 때문이다. 양원이 그 법안

을 통과시켰다. 그리고 왕은 1866년 9월 14일 그 면책법안에 서명했
다.293) 그동안 비스마르크의 헌법위반이 모두 면책된 것이다.

면책법안은 참으로 의회의 하원에 의해서 통과된 예산 지출의 불
가결한 토대이고 또 그리하여 최근 몇 년 동안의 지출도 뒤이은 투표
를 통해서 이 헌법적 토대를 획득해야만 한다는 것을 인정하는 것 이
상의 아무것도 아니었다. 그러나 미래에 동일한 절차의 반복에 대해
이 법안이 어떤 안전 장치를 제공해 줄 수 있었는가? 왕의 목소리를
듣는다면 전혀 그렇지 않았다. 그는 순진했다. 그러나 그는 의회의장
에게 만일 비슷한 조건이 다시 발생한다면 자기는 동일한 비헌법적
절차를 반복할 것이라고 말할 만큼 대범했다. 비스마르크와 의회의장
인 포르켄베크는 새로운 위기를 피하기 위해 이런 말들을 비공식화
하기로 합의했다.294)

면책법안에 대한 투표는 프러시아와 독일의 자유주의 역사에서 결
정적인 순간이었다. 모든 오해와 반대에도 불구하고 그 법안의 거부
는 불가능했다. 그러나 엄중한 반대가 있었다. 헌법을 위한 투쟁은 원
칙들을 위한 투쟁이었다. 법에 의해 통치되는 국가의 원칙이 달려 있
었다. 비스마르크가 막 수상이 되어 이런 투쟁이 시작할 때 유명한 법
률가인 그나이스트(Gneist) 교수가 비스마르크에게 굳건한 도덕적 및
법률적 질서에 대한 독일인들의 믿음을 국가들의 역사에서 최종적이

---

293) Erich Eyck, *Bismarck and the German Empire,* New York: W. W. Norton,
    1964, p. 140; Jonathan Steinberg, *Bismarck: A Life,* Oxford: Oxford University
    Press, 2011, p. 261.
294) Erich Eyck, *Bismarck and the German Empire,* New York: W. W. Norton,
    1964, p. 140.

고 결정적인 요인으로 존중하느냐고 물었었다. 그러나 이제 이 믿음은 기만적임이 입증되었다. 법의 옹호자들은 그들이 틀렸기 때문이 아니라 헌법을 위반했던 정부가 천재성으로 가득한 외교정책을 수행했고 더 나아가서 야당 의원들과 그들의 유권자에게 아주 환영을 받는 성공을 거두었기 때문에 패배했던 것이다. 그들은 언제나 프러시아의 리더십 하에 독일의 통일을 목표로 했다. 그들은 비스마르크의 리더십 하에서 이런 결과가 나온 것에 감사하지 않을 수 없었다.

승리는 군대에 의해서, 그들이 어떤 지점에서 반대했던 군대의 재조직에 의해서 달성된 것이었다. 의회에서 감정의 변화는 정부가 승리한 장군들에게 기부금을 주는 법안을 통과시켰을 때 보여주었다. 의회는 비스마르크가 수혜자의 첫 번째 대상이여야 한다고 고집했다. 그는 40만 탈러를 받았다. 그는 이 돈으로 다년간 그가 좋아하는 거주를 위해 포메라니아(Pomerania)에 있는 대규모 땅인 바르친(Varzin)을 구매했다. 1860년대까지 독일의 대중 신문들은 비스마르크를 오늘날 우리가 "매스컴의 인기스타"(a media personality)라고 하는 것으로 발전시키고 전환시켰다. 비스마르크의 사진들과 흉상들의 수천개가 팔렸다. 그는 하나의 상징이 되었다. 1886년 6월 7일 왕은 왕실의 자금에서 그에게 일종의 "상금"을 수여했었다.[295]

1866년 12월 비스마르크는 수 주 동안 휴가를 떠났다 그의 건강은 그동안 쌓인 긴장과 스트레스로 완전히 망가졌다. 수 주 동안 그는 정치에 관한 말을 단 한 마디도 듣거나 말할 수 없었다. 수 주 간의 완

295) Jonathan Steinberg, *Bismarck: A Life,* Oxford: Oxford University Press, 2011, p. 264.

전한 휴식이 그의 건강을 회복시켰다. 12월에 그는 베를린으로 돌아올 수 있었다. 그는 곧 북부 독일 국가연합의 헌법의 작성에 착수했다. 북부 독일 국가연합의 새 헌법을 논의해야 하는 일반 보통선거권에 의해 선출된 의회가 있었다. 이 선거들을 위해 마련된 법은 1866년 10월에 프러시아의 의회에 의해서 통과되었다. 많은 자유주의자들은 이 일반 보통선거권에 가장 덜 열성적이었다. 그들은 그것이 나폴레옹 3세 방식으로 사용되어 선거를 조작하고 또 정부에 유리한 다수를 창조하지 않을까 하고 두려워했다. 그러나 그들은 그것이 왕의 보수주의 정부에 의해서 제안되었을 때 민주주의적 일반 보통 선거권에 물론 반대할 수 없었다. 당연히 일반 보통선거권은 새 헌법이 구성하는 의회, 즉 북부 독일의회를 위한 일반 보통 선거권이었다. 그러므로 그것은 마치 이 헌법이 민주주의적 성격을 가질 것처럼 보였다. 그러나 이보다 비스마르크의 계획과 더 먼 것은 없었다. 만일 그가 새 의회에 민주적 일반 보통 선거권을 인정해야 한다면 그는 동시에 그것에서 모든 정치적 권한을 박탈하길 원했다. 그의 프로그램은 의회를 통해 의회주의를 죽이는 것이었다.[296]

개별국가연합 정부들 앞에 그가 내놓은 헌법의 초안은 그의 목적을 아주 뚜렷하게 보여주었다. 의회는 예산에 대해 투표할 권한을 갖지 못할 것이었다. 왜냐하면 비스마르크가 예산이 활기찬 의회의 손에서 무기가 되는 프러시아의 갈등에서 배웠기 때문이다. 북부 독일 국가연합의 거의 모든 지출은 군대에 당시에는 아직 미약한 해군을

---

296) Erich Eyck, *Bismarck and the German Empire,* New York: W. W. Norton, 1964, p. 143.

위한 것이었다. 비스마르크는 군사예산을 영원히 고정시킬 것을 제안했다. 그의 헌법안은 항구적 토대 위에서 매년 주민의 1%의 비율로 군복무에 소집되는 군인들의 수를 정했다. 그리고 매 군인에게 주어지는 급여도 고정액으로 정했다. 만일 이 제안이 법이 된다면 의회는 아무런 영향을 미치지 못한 채 매년 군예산을 승인할 수밖에 없게 될 것이었다. 사실상 행정부가 의회로부터 아주 독립적이 될 것이고 의회는 자신의 의지를 강제할 어떤 권한도 갖지 못할 것이었다. 그러나 이것조차도 비스마르크를 만족시키지 못했다. 그는 더 나아가길 원했다. 그는 책임 있는 내각의 수립을 피하길 원했다. 그리하면 의회는 그것이 정치적 행위에 대해 책임을 지울 어떤 기관도 갖지 않을 것이었다.[297]

이런 목적을 위해 비스마르크가 도입하길 원하는 것은 연방협의회(the Federal Council)였다. 그것은 최근에 폐지된 독일 국가연합의 의회의 유형에 입각해 계획된 것이었다. 그것은 역시 연방 국가들의 정부 대표들로 구성되었는데 그들은 자신의 신념에 따라서가 아니라 그들 정부의 지시에 따라 투표해야 했다. 정부의 투표들이 등급을 받는 척도조차도 오직 한 가지만 수정하고 구 의회에서 가져왔다. 즉, 추가된 것은 과거에 합병된 국가에 속했던 투표들이 이제 프러시아가 원래 지휘했던 국가들의 표에 합산되는 것이었다. 연방협의회가 새 국가연합의 정부를 대변하게 될 것이었는데, 연방협의회는 문을 닫고 비밀리에 심의하고 또 의회에 아무도 책임을 지지 않는 익명의 결정을 하는 기관으로 구상되었다. 그렇다. 협의회는 연방수상(a Bundeskanzler)에

---

297) *Ibid.*, p. 144.

의해서 주재되는데, 이 수상은, 각료가 아니고 책임을 지지도 않으며, 마치 대법관의 수장과 비슷한 것으로 연방협의회의 결정들을 옹호하고, 설명하고, 조장하기 위해 의회 앞에 나타날 필요도 없는 것이었다. 의회는 어떤 중요한 문제, 특히 경제적 문제에서 입법할 권한을 갖게 되는 것이다. 그러나 법이 되기 위해서는 의회에 의해 채택된 각 법안이 절대적 거부권을 가진 연방협의원회에 의해서 승인되어야 하는 것이다.[298]

이 초안의 목적은 분명했다. 즉 진실로 정치적 중요한 문제에서 프러시아의 왕을 가장 강력하게 하되, 그것을 분명하게 드러나지 않게 하는 것이었다. 연방협의회는 사실상 프러시아 왕을 그것의 뒤에 숨기기 위한 외관이었다. 그리고 연방협의회는 항상 프러시아의 왕이나 그의 강력한 수상인 비스마르크가 원하는 것을 할 것이었다. 만일 이 초안이 법이 된다면 독일에서 정치적 삶이란 끝나는 것이었다. 의회는 아무런 정치적 권한이 없는 하나의 토론 클럽이 되는 것이다. 그곳에서는 어떤 독립적 개인도 자신의 자리를 발견할 수 없게 되는 것이다. 그리하여 급진주의자들은 그 초안이 프러시아의 왕을 위해 창설하려고 추진하는 지위를 고대 로마 황제들이 장악했던 지위에 비교했다.[299]

비스마르크의 헌법초안이 상정되기 전에 의회의 구성에서 민족자유당(the National Liberal Party)이 캐스팅 보트(the casting vote)를 쥐고 있었다. 만일 그들이 비스마르크의 제안을 수정 없이 받아들인다

---

298) *Ibid.*
299) *Ibid.*, p. 145.

면 자유주의의 근간을 배신하게 될 것이었다. 독일 자유주의의 사상은 의회주의 정부였다. 그리고 만일 이것이 지배적인 조건에서 불가능하다면 민족자유당은 적어도 독일 의회에 충분한 권한과 효율성을 획득하여 그것이 어느 정도의 정치적 영향력을 발휘할 수 있게 할 의무를 가졌다. 오직 이런 방식으로만이 그들은 독일 인민들에게 새 독일 국가가 단순히 프러시아의 군사제도 이상의 것이라는 것을 보여줄 수 있었다. 만일 마인 강의 선을 넘어 확장하여 남부 독일의 형제들과 연결될 수 있는 희망이 있다면 북부 독일은 그들에게 프러시아의 군사주의 이상을 보여줄 수 있어야 했다. 프러시아의 군사주의는 남부 독일을 끌어들이지 않고 오히려 격퇴했다. 민족자유당은 결코 마인 강에서 멈추는 성향이 아니었다. 그들은 여행을 계속하기 위해서 그것을 엔진이 연료를 다시 채우고 물을 재공급해야 해서 예비적으로 멈추는 것으로 표현했다. 이것은 물론 비스마르크의 아이디어였다. 그는 이 주장의 설득력을 알고 있었다. 뿐만 아니라, 그는 국가연합 정부들과 협상에서 그들에게 자기의 길을 걷게 할 충분한 압력을 행사하기 위해서는 의회의 도움이 필요하다는 것을 알고 있었다.[300]

민족자유당원들과 비스마르크는 다 같이 중간지점에서 만나길 염원했다. 비록 자유주의자들이 받아낸 양보가 기대에는 크게 미치지 못했지만 비스마르크는 몇 가지 사항에서 양보했다. 그들은 하나의 책임 있는 각료 자리를 획득하는데 성공했다. 그들은 연방수상의 지위를 변경하여 국가연합회의 의장, 즉 프러시아의 왕의 모든 정치적 조치가 연방수상의 서명에 의존하게 만들었다. 이 서명으로 연방수상

---

300) *Ibid.*

이 그것에 대해 책임을 지게 되는 것이다. 그것은 연방 수상을 국가연합의 책임 있는 각료로 그리고 정부의 정치적 및 행정적 수반으로 만들었다. 이 제의의 결과는 비스마르크 자신이 연방수상이 되는 것이었다. 그리고 그것은 처음부터 그의 목적이 아니었다.[301] 나중에 북부 독일 국가연합이 독일제국으로 확장했을 때 연방수상은 제국수상(Reichkanzler, Imperial Chancellor)이라고 불리었다. 그리고 비스마르크가 역사에서 남은 것은 바로 이 제국의 수상으로서였다.[302]

의회가 자신의 중요성과 영향력을 증가시키는 데 성공한 약간의 다른 사항들이 있었는데 그것들은 예를 들면 의회의 연례소집을 내놓았다. 그러나 비스마르크는 의원들에게 봉급을 지불하는 문제에서는 어떤 양보도 하지 않았다. 그는 그들의 영향력 때문에 직업-의원(Berufs-Parlamentarier)을 증오했다. 가장 어려운 사항은 군사 예산이었다.[303] 이 문제는 왕세자가 최선을 다해 중재한 길고도 열띤 투쟁 후에 마침내 타협에 의해서 해결되었다. 최종적으로 포르켄베크에 의한 발의가 채택되었고 그것은 항구적 예산을 1871년 12월에 끝나는 기간으로 축소했다. 1872년 1월 후에 군복무에 소집되는 남자들의 수는 법으로 정해졌으며 그것은 의회의 합의를 포함시켰다. 그리하여 매년 예산의 원칙이 확보된 것처럼 보였다.

그러나 비스마르크는 이 타협을 다르게 해석했다. 거듭 반복해서 그는 의회로 하여금 처음에는 4년, 후에는 7년이라는 여러 해 동안

---

301) *Ibid.,* p. 146.
302) *Ibid.*
303) *Ibid.*

군복무에 소집되는 남자들의 수를 정하게 했다. 한 번 이상 이 정책은 위기를 야기했다. 그리고 마침내 1887년 의회의 해산을 가져왔다. 그러나 매번 비스마르크가 자신의 뜻을 관철시켰다.[304] 대체로 의회 수정안들은 진보적 효과를 가져왔다. 결과는 분명히 의회주의 정부는 아니었지만 비스마르크가 처음에 강요하기를 원했던 베일에 쌓인 절대주의 보다는 나은 어떤 것이었다. 헌법에 관한 토론 중에 행한 그의 연설에서 비스마르크는 유명한 말을 했다: "독일을 안장에 태웁시다. 그러면 독일은 타는 법을 배울 것이다."[305]

만일 비스마르크의 첫 계획들이 실시되었다면 독일은 "탈" 수 없었을 것이다. 헌법의 자유주의적 수정안들이 그것을 작동하게 만들었고 또 독일로 하여금 타게 했다. 그러나 물론 비스마르크가 수상으로 있는 한 그가 고삐를 쥐었고 말은 그의 바람에 복종해야만 했다. 헌법에 대한 토론 중 그의 또 다른 연설에서 비스마르크는 일반 보통 선거권에 관해서 말했다. 이 연설은 특히 3계급의 선거권에 관한 그의 노골적인 비판의 설명에 관해서 유명했다. 그는 그것을 어떤 나라에서나 가장 기이하고 또 비참한 선거권이라 불렀다. 그러나 프러시아에서 이 기이하고 또 비참한 선거권을 제거하거나 적어도 개혁하기 위해 그가 무엇을 했던가? 그는 아무 일도 하지 않았다. 그는 프러시아 의회를 위한 선거권을 보편적 선거권에 의해서 대치하는 것은 물론이고 어떤 식으로도 결코 선거권을 개혁하지 않았다. 그는 선거들이 언제나 그에게 3계급 선거권에도 불구하고 자기의 소망에 잘 적응

---

304) *Ibid.,*
305) *Ibid.,* pp. 146-147.

된 의회를 가져다주는 것을 발견했다. 그것이 선거권에 대한 자기의 판단에 따른 것이든 아니든 간에 그에게는 유일하게 중요한 것이었다. 일반 선거권에 의한 독일 의회의 선거와 그리고 3계급 선거권에 의한 프러시아의 의회에 대한 선거가 아주 다른 결과를 가져온다면 그에게는 그만큼 더 좋았다. 왜냐하면 이런 경우에 그는 서로간 싸움에 의존할 수 있었기 때문이다.[306]

비록 민족자유당원들이 그들의 모든 중대 사항들을 관철시키지는 못했지만 북부 독일 국가연합의 헌법을 위해 투표했을 때 그들은 시간이 지나면서 헌법을 발전시키고 개혁할 기회를 갖게 될 것이라고 희망했다. 그러나 거기에서 그들은 비스마르크의 완고한 저항에 부딪쳤다. 논쟁에서 한 가지 사항은 연방 수상 외에 국가연합에 책임을 지는 다른 각료들의 제도에 관한 것이었다. 비스마르크조차도 독일 정책과 행정의 모든 부서를 운영한다는 것은 물론 장기적으로 불가능했다. 자유주의자들이 특별히 원했던 것은 책임 있는 재무상이었다. 그러나 비스마르크의 반대는 단호했다. 어떤 경우에도 그는 프러시아에서 기존에 존재했고 또 계속 존속해갈 것으로 수상이 주재하는 폭넓고 조정된 각료들로 구성되는 동료 각료의 지위에 결코 동의할 생각이 없었다. 어떤 경우에도 그는 자기 권한의 일부라도 포기하려 하지 않았다.

루돌프 델브뤼크(Rudolf Delbrueck)에게서 경제문제들을 위한 탁월한 협력자를 실제로 발견했다. 그 후 경제적 문제와 경제적 입법은 특별히 중요했다. 왜냐하면 새 북부 독일을 위한 하나의 통일된 법률 규

---

306) *Ibid.*, p. 147.

정이, 예를 들어, 공동무역과 공장법, 공동의 무게와 측정, 그라고 공통의 화폐 등등에서처럼, 상이한 국가들의 개별적인 법들을 종식시키기 위해 창조되어야만 했다. 이 모든 프로젝트들을 위해 델브뤼크는 가능한 최선의 인물이었다. 그는 그것들에 관해서 모든 것을 알고 있었고, 또 지칠 줄 모르게 일했다. 비스마르크는 별로 간섭 없이 이 모든 문제에서 거의 완전한 자율권을 그에게 주었다. 비스마르크는 자기가 그를 신임할 수 있을 것임을 알고 있었다. 그럼에도 불구하고 델브뤼크는 북부 국가연합의 연방정부 각료가 아니었다. 그는 수상의 부하라는 자리에 만족해야만 했다.[307]

프라하 평화조약은 마인 강 남쪽에 있는 국가들의 조직인 남부 독일국가연합(a South German Confederation)을 규정했다. 그러나 이것은 바바리아에 대항하는 다른 국가들의 질투심으로 결코 성공의 기회를 갖지 못했다. 그들은 결코 바바리아의 리더십에 복종할 준비가 되어 있지 않았다. 게다가, 개별 국가들이 비밀 동맹조약으로 인해서 자기들의 병력을 프러시아의 왕의 처분 하에 둔 뒤에 이런 성격의 국가연합이 무엇을 할 수 있겠는가? 오스트리아는 프라하 조약에 따라 남부 독일을 자국의 영향권으로 간주했다. 그러나 오스트리아에서 아주 흥미로운 사태가 발생했다. 프란츠 요제프 황제가 작센의 보이스트(Beust)를 자기의 외무상으로 임명했던 것이다. 그의 임명은 독일에서 오스트리아의 복수 프로그램의 선포로 간주되었다. 만일 오스트리아의 황제가 자기의 외교정책을 독일정치에서 항상 비스마르크의 적대자였던 인물에게 맡긴다면 그것은 그가 1866년 프라하에서 결정을

---

307) *Ibid.*, p. 148.

최종적으로 간주하지 않고 국제적 상황이 이런 종류의 시도를 위해 유리하게 되면 언제나 그것을 뒤집으려 노력할 것이라는 것이 거의 확실했다. 비스마르크는 그 임명이 마음에 들지 않았지만 그럼에도 불구하고 그가 조금도 반대하지 않는다고 오스트리아 대사에게 말했다. 실제로 보이스트 외상의 일거수일투족은 비스마르크의 의심을 사지 않을 수 없었다.[308] 그러나 비스마르크는 먼저 프랑스의 나폴레옹 황제와 갈등에 들어갔다.

프러시아, 벨기에, 그리고 프랑스 사이에 위치한 룩셈부르크 대공국은 독일 국가연합의 일원이었다. 룩셈부르크의 대공은 홀란드 (Holland)의 왕이었다. 그 나라의 수도인 룩셈부르크 시는 프러시아의 병력으로 구성된 경비군이 있는 독일 국가연합의 요새였다. 룩셈부르크와 독일 사이의 연계는 오직 외향적인 것이었다. 주민들은 자기들을 독일인이라고 간주하지 않았다. 1866년 6월 10일, 즉 전쟁 전에 새 독일 국가연합의 의회에 대한 제안에서 비스마르크는 명시적으로 새 국가연합에서 룩셈부르크를 배제했다. 룩셈부르크에 있는 프러시아의 경비군은 독일 국가연합의 해산을 통해 그것의 정당성을 상실했다. 그럼에도 불구하고 프러시아의 병력은 계속해서 그 요새를 경비했다.[309]

이제, 나폴레옹은 프랑스 인민들에게 그가 뭔가 실질적인 것을 획득했다는 것을 보여주기 위해서 룩셈부르크를 획득하길 원했다. 그는 그곳을 기꺼이 구매할 생각이었고 그리고 현금을 원했던 홀란드의 왕

---

308) Erich Eyck, *Bismarck and the German Empire,* New York: W. W. Norton, 1964, p. 153.
309) *Ibid.,* p. 154.

은 이 대공국을 기꺼이 팔 생각이었다. 문제는 비스마르크가 어떻게 나올 것인가였다. 베네데티와 그의 모든 대화에서 나폴레옹에 의한 룩셈부르크의 획득이 큰 역할을 했고, 그리고 비스마르크도 아주 회의적인 견해를 피력했다. 베네데티는 황제의 길에 비스마르크가 별다른 장애물을 놓지 않으리라고 확신했다. 나폴레옹은 룩셈부르크의 획득에서 프러시아의 도움을 그가 아직도 포기하지 않은 아이디어인 프러시아의 우정의 표현으로 간주했다. 이 아이디어들은 실제로 비스마르크의 마음에서도 멀리 있지 않았다. 1866년 12월 휴가에서 돌아온 비스마르크는 그 자신이 프러시아 프랑스 동맹의 따뜻한 친구인 폰 데어 골츠(von der Goltz) 대사에게 자기 행정부가 출범한 이래 이 동맹을 양국간 이해의 지속적인 조화의 자연스러운 표현으로 간주한다고 말했다.[310]

이 모든 호의적인 후원에도 불구하고 거래는 실패했고, 또 두 국가들을 전쟁의 직전으로 몰고 갔다. 비스마르크는 룩셈부르크를 나폴레옹에게 양도하는 것을 찬성했지만 그의 편의를 입증할 수 있는 어떤 방식으로든 그 자신이 서면으로 공약할 준비가 되어 있지는 않았다. 그는 자신에게 기정사실(fait accompli)로 제시하라고 황제에게 권유했다. 그러나 홀란드의 왕은 룩셈부르크를 기꺼이 팔고 싶지만 어떤 환경에서도 비스마르크의 분노를 일으키고 싶지 않았다. 소국들은 지금까지 비스마르크의 적대감이 얼마나 위험한가를 알고 있었다. 따라서 홀란드의 왕은 독일의 민족적 감정이 흥분되고 있다는 사실의 관점에서 주의가 더욱 더 필요하다고 느꼈다.[311]

---

310) *Ibid.*

두 사건들이 특히 위협적이었다. 1867년 3월 중순에 비스마르크는 남부 독일 국가들과 비밀군사협정을 발표했다. 그 발표는 룩셈부르크 문제로 전쟁이 발생할 경우에 프랑스는 단결된 독일을 다루어야 할 것이라고 프랑스에 대한 경고로 이해되었다. 또 하나의 사건은 민족자유당의 지도자인 폰 베니히센(von Bennigsen)이 1867년 4월 1일에 의회에서 행한 설명을 요구하는 질문(interpellation)이었다. 비스마르크는 비밀리에 베니히센과 그 설명을 요구하는 질문의 텍스트를 조정했었다. 그것은 옛 독일 국가를 조국으로부터 찢어내려는 어떠한 시도에도 독일 인민의 단결된 민족적 반대를 선포했다. 그리고 그것은 어떤 모험에도 룩셈부르크를 영원히 경비할 프러시아의 권리를 확보하라고 정부에게 요구했다. 이 질문에 대한 비스마르크의 답변은 다소 조심스러웠지만 홀란드의 왕이 비스마르크의 사전 승인 없이는 어떤 조치도 취하려 하지 않은 것은 놀라운 일이 아니었다. 비스마르크는 바로 승인을 거부했을 뿐만 아니라 이 문제를 잘못 다루었다고 프랑스 정부를 비난했다.[312]

나폴레옹은 깊게 모욕을 느꼈다. 그에게 그가 좋아하는 아이디어들 중 하나가 끝나버렸다. 골츠 프러시아 대사와의 대화에서 나폴레옹은 프랑스와 프러시아를 카페에서 서로 다투다가 서로가 진심으로 사랑하지만 결투를 할 수밖에 없는 두 좋은 친구에 비유했다. 라인(Rhine) 강의 양측에서 민족적 감정은 아주 높았다. 룩셈부르크 같은 그렇게 작은 국가에 대해 두 강대국들 사이에 전쟁의 아이디어는 기

---

311) *Ibid.*
312) *Ibid.*, p. 155.

이하기만 했고, 프러시아의 경비권리는 후손의 건전한 판단에 맡겨야 했음에도 불구하고 한동안 전쟁이 임박해 보였다. 비스마르크 자신은 며칠 동안 전쟁의 아이디어에 반대하지 않았다. 그는 이 문제를 독일의 국가적 명예의 문제로 취급했고, 그리고 다른 독일의 궁정에 있는 프러시아의 외교관저의 회람의 각서를 통해 과도하고 또 위험스러운 교리를 선포했다:

> "만일 국가가 자신의 명예가 침해되었다고 느낀다면 그리고 나서 이 명예가 실제로 침해되었다면 그에 따른 조치가 취해져야 것이다."313)

그러나 비스마르크는 이런 사나운 언어에도 불구하고 아주 조심스럽게 행동했다. 그는 그가 후퇴할 수 있는 조치를 결코 취하지 않았다. 결국 런던에서 개최된 국제회의에서 조정된 타협에 의해서 전쟁을 피했다: 나폴레옹은 룩셈부르크 대공국의 획득을 포기했고 프러시아는 파괴된 요새인 룩셈부르크에서 경비군의 주둔을 포기했다. 룩셈부르크 대공국은 서명한 강대국들의 집단적 보장 하에서 중립화 되었다. 이 보장은 실제로는 무가치했다. 왜냐하면 영국의 수상인 더비 경(Lord Derby)과 그의 아들인 스탠리(Stanley) 외무상이 영국의회에서 어떤 일개의 보장국도 모든 다른 국가들이 비슷하게 행동하지 않는 한 그에 따라 군사적 조치의 의무를 지지 않는다고 선언해 버렸기 때문이다. 비스마르크는 이런 해석에 대해 그들을 예리하게 책망했다. 그러나 그는 사전에 영국이 오직 이렇게 아주 제한된 의미에서만 보

---

313) *Ibid.*에서 재인용.

장을 수용했다는 것을 알고 있었고, 또한 그 문제를 끝내기 위해서 그 것을 수락했다고 믿을 만한 이유가 있었다.[314] 당연히 그 보장이 의 도된 경우로 프랑스의 공격은 결코 발생하지 않았다. 자기의 보장에 도 불구하고 독일은 1914년 제1차 세계대전이 발생했을 때 룩셈부르 크의 점령을 주저하지 않았다.

룩셈부르크 문제는 양측의 양보로 타결되었다. 후년에 비스마르크 는 예방전쟁이 싫어서 전쟁을 피했다고 주장했지만 그의 평화적 해결 의 선택은 남부 독일 국가들이 전쟁에 대한 준비가 되어 있지 않았고 또 전쟁에 열성적이지도 않았던 사실에 의해서 그에 못지않게 영향을 받은 것으로 보였다. 더 나아가서 나폴레옹에 대항하는 유럽의 연립 을 가져오려는 시도가 실패했다. 이 모둔 문제는 2가지 방식으로 중 요하고 현저했다. 그것은 비스마르크의 정책에서 그리고 프랑스와 프 러시아의 관계에서 새로운 장을 열었다. 만일 비스마르크가 초기에 정직하게 나폴레옹의 소망을 들어줄 의도가 있었다고 가정한다 해도 그는 그 사이에 이 정책이 독일의 민족주의적 감정의 반대로 인해 불 가능하다는 것을 발견했다. 그 때까지 그는 대중의 의견을 고려하지 않고 또 프러시아의 권력정치의 이익에 의해서만 지도되던 비밀정책 을 수행했다. 그러나 이제 그는 여론이 더 이상 무시될 수 없다는 것 을 알고 있었다. 참으로 비스마르크는 독일 인민의 민족적 감정이 자 기 손에 있는 가장 강력한 무기라는 것을 발견했다. 이제부터는 그의 공개적 언급을 이 아이디어의 노선에 맞추었다. 그는 독일의 민족적 대의의 챔피언으로 말하고 행동했다. 룩셈부르크 문제는 프러시아인

---

314) *Ibid.*, p. 156.

으로부터 독일 정치가로 비스마르크가 발전하는데 전환점이었다.[315)]

비슷하게도 그것은 프러시아와 프랑스 사이의 관계에서도 전환점이었다. 나폴레옹은 이제 1866년에 오스트리아가 했던 동일한 경험을 하게 되었다. 그는 전쟁을 준비했고 또 위기 중 오스트리아와 같은 동일한 딜레마를 직면했다. 즉 성급한 준비로 전쟁을 유발했다는 비난을 감수하거나 공격받고 패배할 때까지 기다릴 것인가의 딜레마였다. 이 경험에서 그는 가장 짧은 통지로 자기의 군대를 동원할 수 있도록 가능한 한 빨리 자기 군의 조직을 개혁해야 한다는 결론에 도달했다. 이 재조직은 다음 수년 동안에 전쟁상 닐(Niel) 원수의 지시하에 강력한 반대에도 불구하고 수행되었다. 닐은 1870년 전쟁의 발발 직전에 사망했다. 그리하여 유럽 대륙의 국가들이 증가하는 무장에 의해 전쟁을 준비하고 그리고 모든 국가들이 상대방을 앞서가려고 노력하는 무장된 평화(the armed peace)의 시기가 시작되었다.[316)]

지금부터는 신경을 곤두세우는 불안감이 유럽을 지배하기 시작했다. 평화유지에 어떤 믿음도 더 이상 존재하지 않았다. 모든 유럽의 정치가들은 다소간 모든 다른 정치가들을 의심했다. 작은 사건들이 가장 위협적인 차원을 가정하는 것 같았다. 이러한 감정의 한 예로서 1869년 봄에 유럽의 평화를 방해한 벨기에의 철도문제가 지적될 수 있을 것이다. 벨기에는 이 당시에 자본주의적 자유기업의 전형이었다. 맨체스터 원칙(the Manchester Doctrine)이 지배하는 복음이었다. 철도는 개인회사의 손에 있었으며 국가는 가능한 한 간섭하지 않았다. 프

---

315) *Ibid.*
316) Erich Eyck, *Bismarck and the German Empire,* New York: W. W. Norton, 1964, p. 157.

랑스 국경선을 브뤼셀(Brussels)과 연결하는 가장 중요한 철도 가운데 하나가 재정적 어려움에 빠졌고 그래서 프랑스의 큰 회사에게 관리를 제안했다. 벨기에 정부는 프랑스 회사가 자국의 수도에 봉사하는 철도 노선의 관리를 맡게 할 수 없다고 느꼈다. 그러므로 그것은 서둘러 이런 유형의 조정을 미래에 뿐만 아니라 이미 체결된 조정도 소급해서 막는 권한을 정부에 주는 의회의 입법 조치를 취했다.[317]

벨기에 정부가 이 권한을 벨기에 철도와 프랑스의 큰 회사간의 새 합의에 적용하려는 조치를 취하자 프랑스 회사가 자국의 정부에게 보호를 요구했다. 프랑스 정부는 이 간섭을 비우호적인 처사로 간주하고 브뤼셀에서 항의했다. 그 결과는 유럽에서 일반적인 흥분이었다. 왜냐하면 프랑스의 절차가 프랑스에 의한 벨기에 합병의 시작으로 의심을 받았기 때문이었다. 이 흥분의 중심지는 영국이었다. 벨기에 왕실과 빅토리아 여왕과의 관계가 아주 밀접했고 또 그녀는 스스로 나폴레옹 황제의 사악한 야심에 대항하여 그것을 보호할 의무가 있다고 생각했다. 외상인 클래런던 경(Lord Clarendon)은 이 문제를 왕조적 관점에서 보려고 하지 않았다. 그는 1868년 총선에서 디즈레일리에 대해 큰 승리를 거둔 뒤에 글래드스턴(Gladstone)에 의해서 임명되었다. 대륙을 아주 잘 알고 있던 클래런던은 영국 외교 정책의 오랜 전통의 계승자였다. 그리하여 그에게는 북해연안의 저지대 국가들이 어떤 유럽의 강대국의 개입도 허용될 수 없는 특별한 영국의 영향권이었다. 그러므로 그는 프랑스 황제에 대해 온갖 의심을 했다. 다른 한편, 나폴레옹과 그의 정부는 벨기에 정부가 비스마르크의 사주를 받

---

317) *Ibid.*

아 행동하는 것으로 믿었다.[318]

그러나 비스마르크가 벨기에 정부의 행동과 무관하다는 것은 거의 확실했다. 클래런던은 런던에서 프랑스 대사에게 비스마르크가 벨기에의 완고함과 무관하다는 말에 자기의 명예를 걸었을 때 완벽하게 옳았다. 런던에서 프러시아의 대사인 베른스토르프 백작이 영국의 글래드스턴 수상과 클래런던 외상에게 프랑스에 대해 어떤 조치를 취할 것인지를 물었다. 비스마르크는 그에게 이런 질문을 하지 말라고 명령했다. 비스마르크는 클래런던이 프랑스와의 갈등의 경우에 영국이 북부 독일 국가연합에서 무슨 도움을 기대할 수 있을지를 물음으로써 답변할 것을 두려워했다. 비스마르크는 이 질문을 마주하고 싶지 않았다. 왜냐하면 그는 벨기에 문제를 영국 정치가들과는 아주 다른 방식으로 보았기 때문이다. 그는 벨기에의 독립에 조금도 관심이 없었다. 그는 룩셈부르크 문제 이후에도 벨기에를 체스판의 졸로 간주했다. 이것은 1868년 3월에 황제의 사촌인 나폴레옹 공작과의 대화에서 아주 분명히 드러났다. 비스마르크는 프랑스에게 북부 독일 연합국가가 남부 독일로 확장하는 데 대한 보상으로 벨기에의 합병을 추천했다. 공작이 영국이 개입할 것이므로 반대했을 때 비스마르크는 경멸스럽게 대답했다:

"나에게 영국은 무엇인가? 국가의 중요성은 그것이 전투장에 투입할 병사들의 수에 의해서 측정된다. 만일 우리가 합의한다면 영국이 무엇을 할 수 있겠나? 강자에 의해 먹어 치워지는 것이 약자의 운명이다."[319]

---

318) *Ibid.*, p. 158.

벨기에의 철도 문제가 다뤄지는 동안에 비스마르크는 베를린에서 영국 대사인 로프터스 경(Lord Loftus)에게 동일한 논조로 말했다. 그는 프랑스의 벨기에 병합에 체념할 수 있다고 말했다. 그는 바바리아, 보헤미아, 그리고 네델란드를 언급하면서 어디에서 보상을 발견할 지를 알고 있을 것이다. 그리고 비스마르크는 그에게 영국이 프랑스에 대항하여 자기에게 합류해야 한다고 말했다. 만일 영국이 유럽의 평화를 의도적으로 깨는 국가는 누구든 영국에 의해 공동의 적으로 간주될 것이라고 선언하기만 한다면, 프러시아는 곧바로 그 선언에 따르고 또 영국에 합류할 것이라고 말했다. 클래런던 경이 로프터스 대사의 이 보고서를 수상에게 보냈을 때 그는 비스마르크의 방식을 알수가 없어 영국은 그에게 결코 의지할 수 없다고 썼다. 비스마르크의 목표는 영국을 프랑스로부터 분리하는 것이라고 느꼈다. 그러나 클래런던은 어떤 환경에서도 이것을 피할 결심이었다. 프랑스와 벨기에 사이의 말썽은 평화적으로 타결되었다. 이 타결 후에 비스마르크는 1869년 6월 7일 자기의 대사인 베른스토르프 백작에게 쓴 각서에서 나폴레옹이 일을 잘못 관리했다고 썼다. 올바른 방법은 벨기에로 행군하여 다른 강대국들이 벨기에를 위해서 나서서 조약의 위반에 대해 프랑스를 공격할 것인지를 기다리는 것이었다고 말했다.[320] 이것이 비스마르크의 1914년 소인배 후임자들이 따랐던 정책 처방이었다. 그리고 그 결과가 재앙이었다는 것은 잘 알려져 있다.

---

319) Erich Eyck, *Bismarck and the German Empire,* New York: W. W. Norton, 1964, p. 159.에서 재인용.
320) Erich Eyck, *Bismarck and the German Empire,* New York: W. W. Norton, 1964, p. 160.

룩셈부르크 사건 후에 나폴레옹은 프러시아와 동맹에 대한 자기의 희망을 완전히 포기하고 다른 동맹을 구할 수밖에 없었다. 1866년 12월만 해도 프랑스와 동맹이 양국의 지속적 합의와 이익의 자연스러운 표현이라고 불렸던 비스마르크도 이제는 프랑스를 그가 감시해야 할 의심스러운 이웃이라고 불렀다. 그때 이후 줄곧 그는 프랑스에 대한 피할 수 없는 전쟁에 관해서 말했다.[321] 나폴레옹이 다가오는 프러시아와 투쟁을 위해 동맹을 찾아 둘러보았을 때 그의 눈은 프러시아에 의해서 패배한 오스트리아로 자연스럽게 멈추었다. 프랑스와 오스트리아 양국은 하나의 공통된 이익을 갖고 있었다. 그것은 프러시아가 그것의 지배를 마인 강을 넘어 남부 독일 국가들로 확장하는 것을 허용하지 않는 것이었다. 바꾸어 말한다면 그들의 공동목표는 프라하 조약에 입각한 평화였다. 오스트리아의 지도적 정치가인 보이스트 외상은 이 정책을 목적으로 하는 프랑스 동맹을 찬성하는 것으로 가정될 수 있었다.

나폴레옹과 보이스트 사이에 협상이 1868년 7월에 시작하여 1869년 10월까지 계속되었다. 1868년 12월에 제3의 파트너인 이탈리아 왕국의 빅토르 에마누엘이 협상에 합류했다. 이 협상에서 가장 중요한 것은 이 협상의 목표가 공세적 동맹, 다시 말해서 힘의 균형을 바로잡고 오스트리아의 패배에 대한 복수를 하기 위해 프러시아와 북부 독일 국가연합에 대한 공동의 공격을 위한 동맹인지의 여부였다. 이 질문은 치명적이다. 왜냐하면 1870년 비스마르크의 정책이 판단되어야 하는 것은 바로 그것에 대한 답변의 관점에 있기 때문이다. 나폴레

---

321) *Ibid.*

옹이 형성 과정에 있는 침략적 제휴를 파괴하기 위해서 그는 프랑스에 대한 전쟁을 할 수밖에 없었던 것일까?

협상의 모든 단계에서 침략적인 프랑스의 동맹국으로 전쟁에 오스트리아를 관련시켰을 모든 의무를 거부한 것은 보이스트 외상이었다. 그는 어떤 환경에서도 프랑스가 독일과의 전쟁으로 유인할 동맹의 파트너가 되길 원하지 않았다. 이 모든 길고 복잡한 거래의 결과는 공식적 동맹이 아니라 나폴레옹 황제와 프란츠 요제프 사이에 개인적 편지의 교환에 그치고 말았다. 나폴레옹의 편지에서 결정적인 문장은 다음과 같다:

> "만일 폐하의 제국이 공격을 받는다면 나는 프랑스의 모든 힘을 다하여 당신을 돕기 위해 오는데 일순간도 주저하지 않을 것이다. 더 나아가서 나는 사전에 당신과 먼저 합의에 도달함이 없이 어떤 외국과도 협상하지 않을 것임을 내가 보장한다."[322]

프란츠 요제프의 편지는 그렇게 멀리 나아가지 않았다. 보이스트의 말을 믿는다면 그것은 공격의 경우에 프랑스를 돕는다는 약속을 내포하지 않았다. 어떤 환경에서도 그런 무조건 약속은 없었다. 더구나 프랑스가 침략자가 될 전쟁에서는 확실히 그런 무조건적 약속은 없었다. 실제로 1870년 전쟁이 발발했을 때 나폴레옹은 오스트리아에게서 아무런 도움을 받지 못했다. 이탈리아의 왕은 이런 종류의 편지를 받거나 쓰지 않았다. 프랑스와 이탈리아는 로마의 해결될 수 없는 문제에 의해 사이가 벌어져 있었다. 나폴레옹은 1864년 9월의 조약에

---

322) *Ibid.*, p. 161.에서 재인용.

따라 1866년 자기의 병력을 철수했었다. 그러나 1867년 여름에 가리발디(Garibaldi)가 자기 군대를 이끌고 교황국(the Papal State)을 공격했고 나폴레옹은 자기 병력을 파견했다. 이들은 1867년 1월 3일 멘타나(Mentana)에서 가리발디를 패배시켰다. 그때 이래 나폴레옹은 로마의 프랑스 점령을 종식시킬 어떤 방법도 발견하지 않았다. 이탈리아는 로마의 철수를 제시하지 않는 나폴레옹과의 어떤 조약도 체결하길 거부했다. 나폴레옹은 이것을 혼자서 할 수 없다는 것을 알았다.[323]

로마의 문제는 프랑스-프러시아 전쟁이 시작했을 때에도 여전히 해결되지 않았다. 그리고 최고로 위험한 순간에서도 나폴레옹은 교황을 포기함으로써 이탈리아의 군사적 도움을 살 수 없었다. 그럼에도 불구하고 몇 주 후에 나폴레옹은 프랑스에서 그들이 긴급하게 필요했기 때문에 자기의 병력을 철수해야만 했다. 그리고 교황의 세속적 권한은 프랑스 황제가 몰락한지 오직 몇 주 후에 끝이 났다. 그리하여 이 모든 길게 늘어진 협상의 결과는 아주 미미했다. 그것은 분명히 프러시아를 위협할 그런 성격의 것이 아니었다. 프라하 조약의 유지라는 문제가 남았지만 그것은 독일통일의 문제와 동일한 것이었다. 마인 강의 선을 넘어가는 길은 두 가지가 있었다. 하나는 남부 국가들과 합의나 그것들의 의지에 반하여 그들의 굴복에 의해서였다. 또 하나의 길은 실질적으로 불가능했다. 그것은 남부 국가들이 자발적으로 북부 국가 연합에 합류하는 것이었다. 그러나 당시에 특히 바바리아와 뷔르템베르크에서 주민들의 감정은 결정적으로 반-프러시아적이었

---

323) Erich Eyck, *Bismarck and the German Empire*, New York: W. W. Norton, 1964, p. 162.

다. 이런 이유로 인해서 라인강의 선을 넘는 것은 1870년 봄에 일어나지 않았다.[324]

고려해야 할 또 하나의 요인은 독일의 통일에 대한 프랑스의 무장된 반대의 위험이 나폴레옹 제국 안에서 내부적 사태 발전으로 인해 멀어졌다는 점이었다. 절대주의에서 자유주의로 경이적인 전환이 있었다. 이 변화를 가져온 인물은 1870년 1월 2일 황제가 자기의 수상으로 임명한 에밀 올리비에(Emile Ollivier) 의원이었다. 그의 아이디어는 나폴레옹 제국과 자유주의의 화해였고 또 황제의 개인 정권을 자유주의적이고 의회주의적 제도들로 대체하는 것이었다. 이 새로운 자유주의적 제도들은 1870년 5월 8일의 국민투표에서 프랑스인들의 압도적 다수에 의해서 승인되었다. 올리비에는 평화의 진지한 친구였을 뿐만 아니라 그는 1866년 이래 만일 독일민족이 통일에 대해 결정하면 어떤 외국도 독일민족의 길을 방해할 권리가 없다는 의견을 꾸준히 표명했다. 그는 독일 내부 문제에 프랑스의 개입의 선언된 반대자였다. 수상이 된 후에 올리비에는 그런 견해를 포기하지 않았다는 것을 분명히 하려고 애를 썼다.[325]

이런 와중에 영국의 클래런던 경은 1870년 봄에 유럽의 군비축소를 추진했다. 그는 배후로 남아 있기를 원하는 프랑스 정부의 사주를 받아 행동했다. 그는 비스마르크에게 몇 번의 개인적 편지를 보내 군비축소의 아이디어를 촉구했다. 그러나 아무런 결과가 없었다. 어떤 것도 비스마르크의 마음속에서 군비축소보다 더 먼 것은 없었다. 비

---

324) *Ibid.*
325) *Ibid.*, p. 163.

스마르크는 군비축소를 "혼란된 인도주의적 아이디어"라고 불렀다.[326] 세계가 오직 수개월 후에 알게 되겠지만 그의 머릿속에는 전혀 다른 아이디어들이 성숙하고 있었다.

---

326) *Ibid.*

제9장
민족통일과 독일제국으로 가는 길 Ⅲ:
프랑스-프러시아 전쟁(the Franco-Prussian War)

"인간은 사건들의 흐름을 통제할 수 없다.
그는 오직 그것들과 함께 흘러가면서 조정할 수 있을 뿐이다."
-오토 폰 비스마르크-

　　1868년 스페인에서 여왕 이사벨라(Queen Isabella)를 나라에서 몰아낸 혁명으로 스페인 왕위가 공석이 되었다. 프림(Prim) 장군이 이끄는 스페인의 국회(the Cortes)는 민주적이지만 군주주의의 헌법을 제정했다. 그러나 빈 왕위를 채울 군주가 없었다. 그래서 프림 장군은 다소 고난의 스페인 왕관을 쓸 수 있고 또 기꺼이 쓸 로마식 가톨릭 군주를 찾고 있었다. 프림 장군이 찬성하지 않은 군주들이 있거나 아니면 그들에게 제안된 왕관을 거절한 군주들도 있었다. 소수의 스페인 인사들은 호엔촐레른-지그마링겐(Hohenzollern-Sigmaringen)의 세습 공작인 레오폴트(Leopold)를 선호했다. 레오폴트는 칼 안톤(Charles Anton) 공작의 아들이었다. 그는 프러시아의 왕을 위해 호엔촐레른-지그마링겐의 작은 왕국의 주권을 사임했을 때 프러시아 왕족의 일원이 되었다.

그리하여 프러시아 왕은 한 군주제의 군림하는 가족의 가장에 속하는 모든 권리와 의무를 가진 가장이 되었다. "왕조적 법"(the Dynastic Laws)은 가족의 이 분가와 모든 일원들에게 구속력이 있었다. 주된 요점은 어느 일원도 가장, 즉 프러시아 왕의 명시적 허락 없이는 왕위를 수락할 수 없었다. 뿐만 아니라 칼 안톤 공작은 프러시아의 장군이었고 그의 아들들은 프러시아 군의 장교들이었다. 호엔촐레른 왕가의 지그마링겐 분가는 청교도인 왕실과는 달리 로마식 가톨릭이었다. 그들은 많은 외국의 군림하는 가문들과 결혼으로 연계되었지만 그러나 그들은 자신들을 독일인, 아니 프러시아아인으로 간주했으며 그것을 비밀로 하지 않았다.

레오폴트의 왕위 옹립자들의 대표적인 인물은 살라자르(Salazar)였다. 그는 레오폴트의 이름을 뮌헨의 바바리아 궁전에서 프러시아의 외교관이 된 폰 베르테른(von Werthern)으로부터 처음으로 들었다. 처음에 스페인이나 다른 외국 궁전들에서 호엔촐레른의 레오폴트는 후보자로 심각하게 취급되지 않았다. 그는 아주 제한된 수의 지지자들이 있었을 뿐이다. 호엔촐레른 공작들 자신들도 스페인의 왕관을 전혀 좋아하지 않았다. 그러나 1869년 5월에 테오도르 폰 베른하르디(Theodor von Bernhardi)가 스페인에 나타났다. 그는 역사학자이자 경제학자로서 학식이 있는 인물로 베를린 사회, 궁전, 그리고 정부에서 대단한 연계를 갖고 있었다. 그는 종종 비스마르크와 몰트케에 의해서 비밀 과업을 위해 고용되었다. 1866년 전쟁 전과 전쟁 중에 그는 피렌체에 있는 프러시아 공사관의 무관(Military Attaché)이였다. 지금은 비스마르크에 의해 스페인에 파견되었다.327)

그렇다면 테오도르 폰 베른하르디는 스페인에서 무엇을 했는가. 위대한 영국의 역사가인 액턴 경(Lord Acton)에 의하면 비스마르크가 베른하르디에게 비밀 구엘프 기금(Guelph Fund)에서 5만 파운드를 주었다.[328] 이 거대한 자금의 목적지는 의심할 수 없었다. 그것은 스페인에서 지지자들을 얻는데 사용되었다. 베른하르디가 누구에게 뇌물을 주었는지는 물론 언제나 비밀일 것이다. 프림 장군이 이 돈의 일부를 받았는 지의 여부는 알려질 것 같지 않다. 단지 말할 수 있는 것은 그는 화려하게 살았고 또 그리하여 종종 빚을 졌다는 것이다. 이제 1869년 9월에 살라자르가 독일에 나타났다. 베르테른 외교관이 그를 호엔촐레른의 공작들에게 소개했다. 그는 레오폴트에게 스페인 왕위를 제안했다. 자기 아버지의 완전한 지원을 받아 레오폴트는 거절했다. 그런데 1870년 2월 이번에는 살라자르가 레오폴트의 아버지 칼 안톤(Karl Anton) 공작과 프러시아의 왕 그리고 비스마르크에게 보내는 프림 장군의 편지들을 제공했다. 안톤 공작도 비스마르크에게 편지를 썼다. 비스마르크는 2월 26일에 살라자르를 맞았다. 그리고 다음 날 비스마르크는 후보에 절대적으로 반대하는 왕에게 정열적으로 그것에 찬성하는 개인적 보고를 했다.[329]

1870년 3월 9일 비스마르크는 호엔촐레른 왕가가 칼 5세(Charles V) 후의 합스부르크 왕가에 버금갈 세계적 존경과 향상된 지위를 얻는 것이 독일의 정치적 이익이 될 것이라고 주장하는 정책건의서를

---

327) Erich Eyck, *Bismarck and the German Empire,* New York: W. W. Norton, 1964, p. 166.
328) *Ibid.*
329) *Ibid.*

왕 빌헬름에게 제출했다.[330] 왕은 그 제안에 여전히 완강히 반대했고 비스마르크의 주장에 회의적인 지적을 건의서의 가장자리에 썼다. 결국 스페인의 왕위는 진정한 안정성이 부족했고 언제든 혁명에 의해 전복될지 몰랐다. 3월 15일 비스마르크는 칼 안톤(Karl Anton) 공작이 주최한 것으로 론과 몰트케도 참석한 만찬의 기회를 비공식 어전회의로 이용하여 여전히 강력한 가책을 유지하고 있는 왕을 다시 한 번 설득하려고 노력했다. 4월 20일 칼 안톤 공작과 레오폴트 공작은 마드리드(Madrid)에 더 이상 관심이 없다고 통보했다.

5월 21일 비스마르크는 베를린으로 돌아왔고, 5월 28일 칼 안톤 공작에게 마침내 왕의 마음을 돌려놨다고 말했다. 6월 8일 그는 다시 바르친(Varzin)으로 철수해서 왕실이 자기 없이 후보직을 협상하게 했다. 6월 19일 레오폴트 공작은 마침내 그의 수락 편지를 마드리드로 보냈고 그것은 7월 2일 공개되었다. 7월 5일 12시 10분에 영국의 대사 라야드(Layard)가 전문을 보냈는데 그것은 그가 레오폴트 공작에 의한 스페인 왕위의 수락에 관한 소식을 얻었다고 보고했다. 다음날 프랑스의 새 외상 그라몽 공작(Duc de Gramont)이 프랑스의 국회에서 호엔촐레른 후보직은 유럽의 힘의 균형을 변경하여 프랑스 제국에 손실을 입히는 심각한 시도가 될 것이라고 발표했다. 프랑스의 명예와 이익이 심하게 상처를 입었다. 프랑스는 그것을 전쟁의 근거로 간주할 것이라고 암시했다.[331]

그날 늦게 1870년 7월 6일 파리 주재 프러시아 대사인 칼 프라이헤

---

330) Jonathan Steinberg, *Bismarck: A Life,* Oxford: Oxford University Press, 2011, p. 283.
331) *Ibid.,* p. 284.

르 폰 베르테르(Karl Freiherr von Werther)가 왕가족이 온천을 즐기고 있는 바트 엠스(Bad Ems)에 도착해서 왕실의 장군 부관으로 그곳에서 왕과 합류한 파리 주재 무관인 알프레트 발더제(Alfred Waldersee)를 만났다. 그는 아주 흥분하여 파리에서 악마가 풀려났다며 전쟁 같다고 말했다. 7월 8일 발더제는 전쟁의 위협을 고려하여 자기의 자리로 돌아가도록 할 허락을 왕에게 요청했고 왕은 그에게 지나간 사건들의 배경에 대한 자신의 견해를 그에게 주면서 다음과 같이 덧붙였다:

> "수개월 전에 스페인인들이 문을 다시 두드렸다. 그리고 지금은 갑자기 아버지와 아들 호엔촐레른은 나에게는 크게 놀라운 일에 정열적으로 찬성하게 되었다. 반면에 전에는 그들이 상당히 불확실했다. 그들은 비스마르크에 의해서 말려들었다. 그리고 그가 스페인의 왕이 될 담력을 의심했던 공작이 갑자기 자기가 스페인을 행복하게 할 사명을 가졌다는 아이디어로 충만했다. 나는 그에게 그것에 관해서 아주 조심스럽게 생각하도록 정직하게 간청했지만 그가 고집했을 때 나는 가장으로서 허락을 해주었다. … 나는 이 일에 대해 비스마르크에게 감사한다. 왜냐하면 그가 다른 일에서 그랬던 것처럼 모든 문제를 아주 우발적으로 처리했기 때문이다."[332]

자연스럽게 주어진 이 증언은 비스마르크가 위기를 조장했다고 주장하거나 비스마르크가 예상했던 대로 프랑스인들이 정확하게 그대로 반응했다는 점을 부인하기 어렵게 만들었다. 그가 베를린을 떠나 바르친(Varzin)에 머물렀기 때문에 사태가 잘못되었을 때 그의 의도를 감출 수 있었다.

---

332) *Ibid.*, p. 285.에서 재인용.

1870년 7월 9일 발더제가 파리로 돌아갔을 때 그는 프랑스인들이 고도로 흥분상태에 있음을 발견했다. 저녁때 발더제는 암호로 된 전문을 비스마르크에게 보냈다:

"전쟁성과 해군성에서 대규모 전쟁수행을 위한 정교한 준비가 수행되고 있다. 예비역들이 아직은 군부대로 소집되지는 않았지만 그러나 병력의 이동이 내일 시작될 것이다. 철도가 권유되었다. 동원된 병력 없이 공격할 것으로 보인다."[333)

당시 비스마르크는 여전히 바르친에 머물렀기에 1870년 7월 9일 온천지인 바트 엠스(Bad Ems)에 있던 프러시아 주재 프랑스 대사인 베네데티 백작이 왕에게 상황에 대한 직접 정보를 요청한 줄 몰랐다. 왕은 그 문제는 프러시아의 왕이 아니라 호엔촐레른 가문의 가장으로서 그와 관련된다고 대답했다. 그는 그런 문제에서 가톨릭 지그마링겐 분가를 거부하기가 어렵다는 것을 발견했고 또 개입할 수 없었다. 실제로 7월 10일 그는 아버지가 아들 레오폴트 공작으로 하여금 그의 이름을 철회하도록 확신시키라고 촉구하는 편지를 칼 안톤 공작에게 썼다. 칼 안톤은 즉시 행동으로 옮겼고 7월 12일 세습 공작인 레오폴트가 자기의 이름을 철회했다고 공개했다. 왕 빌헬름은 가장 큰 위급한 문제로서 비스마르크에게 즉시 바트 엠스로 오라는 긴급 전보를 보냈다. 7월 12일 비스마르크가 베를린에 도착했을 때 그는 처음으로 레오폴트가 철회했다는 것을 알게 되었다. 그가 철회에 관해서 생각

---

333) Jonathan Steinberg, *Bismarck: A Life*, Oxford: Oxford University Press, 2011, p. 286.에서 재인용.

할 때 프러시아가 올뮈츠(Olmuetz)보다 더 나쁜 굴욕을 당했다고 판단했다.[334]

비스마르크는 몰트케, 론, 그리고 오이렌부르크(Eulenburg)와 모임을 소집했다. 몰트케는 그의 최근 베를린 여행이 쓸모 없게 되었고 또 그가 이미 단단히 계획한 전쟁이 다시 멀어져 가는 것으로 보였기 때문에 황조가 된 얼굴로 도착했다. 늙은 론 전쟁상도 역시 낙심했다. 지금까지 자신이 가장 위대한 사건들의 전야에 서 있다고 생각했는데 지금 그것으로부터 얻을 것은 자신의 휴양의 갑작스러운 중단으로 오는 불쾌감이라고 말했다. 그러나 여전히 비스마르크는 자기의 체면과 그의 외교적 상황을 구원하기 위해서 뭔가를 해야만 했다. 그는 빌트바트(Wildbad)에서 온천을 즐기고 귀국하는 도중에 잠시 베를린에 들른 러시아의 고르차코프(Gorchakov) 수상을 만나러 갔다. 아마도 분명히 비스마르크는 그라몽의 선동적인 연설에서 겨냥한 외교적 공세에 관해서 고르차코프와 얘기했을 것이다. 그들은 유럽의 정부들에게 왕 빌헬름과 그의 내각의 절제와 온건성을 강조함으로써 간접적으로 프랑스 외상을 비판하는데 동의했다. 이런 의미에서 고르차코프는 영국의 로프터스 경에게 말했고 로프터스는 즉시 프랑스 대리대사인 르수흐드(Le Sourd)를 만나러 갔다. 그리고 로프터스 경은 그에게 프랑스 정부는 그들이 달성한 것에 만족해야 하고 또 프러시아 왕의 화해 정신을 인정해야 한다고 촉구했다.[335]

후보의 철회는 프랑스에게 큰 외교적 성공이었고 비스마르크에게

---

334) *Ibid.*, p. 287.
335) *Ibid.*

는 큰 외교적 패배였다. 그러나 나폴레옹과 그의 외상은 그것에 만족하지 않았다. 이제 나폴레옹은 2개의 치명적 실수를 했다. 우선 나폴레옹은 무책임한 파리 언론과 철회에 만족하지 않는 우익 민족주의자들의 요란스러운 요구에 영향을 받았다.[336] 나폴레옹의 두 번째 실수는 내각의 뒤에서 그라몽에게 명령을 내림으로써 개인적인 정부의 방식으로 전락했다는 점이었다. 그럼에도 불구하고 만일 그라몽 외상이 고르차코프의 권고를 취했다면 그래서 비스마르크에 대한 프랑스의 굉장한 외교적 승리에 의해 만족했더라면 전쟁을 다시 피했을 것이다. 그러나 그는 한 걸음 더 나아갔다. 그는 바트 엠스에 있는 자기의 대사에게 프러시아가 미래에도 비슷한 행동을 하지 않을 것이라는 약속을 왕으로부터 받아 내라고 명령했다. 더구나 그 명령은 그것을 막았을지도 모르는 올리비에 수상도 모르게 이루어졌다.[337] 이런 실수로 인해 나폴레옹은 자신을 비스마르크의 손아귀에 집어넣고 말았다.

7월 13일 비스마르크, 몰트케, 그리고 론이 함께 만찬을 함께 하고 있을 때 바트 엠스에서 빌헬름 1세가 보낸 전보가 도착했다. 그 전보는 왕이 베네데티 대사가 왕에게 맞서는 것과 같은 종류의 일이 다시는 발생하지 않을 것이라는 그의 엄숙한 약속을 해주어야 한다고 보고했다. 기분이 나빠진 왕은 그가 그런 약속을 할 수 없을 뿐만 아니라 동시에 베네데티가 이 문제를 논의할 다른 기회를 가질 수 있느냐고 질문을 받은 왕이 프랑스 대사 보기를 거절했다는 것이다 그러면서 왕은 비스마르크에게 이 새로운 요구와 그의 거절이 프러시아의

---

336) Erich Eyck, *Bismarck and the German Empire,* New York: W. W. Norton, 1964, p. 171.
337) *Ibid.,* p. 172.

해외 대사관들과 언론에 전달되어야 할지의 여부를 물었다.[338]

비스마르크는 이제 그가 필요한 것을 갖게 되었다. 그는 연필을 잡고 그것이 보다 공격적으로 들리도록 만들기 위해 왕으로부터 받은 것에 가필을 했다. 왕이 썼던 원래의 텍스트는 이랬다:

> "그가 베네데티가 파리로부터 이미 받은 공작의 확인을 지금 받았다는 것과 대사에게 더 이상 할 말이 아무 것도 없다는 것을 부관을 통해 대사에게 전하라."[339]

비스마르크는 문구를 변경하여 그것이 보다 도발적으로 만들었다. 비스마르크가 가필한 버전은 다음과 같다:

> "왕 전하께서는 그리하여 프랑스 대사를 다시 영접하길 거부했고 그에게 부관을 통해 전하께서는 대사에게 전할 것이 아무것도 없다는 것을 전하라.[340]

비스마르크는 프랑스에서뿐만 아니라 독일에서도 민족적 감정을 일으키도록 계산된 이 가필한 전보를 언론에 전달했다. 왕은 신문에서 이것을 읽고 이것은 전쟁을 의미한다고 소리쳤다.[341] 독일 신문에 출판되었을 때 그 전보는 프랑스에게 모욕적이었다. 그 소식은 파리의 인민들을 분노케 했다. 파리의 군중들이 도시의 거리를 누비며 프

---

338) Jonathan Steinberg, *Bismarck: A Life,* Oxford: Oxford University Press, 2011, p. 288.
339) *Ibid.*에서 재인용.
340) *Ibid.*
341) Erich Eyck, *Bismarck and the German Empire,* New York: W. W. Norton, 1964, p. 173.

랑스 국가를 부르면서 "프러시아를 척결하라," "프랑스 만세"를 외쳤다. 프랑스 군중들은 길거리에서 "가자, 베를린으로!" 그리고 독일 군중들도 길거리에 나와서 "가자, 파리로!"를 외치면 행진을 했다. 나폴레옹은 전쟁선포를 주저했으나 여론의 힘과 국회에서 호전적 연설들 그리고 자신의 각료들과 황후의 압력에 밀렸다.[342]

그리하여 1870년 7월 14일 프랑스의 내각은 동원을 선언하기로 결정하고 7월 19일 전쟁을 선포하는 이니셔티브를 취했다. 비스마르크의 외교가 마침내 결실을 맺어 전쟁은 고립되었다. 그것을 배로 확실히 하기 위해서 비스마르크는 7월 25일 런던의 <타임즈>(*Times*)는 프랑스의 벨기에 합병이 고려되던 곳에서 베네데티가 비스마르크에게 제출했던 조약 초안의 텍스트를 출판했다. 이 소식은 의도된 경각심을 낳았고 영국의 글래드스턴 수상은 8월에 프러시아 그리고 프랑스와 함께 서둘러 합의를 맺고 영국은 벨기에의 독립을 위반하는 어떤 강대국도 반대한다고 선언했다.[343]

1870년 7월 16일은 프랑스가 동원령을 결정한 이틀 뒤 프러시아 군 동원의 첫날이었다. 그리고 7월 19일에 예비역 장교들이 동원되었다. 프러시아의 장군들은 그들의 장군 참모부와 참모총장인 헬무트 폰 몰트케(Helmuth von Moltke)에 절대적인 신임을 갖고 있었다. 프러시아 군대는 최근에 승리하는 전쟁을 치렀으며 그 사이에 여러 가지 교훈을 얻었다.[344] 1866년에 프러시아 군대는 장기적 전쟁을 기대

---

342) Philip Sauvain, *Europe and the World history, 1815-1919*, Amersham, Bucks: Hulton Education Publication, 1985, p. 51.

343) René Albrecht-Carrié, *A Diplomatic History of Europe Since the Congress of Vienna*, Re. ed., New York: Harper & Row, Publishers, 1973, p. 138.

했지만 정반대가 발생했다. 그들은 1870년에 반복할 이유가 없었다. 전쟁의 첫 단계에서 그들은 옳았다. 프랑스인들은 집단적 광기에 이끌려 전쟁에 임했다. 그들의 보충 병사들이 도착하기 이전에 장비를 기다리지 않고 그들은 평화적 주둔지로부터 성급하게 벗어났다. 그 사이에 소집된 예비역 장병들이 정거장에 모여 들었고 철도역을 넘쳐나게 했으며 교통을 질식시켰다. 장군 참모부가 기대했던 검은 숲(the Black Forest)을 통해 계획된 돌파작전은 결코 발생하지 않았다. 프러시아 측에서 조심스러운 협상들은 남부 독일 국가들을 프러시아 제도에 통합했으며 바바리아, 뷔르템베르크, 그리고 바덴 부대들은 기대를 능가했다. 다른 한편으로 프러시아의 동원은 계획에 따라 정확하게 이루어졌다.[345]

1870년 7월 16일 왕은 전쟁을 선포했다. 14일 후에 30만 명의 프러시아와 동맹국의 병사들이 마인츠(Mainz)에 집결하여 모두 프랑스로 진격할 준비가 되었다. 프랑스인들은 라인(Rhine) 강을 건너서 스트라스부르(Strabourg)로부터 공격하는 측면을 사용한 적이 없었기 때문에 몰트케는 그의 전면을 더욱 간결하게 만들 수 있었다. 동원계획은 1866년 오스트리아인들을 포위하는데 그렇게 잘 작동했던 동일한 3개의 사단 병력들을 내다보았다. 1870년 8월 1일에 전투명령이 내려졌다. 영웅주의의 대범하고 돌격하는 행동을 가져오는 정신은 죽지 않았다. 그런 용맹은 몰트케의 진지한 계획에 심각한 방해를 가져왔다. 전쟁이 발발했을 때 그는 73세였다. 자기의 지휘관들에 대한 몰트

---

344) Jonathan Steinberg, *Bismarck: A Life,* Oxford: Oxford University Press, 2011, p. 290.
345) *Ibid.*

케의 의존은 성공적임이 입증되었다. 결코 성공하지 않은 것은 비스마르크와 몰트케의 관계였다.[346)

1870년 7월 31일 비스마르크가 소장의 복장을 하고 중기병대의 창 달린 투구를 쓰고 긴 가죽장화를 신은 우스꽝스럽고 비군인인 인물로 마인츠(Mainz)에 있는 왕의 본부에 모습을 드러냈다. 군인들은 그 모습에 웃었지만 독일의 대중들은 독일 거인의 제단에 숭배하기 시작했다. 전쟁은 프랑스인들에게 좋지 않게 시작했다. 8월 4일 비상부르(Wissembourg)에서 치열한 접전이 있었고, 다음 날 8월 5일에는 스삐쉐헝(Spicheren)에서 전투가 있었다.[347) 8월 6일 처음으로 양측에서 10만 명의 병사들이 충돌한 총력 규모의 뵈르트(Woerth) 전투가 있었다.[348) 여기에서 독일의 후방장전총이 프랑스의 샤스포(chassepot) 총과 경쟁할 수 없음이 분명하게 되었다. 몰트케는 뵈르트에서만 프러시아가 1만 명의 명사들을 잃었다고 냉정하게 기록했다. 여러 곳에서 접전이 있었고 패배한 프랑스의 병사들이 메츠(Metz)에서 재집결했다. 그들이 돌파를 시도했을 때 전쟁 중 가장 큰 전투가 벌어졌고 이때 2개의 군과 18만 명이 넘는 병력을 직접 지휘한 몰트케 장군이 프랑수아-아실 바젠(Francois-Achille Bazaine) 프랑스 원수 지휘 하의 약 11만 2천 명의 프랑스 군대를 공격했다. 공격군은 시들어가는 프랑스의 화력을 마주했고 프러시아인들과 남부 독일 동맹국들은 2만 명 이상의 병사들을 잃었다. 처음 14일간 6번의 전투는 프러시아에 5만 명

---

346) *Ibid.,* p. 292.
347) Arden Bucholz, *Moltke and The German Wars, 1864-1871,* New York: Palgrave, 2001, pp. 171-173.
348) *Ibid.,* pp. 173-176.

의 사망자를 가져왔다. 프랑스 군은 메츠로 피했다. 몰트케는 그 도시를 포위할 수밖에 없었다.

그 사이에 다른 프랑스 군을 지휘하던 마크마옹(McMahon) 원수는 아주 신중하게 강력하게 요새화된 도시로 침공자들을 맞서기 위해서 파리로 철수를 계획했다. 나폴레옹 3세는 그에게 메츠에 있는 바젠 원수를 구원하라고 명령했다. 그리하여 나폴레옹을 사령관으로 하는 새로 수립된 샬롱(Chalons) 군대가 프러시아 군을 우회하려는 시도로 벨기에 국경선을 따라 북쪽으로 출발했다. 1870년 9월 2일 스당(Sedan)에서 몰트케가 자기의 협공작전의 하나로 그들을 붙잡아 마크마옹 군을 패배시키고 나폴레옹 3세를 포로로 붙잡았다.[349] 이 소식이 파리에 도달한지 수시간 내에 분노한 시민의 군중들은 거리로 뛰어나왔고 1870년 9월 4일 공화정의 부활을 선언했다.[350]

전쟁은 몰트케가 기대했던 것보다는 훨씬 더 파괴적이었지만 그는 자기의 순수한 기획과 그리고 자기 지휘하에 있는 3개 군의 전반적으로 질서 있는 작전으로 승리를 거두었다. 그러나 그도 다음에 발생한 일은 상상하지 못했다. 프랑스의 레옹 강베타(Leon Gambetta), 쥘 파브르(Jules Favre), 그리고 트로치(Trochi) 장군이 국가방위(National Defense) 정부를 수립하고 휴전을 위한 비교적 온건한 요구를 거부했다. 국가방위 정부를 대신하여 쥘 파브르가 9월 6일 프랑스는 자국

---

349) Michael Howard, *The Franco-Prussian War: The German Invasion of France, 1870-1871*, London and New York: Routledge, 1991(originally, 1961), pp. 203-223; Arden Bucholz, *Moltke and The German Wars, 1864-1871*, New York: Palgrave, 2001, pp. 176-181.

350) Jonathan Steinberg, *Bismarck: A Life,* Oxford: Oxford University Press, 2011, p. 293.

영토의 1인치도 그리고 그것의 요새의 돌 하나도 양보하지 않을 것이라고 선언했다. 레옹 강베타가 전쟁상이 되었다. 프러시아 지휘관들은 길게 소모적이고 또 인기 없는 게릴라 작전, 즉 프랑스 정부가 상실한 대중들의 지지를 다시 획득한 "인민들의 전쟁"에 직면했다.[351] 프랑스의 국가방위 정부에 의한 전면전 선언 후에 군사적 및 외교적 고려 사항들이 절망적으로 엮였다. 비스마르크는 러시아인들, 오스트리아인들, 그리고 영국인들을 투쟁의 밖에 두기 위해 휴전이 필요했다.[352] 이제 오스트리아의 외상인 보이스트 백작을 생각하면서 합스부르크가 1866년 굴욕을 만회하기 위해 뒤에서 프러시아인들을 공격할지도 모르는 진정한 위험이 있었다. 비스마르크는 전쟁을 신속하게 끝낼 필요가 있었다. 이런 불안감은 누가 그를 반대했을 때 비스마르크를 사로잡는 분노와 결합했다.

프러시아 제3군의 제6군단이 2열 종대로 베르사유(Versailles)로 행군했고 바바리아 군단은 파리의 교외로 치고 들어갔다. 1870년 9월 19일 저녁때까지 몰트케는 파리의 포위가 모든 방향에서 완성되었다고 썼다. 6개의 군단들이 적의 수도의 바로 앞에서 약 50마일에 걸쳐 전개되었다. 다음에 무엇을 할지가 문제였다. 결과는 수개월 동안 지속된 교착상태였고 이 기간 중에 파리는 지방들에 대해 자신의 1789년 혁명을 수행하여 역사에 코뮌(the Commune)으로 알려진 것을 수립했다. 프랑스 대중봉기를 어떻게 할지의 문제가 몰트케와 비스마르크를 곤란하게 했다. 몰트케는 게릴라 전쟁을 심각하게 생각하길 거

---

351) *Ibid.*, p. 294.
352) *Ibid.*

부했다. 10월 7일 그는 그의 일상적으로 차분한 확신을 가지고 전쟁은 끝났고 이제는 단지 경력만 남았다고 밝혔다. 보다 큰 규모의 작전은 불가능했다. 그러나 전쟁은 끝나지 않았고 수개월간 계속되었다.

1870년 10월 5일 독일군의 본부가 베르사유로 이동했다. 비스마르크의 성질은 몰트케 장군 참모부가 10월과 11월의 기간 동안에 파리의 포위에 대해 무엇을 할 것인지를 논의할 때 악화되었다. 그들은 강력한 포위 포들로 그 도시를 포격할지 아니면 파리를 아사로 굴복시킬지를 불확실하게 고려했다. 파리를 포격하는데 대한 몰트케의 반대를 극복하기 어려웠다. 그 쟁점은 장군들을 갈라놓았고 언론에 등장하기 시작했다. 승리한 프러시아의 진전이 이견으로 멈춰 서고 공개적으로 비호의적인 동안에 1870년 11월 9일 러시아 정부가 크리미아 전쟁에서 패배한 뒤에 러시아에 강요되었던 1856년의 흑해조약(the Black Sea Treaty)을 폐기했다.[353] 이런 극악한 도전은 영국의 내각을 거북스러운 입장으로 밀어 넣었다. 영국이 그 전쟁을 함께 싸웠던 나폴레옹 3세 하의 프랑스 제국이 사라졌고, 또 이제 점령당하고 굴욕을 겪고 있는 새 공화정은 동 지중해에 관해서 신경 쓸 여력이 없었다.

1871년 새해의 전야에 파리를 포격할 것인지의 여부를 결정하기 위해서 확대된 군사위원회가 왕의 방에서 개최되었다. 비참한 포격을 반대하는 왕세자는 자신이 지는 쪽에 있다는 것을 발견하고 곧 결정을 수용해야만 했다. 제3군의 사령관으로서 그는 개시 날짜에 관해서 자기의 참모와 협의하고 포격의 시작을 1871년 1월 4일로 정했다. 바로 그날이 되어 제8 포대로부터 첫 포탄이 파리에 떨어졌다. 포격은

---

353) *Ibid.*, p. 298.

고지대에 존재하는 분열에 아무런 차이를 내지 않았다. 1월 8일 왕세자는 비스마르크 백작의 임의적이고 전제적 태도에 몰트케 장군이 깊이 상심한 것을 발견했다. 연방 수상은 전문가들이 말하는 것에 전혀 신경을 쓰지 않고 뭐든지 스스로 결정할 결의에 차 있었다. 다음날 1월 9일은 론 전쟁상이 군복무에 종사한지 50주년을 기록했다. 비스마르크 백작은 발에 생긴 류머티즘에서 막 회복하고 있었다. 근대 독일을 만들고 여전히 정상적으로 기능하는 3부회원들 중 오직 한 사람이 장군인 몰트케 백작이었다. 왕세자는 몰트케와 비스마르크 사이에 화해를 조직하기 위한 일을 스스로 떠맡아 그들을 본부에서 사적인 만찬에 초대했다.[354]

전쟁에 끌려가고 적대자들의 성질과 건강을 망치는 동안 베를린과 막 태어날 새 독일에서 국내적인 정치적 변화가 빠르게 진행되었다. 모든 주요 행위자들이 베를린에 있지 않았고 연방의회는 대처할 통제력이 부재했다. 12월에 2개의 사태발전이 있었다. 1870년 12월 13일 프러시아의 하원에서 48명의 의원들이 "중심의 일파"(Fraction of the Centre)를 형성했다. 첫 의장은 비스마르크의 오랜 친구인 칼 프리드리히 폰 자비그니(Karl Friedrich von Savigny)였다. 파리의 포위와 전쟁의 진전이 정체에 달했을 때 독일을 통일하려는 운동이 남부 독일과 작센 병력들이 "민족의 애국전쟁"에서 눈부신 능력을 보인 대-프랑스 전쟁의 승리들로부터 강력한 새로운 자극을 받았다. 북부 독일 연방은 돌연변이해서 민족통일의 완성에 적합한 장엄한 어떤 것이 되어야 만했다.[355]

---

354) *Ibid.*, p. 303.

프랑스와의 전쟁이 독일 통일에 결실을 낳아야 한다는 아이디어는 처음부터 많은 사람들의 마음속에서 강력했다. 북부 독일 주민의 압도적인 다수는 그것에 찬성했고 바덴과 헤세-다름슈타트에도 다수에 관해서 같은 말을 할 수 있을 것이다. 반대의 중심은 뷔르템베르크와 특히 바바리아였다. 바바리아의 애국자들은 자기들의 왕국을 전쟁의 밖에 두려고 노력했고 중립을 선포하려고 노력했다. 그러나 그들은 독일의 민족적 열망을 원하는 자들이 자기 당을 이탈하여 연방의회에서 실패했다. 그럼에도 불구하고 반대는 없어지지 않았다. 많은 것이 바바리아의 왕 루이 2세(Louis II)에 달려 있었다. 7월의 치명적인 시기에 그는 동원명령을 내렸지만 그의 동기가 민족적 감정과 관련이 있다는 것은 아주 의심스러웠다. 그는 독일의 민족적 문제에는 관심이 없었다. 그의 이상형은 프랑스 왕 루이 14세였고 그래서 그는 사치스럽고 환상적 건물로 흉내 내려고 노력했다. 뷔르템베르크에서는 왕과 왕후가 결정적으로 반-프러시아적이었고 또 많은 신하들이 프랑스의 승리를 희망했다.

남부 독일에서 통일에 찬성하도록 대중적 감정에 영향을 처음 주려고 노력한 정치적 집단은 민족 자유주의자들이었다. 민족자유당(the National Liberal Party)은 독일 통일의 당이었다. 이 문제에서 그것의 지도자는 연방의회와 프러시아 의회의 일원인 에두아르트 라스케르(Eduard Lasker)였다. 그는 수년 동안 가장 인기 있는 독일 의회주의자였다. 후에 그는 자신의 양심상 비스마르크를 반대할 수밖에 없었을 때 그는 새 반(反)유대주의 운동의 첫 희생자가 되었다. 라스케르

---

355) *Ibid.*, p. 304.

의 이니셔티브에 따라 몇 명의 민족 자유주의 의회주의자들은 남부 독일을 여행했으며 그곳에서 민족적 감정을 강화하고 정부들과 약간의 성공적 협상을 했다. 비스마르크는 이런 대중적 선동을 좋아하지 않았다. 그는 라스케르를 개인적으로 좋아하지 않았을 뿐만 아니라 그가 자기의 개인적인 방식으로 다루기를 바라는 문제에서 이니셔티브를 쥐는 의회주의자들을 훨씬 더 좋아하지 않았기 때문이었다.[356]

비스마르크는 왕세자의 활동을 더 좋아하지 않았다. 프리드리히 빌헬름은 전쟁이 독일인들에 대한 민족통일을 가져와야 하고 호엔촐레른에 제국의 왕관이 와야 한다는 아이디어로 가득했다. 그에 대한 비판자들은 그가 스스로 황제를 추구한다고 주장했다. 그러나 그가 스스로 독일 미래의 대변자로 생각하는 것은 당연했으며 그의 늙고 구식인 아버지가 프러시아의 전통이 아닌 어떤 것에도 전혀 관심이 없었기에 더욱 그랬다. 비스마르크는 왕세자의 개입에 몹시 화가 났다. 그리고 왕세자는 자기가 그렇게 소중하게 간주하는 문제에 비스마르크가 미온적이라고 생각했다. 그러나 두 사람은 서로를 잘못 판단하고 있었다. 1870년 10월 남부 독일 국가들의 대표들이 독일의 미래 조직에 관해 협상하기 위해 베르사유에 있는 독일군의 본부에 나타나면서 성숙하기 시작했다. 프러시아보다는 오스트리아에 더 기운 바바리아의 수상인 브라이(Bray) 수상은 북부 독일 국가연합에 들어가는 것을 피하길 원했고 그 대신에 바바리아와 국가연합 사이에 항구적 동맹을 제안했다. 그러나 이 아이디어는 전혀 가능성이 없었다.

356) Erich Eyck, *Bismarck and the German Empire*, New York: W. W. Norton, 1964, p. 175.

왜냐하면 다른 남부 국가들이 바바리아에게 이런 종류의 별도로 향상된 지위를 주는데 전혀 관심이 없었기 때문이었다.

비스마르크는 각국의 대표들과 별도로 협상을 할 수 있었으며 여기서 물론 그는 항상 그들의 어느 누구도 상대하기 벅찬 인물이었다. 브라이가 자신의 반대를 정책건의서에 제시했을 때 비스마르크는 이 정책건의서를 뷔르템베르크 대표인 폰 미트나흐트(von Mittnacht) 앞에 내놓고 그에게 만일 뷔르템베르크가 국가연합에 들어올 경우 약간의 양보를 제안했다. 그리고 비스마르크는 그에게 바바리아 없이도 이런 효과의 조약을 체결할 준비가 되어 있는 지의 여부를 물었다. 뷔르템베르크는 긍정적으로 대답했고 그것으로 비스마르크가 승리했다. 바바리아는 통일된 독일로부터 가능한 배제를 모험할 수 없었다. 브라이는 새로운 제안을 제시할 수밖에 없었으며 자기 왕의 동의를 요청하지도 않고 그렇게 했다. 왜냐하면 그는 왕 루이가 아주 불가능한 조건들을 요구할 것으로 알고 있었기 때문이다. 하나는 다른 독일 군주인 바덴의 대 공국을 희생으로 하는 영토 확장이었고 또 하나는 브라이가 거절한 개인적 청탁이었다. 11월 11일 비스마르크는 지금까지 성공적이어서 3개의 소국들, 즉 뷔르템베르크, 바덴, 그리고 헤세가 다음날 조약에 서명할 준비가 되었다. 그때 갑자기 기대하지 못한 사건이 발생했다. 뷔르템베르크 왕이 자기 대표들에게 바바리아의 참여 없이 서명하지 말라고 명령했다. 그의 대표들은 베르사유를 즉시 떠났다.[357]

뷔르템베르크 대표단이 떠난 직후 왕세자가 비스마르크를 찾아와

---

357) *Ibid.*, p. 177.

그에게 제국 왕관의 문제를 타결하길 원하는 지의 여부를 물었다. 왕세자는 저항하는 왕들에게 강요할 것을 제안했다. 비스마르크는 이 권고를 거절하고 왕세자에게 이런 종류의 견해를 표현할 권한이 없다고 화를 내면서 말했다. 논란이 너무 첨예하게 되어 비스마르크는 왕세자에게 보다 동의할 다른 사람을 위한 공간을 만들어 줄 준비가 되어 있지만 그 때까지는 자신의 원칙에 따라 행동할 것이라고 말했다. 그는 너무나 분개하여 사적인 대화에서 왕세자를 가장 어리석고 공허한 사람이라고 부르고 또 언젠가 황제의 광기로 사라질 것이라고 덧붙였다.[358] 반대하는 소국의 왕들을 향해 채택될 정책에 대한 의견의 차이는 이런 분노의 동기가 될 수 없었다. 비스마르크는 동맹국에게 무력을 가용하는 것은 자기의 원칙에 반한다고 말했다. 이 경우에도 그는 관련된 군주들에게 대해 모든 종류의 압력을 기꺼이 사용하거나 아니면 적어도 그것으로 위협할 생각이었다. 두 사람 사이의 싸움은 각자가 새 제국에 전혀 다른 정신을 불어넣길 원하는 상호간 신념에 그것의 원천을 갖고 있었다.

왕세자의 자유주의는 비스마르크 수상에게는 저주였다. 그들을 분리시키는 것은 목적이 아니라 그것을 달성하는 수단으로서 반항하는 군주들의 굴복이었다. 비스마르크는 왕세자가 군주들에게 압력을 가하기 위해서 연합의회를 이용하려고 한다고 의심했다. 그것은 비스마르크가 어떤 대가를 지불해서라도 피하길 원했다. 아주 중요한 이 문제에 국가연합의회가 이니셔티브를 쥔다면, 만일 독일제국이 의회 조치의 산물이 되면 의회의 정치적 권위와 권한이 크게 향상될 것이었

---

358) *Ibid.*

다. 비스마르크는 이것을 허용할 수 없었다. 의회는 수상 자신의 협상의 결실을 승인하는데 자신에 국한해야 하는 것이다. 그는 11월 24일에 소집된 의회가 열리기 전에 자신의 협상들을 완결하려고 서둘렀다. 그리고 그는 성공했다. 뷔르템베르크 대표단이 베르사유를 떠난 지 3일 만에 바덴과 헤세와의 조약들이 의회가 열리기 하루 전날인 11월 23일에 체결되었다. 그리고 비스마르크는 바바리아에 약간의 양보를 했고 그리하여 결국 바바리아도 서명했다.359)

가장 경이적인 양보는 연방 위원회의 외교문제 위원회가 수립되고 그것의 항구적 의장은 바바리아인이 된다는 것이었다. 실제로 이 양보는 아무런 실질적 가치가 없었다. 외교문제 위원회는 비스마르크 시대에나 그의 후임자 시대에도 결코 최소한의 영향력도 갖지 못했다. 비스마르크는 바바리아의 특수주의에 대한 자기의 양보가 고도로 인기가 없다는 것을 알고 있었다. 그리고 그는 이런 이유로 의회가 바바리아와의 조약을 거부하거나 수정하지 않을까 염려했다. 그러므로 그는 베르사유에 있는 군 본부에 우연히 있게 된 모든 의원들을 신속하게 베를린으로 보내서 그들이 바바리아 조약을 수용하도록 민족자유당에 영향을 미치게 했다. 민족자유당원들은 그 조약을 전혀 좋아하지 않았지만 관련된 거대한 목적을 위해서 그것이 수용되어야 한다고 확신했다. 당의 감정은 라스케르(Lasker)에 의해서 익살스러운 말로 표현되었다: "여자는 정말로 아주 추하지만 그럼에도 불구하고 그녀와 결혼을 해야만 한다."360)

---

359) *Ibid.*, p. 178.
360) *Ibid.*

바바리아 조약이 체결된 지 이틀 후에 왕 루이 2세의 신임을 받는 그라프 홀른슈타인(Graf Holnstein)이 비스마르크와 협상을 하기 위해 베르사유에 왔다. 이틀 후에 그는 루이 2세가 프러시아의 왕 빌헬름 1세에게 쓰기로 한 편지의 초안을 가지고 자기 왕에게 돌아갔다. 그 편지는 프러시아 왕에게 독일 황제가 되라는 초대를 내포하고 있었다. 그 초안은 비스마르크가 직접 작성했다. 며칠 후에 홀른슈타인이 루이의 편지를 가지고 베르사유에 돌아왔다. 바바리아의 왕은 비스마르크의 초안을 그대로 복사했다. 그리고 자기의 왕의 서명을 추가했다. 그렇다면 루이 2세는 왜 이렇게 아주 장엄하지 않은 태도로 행동했을까? 바바리아 왕은 호엔촐레른 왕가가 독일 황제로서 자기 위에 올라선다는 아이디어를 끔찍하게 생각하고 있다는 것은 이미 잘 알려져 있었다. 11월 말 바덴의 대공작이 프러시아 왕이 독일 황제가 되도록 추대함으로써 불멸의 영광을 얻으라고 그에게 요구하는 편지를 썼을 때 루이는 답장조차 하지 않았다. 그는 차라리 양위할 것이라고 말한 것으로 알려졌다. 그렇다면 왜 지금 그는 비스마르크의 교사로 인해, 아니 비스마르크의 지시에 따라 행동한 것일까? 그에 대한 답변의 일부는 액턴 경(Lord Acton)에 의해서 주어졌다. 비스마르크의 비밀 구엘프 기금(the Guelph Funds)에서 수백만 파운드가 뮌헨으로 갔으며, 연간 1만 5천 파운드가 루이 왕에게. 그리고 상당한 액수가 홀른슈타인에게 지불되었다는 것이다.[361]

비스마르크는 독일 황제가 독일인들의 산물이 아니라 독일 군주들

---

361) Erich Eyck, *Bismarck and the German Empire*, New York: W. W. Norton, 1964, p. 179.

의 산물이라고 세계가 믿게 만든 것은 루이의 편지를 수단으로 해서였다. 물론 진실은 정반대였다. 독일 황제를 소망했던 것은 독일 인민들이었다. 바덴의 대공과 코부르크-고타(Coburg-Gotha)의 에르네스트(Ernest) 공작과 같은 소수의 예외가 있었지만 독일 군주들은 독일 황제를 좋아하지 않았다. 그리고 바바리아, 뷔르템베르크의 왕들과 헤센-다름슈타트(Hessen-Darmstadt) 대공 같은 몇 사람들은 그 아이디어에 강력히 반대했다. 그러나 비스마르크는 또 다시 성공했다. 북부 국가연합의 의회는 그리스 비극에서 코러스의 역할에 만족해야만 했다.[362] 의회는 헌법의 적절한 수정을 서둘렀고 국가연합과 국가연합 수상에 관한 규정이 있었던 곳에 제국과 황제를 집어넣었다. 이제 헌법은 독일 제국의 헌법이 되었다. 그리고 나서 의회는 그들의 대표를 왕 빌헬름에게 보내 그에게 독일제국 왕관을 수락하도록 간청하기로 결의했다. 그 연설문은 통일과 제국을 향한 운동에서 최고의 지도자들 중 한 사람인 에두아르트 라스케르에 의해서 작성되었다. 왕 빌헬름이 그 연설문의 저자에 관한 얘기를 듣고서 "그렇다면 황제의 왕관을 위해 그가 진정으로 라스케르에게 빚을 졌군!"이라고 아이러니하게 말했다.[363]

왕 빌헬름의 가슴속에는 오직 프러시아를 위한 공간만 있었지 그는 독일제국 왕관에는 신경도 쓰지 않았다. 어떤 경우에도 그는 독일 인민들의 대표들인 의회에 빚을 지고 싶지 않았다. 인민들이 프랑스에 대한 전쟁에서 승리를 거둔 것은 진실이었지만 그는 그런 식으로

---

362) *Ibid.*, p. 180.
363) *Ibid.*

보지 않았다. 의회가 제공하는 왕관은 민주주의의 냄새가 났고, 또 그의 눈에는 1848년 국회가 자신의 형인 프리드리히 빌헬름 4세에게 제공했던 혁명적 왕관과 동일했다. 만일 그가 그 제안을 받는다면 그는 1849년 4월 3일 그의 형이 말했던 것처럼 오직 독일 군주들로부터 받기를 원했다. 실제로 의회는 그에게 왕관을 제공하지 않고 그가 그것을 황공하게도 수락할 것을 간청할 뿐이었다. 그러나 그는 너무나 화가 나서 처음에 그는 의회 대표단을 영접하는 것조차 거절했다. 왕의 공개적 거절을 피하기 위해서 비스마르크가 개입해야만 했다. 그러나 왕은 크고 작은 모든 군주들이 바바리아의 왕의 요청에 합류한 뒤에야 대표단을 맞았다.[364]

1870년 12월 18일 북부 독일 연합국의 의회 대표단이 베르사유에서 왕 빌헬름 앞에 섰다. 대표단장은 의회 의장인 에두아르트 짐존 (Eduard Simson)이었다.[365] 그는 21년 전에 바울 교회(Paulskirche) 의회, 즉 프랑크푸르트 의회의 의장으로서 프리드리히 빌헬름 4세에게 말했던 동일한 인물이었다. 아무도 이 행사에서 상징성을 간과할 수 없었다. 장엄한 언어로 짐존은 독일민족이 새 제국에서 "통일과 힘, 권리와 법, 자유와 평화"를 발견할 것이라는 독일민족의 자신감을 표명했다. 짐존의 연설은 왕세자를 감동시켰고, 프러시아의 장군들도 감격했으며, 왕 빌헬름도 감동받아 비스마르크가 그를 위해 작성한 답변을 읽을 때 이따금씩 휘청거렸다. 그의 답변에서 빌헬름은 깊은 감동으로 바바리아 왕의 편지를 칭송했다. 그러나 의회를 바라본 사람

---

364) *Ibid.*, p. 181.
365) Jonathan Steinberg, *Bismarck: A Life,* Oxford: Oxford University Press, 2011, p. 305.

은 누구나 군주들 사이에 바바리아 왕의 부재를 알고 있었다. 기념행사는 아직 독일제국의 장엄한 선포가 아니었다. 빌헬름 왕은 남부 독일 국가들과 조약들이 그들의 의회와 정부에 의해서 비준된 후에야 그것을 허락할 것이다. 그러나 바바리아의 반대파는 이 절차를 어떻게 길게 끌지를 알고 있었다. 따라서 빌헬름은 마침내 바바리아 조약의 비준의 완결이 없이 선포할 수밖에 없었다.[366]

---

366) Erich Eyck, *Bismarck and the German Empire,* New York: W. W. Norton, 1964, p. 181.

제10장
독일제국(the German Empire)의 창건

"정치가의 과제는 역사를 통해 행진하는 신의 발자국 소리를 들을 때까지
기다려야 한다. 그리고 신이 지나갈 때 그의 옷자락을 움켜쥐어야 한다."
-오토 폰 비스마르크-

1월 18일은 프러시아 왕국의 탄생일이다. 1701년 바로 그날에 브
란덴부르크의 선출 제후였던 프리드리히 3세가 프러시아의 왕에 등극
했었다. 그로부터 170년이 흐른 후 이제 1871년 1월 18일은 프러시
아의 왕 빌헬름 1세가 독일 황제로 선포된 날이 되었다. 그 선포문은
루이 14세가 거처로 사용했던 베르사유 궁전의 "거울의 홀"(the Hall
of Mirrors)에서 비스마르크가 읽었다. 그것은 그의 가장 자랑스러운
날이었다. 그는 자기가 이 목적으로 이끈 모든 조치를 지시했다고 말
할 수 있었다.[367] 그 날은 빌헬름 왕에게도 역시 자랑스러운 날이었
을까? 그가 영위할 준비가 되었고 비스마르크가 그에게 강력한 손을
내밀었던 1862년 9월의 어느 날을 되돌아볼 때 그는 인간의 역사에

---

367) *Ibid.*, p. 182.

서 거의 비교할 수 없는 승리에 대해 진실로 수상에게 빚을 졌다고 느꼈을 것이다. 우리는 그가 비스마르크를 자기 가슴으로 끌어당겨 그에게 진 빚을 결코 잊지 않을 것이라고 보장했을 것으로 가정할 수 있다.

그러나 새 독일 황제는 연단에서 내려오면서 비스마르크와 악수하지 않았고, 심지어는 그를 쳐다보지도 않고 장군들에게 걸어가 그들의 축하를 받았다. 왜 그랬을까? 그 이유는 거의 웃음거리다. 그는 "독일의 황제"(Emperor of Germany)를 원했지만 비스마르크는 의회와 독일 군주들에게서 고통스럽게 확보한 "독일황제"(German Emperor)만 허용될 수 있다고 생각했다. 왕은 "독일의 제국"이라는 전통적 영광을 초라한 "독일제국"을 위해 양보하길 완고하게 거절했다.368) 그러나 왕의 거부감에 대한 진정한 동기는 그의 완강한 프러시아주의였다. 그는 프러시아의 왕으로서 그의 강력한 지위를 잘 알고 있었다. 그러나 그는 독일황제로서 그가 훨씬 덜 강력할 것이라고 두려워했다. 그는 비스마르크가 독일황제를 프러시아 왕보다 훨씬 더 강력하게 만들 수 있을 것이라는 것을 내다보지 못했다.369)

독일제국의 주창자들이었던 자유주의자들은 그것을 하나의 근대적이고 자유주의적인 제도로 생각했었다. 그러나 비스마르크에게 그것은 민주주의적 기대가 완전하게 회피된 비상하고 운명적인 성취였다. 이런 관점에서 보면 선포식의 성격이 중요했다. 그것은 군주들과 장

---

368) Jonathan Steinberg, *Bismarck: A Life*, Oxford: Oxford University Press, 2011, p. 305.
369) Erich Eyck, *Bismarck and the German Empire*, New York: W. W. Norton, 1964, p. 183.

군들의 기념행사였다. 이 성격은 새 독일제국에 시작부터 새겨졌다. 군주들, 장군들, 귀족들, 그리고 융커들조차도 중요한 계급들이 되었다. 프러시아의 융커들은 새 제국에서 지배계급이 되었고 그것의 최고의 옹호자들로 나섰다. 이런 발전은 비스마르크가 제국의 창건에 의회의 적극적 영향을 부인한 1870년 비스마르크 정책에 그 기원을 갖고 있다. 그는 자기의 신념을 자기의 회고록에서 표명했다:

"독일정치에 대한 열쇠는 의회와 언론 혹은 바리케이드에서 든 선동가들에게서가 아니라 군주들과 왕조들에게서 발견되어야 한다. 왜냐하면 독일 애국주의가 적극적이고 효율적이기 위해서는 하나의 규칙으로 왕조에 의존할 필요가 있다. 왕조에서 독립해서 그것은 부상하는 지점에 도달하기는 드물다. … 조국에 대한 독일인의 사랑은 그가 자기의 집착을 집중할 수 있는 군주의 필요성이 있다. 또 독일 군주들이 갑자기 폐위되었다고 가정해 보라. 그러면 유럽정치의 마찰 속에서 모든 독일인들을 단결시키기에 충분한 독일의 민족적 감정은 없을 것이다."[370]

비스마르크의 유산은 시대의 모든 변화에도 지속되었다. 그가 독일 민족에게 "피와 철"이라는 그의 교리로 새겨 놓은 군국주의(militarism)와 그것의 빛나는 그리고 승리의 실현은 제1차 세계대전과 바이마르 공화정의 쓰라린 실망보다도 더 압도적으로 강력하고 또 더 강력하다는 것을 입증했다.

독일 군국주의의 힘에 대한 하나의 이유는 프랑스에 대한 전쟁을 종식시킨 평화와 밀접하게 관련되어 있다. 이 평화조약을 결과로 2개

---

370) *Ibid.*, pp. 183-184.에서 재인용.

의 프랑스 지방, 즉 알자스(Alsace)와 로렌(Lorraine)이 패배한 프랑스에서 찢겨 나와 승리한 독일에 합병되었다. 비스마르크의 동기는 이 2개 지방이 수세기 전 한때 신성로마제국에 속했으며 이제는 회복된 조국으로 돌아와야 한다고 주장하는 것으로, 독일 역사가들이 표방하는 역사적 낭만주의는 아니었다. 실질적인 사람으로서 비스마르크는 역사적 과정이 수세기 후에 새롭게 시작될 수 없다는 것을 잘 알고 있었다. 그는 알자스와 로렌의 주민들이 프랑스인으로 느끼고 또 오랫동안 계속해서 독일의 아주 불편한 일부가 될 것이라는 것을 알고 있었다. 그럼에도 불구하고 그가 합병을 고집했다면 그것은 군사적 이유들 때문이었다. 그는 두 지방이 독일의 방어에, 특히 새로운 프랑스의 공격에 대항하여 남서부 독일의 방어에 긴요할 것이라고 믿었다.[371] 그렇다고 해도 그는 그곳의 주민들이 전부가 감정과 언어에서 프랑스령인 메츠(Metz)를 취하는 것은 위험하지 않을까 하는 의심을 가졌다. 그러나 마침내 그는 장군들의 간언과 자기 왕의 염원에 양보하고 말았다.[372]

당시에 영국의 수상은 글래드스턴(Gladstone)이었다. 그는 그곳 주민들의 명백한 염원에 반하여 그 2개 지방을 합병한다는 독일의 의도에 관해서 듣고 놀라움을 금치 못했다. 그는 중립적 국가들이 합동으로 그 합병에 항의하기를 원했지만 자신의 내각회의에서 패배했다. 글래드스턴이 예상했던 대로, 사실상 모두는 그 합병이 독일과 프랑스 사이의 진정하고 지속적인 평화를 불가능하게 만들 것이라고 생각

---

371) *Ibid.*, p. 185.
372) *Ibid.*

272 오토 폰 비스마르크 -천재-정치가의 불멸의 위대한 리더십-

했다. 비스마르크의 밤 잠은 연합의 악몽으로 시달렸다. 전 유럽 대륙이 무장한 군사 캠프가 되었다. 독일의 제1차적 의무는 보다 많이 그리고 보다 더 강력하게 스스로를 무장하는 것이었다. 이는 누구도 군인과 장교만큼 중요해 보이지 않았다. 그리고 군국주의가 완전한 부상을 이루었다.[373]

그러나 비스마르크의 엄청난 성취, 독일 국가들의 꿈의 실현, 그들의 강력하고 영광된 제국으로 통일이 결코 간과되어서는 안 될 것이었다. 매 세기 숙명이 정치가로 하여금 전 민족에서 이런 힘의 감정을 불러일으키도록 허용하는 것은 아니다. 그리고 그렇게 하는데 성공한 정치가들은 영웅들이고 역사의 위대한 사나이들이다. 비스마르크는 언제나 그런 인물로 분류될 것이고 그의 방법이나 개성의 비판자들도 그의 나홀로 위대성과 영원한 영광을 결코 의심할 수 없고 또한 의심하지도 않을 것이다.

1871년 1월 23일 쥘 파브르(Jules Favre)가 베르사유에 도착하여 프랑스 공화국의 최종적 항복을 협상했다. 비스마르크가 그 협상을 절대적으로 수행했다. 항복은 1월 28일에 서명되었고 프러시아 군대는 이제 굶주린 도시에 식량을 공급해야 했다. 항복이 서명된 이상 프랑스의 배상금 지불이라는 난처한 문제가 시작되었다. 2월 8일 프러시아의 국무성은 프랑스의 배상금을 10억 탈러(30억 프랑)로 정했으며 그것의 95%는 군을 위해 배정했다. 1871년 2월 26일 프랑스와 독일 사이에 예비 평화 조약이 베르사유에서 서명되었다. 프랑스의 배상금은 50억 프랑으로 정해졌다.[374]

---

373) *Ibid.*

1871년 3월 7일 황제와 황태자가 베르사유로부터 포츠담(Potsdam)으로 돌아왔다. 독일의 승리와 통일은 전 정치적 스펙트럼을 통해서 독일 사람들을 눈부시게 했다. 3월 21일에는 3월 초에 선출된 새 제국의회의 국가적 개회식이 있었다. 다음 날 황제는 비스마르크에게 공작(Prince)의 작위를 수여했다. 비스마르크의 가족은 다음 날 저녁에 거대한 축하행사를 열었다. 1871년 4월 16일 제국의회는 새 헌법을 승인했다. 비스마르크 경력의 첫 단계가 마무리되었다. 이 천재-정치가는 유럽의 정치를 전환하고 또 8년 반 만에 독일을 통일했다. 그리고 그는 이 모든 일을 순전히 개성의 힘과 그의 탁월성, 무도한, 그리고 원칙의 융통성으로 해냈다. 1866년에 그가 외쳤듯이 이번에도 그는 또 다시 그들 모두를 물리쳤다.[375]

프랑스와의 전쟁에서 승리한 후에 독일인들 사이에서 비스마르크의 권위는 굉장했다. 새 독일 황제는 그에게 공작의 작위를 수여했고 독일 제국의 수상이 대부분의 사람들에게는 독일의 진정한 지배자로 보였다. 비스마르크에게는 독일제국의 명실상부한 구축이 급선무였다. 그러나 그런 비스마르크가 통제할 수 없는 세력의 하나가 유권자였다.[376] 1871년 3월 3일에 실시된 제국의회에 대한 첫 총선거는 여러 자유주의 정당들에게 다수 의석을 주었다. 이들 가운데 가장 강력한 것이 400석의 의석 중에서 120석을 차지한 민족자유당(the National Liberal Party)이었다. 비스마르크의 강력한 지지자들인 자유 보수주의

---

374) Jonathan Steinberg, *Bismarck: A Life,* Oxford: Oxford University Press, 2011, p. 309.
375) *Ibid.,* p. 311.
376) *Ibid.,* p. 315.

274 오토 폰 비스마르크 -천재-정치가의 불멸의 위대한 리더십-

자들은 약 40석을, 그리고 진보당(the Progressive Party)이 약 50석을 획득했다. 민족자유당이 의석수는 물론 의원들의 수준에서 가장 중요했다. 비스마르크는 민족 자유주의자들의 의회 도움을 기꺼이 수용했고 입법의 문제에서 그들에게 상당한 영향력을 양보했다.

독일제국 같이 새로 수립된 국가에게는 그것의 제도들을 늘리고 완성할 많은 새 법들이 필요했다. 개별 국가들에서 존재하는 종종 아주 다른 법들의 혼돈 속에서 전 민족을 위한 새 법전이 창제되어야만했다. 그런 법들은 특히 통상과 경제의 분야에서 필요했다. 예를 들어서 모든 독일 국가는 그 자신의 특수한 화폐를 갖고 있었다. 하나의 화폐가 함부르크에서 통용되었고, 다른 화폐가 프러시아에서 사용되었으며, 또 바바리아에서는 또 다른 화폐가 있었다. 이제 공통의 화폐가 창조되어 옛 화폐는 회수되고 제국의 모든 곳에서 수용될 새로운 화폐가 통용되어야 했다. 이런 공통 화폐의 토대로서 영국에서 영국은행(the Bank of England) 같은 중앙은행이 설치되어야 했다. 필요한 입법은 70년대 초에 통과되었다. 그리고 민족자유당의 루트비히 밤베르거(Ludwig Bamberger)가 이런 입법을 형성하는데 가장 큰 영향력을 행사했다.

비스마르크는 다행히도 이 입법의 과업을 위해서 루돌프 델브뤼크(Rudolf Delbrueck)라는 탁월한 협력자를 가지고 있었다. 비스마르크는 이 당시에 경제적 문제들을 이해하지 않았고 크게 신경을 쓰지도 않았다. 그래서 그는 수상실의 의장인 델브뤼크에게 그것들을 기꺼이 맡겼다. 델브뤼크는 폭넓고 가장 정확한 지식을 갖고 있었으며 지칠 줄 모르게 일하는 사람, 즉 그의 접근법이 객관적이고 개인적 고려에 의해 좌우되지 않는 프러시아의 고위공직자의 최선의 유형이었다. 그는 의회의 신임, 특히 그가 경제적 목표와 아이디어들을 공유한 자유주의자들에 의해서 신임을 받았다. 그는 경제적 자유를 믿고 낡은 전통적 장애들을 기꺼이 폐지할 자유주의 경제정책의 주창자였다. 이것은 자유주의자들의 목표였기에 그들의 협력은 가장 결실이 있었고 이 시기의 풍부한 입법 작업에 그것의 징표를 남겼다.

경제적 문제들과 달리 이 시기에 가장 중요한 성취는 사법적 법률의 통일이었다. 독일 판사는 자기의 판결을 실정법 체계에 기초해야 했기 때문에 여러 개별 국가들에서 지금까지 통용된 다양한 법들을 대치하기 위해 공통의 실정법을 제정하는 것이 가장 중요하다고 보았다. 독일제국의 헌법은 이 모든 법들의 통일을 규정하지 않았다. 그리고 바바리아와 뷔르템베르크 같은 중소국가들의 정부는 제국이 그들의 법에 개입하는 것을 가장 허용하지 않으려고 했다. 그러나 민족운동이 이런 방해들을 쓸어버렸다. 대체로 성공에 크게 기여한 사람은 에두아르트 라스케르였다 그는 공동 절차의 법규와 공통의 민법을 위해 의회에서 거듭해서 움직였다. 비스마르크는 이런 사법적 문제들에는 큰 관심이 없었다. 한때 그는 사법적 절차 문제를 다루는 위원회의 토의를 들을 기회를 가졌다. 그는 어떻게 지적인 사람들이 그런 문제들을 심각하게 논의할 수 있는 지를 이해할 수 없다고 말하면서 자기의 고개를 저으면서 가버렸다. 그러나 예를 들어, 언론의 법과 관련하여 국가의 권한이 개인의 자유를 위해 제한된다고 느끼는 문제가 제기되면 그때 그는 그것을 반대하는데 가장 집요했다.[377]

---

377) Erich Eyck, *Bismarck and the German Empire*, New York: W. W. Norton,

만일 이 시기가 "자유주의 시대"(the Liberal Era)라 불린다면 자유주의적 영향은 입법의 분야에만 국한되었다는 사실이 잊혀서는 안 될 것이다. 프러시아 정부에서 보수주의자들이 그들의 위상을 유지했다. 비스마르크의 시대에는 그가 홀로 선 정부였다. 지금은 자기의 신봉자들로부터 무조건 복종을 요구하는 것이 비스마르크의 본성이었다. 그는 자기의 신봉자들이지만 이런 저런 특수한 문제에서 자신의 양심에 따라 그를 반대하거나 아니면 줄곧 그를 따르지 않는 의원의 독립적 마음을 이해할 수 없었다. 심각한 경우에 그는 그런 독립적인 노선을 유기나 불충으로 다룰 수 있었다. 그는 유권자들이 자기의 리더십을 따르라고 의원을 선출했다고 주장했다. 바꾸어 말하면 그는 의원의 머리를 넘어 선거민에게 호소했고 또 모든 의원들은 비스마르크가 선거에서 반대자에게 얼마나 위험스러운 일을 할 수 있는지를 알고 있었다.378)

민족자유당은 그들이 자기들의 선거구에서 살아 있는 가장 위대한 정치가이며 민족통일의 불멸의 영웅으로 떠받치는 비스마르크와 협력하는 것 이상으로 더 잘하길 원하는 것이 없었다. 그러나 정당의 지도자들은 모든 원칙의 문제에서 이 위대한 정치가와 자기들 사이에는 깊은 간격이 있다는 것을 깨닫지 않을 수 없었다. 그들은 자유주의자였다. 그러나 비스마르크는 빅토리아(Victoria) 독일 황태자비가 예리하고 비판적으로 관찰했듯이 "중세적"(medieval)이었다.379) 비록 민족

1964, p. 197.
378) *Ibid.*, p. 199.
379) *Ibid.*

자유당원들이 그런 동일한 관점에서 비스마르크를 본다고 할지라도 그들은 최선을 다해 그와 협력할 수밖에 없을 것이다. 그의 지위는 완전하게 견고했다. 그는 뭔가를 하기 위해서는 불가결한 인물이었다. 그들의 유권자들에 대한 그의 권위는 너무나 거대해서 그들은 가능한 한 오랫동안 그와 갈등을 피할 수밖에 없었다. 그런 지위에서 정치적 적응성과 마음의 독립성의 드문 결합이 필요하다. 이런 성질들은 서로 다른 사람들 속에서 아주 다른 비율로 발견된다. 그러므로 당시에 정당을 단결시키기가 아주 어려웠다. 한 쪽이 원칙을 고수하고 다른 쪽은 타협을 원했다.

문화투쟁(Kulturkampf)이라는 말은 비스마르크와 독일 자유주의자들이 로마 가톨릭 교회와 가톨릭 중앙당(the Catholic Party of the Centrum)에 대항하여 싸운 거대한 작전을 의미한다. 독일에서 이 투쟁은 4~5년간 사람들의 마음을 지배했고 또 많은 유럽인들에 의해서 당시의 가장 흥미로운 사건들 중의 하나로 간주되었다. 이 사건을 이해하기 위해서는 1864년 실라버스(Syllabus)의 출간과 1870년 교황의 무오류에 관한 교황청의 칙령이라는 로마 가톨릭 교회의 2개의 조치로 돌아가야 한다. 우리시대의 주요 실수들의 목록이라는 유론표는 교황 비오 9세(Pope Pius IX)가 교황회칙인 인사이클리카 퀸타 큐라(Encyclica Quanta Cura)에 덧붙여 출판되었다. 그것은 교황이 비난하고, 금지하고, 그리고 규탄하는 모든 근대 교리들의 목록을 내포하고 있었다. 이제 이 목록에서 자유주의자들이 국가와 근대 문명의 근본들로 간주하는 거의 모든 교리들이 발견되었다. 그리하여 유론표는 자유주의와 근대 문화에 대한 도전으로 간주되었다.[380]

교황청 위원회가 1870년 6월 교황의 무오류(infallibility)의 도그마를 채택했을 때 더 큰 소동이 발생했다. 소동은 특히 자체를 종교개혁의 발생지로 간주하는 독일에서 강력했다. 왜냐하면 독일 주교의 다수가 위원회가 열리는 동안에 이 도그마에 반대했으며 그것이 교황청 위원회에 의해서 받아들여진 후에 가톨릭 교회의 근본적 교리에 따라 그것이 굴복했기 때문이었다. 처음에 비스마르크는 무오류의 도그마로 크게 곤란을 겪지는 않았다. 교황청 위원회가 열리는 동안에 비록 교황청 주재 프러시아 대사인 하리 아르님(Harry Arnim) 백작이 보다 적극적인 정책을 권고했음에도 비스마르크는 다소 유보된 태도를 취했다. 비스마르크는 교황에 의해서 개신교 국가로 간주되는 프러시아는 가톨릭 교회의 문제에 이니셔티브를 취할 수 없다고 올바르게 지적했다. 그러나 그는 오스트리아나 프랑스 같은 가톨릭 국가들의 선도에 기꺼이 따를 생각이었다.[381]

교황청 위원회가 무오류의 도그마를 채택했을 때 프랑스-프러시아 전쟁이 발생했다. 비스마르크의 첫 관심은 자신의 과제를 더 어렵게 할 수 있는 국제적 말썽을 막는 것이었다. 그러나 교황의 세속적 힘이 사라진 후에 그리고 1870년 9월에 이탈리아 왕국이 교황국을 흡수한 뒤에 프러시아의 지도급 주교들 가운데 한 사람이 베르사유에 있는 독일 사령부에 등장했다. 그는 비스마르크가 프러시아의 폴란드 지방에 정착하도록 도와준 사람이었고, 비록 그가 예수회 소속이었지만 그들의 독일화에 소중한 가치를 그에게서 보았기 때문에 비스마르크가 찬

---

380) Erich Eyck, *Bismarck and the German Empire,* New York: W. W. Norton, 1964, p. 203.
381) *Ibid.*

성했던 포젠(Posen)의 대주교인 폰 레도호브스키(von Ledochowsky) 백작이었다. 그는 비스마르크에게 2가지 요청을 가지고 베르사유에 왔다. 하나는 비스마르크가 교황국의 파괴에 항의하는 것이고 또 하나는 만일 교황이 로마를 떠나면 프러시아에 교황의 망명처를 제공하라는 것이었다. 비스마르크는 첫 번째 요청을 거절했다. 왜냐하면 이탈리아 왕국과 소원해지는 것은 독일의 이익이 아니었기 때문이다. 그러나 그는 두 번째 요청은 들어줄 준비가 되어 있었다. 왜냐하면 만일 교황이 독일에 거주하면 독일의 영향력이 성장할 것이고, 더 나아가 조국 내에 있는 교황은 국내정치에서 정부에 소중한 도움이 될 것이기 때문이었다.[382]

비스마르크는 그의 행정부가 출범할 때부터 교황에게 의회에 앉아 있는 프러시아의 가톨릭에게 유리한 말을 해달라고 거듭 요청했었다. 그는 만일 교황이 가톨릭 의원들이 정부를 위해 투표하도록 조정한다면 국제문제에서 기꺼이 교황을 도울 생각이었다. 레도호브스키가 베르사이유에 있는 동안에 비스마르크는 그에게 말했다:

> "만일 우리가 교황에게 망명처를 제공한다면 그도 보답으로 우리를 위해서 뭔가를 해야만 한다. 교황지상권 주의적인 성직자 정당의 반대가 견제될 것이다."[383]

당시에 이것은 강력한 교황지상권주의 정당이 방금 창설되었기 때문에 더욱 더 중요했다. 프러시아의 의회에는 항상 가톨릭 정당이 있

---

382) *Ibid.*, p. 204.
383) *Ibid.*에서 재인용.

었지만 그것은 비교적 약했다. 중도(the Center)를 지향하는 새 정당은 훨씬 강했다. 비스마르크는 교황을 유도하여 중앙당(the Central Party)에 반대하게 하려고 노력했다. 이에 중앙당이 비스마르크에 대해 공세를 취했다. 비스마르크와 중앙당 사이에는 독일에서 가톨릭 교회의 정치적 챔피언으로 공개적 투쟁이 있었다. 이 투쟁에서 비-가톨릭 인구의 대다수, 즉 독일인구의 약 2/3가 진정으로 비스마르크 편에 있었다. 그들 가운데 많은 사람들은 이 투쟁이 반계몽주의의 공격에 대항하여 근대문화를 지지하는 것으로 느꼈다. "문화투쟁"이라는 용어는 당시 유명한 병리학자인 베를린의 루돌프 피르호(Rudolf Virchow) 교수에 의해서 주조되었는데 그는 의회의 진보당의 일원이었으며 비스마르크의 권력정치의 맹목적 신봉자가 결코 아니었다. 그와 그의 동료들은 이 투쟁이 학교들을 가톨릭과 개신교 모두의 성직자의 영향으로부터 해방되기를 희망했다. 보다 보수적인 다른 정치인들은 이 투쟁이 국가의 권한을 유지하기 위해 필요하다고 생각했다.

1872년 국가연합 의회가 정부에게 예수회(the Society of Jesus)의 모든 지부들을 폐쇄할 뿐만 아니라 회원들을 모두 나라에서 추방할 권한을 정부에 주는 반예수교 조치를 승인했다. 이것은 그런 최악의 예외적인 법으로 신앙과 양심의 민간 평등과 자유의 자유주의적 원칙의 부인이었다. 그럼에도 불구하고 보수주의자들뿐만 아니라 대다수의 자유주의자들이 그것에 찬성 투표를 했다. 자유주의의 명예는 자신의 양심상 그렇게 비자유주의적 조치에 반대할 수밖에 없다고 선언한 라스케르에 의해서 구원되었다. 주요 전투들은 프러시아의 의회에서 이루어졌다. 학교와 교회의 관리는 제국이 아니라 개별국가에 속했다. 비스마르크는 기존의 프러시아 법이 교회의 호전성에 대항하여 국가의 권위를 유지하기에는 불충분하다고 생각했다. 새 입법이 필요했다. 이 과업을 위해서 그는 새 문화상이 필요했다. 이 자리를 위해 그는 법부부의 고위 관리인 아달베르트 팔크(Adalbert Falk)를 확보했다. 그가 자리를 제안 받았을 때 팔크는 비스마르크에게 뭘 해야 하느냐고 물었다. 비스마르크는 교회와 관련하여 국가의 권한을 재수립하는 것, 특히 가능한 소동이 없이 하라고 대답했다.[384]

1872년부터 팔크는 프러시아와 독일제국에서 일련의 엄격한 입법을 도입했다. 그의 임명 이전에 이미 제국의 형법에 대한 수정법안은 성직자가 평화를 위태롭게 하는 정치적 발언을 교단에서 하는 경우에 최고 2년까지 감옥형으로 처벌할 수 있는 범법행위로 되어 있었다.[385] 1월 30일 비스마르크는 프러시아의 의회에서 가톨릭 중앙당에 대한 직접 공격을 가했다. 비스마르크가 프러시아를 위한 새 입법을 도입하는 이 연설은 가장 큰 소동을 야기했다. 그것은 가장 활기차고 맹렬한 것이었다. 그는 중앙당을 그의 엄청난 힘과 에너지로 공격했다. 그것은 물론 별다른 소용이 없었다. 다른 연설에서 비스마르크는 중앙당을 국가에 대한 포대라고 불렀다 그리고 그가 그들을 국제적 방법으로 국가발전에 반대하고 민족과 민족국가에 대항하여 싸운 두 개의 정당이라고 불렀을 때 그들을 사회민주당과 함께 하나로 묶어버렸다. 또한 그가 자기의 현재 운동을 성직자와 왕 사이의 오랜 투쟁의 일부라고 제시했을 때 보다 큰 인상을 심어주었다. 그리하여 비

---

384) *Ibid.,* p. 206.
385) Jonathan Steinberg, *Bismarck: A Life,* Oxford: Oxford University Press, 2011, p. 321.

스마르크의 과거에 많은 비참함과 상처를 가져다주었지만 이번에는 승리의 결론을 내기 위해 싸울 것이라는 인상을 국민에게 주었다. 그러나 그는 주로 실패했다.

1872년 2월 13일 학교 감독법이 프러시아의 의회를 통과했다. 그러나 비스마르크는 가톨릭 교회를 충분히 이해하지 못했다. 로마교회는 항상 탄압에서 힘을 얻었지만 자유와 그것의 축복의 힘에 대해서는 언제나 무기력했다. 비스마르크의 반-교회정책은 독일의 주교들로 하여금 교황주변으로 몰려들어 규율과 복종 그리고 본보기를 위한 순교를 강요했다. 그는 프러시아의 헌법적 갈등에서 그들을 별로 이해하지 못했던 것처럼 문화투쟁에서도 자기에 대항하여 소집된 도덕적 세력들을 잘 이해하지 못했다.[386]

문화투쟁의 정치적 효과는 비스마르크가 자유주의자들에게 너 근접했고 보수주의자들로부터 멀어졌다는 것이다. 보수주의자들은 하나의 규칙처럼 가톨릭에 대해 과도하게 염려하지 않았다. 다음 투쟁은 1872년 2월 팔크의 법이 가톨릭과 개신교의 성직자에 의한 초등학교의 검열에 개입했을 때 그들은 반대하고 나섰고 그래서 비스마르크와 날카로운 갈등에 들어갔다. 1874년 다음 선거에서 그는 보수주의자들에게 정부의 도움 없이 그들이 무력하다는 것을 보여주었다. 제국의회와 프러시아의 의회에서 그들의 의석은 프러시아의 헌법적 갈등이 있었던 때처럼 낮게 가라앉았다. 민족자유당과 진보당이 의석을 더 얻었지만 그러나 두 의회에서 100석에 접근한 중심당도 그랬다. 그러

---

386) Erich Eyck, *Bismarck and the German Empire,* New York: W. W. Norton, 1964, p. 208.

나 보수주의자들의 반대는 의회의 반대를 보여주는 면을 가졌다. 늙은 황제가 충심으로 그들과 공감했다. 늙어가면서 그는 종교문제에 있어 아주 정통적이 되었다 그리고 그는 개신교가 약해질 것을 두려워했다. 그럼에도 불구하고 그는 새 법에 아주 못마땅해 하면서도 서명을 했다.

문화투쟁의 극적인 정점은 쿨만(Kullmann)이라는 한 젊은 여행자가 1874년 7월에 키싱엔(Kissingen)에서 비스마르크를 암살하려는 기도였다. 쿨만은 가톨릭의 근로자 클럽의 회원이었다. 정부는 그 암살기도를 가톨릭 음모의 결과로 대변하려고 했지만 성공하지 못했다.[387] 비스마르크는 오른손에 가벼운 상처를 입었을 뿐이었다.

---

387) *Ibid.,* p. 210.

제11장
독일제국의 안정화: 3황제연맹(Dreikaiserbund)

"정치는 가능한 것, 즉, 얻을 수 있는 것의 기술--- 차선의 기술이다."
-오토 폰 비스마르크-

비스마르크는 1870년 1월 독일제국의 수립을 기점으로 이제 독일에게 필요한 모든 영토를 얻었다고 믿었다. 그는 또한 독일은 만족한 국가(a satisfied nation)임을 표방했다. 이제는 독일이 획득한 것을 보존하는 것이 독일의 이익이고 그것을 실현하는 최선의 길은 유럽의 질서안정과 평화를 보존하는 것이었다. 그는 이제 더 이상 백색 혁명가가 아니었다. 이제는 유럽의 안정이 더 중요했다. 그는 그가 변경한 유럽질서의 현상유지자, 즉 수호자가 된 것이다. 그 결과로 인해 상황은 완전히 역전되었다. 비스마르크의 정책이 지도를 변경하는데 목표를 두었다면 그는 헝가리의 클랍카(Klapka)나 이탈리아의 마치니(Mazzini) 같은 혁명가들과 손을 잡았을 것이다. 그러나 비스마르크는 자기의 목적에 도달한 뒤 그의 관심은 보수적인 색조를 띠었고, 보수적 강대국들이 그의 자연스러운 동맹 대상국들이었다. 따라서 프랑스 전쟁 후에 비스마르크의 정책의 첫 단계가 3황제의 연맹에 의해 특징된다는 것은 전혀 놀라운 일이 아니라 하겠다.[388]

러시아의 차르 알렉산더 2세는 프랑스-프러시아 전쟁 기간 동안에 자기의 삼촌인 프러시아의 왕 빌헬름을 돕기 위해 최선을 다했다. 전쟁이 발발했을 때 만일 합스부르크 왕가가 프러시아에 대항하여 동원체제에 들어간다면 그는 30만 명의 병력으로 왕 빌헬름을 도울 준비가 되어 있다고 빈에게 알렸다. 빌헬름 1세는 1871년 2월 프랑스의 패배 후에 차르에게 보낸 전문에서 이것을 인정했다. 그는 전문에서 프러시아는 전쟁이 극단적인 차원으로 가지 않은 것이 차르의 덕택이라는 사실을 결코 잊지 않을 것이라고 말했다. 빈 주재 프러시아 대사인 폰 슈바이니츠(von Schweinitz) 장군은 이 전문으로 크게 곤혹스러웠다. 왜냐하면 그것은 오스트리아의 중립이 군주제에서 독일인들의 감정에 기인한 것이 아니라 오직 러시아의 위협에 기인했다는 것을 전 세계에 폭로했기 때문이다.

그러나 차르는 공짜로 그의 도움을 주지 않았다. 그는 러시아로 하여금 흑해에서 함대의 유지를 금지한 1856년 파리조약의 문구들을 삭제함으로써 전쟁 상황과 프랑스의 고통을 이용했다. 크리미아 전쟁에서 패배한 후에 러시아는 흑해에서 함대를 유지하지 않을 것을 프랑스와 영국으로부터 강요받았다. 그 문구는 모든 유럽 강대국들에 의해서 서명된 파리조약의 일부를 이루었고, 그에 따라 국제법의 위력을 갖고 있었다. 프러시아도 서명국들 중의 하나였으며 그러므로

---

388) Erich Eyck, *Bismarck and the German Empire,* New York: W. W. Norton, 1964, p. 188.

조약을 유지할 구속력 하에 있었다.[389]

전쟁이 발발하기 수주 전에 왕 빌헬름과 비스마르크는 엠스(Ems)에서 차르 알렉산더와 고르차고프를 만났다. 이때 두 정치가들이 흑해 문제를 논의했는지는 알려져 있지 않지만 비스마르크가 1866년 이래 그 방향으로 조치를 취하라고 러시아를 격려했다는 것은 알려져 있다. 1866년 전쟁이 끝났을 때 만토이펠 장군이 차르를 달래기 위해 페테르부르크에 파견되었다. 만토이펠에 주는 훈령에서 비스마르크는 그에게 만일 차르가 흑해 문구를 폐기하길 원한다면 호의적인 답변을 하라고 그에게 명령했다. 프랑스와의 전쟁 중에 비스마르크는 페테르부르크에 있는 독일 대사 로이스(Reuss) 공작에게 동일한 내용을 지시했다. 1870년 9월 스당(Sedan) 전투의 승리 3주 후에 비스마르크는 그에게 만일 차르가 파리조약에서 벗어나길 원한다면 프러시아는 반대하지 않을 것임을 차르에게 알리라고 명령했다. 그러나 다른 한편 그는 독일에 의한 프랑스 영토의 합병에 대해 반대하지 않는다고 러시아가 선언해 줄 것을 요청했다. 러시아는 이 기회를 즉시 포착했다. 1870년 10월 31일 외교각서에서 러시아의 외상 고르차코프가 러시아는 흑해의 문구에 더 이상 구속을 받지 않는다고 선언했다. 비스마르크를 놀라게 할 수 있었던 이 외교각서의 유일한 점은 자신과의 사전 이해 없이 러시아에 의한 그런 일방적인 행동을 기대하지 않았다는 것이었다.[390]

러시아의 움직임에 반대할 수 있는 유일한 강대국은 영국이었다.

---

389) *Ibid.*, p. 189.
390) *Ibid.*

영국 정부는 파리조약의 문구가 정치적으로 현명하다고 생각하지 않았다. 이 문구는 파머스톤(Palmerston)의 정책을 대변했다. 지금의 글래드스턴(Gladstone) 수상은 러시아 정부와 이 문구의 폐기를 원만하게 논의할 것이었다. 그러나 그가 수락하지 않을 것은 유럽조약의 일방적 폐기였다. 영국 정부는 외무성의 차관보인 오도 러셀(Odo Russell)을 베르사유로 보내서 영국에서 러시아 행동의 조장자로 간주되는 비스마르크와 이 문제를 논의하게 했다. 오도 레셀은 자기의 훈령을 넘어서 비스마르크에게 만일 러시아가 일방적 행동을 고집한다면 동맹국이 있든 없든 영국은 전쟁으로 나갈 것이라고 선언했다. 이것은 공갈이었지만 성공했다. 비스마르크는 그 문제를 논의하기 위해서 국제회의의 소집에 동의했다. 1871년 봄에 회의가 런던에서 열렸고 흑해 문구를 폐기했지만 어떤 단일 강대국도 다른 계약 강대국들의 동의 없이는 국제조약을 폐기하거나 변경할 자격이 없다는 결의안을 만장일치로 통과시켰다. 러시아도 역시 이 결의안에 동의했다.

독일이 러시아의 우호적 중립에 의해서 이득을 보았던 것과 꼭 마찬가지로 이 특수한 경우에 이런 식으로 러시아의 원조에 의해서 이득을 보았다. 그러나 이것은 비스마르크가 노리는 러시아와 협력의 오직 하나의 표현이었다. 그는 스당의 오직 며칠 후에 첫 조치를 취했다. 그때 9월 9일에 그는 로이스 공작에게 전보를 쳤다.

> "프랑스에서 권력을 잡은 세력이 공화주의일 뿐만 아니라 두드러지게 사회주의적인 요소들을 고려할 때 유럽의 군주주의자들과 보수적인 계급을 단호하게 묶는 것이 무엇보다도 바람직하다."[391]

---

391) *Ibid.*, p. 190.에서 재인용.

수일 후에 비스마르크는 로이스에게 유럽에서 혁명적이고 공화주의적 파당들의 결속에 대해 차르의 관심을 끌라고 지시했다. 질서와 문명의 가장 확실한 보장으로서 그는 군주제의 원칙을 가장 견고하게 받쳐줄 강대국으로서 러시아, 독일, 그리고 오스트리아의 협력을 권고했다.[392] 이런 성명의 가장 중요한 특성은 그들이 외교정책과 이념적인 원칙들을 결합하고 있다는 것이었다. 이것은 비스마르크의 과거 행동과는 완전히 대조되는 것이었다. 비스마르크가 이제 불러일으킨 군주제의 원칙은 1815년 신성동맹(the Holy Alliance)의 이념적 토대였다. 그리고 그 동맹의 구성원들은 지금 비스마르크가 함께 묶고 싶어하는 러시아, 프러시아, 그리고 오스트리아의 동일한 강대국들이었다. 그럼에도 불구하고 비스마르크는 이 동맹을 추구하기 위해 보다 현실적인 이유들이 있었다. 전쟁 중 그리고 전쟁 후에 그의 외교정책의 주된 목표는 프랑스의 고립이었다.[393]

런던 주재 독일 대사인 베른슈토르프(Bernstorff) 백작은 영국이 그것이 유일하게 가치 있고 믿을 만한 대륙의 동맹일 것이라는 사실을 깨닫지 않는 한 러시아와의 동맹이 필요하다고 옹호했었다. 이것은 독일이 러시아와의 동맹보다는 영국과의 동맹을 선호할 것처럼 보였다. 그러나 그런 가능성은 없었다. 왜냐하면 알자스와 로렌의 합병이 영국에서 전혀 인기가 없었고, 영국은 프랑스를 영원히 억누르길 바라지 않았기 때문이다. 나폴레옹 3세의 통치가 영국에서 인기가 없었지만 그 후 프랑스 공화정에 대한 감정은 적대적이 아니었다. 오히려

---

392) *Ibid.*, p. 190.
393) *Ibid.*

많은 영국인들은 프랑스 제국의 몰락 후에 전쟁을 계속하는 것을 승인하지 않았다.

물론 3황제연맹(the League of Three Emperors)을 비스마르크가 바랐던 것처럼 새 신성동맹이라고 부르는 것은 과장이었다. 비스마르크나 러시아나 혹은 오스트리아의 지도자들은 누구도 새로운 개입정책을 목표로 하지 않았다. 그러나 3개 제국이 모두 적대주의적 강대국도 아니었다. 그러나 3개 제국들은 영국, 프랑스, 그리고 심지어 이탈리아 같은 보다 자유주의적 국가들의 제도에서 아무런 역할도 하지 않는 하나의 요인이 있었다. 그들의 외교정책이 의회에 의존하지 않았으며 그래서, 예를 들어, 영국에서처럼 총선에 의해 영향을 받지 않았다. 이 3개 제국에서 외교정책은 황제와 그의 외상의 손안에 있었다. 이런 점에서 그것은 여전히 비밀외교라고 불릴 수 있었다. 물론 여론이 이 3개 제국에서 어느 정도의 영향력을 행사했고 또 후년에는 러시아의 차르조차도 장기적으로는 러시아의 여론에 반하는 외교정책을 추구할 수 없었다는 것을 보여주었다. 그러나 하나의 규칙으로서 그가 자기 군왕의 지지에 항상 의존할 수 있다면 외상은 자기 방식대로 할 수 있었다. 독일에서 모든 외교정책들의 문제에서 비스마르크의 권위는 너무나 압도적이어서 국민들은 그의 리더십을 아주 기꺼이 따랐다. 비스마르크는 수상이었지만 1862년 수상이 되는 순간부터 외상을 겸직하고 있었다. 그러나 비스마르크는 의회가 외교문제에 개입하는 것을 막기 위해 그가 할 수 있는 일을 다했다.[394]

오스트리아-헝가리에서는 비스마르크의 오랜 경쟁자인 보이스트

---

394) *Ibid.*, p. 191.

백작이 독일제국의 창건 시에 여전히 외상이었다. 물론 그는 1866년의 결정이 최종적이고 마인(Main)의 선은 포기되었다. 합스부르크 왕가의 외교정책은 새로운 방향으로 나가야만 했다. 보이스트는 새 독일제국과 기꺼이 우호적인 협력관계로 들어갈 생각이었다. 비스마르크와 보이스트는 1871년 여름에 가슈타인에서 만났고 아주 우호적이고 만족스러운 회담을 가졌다. 러시아와의 협력조차도 보이스트는 승인했다. 그러나 외상으로서 그의 날은 이미 정해졌다. 비스마르크를 만나고 수주 후에 보이스트는 외상으로서 해임되고 영국대사로 런던으로 보내졌다. 보이스트의 해임은 오스트리아 국내정치의 어떤 사건들의 결과였지만 이 사건들은 독일제국의 창설과 관련되었다. 1872년 프란츠 요제프 황제는 독일이 자유주의 의원들로 구성된 오스트리아의 내각을 해산했다. 그의 주된 동기는 이제 독일제국이 수립된 이상 군주제 내에서 오스트리아에 살고 있는 독일인들에게 다른 민족들에 대한 우월권을 줄만큼 충분히 중요하다고 생각하지 않았던 것이다.

새 내각은 연방주의의 길을 가려고 노력한 성직자 보수주의자인 호엔바르트(Hohenwart)가 이끌었다. 즉 그는 다른 민족들, 특히 체코인들을 선호했다. 보이스트는 오스트리아 내각에 속하지 않았다. 그는 합동 문제를 위한 각료였다. 즉, 그는 오스트리아와 헝가리의 결합을 선호했다. 합스부르크 왕가에서 최우선이고 가장 중요한 자리는 외상이었다. 보이스트는 호엔바르트의 연방주의적 실험에 반대했다. 헝가리의 수상인 안드라시(Andrassy) 백작도 그랬다. 오스트리아에 있는 독일인들이 다루기 힘들 때 보이스트는 황제에게 호엔바르트의 정책에 반대하여 항의했다. 황제는 그의 말을 경청했다. 그리고 1871년 호엔바르트가 해임되었다. 그러나 며칠 후에 보이스트도 역시 해임되었다. 그 후임자는 헝가리의 수상 안드라시였다.[395]

헝가리 정책의 중심적 요인은 러시아에 대한 두려움이었다. 헝가리인으로서 안드라시는 합스부르크 왕가를 겨냥할 지도 모르는 독일과 러시아의 연합을 두려워했다. 비스마르크를 러시아로부터 떼어내는 것이 불가능했기에 오스트리아-헝가리의 최선의 정책은 이 연합에 합류하는 것이었다. 다른 한편 러시아의 고르차코프 외상은 러시아를 겨냥하는 독일과 오스트리아의 결합을 바라지 않았다. 1872년 9월에 프란츠 요제프가 자도바의 승자와 완전한 화해를 진심으로 바랐기에 베를린으로 갔을 때 차르도 베를린에 있기를 꾀했다. 그리하여 3개국 황제들이 외상을 동반하여 새 독일제국의 수도인 베를린에서 만났다. 그러나 동맹은 맺어지지 않았다. 이 모임은 과시용 이상의 아무 것도 아니었다. 다음 해인 1873년 10월 22일에 공식적으로 체결되었다. 그러나 그것은 아주 일반적이고 유동적이었다. 그것의 가장 흥미로운 점은 원칙의 선언이었다. 황제들은 어느 곳으로부터든 모든 파괴적인 활동에 대비하여 유럽의 평화유지를 확보하고 시행할 수 있다고 그들이 간주하는 원칙들에 대해 누구도 그들을 분열시킬 수 없다는 그들의 결의를 표현했다.[396]

황제들의 원칙들과 파괴적 경향에 대한 그들의 결의의 표명은 3개국 황제들의 연맹에 그것의 독특한 성격을 부여했다. 그렇다면 황제들이 힘을 합쳐 대항하는 이런 파괴적 경향은 어디에 있었는가? 런던에 있는 칼 마르크스(Karl Marx)가 두목이었던 국제공산주의가 이끈다

395) Erich Eyck, *Bismarck and the German Empire*, New York: W. W. Norton, 1964, p. 193.
396) *Ibid*.

고 가정되는 일정한 양의 사회주의적 선동이 있었다. 실제로 그것은 유럽의 평화나 황제들의 안전을 방해하기에는 너무 약했다. 스페인에서 혁명이 발생했을 때 비스마르크는 제국연맹의 원칙의 선언에 별로 중요성을 부여하지 않았기에 원칙적으로 그것에 강력히 반대하는 자기의 연맹국들과 협의하지 않고 1874년에 스페인 공화국을 인정해 버렸다. 비스마르크에게 원칙의 선언의 가치는 프랑스의 고립에 그것이 갖는 의미였다.[397]

비스마르크는 이 원칙들로 차르와 오스트리아 황제가 프랑스가 공화국인 한 프랑스와 동맹에 들어가는 것을 막을 수 있을 것으로 희망했다. 이것은 비스마르크가 모든 군주주의적 경향에 대항하여 프랑스에서 공화국을 유지하기 위해 최선을 다한 유일한 결과였다. 공화국은 전쟁 직후 수년 간 결코 굳건하게 수립되지 않았다. 고대 왕실의 혈족의 왕 하에 군주제의 부활을 위한 강력한 운동이 있었다. 그는 티에르(Thiers)를 수장으로 유지하길 원했다. 그래서 티에르가 1873년 5월에 프랑스 국회에서 군주주의적 다수에 의해서 전복되고 마크마옹(MacMahon) 장군이 대통령이 되었을 때 그는 분개했다. 그가 파리 주재 독일 대사인 하리 아르님(Harry Arnim)에게 퍼 부은 가장 심각한 비난은 그가 티에르를 돕지 않고 부활운동을 선호했다는 것이었다. 물론 비스마르크의 태도는 공화정의 어떤 선호에 의해서나 다른 국가들의 국내문제에 불개입의 교리에 의해서 이루어진 것은 아니었다. 그의 동기는 오직 프랑스가 군주가 없는 동안 군주국가와 동맹을 형성할 수 없을 것이라는 신념에서 나온 것이었다. 그의 견해에 의하면,

---

397) *Ibid.*, p. 194.

특별히 프랑스의 민주 공화정과 차르의 전제 정권 사이의 날카로운 대조가 그의 주된 악몽인 프랑스와 러시아 간의 동맹은 말할 필요도 없고 어떤 화해도 막을 것이라는 것이었다.[398]

비스마르크에 의한 문화투쟁은 국제문제에 약간의 아주 중요한 결과와 반향을 가져왔다. 오직 이탈리아 왕국만이 교황에 대한 비스마르크의 작전에 호의적인 인상을 받았다. 왜냐하면 교황은 이탈리아 왕국의 적이었기 때문이다. 영국에서도 역시 많은 사람들이 문화투쟁을 긍정적으로 보았지만 비스마르크의 방법들은 영국 정부가 채택할 것 같지 않은 그런 종류의 것이었다. 러시아에서는 문화투쟁의 반-폴란드 토대가 정부에 환영을 받았지만 고르차코프는 폴란드에서 로마 가톨릭 성직과 평화적인 이해에 이르기를 선호했다. 오스트리아에서는 자유주의 정부가 반-성직 정책을 따랐지만 그것은 훨씬 더 평화적이고 효율적인 방식으로 그것의 목적을 달성했으며 교회의 내부문제에 대한 개입을 회피했다. 교회의 아주 충성스러운 아들인 프란츠 요제프 황제는 물론 어떤 종류의 문화투쟁도 싫어했다.

프랑스와 벨기에 같은 다른 가톨릭 국가들에서는 주교와 성직자들이 문화투쟁을 신성모독으로 규탄하고 반대하며 독일 가톨릭을 격려하기 위해서 최선을 다했다. 비스마르크는 독일 문제에 대한 외국 성직자의 이런 간섭에 분노했다. 그래서 비스마르크는 파리와 브뤼셀에 보낸 2개의 예리한 외교 각서에서 그 정부들에게 그것을 억압할 것을 요청했다. 그러나 최악의 두려움은 1873년 티에르가 프랑스 의회에서 전복되고 마크마옹(MacMahon) 원수에 의해 대체되었을 때 실현된 것

---

398) *Ibid.*

처럼 보였다. 그 원수는 어디에서나 군주주의자로 보였다. 비스마르크는 프랑스의 군주제 부활은 국제적 위상에서 프랑스를 재수립하고 새 프랑스 왕이 차르와 다른 왕가에 의해 호의적으로 취급될 것이라고 두려워했다. 그는 또한 프랑스 왕이 성직자 영향에 굴복하여 문화투쟁에서 그에게 반대하는 결집 지점이 될 것이라고 두려워했다. 그와 많은 독일 사람들의 눈에 마크마옹 정권은 유럽의 모든 곳에서 가톨릭의 반대를 넓히는데 최선을 다할 것으로 보였다.

1874년 이른 봄에 비스마르크는 프랑스인들에게 자기의 불쾌감을 보여 주었다. 독일 언론은 독자들에게 수상이 만일 프랑스가 자신을 가톨릭 성직자의 이익과 동일시한다면 평화가 위험에 처할 것이라는 외교 회람을 보냈다고 알렸다. 언론인들은 비스마르크가 파리에 "찬물을 끼얹은" 것이라고 불렀다. 프랑스 정부가 프랑스 주교들을 달래려고 최선을 다할 때 독일에서 정부의 사주를 받은 언론이 비스마르크의 찬물 분사의 강장제 효과에 대해서 고소해 하였다. 물론 프랑스의 여론은 그것을 전혀 좋아하지 않았다.

그러나 비스마르크로 하여금 프랑스를 의심하게 하는 다른 일들도 있었다. 프랑스의 전후 회복이 기대 이상으로 빠르게 진행되었다. 평화조약에서 비스마르크가 프랑스에게 50억 프랑의 배상금을 물렸을 때 그는 프랑스의 재정적 능력이 앞으로 여러 해 동안 쇠약할 것을 희망했었다.[399] 그러나 티에르는 이 엄청난 액수를 비스마르크가 기대했던 것보다도 훨씬 빨리 지불해 냈다. 1873년 9월까지 마지막 독

399) Erich Eyck, *Bismarck and the German Empire,* New York: W. W. Norton, 1964, p. 215.

일 병사가 프랑스를 떠났고 점령된 영토의 해방이 완결되었다. 그것은 프랑스의 부러지지 않는 경제적 및 재정적 활력을 보여주는 비상한 재정적 성취였다. 그리고 프랑스가 자국의 군대를 재조직하려는 것은 자연스럽게 뒤따랐다. 비스마르크는 프랑스인들이 독일에서 그들의 기마부대를 위해 수천 마리의 말들을 구입했다고 말했다. 이것은 1875년 3월에 독일에서 어떤 말의 수출도 금지하는 칙령을 발표하기에 충분했다.[400] 여론은 이 칙령이 프랑스를 겨냥한 것이라는 것을 발견하는데 오래 걸리지 않았다. 그래서 그것이 불안하게 되었다. 물론 이 불안한 감정은 프랑스 국민들 사이에서 예리하게 반영되었다.

1875년 봄에 비스마르크는 아주 어두운 기분에 젖어 있었다. 그의 성질은 이따금씩 폭발했고 한 번 그 효과를 느낀 것은 벨기에 정부였다. 뒤셴(Duchesne)이라는 이름의 한 가톨릭 보일러 제조자가 파리의 대주교에게 편지를 썼다. 그 편지에서 그는 비스마르크를 살해하는데 6만 프랑을 제안했다. 이것이 짓궂은 장난이었는 지의 여부는 알려지지 않았다. 대주교는 아주 올바르게 그 편지를 독일정부에 전달했다. 비스마르크는 벨기에 정부에게 뒤셴의 처벌을 요구했지만 벨기에의 형법에는 독일 형법처럼 범하거나 시도되지 않은 범죄를 처벌하는 규정이 없었다. 비스마르크는 벨기에 정부가 형법을 수정할 것을 요청하는 각서를 보냈다. 그는 이 각서를 유럽의 다른 궁전들에도 전달했을 뿐만 아니라 그것이 독일 언론에 실리도록 했다. 이 사건은 국제적 긴장에 역시 추가되었다.

이제 1875년 초에 프랑스 정부는 국회에 군을 재조직하는 법안을

---

400) *Ibid.*

제출했다. 이것은 비스마르크가 말의 수출을 금지한 며칠 후에 이 법안은 프랑스 국회에서 채택되었다. 가장 중요한 규정은 1개 여단의 대대를 3개에서 4개로 늘리는 것이었다. 이 4번째 대대들의 중요성은 독일에서, 심지어 몰트케 같은 군사 전문가들에 의해서 과장되었다. 그러나 어떤 경우든 프랑스 측보다 더 큰 준비를 향한 조치였다. 비스마르크는 그것을 매우 심각하게 간주했다. 도시에 또 다른 국제적 사건이 그의 불안감을 증가시켰다. 이것은 베니스에서 이탈리아 왕과 오스트리아-헝가리 황제의 만남이었다. 비스마르크는 교황에 우호적이고 반-성직자 독일에 적대적인 오스트리아-이탈리아-프랑스 3국 연합의 냄새를 맡았다. 그의 일상적 전술에 따라 그는 정상적인 외교적 채널들에 의해서뿐만 아니라 언론에 경종을 울림으로써 공세를 취할 결심을 했다.[401]

1875년 4월 5일 <쾰니쉐 차이퉁>(Koelnische Zeitung)이 유럽의 평화와 위협에 관해 엄중하고 암울한 용어로 말하면서 프랑스 군의 재조직을 전쟁 준비라고 부르는 기사를 실었다. 그것은 베니스 만남에 관해서도 아주 비판적인 관점에서 코멘트했다. 이 기사는 빈 말이었다. 그러나 그 신문과 독일정부 사이의 긴밀한 관계는 너무 잘 알려져 있었다. 그 결과 모든 사람이 그것은 공적으로 고무된 것이라고 의심했다. 실제로 그랬다. 그것은 비스마르크의 주된 언론 에이전트인 아에기디(Aegidi)에 의해서 쓰였으며 그는 신문 편집자에게 모든 단어가 공식 문건에서처럼 주의 깊게 고려되었다면서 어떤 사소한 변경도 없이 그것을 출판하라고 요구했다.

---

401) Erich Eyck, *Bismarck and the German Empire*, New York: W. W. Norton, 1964, p. 216.

이 기사가 불러일으킨 소동은 이틀 후에 외무성과 아주 밀접하다고 알려진 <베를린 포스트>(Post)가 "전쟁이 보이는가?"라는 제목의 기사를 출판했을 때에는 아무 것도 아니었다. 이 제목만으로도 그것은 유럽에서 여론을 혼란시키기에 충분했다. 그리고 그것이 스스로 제공한 대답은 그것을 달래기 위해 별로 계산되지 않았다. 프랑스 재무장을 책망하면서 필자는 "그렇다, 전쟁이 보인다. 그러나 위협적인 구름은 아직 불러오지 않았다"고 대답했다. 필자는 자기가 독립적으로 썼다고 주장하는 독일정부 언론국의 전 관리였다. 그러나 이것은 크게 의심을 받았다. 세 번째 공격은 수상 자신의 신문인 <노르트도이췌 알게마이네 차이퉁>(Norddeutche Allgemeine Zeitung)에 의해서 이루어졌다. 이것은 오스트리아나 이탈리아로부터 위험은 없지만 그러나 프랑스로부터는 상당히 더 있다는 결론에 도달했다.[402]

이 기사들이 야기한 소동은 굉장했다. 아무도 비스마르크가 뒤에 있다는 것을 의심하지 않았다. 그러나 유럽 전체에 걸쳐 주식교환이 완전히 흔들렸다. 어디에서나 사람들은 전쟁의 임박에 대해 말했다. 그 모든 것에 의해 놀라고 충격을 받은 사람들 사이에는 늙은 독일 황제가 있었다. 그는 비스마르크에게 그의 완전한 놀라움을 표현하고 그 기사들이 진실로 무엇을 의미하는 지에 대해 알려 달라고 요구하는 편지를 썼다. 비스마르크는 물론 그것들과 모든 연계를 부인하고 <쾰니쉐 차이퉁>의 기사는 아마도 로스차일드(Rothschild)에 의해 고무된 단지 주식교환 공작이라고 암시하는 대담함을 갖고 있었다.[403]

---

402) Ibid.
403) Ibid., p. 217.

빌헬름은 이것을 믿었던 것으로 보였지만 그럼에도 불구하고 그는 새로운 전쟁을 용서하지 않을 것이라는 점을 분명히 했다. 4월 중순에 그는 베를린에 있는 프랑스 무관에게 누군가 그들의 관계에 독을 치길 원했다. 그 모든 것은 2개의 신문에 실린 난센스에 의해서 초래되었지만 이제는 그것이 끝났다고 말했다.

빌헬름이 그 말을 했던 바로 그날 독일 외무성은 런던에 있는 대사에게 몰트케의 보고서를 보내고 그것에 관해 소동을 일으킨 기사들이 했던 것과 거의 동일하게 코멘트를 했다. 모든 평화애호 정부들은 프랑스의 전쟁준비가 가져올 결과에 대해 프랑스 정부에게 명백히 하라고 권고되었다. 수일 후에 베를린 주재 프랑스 대사인 공토-비롱(Gontaut-Biron) 백작이 독일 외무성의 국무비서인 폰 뷜로(von Buelow)와 인터뷰를 갖고 자국 정부의 평화적 의도를 확인했다. 그는 자기가 폰 뷜로에게 호의적인 인상을 주었길 희망했다. 그러나 그의 희망은 4월 21일 영국의 오도 러셀(Odo Russell)이 베푼 만찬에서 그가 독일 외무성의 영향력 있는 인사인 판 라도비츠(van Radowitz)를 만났을 때 깨져버렸다.

라도비츠는 상당히 수상의 신임을 받는 것으로 알려졌다. 그러므로 공토 대사는 라도비츠가 말하는 것에 특별한 관심을 가지고 귀를 기울였다. 그도 역시 최근 수주 간의 위기가 완전히 가라앉았다고 선언했다. 그러나 그는 계속해서 미래에 대한 불길한 언급을 해 나갔다. 그때부터 경제적으로 회복되고 군사적으로 준비된 프랑스가 동맹국들을 발견할 것이고 잃어버린 지방들을 되찾기 위해 복수의 전쟁을 시작할 수 있을 것이라고 말했다. "우리가 왜 그렇게 오랫동안 기다려야 하는가? 우리가 예상하는 것이 낫지 않을까?" 그런 것이 어떤 영향력 있는 독일 정당 지도자들의 주장들이라고 계속 말하면서 라도비츠는 이런 주장들은 정치적, 철학적, 그리고 심지어 기독교적 근거에서도 참으로 정당하다는 결론을 맺었다.[404]

1875년 5월 1일 비스마르크는 본인이 직접 오스트리아의 카롤리 (Karolyi) 대사에게 프랑스에 대항하여 선수를 치는 것이 독일의 의무일 것이라고 말했다. 카롤리는 서둘러 영국의 대사인 오도 러셀에게 알렸다. 다음 날 5월 2일 러셀은 독일군의 참모총장이며 육군원수인 몰트케 백작의 방문을 받았다. 그는 정치적 상황에 대한 약간의 엄중한 말들을 했다. 그는 새 전쟁의 책임문제를 논의했다. 그는 평화가 먼저 행군하는 국가에 의해 깨지는 것이 아니라고 말했다. 책임을 져야할 것은 타국에서 방어의 필연성을 도발하는 국가라고 말했다. 러셀이 이 예방전쟁의 정당화를 반박했을 때 몰트케 장군은 모든 강대국들이 공개적으로 독일 편에 서서 프랑스에게 복수의 꿈이 얼마나 쓸모 없는 일인가를 입증한다면 전쟁은 어쩌면 영구히 피할 수 있을 것이라고 대답했다.

다음 날 5월 3일 독일 외무성은 파리에 있는 대사인 호엔로헤 (Hohenlohe) 공작에게 상당히 같은 맥락의 외교각서를 보냈다. 그것은 프랑스가 독일에 대항하는 전쟁을 준비하고 있다는 비스마르크 수상의 신념을 되풀이했을 뿐만 아니라 빌로와 대화에 대한 공토의 보고서가 만든 평화적 인상을 호엔로헤 대사가 제거해야 한다고 강조했다. 막 휴가를 떠나려고 했던 호엔로헤는 자기의 출발을 연기하고 프랑스

---

404) *Ibid.,* p. 218.

의 외상 드 드카즈(de Decazes) 공작에게 비록 그가 전쟁이 임박하다고 생각하지는 않지만 독일이 프랑스의 조치들에 의해서 위협을 느낀다고 말했다. 드카즈 외상은 호엔로헤의 방문 뒤에 숨은 이유는 프랑스인들이 이미 사건이 종료되었다고 생각하는 것을 막기 위한 것이라고 공토에게 편지를 썼을 때 그를 아주 정확하게 이해했다. 비스마르크는 오늘날 말로 소위 신경전을 벌였다. 그는 프랑스 군대의 재조직이 프랑스를 전쟁의 주위로 끌고 간다는 것을 모든 방식으로 프랑스 정부에게 인상을 주길 원했다. 이 작전의 목적은 프랑스를 아주 겁먹게 하여 프랑스가 제안된 조치들을 취하지 않게 하려는 것이었다.[405]

그러나 드카즈 외상은 정반대 길로 갔다. 그는 라도비츠의 언급에 대한 공토 보고서의 복사본을 프랑스가 독일의 예방전쟁에 의해 위협을 받았다는 것을 그들에게 보여주기 위해 모든 강대국들의 궁전에 보냈다. 그는 특히 차르에 인상을 주려고 노력했고 상당한 성공으로 알렉산더 2세는 프랑스 대사에게 만일 심각한 위험이 목전에 있다면 그들에게 알려줄 것이라고 보장했다. 그는 비스마르크가 프랑스를 갑자기 공격하는 것을 허용하지 않을 것임을 명백히 했다. 드카즈의 다른 조치는 <런던 타임즈>(The Times of London)의 수단을 통해 유럽에서 여론을 일으키는 것이었다. 그리하여 그는 모든 문건들을 그 신문의 파리 지국장인 블로위츠(Blowitz)의 앞에 펼쳐 놓았다. 그는 타임즈 사에 "프랑스의 공포"(A French Scare)라는 제목 하에 5월 6일에 발행된 잘 구비된 긴급 기사를 보냈다. 그것은 거대한 소동을 일으

---

405) Erich Eyck, *Bismarck and the German Empire*, New York: W. W. Norton, 1964, p. 219.

켰고 유럽에서 모든 중요 신문들에 의해서 복사되었다. 영국 외상 더비 경(Lord Derby)은 그것을 읽은 후에 "비스마르크가 정말로 전쟁하는 것으로 기울었거나 아니면 우리가 전쟁으로 기울었다고 믿게 하길 그가 원하고 있다"고 말했다.[406]

바로 이때 베를린은 차르와 고르차코프의 방문을 기대하고 있었다. 이 방문에 평화유지를 위한 모든 희망이 집중되었다. 영국 정부는 그가 베를린에 있는 동안 평화의 이익을 지지할 것이라면 차르에게 지원할 결의였다. 베를린에서 비스마르크에 말을 했던 런던에 있는 러시아 대사인 표트르 슈발로프(Peter Shouwaloff)는 더비 외상에게 비스마르크의 신경이 유럽에 위험하다고 말했다. 디즈레일리는 비스마르크를 나폴레옹 1세에 비교했고 빅토리아 여왕은 이 비교에 환호했다. 그녀는 차르에게 개인적 편지를 썼고 오도 러셀은 프랑스와 독일 사이에서 일어난 오해를 가라앉히고 또 차르가 같은 목적을 위해 할 것으로 기대되는 노력을 지원하기 위해 가능한 모든 수단을 사용하라는 지시를 받았다.[407]

1875년 5월 10일 러시아의 황제와 고르차코프가 베를린에 도착했다. 이 두 사람은 빌헬름 황제와 비스마르크에게 만일 프랑스와 독일 사이에 전쟁이 발생하면 유럽이 조용히 서 있지는 않을 것이라고 말했다. 늙은 황제는 완전한 진지함으로 그는 전쟁을 원하는 것과는 아주 멀다고 강조했고 비스마르크도 동일한 말을 했다. 비스마르크와 고르차코프는 어떤 지점에서 아주 활발하게 된 것으로 보이는 대화를

---

406) *Ibid.*
407) *Ibid.*

했다. 다음 날 차르는 공토 프랑스 대사에게 평화가 보장되었다고 말할 수 있었다. 즉, 카이저(the Kaiser)뿐만 아니라 황태자도 가장 설득력 있는 방식으로 그에게 그렇게 말했을 뿐만 아니라 비스마르크도 역시 평화적인 마음이었다고 그는 말했다. 프랑스인들은 안도의 숨을 내쉬었다. 고르차코프는 자기가 과도한 승리의 분위기를 만들고 상상할 수 있듯이 비스마르크에게는 화나게 하는 분위기를 만들었지만 그들의 성공에 관해서 너무 요란하게 말하지 말라고 그들에게 권고했다.

그러나 고르차코프가 완벽한 전술로 행동했다고 할지라도 비스마르크는 여전히 아주 화가 났다. 왜냐하면 정치적 회동에서 항상 승자로 등장했던 그가 이번에는 패배했다는 것이 일반적 인상이었기 때문이었다. 1875년 전쟁의 공포는 비스마르크 명성에 좋지 않은 인상을 뒤에 남겼다. 차르의 중대한 방문 후에 비스마르크는 수개월 동안 자기의 시골집으로 은둔했다. 그 방문 이전에도 그는 황제에게 그의 안 좋아지는 건강을 이유로 황제에게 업무로부터 벗어나길 요청했었다. 비스마르크 수상은 무기한 휴가를 인정받았다. 비록 그가 제국의 유일한 책임 있는 각료였음에도 불구하고 독일 정치세계가 수개월 간 지속된 그의 수도로부터의 부재를 조용히 수용했다는 것은 비스마르크가 차지한 독특한 지위에 대한 방증이었다. 제국의 헌법은 수상을 대신할 부수상과 비스마르크의 부재 시 황제의 정치적 행위에 연서를 할 규정조차 갖고 있지 않았다. 비스마르크는 헌법의 대단한 해석으로 난관을 해결하려고 노력했지만 진보당 회원이며 지도급 헌법학자인 해넬(Haenel) 교수는 이런 위반에 항의했다. 이런 기술적인 것을 떠나서 정부의 수반이 부재하고 오직 이따금씩 업무를 보았을 때 정부의 일을 계속하기가 아주 어려웠다. 이것은 거의 모든 문제를 마스터한 루돌프 델브뤼크를 자신의 대변자로 가지고 있는 동안에는 크게 심각하지 않았다. 델브뤼크는 의회에서 제기되는 모든 문제에 대처했고 상당한 권위를 행사했다. 그러나 1876년 4월에 세계는 델브뤼크가 사임했으며 그의 사임이 수락되었다는 소식에 의해 경악했다.[408)

델브뤼크의 은퇴는 자유주의적 시대가 끝나가고 있으며 비스마르크가 다른 당들의 지지를 낡고 있다는 것을 명백히 보여주었다. 델브뤼크가 은퇴했을 때 수상이 새로운 정치적 동맹의 아이디어를 만지작거리고 있다는 것을 느낀 것은 대규모의 자유주의자들만이 아니었다. 중앙당의 지도자도 관심을 보였지만 비스마르크는 어느 편에 그가 기울어야 하는 지를 아직 알지 못했다. 보수주의자들은 의회에서 결코 다수를 확보할 수 없었으며 자유주의자들을 투표로 능가할 수 없을 것이었다. 새로운 다수는 중앙당의 도움으로만 가능했으며 중앙당과 비스마르크 사이에 있는 거대한 간격은 다리를 놓을 수 없는 것처럼 보였다. 수상을 크게 괴롭히고 있는 실질적인 문제는 제국 재정의 개혁이었다. 끊임없이 증가하는 무장의 부담은 기존의 예산원천으로는 감당이 될 수 없었다. 제국의 재정은 기이한 방식으로 헌법 하에 조성되었다. 항상 민주주의를 의심했던 비스마르크는 보통선거권에 의해서 선출되는 연방의회에 직접세 징수권한을 맡기고 싶지 않았다. 다시 말해서 그는 맥주나 담배, 알코올 음료, 설탕, 그리고 정유와 같은 대량소비의 상품들에게 주로 세금을 부과하길 원했다. 그러나 이 세

---

408) Erich Eyck, *Bismarck and the German Empire*, New York: W. W. Norton, 1964, p. 224.

금들은 제국의 지출을 충당하기에 전혀 충분하지 않았다. 이 목적을 충당하기 위해서 개별 국가들이 헌법에 의해서 정해진 규모에 따라 기여해야만 했다. 그것들을 지불하기 위해서 개별국가들은 자기의 신민들에게 세금을 징수했다. 직접 세금은 개별국가들에 의해서 통제되었다.

이 제도는 제국에게도 개별국가들에게도 편리하지 않았다. 비스마르크는 제국에게 기존의 직접 징세에서 상당히 실질적인 증가를 확보하여 제국이 재정적으로 개별국가들로부터 독립하길 원했다. 이것은 담배, 맥주, 알코올 음료 같은 것들에 대한 세금의 가파른 인상을 의미했다. 어떤 자유주의자들, 특히 진보주의자들은 이 세금이 일반 서민에게 무거운 짐이라고 반대했다. 그들은 직접세를 선호했다. 왜냐하면 그것이 부자들, 그리고 잘사는 사람들에게 쉽게 부과되기 때문이었다. 민족자유당은 비스마르크의 제안에 보다 우호적이었지만 아주 중요한 헌법적 반대를 제기했다. 독일에서 간접세는 예산을 놓고 매년 투표 되지 않았다. 그것들은 새로운 법이 통과될 때까지 항구적으로 정해지고 변경되지 않았다. 이제 의회에 의해서 통과된 새 법은 다양한 단일 국가의 정부들의 대표들에 의해서 이루어진 연방위원회에 의해 확인될 때에만 법이 된다. 예산도 마찬가지였다. 헌법상 예산은 법으로 규정되었다. 환언하면 그것도 의회와 연방위원회 모두의 동의를 필요로 했다. 실제로 비스마르크를 반대하는 연방위원회의 투표는 정치적으로 불가능했다. 연방위원회에서 자기의 영향력을 통해 비스마르크는 어떤 세금의 감소에도 거부권을 행사할 수 있었다. 사실상 비스마르크는 예산의 채택을 막을 수 있었다. 예산법안이 없이도 세금 수입은 제국의 금고들 안으로 계속해서 흘러 들어갔다.

그러므로 민족자유당원들이 만일 비스마르크가 요구하는 높은 간접세에 투표하면 그들은 헌법적 보장이라고 부르는 것을 요구했다. 그러나 또 하나의 중요한 사항이 있었다. 재정적 문제들은 경제와 무역정책의 문제와 긴밀하게 묶여 있었다. 그러나 비스마르크가 어떤 경제정책을 염두에 두고 있었는가? 델브뤼크가 은퇴할 때까지 비스마르크는 경제문제들을 그에게 맡겼다 그러나 델브뤼크의 해임은 비스마르크가 그것들을 직접 다룬다는 것을 의미했다. 그가 같은 정책을 따를 것인가 아니면 새 출발을 하려는 것인가?

1862년 프랑스와 통상조약을 체결한 이래 관세동맹(Zollverein)의 경제정책은, 그리고 후에 독일제국의 경제정책은 온건한 자유무역이라고 불릴 수 있었다. 대부분의 온건한 관세는 보호주의적 성격을 갖지 않았다. 그러나 1873년에 통과된 법 아래에서 이 관세는 1876년 이후에 소멸할 예정이었다. 그러나 이 3년 동안 경제적 상황은 상당히 바뀌었다. 전쟁 직후 짧은 경제적 붐은 소진되고 생산과 시장이 떨어졌다. 제철소들은 관세의 철폐가 자기들을 망하게 할 것이라고 두려워했다. 이제는 제철소들과 방적업자들에 의해서 주도되는 보호무역주의자들이 조직되기 시작했다. 그러나 비스마르크의 입장이 무엇인지가 아직 확실하지 않았다. 1876년과 1877년에 비스마르크는 경제정책을 정하지 않은 것으로 보였다.[409]

1877년 1월 새 연방의회가 선출되었다. 자유주의자들이 몇 개의

---

409) Erich Eyck, *Bismarck and the German Empire*, New York: W. W. Norton, 1964, p. 228.

의석을 잃었지만 상황을 근본적으로 바꿀 정도는 아니었다. 민족자유당은 약 130석을 유지했고 여전히 가장 강력한 정당이었다. 그리하여 비스마르크는 그가 그들과 협력할 경우 다수를 기대하는데 멀리 가지 않았다. 중앙당이 약 100석을 차지했고, 2개의 보수당은 약 80석을 갖고 있었다. 중앙당과 보수당들의 결합은 아직 수상에게 다수를 제공하는데 충분하지 않았다. 이번 선거에서 야기된 가장 중요한 변화는 라스케르(Lasker)의 지위와 민족자유당의 좌파가 많이 약화되었다는 것이었다. 그들은 자유주의자 및 보수주의자의 다수를 확립하는데 더 이상 불가결하지 않았다. 그 결과로 중앙당의 지도자이며 민족자유당의 우파인 루돌프 폰 베니히센(Rudolf von Bennigsen)의 지위가 강화되었다. 그러므로 비스마르크는 1877년 겨울에 새로운 연립을 염두에 두고 베니히센에게 관심을 돌렸다.[410]

비스마르크는 1877년 4월 15일부터 1878년 2월까지 긴 휴가를 자기의 시골집에서 머물렀다. 바르친(Varzin)과 프리드리히스루(Friedrichsruh)에서 은둔 속에서 비스마르크는 개인적인 문제들과 가까운 미래가 가져올 정치적 문제들에 대해 깊은 상념에 졌었다.[411] 그는 제국의 재정을 재조직해서 개별 국가들의 재정으로부터 독립적으로 만들 결심이었다. 그는 의회에서 다수의 염원에 반하여 이것을 할 수 없다는 것을 알고 있었고 그래서 그는 자기의 정부과업을 도울 수 있고 또 그가 필요한 다수를 보장할 수 있는 사람을 찾기 위해 자기 주변을 돌아보았다. 종국에 그는 베니히센이 바로 그 일에 적합한 사람이

---

410) *Ibid.*
411) *Ibid.*, p. 229.

라고 결정했다. 비스마르크는 민족자유당의 지도자일 뿐만 아니라 프러시아 의회 의장인 베니히센을 바르친에 있는 자기를 방문하도록 초대했다. 베니히센은 여러 차례 비스마르크를 방문했다. 이 방문들 중 가장 중요한 것은 1877년 성탄절에 이루어졌다.

처음에 비스마르크는 베니히센에게 프러시아의 내무상 자리를 제안했다. 그러나 베니히센은 비스마르크의 계획의 관점에서 그가 가장 중요하다고 생각하는 재무상 자리를 선호했다. 1877년 12월에 그를 바르친에 초대할 때 비스마르크는 두 정부의 개인적 통합의 제도적 확장에 관해서 말했다. 이 통합은 왕-황제와 프러시아의 수상, 전쟁상과 외무상을 겸한 연방 수상에서 인물들로 이미 존재했다. 이제 비스마르크는 부수상과 프러시아의 수상으로 행동하는 각료에 그것을 확장하길 원했다. 프러시아의 수상으로서 비스마르크는 그의 부재 중에는 프러시아의 부수상이며 재무상인 오토 캄프하우젠(Otto Camphausen)에 의해서 대변되었다. 베니히센에 대한 비스마르크의 제안은 제국에서뿐만 아니라 프러시아에서도 부수상이 되는 것이었다. 프러시아의 재무상으로 그는 동시에 델브뤼크가 그에 앞서 장악했던 것과 비슷한 지위를 제국정부에서 동시에 확보할 것이다.

베니히센은 한 가지 조건으로 이런 조정을 기꺼이 수락하려 했다. 그 한 가지 조건은 자기 혼자서 내각에 참여하는 것이 아니라 자기의 정치적 동료 두 사람과 함께 참여하는 것이었다. 그는 이 점을 7월에 있었던 그의 첫 방문에서 수상에게 분명히 했었다. 12월에 비스마르크를 만나기 전에 그는 자기당의 위원회를 소집하여 2명의 동료와 함께 정부에 참여하는 것으로 합의했다. 베니히센이 비스마르크에게 그들을 언급했을 때 수상은 늙은 황제가 그 제안에 동의할 지에 대해 아주 많이 의심한다고 대답했다. 그러나 베니히센은 비스마르크가 황제의 주장된 반대를 구실로 사용하기 좋아한다는 것을 아주 잘 알고 있었다. 그래서 그는 한치도 물러서지 않았다. 그의 인상은 비스마르크가 자기의 조건에 동의하지 않았지만 그것을 내치지도 않았다는 것이었다. 그는 대담의 결과에 낙관적이었고 더 나아가서 그는 비스마르크의 재정적 아이디어의 대부분에 동의했다. 비스마르크가 계획한 제휴는 베니히센의 조건으로 유산되었다. 베니히센의 방문 직후에 비스마르크가 빌헬름 황제에게 쓴 편지는 그가 협상이 무너졌다고 생각하는 인상을 주지 않았다.

그러나 이 편지에는 황제를 화나게 하는 것이 하나 있었다. 늙은 황제는 베니히센의 바르친 방문에 관해서 읽고 또 들었다. 그리고 그것은 비스마르크에 의한 자유주의적 내각을 형성하려는 시도로 황제에게 대변되었다. 이제 빌헬름은 그 어느 때보다도 더 자유주의를 싫어했다. 그는 자유주의의 아주 작은 흔적이라도 가진 모든 각료를 제거하고 싶어 했다. 게다가 그는 비스마르크가 자기의 등 위에서 협상했다는 데에 분개했다. 더 나아가서 베니히센이 과거 하노버 왕가의 조지 5세의 신민이었다는 시사한 혐오 같은 특별한 이유도 있었다. 빌헬름의 편지는 비스마르크를 너무나 화나게 하여 그는 병이 들었다. 종말은 1878년 2월 22일 의회 회의에서 왔다. 정부에 의해서 작성되고 또 담배와 다른 물품에 대한 과세의 증가를 제안하는 재정 법안이 토론에 부쳐졌다. 프러시아의 재무상인 캄프하우젠이 그 법안을 이끌었다. 새 과세에 퍼부어진 비판에 대처하기 위해서 그는 담배의 독점을 요구하는 것이 정부의 의도가 아님을 명백히 했다.

그러나 비스마르크 수상이 즉시 일어나 통명스럽게 선언했을 때 1급 소동이 일어났다. "나의 목표는 국가적 담배 독점이다. 이런 견해에서 그는 그 법안을 잠정적 조치이고 발판으로 수락한다." 그는 더 나아가 독점을 그가 겨냥하는 궁극적인 이상적 모델이라고 서술했다. 이것은 동료에 대해 등에서 비수를 찌르는 것이고, 숲속에서 기습하는 것이고, 그리고 동료들 사이의 충성과 상식적 품위와 양립할 수 없는 행위였다. 그 법안과 캄프하우젠 자신이 이 공격의 희생자가 되었다. 수일 후에 해임을 요청했고 그리고 해임되었다. 이 소란한 회의에서 담배의 독점은 실제로 민족자유당의 강력한 반대를 받았다. 베니히센은 만일 그가 재무상이었다면 아주 불가능한 위치에 처해 있는 자신을 발견했다. 이런 식으로 독일에서 완전히 다른 방향으로 발전할 기회를 가졌을 동맹이 실패했다. 1년도 안 되어 비스마르크는 민족자유당과 마침내 결별했고, 그리고 부수적, 아니 그가 타도될 때까지 지속했던, 반동적 정책을 시작했다.[412]

그러나 1878년 2월 22일에 연방의회에서 장관의 현저한 측면이 있었다. 왜 비스마르크는 이 순간을 선택하여 가면을 벗고 베니히센과 결렬을 도발했던 것일까? 1877년 성탄절 이래 무슨 일이 있었는가? 2월 7일 타협할 줄 모르는 교황 비오 9세(Pius IX)가 죽었다. 몇 년 전에 비스마르크는 하나의 규칙처럼 투쟁적 교황의 뒤를 평화적 교황이 잇는다고 말했었다.[413] 이 예언은 정확한 것으로 입증되었다. 추기경

412) Erich Eyck, *Bismarck and the German Empire*, New York: W. W. Norton, 1964, p. 233.
413) *Ibid.*, p. 234.

들은 화해적인 페치(Pecci) 추기경을 비오의 후계자로 선출했다. 그는 교황 레오 13세(Leo XIII)로 교황청을 장악했다. 이 선거도 소란한 연방의회 회의의 이틀 전인 2월 20일에 있었다. 자신의 선거 당일에 레오는 황제 빌헬름에게 편지를 써서 교회와 제국 사이에 보다 나은 관계에 관한 자신의 희망을 표명했다. 우리는 비스마르크가 연방의회에서 일어나 캄프하우젠을 공격했을 때 교황의 편지가 비스마르크에게 알려졌다고 가정할 수 있을 것이다. 그리고 이 편지가 중앙당이 정부를 위해 투표하게 지시하도록 성공적으로 교황을 유도하는 희망을 부활시켰다. 더 나아가 비스마르크는 보호주의적 운동이 중앙당 사이에서 강력한 동정심을 향유하고 있다는 것을 보았다.[414] 이 정당과 이해의 열린 길이 있었다. 이 목적을 얻기 위해서 그는 문화투쟁과 교회에 반하여 그가 통과시킨 많은 입법들을 포기해야만 할 것이었다. 문화투쟁에서 얻는 월계관이 없다는 것을 알게 된 그는 기꺼이 전술을 바꿀 생각이었다.[415]

1878년 5월 11일 회델(Hoedel)이라는 연관공이 빌헬름 1세에 총격을 가했지만 빗나갔다. 황제는 다치지 않았다. 회델은 아주 쓸모없는 악당이요, 정치적 기회주의자였다. 한동안 그는 사회민주당 당원이었다. 후에 그는 기독교 사회당에 합류했다. 음모는 없었으며 회델에게는 공범이 없었다. 이 암살기도 때 비스마르크는 프리드리히스루에 있었다. 그 소식을 듣자마자 비스마르크는 외무성의 자기 부관인 빌로(Buelow)에게 전보를 보내서 그 사건은 사회주의자들과 그들의 언

---

414) *Ibid.*
415) *Ibid.*

론에 대항하는 법을 도입하는 구실로 포착되어야 한다고 말했다.[416] 과거에 비스마르크는 독일사회주의 운동의 창설자인 라살(Lassalle)과 비밀회담 및 협상에 들어갔었다. 프러시아의 헌법적 갈등 시기에 그는 그를 진보당에 대항하는 도구로 이용하길 희망했다. 그러나 후에 그는 자신의 태도를 완전히 바꾸었다. 프랑스와의 전쟁 직후 몇 년 동안 그는 사회주의자들, 런던에 있는 칼 마르크스가 주도하는 소위 국제적 사회주의 활동에 대항하여 군주주의자들과 보수주의 정부사이에 국제적 연합을 주장하고 나섰다. 이것이 그의 3개국 황제연맹의 정책 밑에 깔려 있는 목표들 중의 하나였다. 국제적 조치들의 억압은 특히 영국의 반대로 실패했다. 비스마르크는 독일에서 억압적 입법을 달성하려고 점차 더욱 결심하게 되었다.

이런 방향으로 비스마르크의 첫 조치는 형법을 수정하는 법안이었으나 이것은 1876년 봄에 라스케르가 이끄는 의회에서 추방되었다. 이제 회델의 황제에 대한 암살기도 후에 억압적 입법의 두 번째 시도가 이루어졌다. 정부가 공개적으로 사회주의자, 그들의 선동, 그리고 그들의 언론을 겨냥했다. 이 법안은 아주 부주의한 서툰 작품이었다. 그것은 법 앞에 평등의 원칙에 대하여 그리고 언론의 자유와 집회의 자유에 크게 반했다. 실제로 법의 통치가 달려있었다. 그럼에도 불구하고 민족자유당의 상당수는 사회주의가 충분히 두려워 그 법안을 지지했다. 그들은 산업가나 큰 자본주의자가 아니었다. 그들은 트라이츠케(Treitschke)나 그나이스트(Gneist) 같은 대학교수들이었다. 트라이츠케는 이름만 자유주의자였지 사실은 현실정치의 예언자였고, 그리

---

416) *Ibid.*, p. 237.

고 그나이스트는 유명한 법률가로 영국헌법의 신봉자로서 헌법적 갈등 기간 동안에 야당의 지도자 가운데 한 사람들이었다.[417] 그러나 이 교수들은 민족자유당에서 부상하지 못했다. 그 법안의 반대에 앞장선 라스케르의 주도에 따라 그 정당은 거의 한 사람까지 반대표를 던졌다. 그때 빌헬름 황제에 대한 두 번째 암살기도가 발생했다.

1878년 6월 2일 일요일 황제가 지붕이 열린 마차로 지나갈 때 운터 덴 린덴(Unter den Linden)에 있는 한 가옥의 창문으로부터 그를 향해 칼 노빌링(Karl Nobiling) 박사가 총을 발사했다. 빌헬름 황제는 심각하게 부상했다. 81세의 피를 많이 흘린 늙은 황제는 궁전으로 이송되어야 만했다. 노빌링의 기도는 정신병에 의한 행위였다. 라이프치히에서 경제학 박사를 한 그는 아무런 정치적 연계가 없었다. 사회민주당에서 그의 이름을 아는 사람도 없었다. 체포 당시 그는 치명적인 자해 행위로 적절한 조사가 가능하기도 전에 죽었다. 그 암살 기도 소식이 도착했을 때 비스마르크는 프리드리히스루 주변에 있는 숲에서 산책을 하고 있었다. 매우 흥분한 비스마르크는 자기의 참나무 지팡이를 자기 앞의 땅에 처박았다. 그리고 그는 마치 번개 같은 계시처럼 숨을 깊이 쉬면서 "이제 우리는 연방의회를 해산할 것이다"라고 말했다. 오직 그런 후에 그는 황제의 상태에 관해 동정적으로 묻고 또 그 암살기도의 세부사항에 대해 물었다.[418]

수주 동안 비스마르크는 이 의회의 문제에 골몰했는데, 이제 청천의 날벼락처럼 이러한 암살기도가 발생했다. 비스마르크는 너무나 독립적

---

417) *Ibid.*, p. 238.
418) *Ibid.*, p. 239.

인 연방의회를 깨부술 새로 발견된 기회를 신속히 이용할 결심이었다. 즉시 그의 마음은 이 두 가지의 연계를 수립하고 자기의 결의를 형성하고 선포했다. 그는 사건의 내막에는 전혀 관심이 없었다. 그는 이미 사회·민주당을 억압하기 위해 그 사건을 이용할 결심이었다. 모든 시대에 모든 선동가들처럼 그는 이성이 아니라 본능에 호소하길 원했다. 그는 선거민에게 자기의 진정한 목표를 노출하고 싶지 않았다. 왜냐하면 그의 공작의 목적은 사회민주당이라기보다 민족자유당의 힘을 진정으로 파괴하는 것이었기 때문이다. 이것은 그가 사회민주당의 억압을 바라지 않았다는 것을 의미하지 않는다. 그는 그것을 바랐다. 그러나 그들은 민족자유당만큼 무거운 정치적 짐이 아니었다. 다른 한편으로, 이 민족자유당이 사회주의자들을 억압하는 그의 법안에 반대표를 던졌다. 이리하여 다가오는 선거투쟁에서 그들은 친애하는 늙은 황제의 생명과 건강에 대한 보호를 거부한 사람들로 비쳐 질 수 있게 되었다.[419]

헌법 하에서 연방의회는 황제의 동의를 받은 연방위원회의 결정에 의해서만 해산될 수 있었다. 프러시아 내각이나 연방위원회는 만장일치로 해산에 찬성하지 않았다. 여기저기서 상당한 의원들이 그것이 불필요하고 위험하다고 생각했다. 그들은 민족자유당이 새로운 반사회주의법안에 찬성하기 때문에 의회가 동의할 것으로 확신했다. 황태자도 해산에 찬성하지 않았다. 비스마르크는 황태자가 기대했던 것처럼 섭정이 되지 않도록 문제들을 조정했다. 그는 단지 황제에 의해 그의 대리역으로 임명되었을 뿐이다. 그 차이는 섭정으로서 황태자는 자신의 정책을 수행할 자격을 갖게 될 것이다. 그러나 황제의 대리역

---

419) *Ibid.*, p. 240.

으로서 그는 황제가 완전히 건강한 것처럼 자기 아버지의 정책을 계속해야만 했다. 빌헬름 황제는 분명히 비스마르크의 권고로 의회를 해산할 것이기 때문에 황태자 역시 그에 동의를 해야만 했다. 비스마르크의 에너지가 모든 다른 장애를 자기 식으로 극복했다는 것은 두 말할 필요가 없을 것이다.[420)

그리하여 연방의회가 해산되었고 독일은 총선의 아비규환에 빠져들었다. 정부언론의 첫 반사회주의법에 반대하는 투표를 함으로써 황제의 생명에 보호를 거부했다고 비난을 받았던 민족자유당에 대항하여 대중들의 분노를 일으키기 위해 모든 일을 다했다. 물론 아무도 이 법안이 어떻게 노빌링 박사에 의해 발사한 총격에 대항하여 그를 보호할 수 있을지 아무도 말할 수 없었다. 그러나 그것은 중요하지 않았다. 대중의 열정은 결코 냉철한 논리를 좋아하지 않는다. 민족자유당은 오직 약 10만 표만을 상실했고 진보당은 약 4만 표를 잃었다. 이 두 정당은 함께 140석을 확보할 수 있었을 뿐이었다. 반면에 두 보수주의 당들은 그들의 의석을 78석에서 115석으로 증가시켰다. 지난 선거에서 50만 표를 받았던 사회민주당원들은 60만 표를 잃었다. 민족자유당은 여전히 상당한 수의 의석을 유지했지만 대부분의 의원들은 이번에는 그들이 사회주의자들에게 반대하는 조치를 지지할 것이라고 유권자들에게 약속함으로써만 돌아올 수 있었다.[421)

정부는 즉시 의회 앞에 새로운 법안을 제출했다. 그것은 사회민주당의 위험한 활동에 관한 법으로 간단히 말해 "반사회주의법"이었다.

---

420) *Ibid.,* p. 241.
421) *Ibid.,* p. 242.

이번에는 비스마르크가 직접 토론에 빈번하게 그리고 아주 열정적으로 참여했다. 의회에서 그 법안은 사회민주당, 중앙당, 그리고 진보당의 반대를 받았다. 보수정당들은 그것을 충심으로 지지했다. 민족자유당이 또 다시 캐스팅 보트(the casting vote)를 쥐었다. 그 당의 다수는 법안에 찬성했다. 이번에 라스케르는 그 법안에 반대하는데 나서지 않았다. 유권자들 사이에서 감정의 흐름이 너무나 강력했다. 어쨌든 저항은 쓸모없었을 것이다. 왜냐하면 그가 없었다고 해도 그 법안에 찬성하는 다수가 확보되었기 때문이다. 그러므로 그가 최선을 다 할 수 있었던 것은 몇 개의 문구를 약간 낮추는 것이었다. 하나의 중요한 사항에서 그는 성공했다. 그는 그 법의 효력을 2년 반으로 기간을 줄였다. 정부는 그 법이 항구적이길 원했지만 이 사항에서 양보했다. 라스케르에 의한 이 수정의 결과는 비스마르크가 그 법의 갱신을 위해 매 2년이나 3년 만에 의회에 신청해야만 했다. 4번까지 그렇게 했지만 자유주의자들 사이에서 반대가 좀 더 강해지고 있었다.

반사회주의법은 모든 사회민주주의 언론과 모든 사회민주주의 조직을 파괴했다. 사외주의자가 연설하려는 어떤 집회도 열릴 수 없었다. 법에 의해 제공되는 모든 안전조치들은 경찰에 의해 무자비하게 짓밟혔다. 사회주의 정치인들과 선동가들은 가장 잔인한 방식으로 대부분의 도시에서 축출되었다. 그리고 이 비인간적 박해는 정확히 아무 것도 달성하지 못했다. 그 법은 사회민주당을 위해 던지는 표들의 증가를 별로 막을 수 없었다.[422]

---

422) *Ibid.*

제12장
베를린 회의(the Congress of Berlin, 1878):
정직한 중재자(the Honest Broker) I

"나는 정직한 중재자(an honest broker)였다."
-오토 폰 비스마르크-

1875년 7월 중순, 보스니아(Bosnia)의 헤르체고비나(Herzegovina)에서 오스만 터키의 지배에 저항하는 폭동이 일어났다. 터키 당국은 그것을 아주 잔인하게 진압했다. 소위 동방문제(the Eastern Question)의 등장으로 다시 한 번 3황제연맹은 딜레마에 직면했다. 유럽에서 동방의 위기는 강대국들 사이에 전쟁의 공포를 불러 일으켰다. 이런 사태발전에 가장 관심을 가진 강대국들은 오스트리아, 러시아, 그리고 영국이었다. 러시아는 스스로 러시아 교회인 정통교회(the Orthodox Church)에 대부분이 속하는 슬라브 기독교인들(the Slav Christians)의 보호자로 자처했다. 오스트리아는 반란을 일으킨 보스니아의 인접 국가였다. 영국의 이익은 어떤 경우에도 러시아 손에 들어가는 것을 허용하지 않은 콘스탄티노플(Constantinople)에 초점을 맞추었다.

8월 1일 슈바이니츠(Schweinitz) 대사가 집단적 중재에 대한 제안에 대해 빈에서 보고서를 보냈다. 그것은 결국 개혁을 요구하기 위해 3강대국들의 이름으로 작성된 소위 안드라시 각서(Andrassy Note)를 가져왔다.[423] 이 각서는 영국과 프랑스의 승인을 받아 터키의 술탄(Sultan)에게 제출되었고 술탄의 동의가 1876년 1월 31일에 확보되었다. 그러나 헤르체고비나의 지도자들은 그 제안을 거부했다. 그들은 술탄이 이미 개혁의 약속들을 했지만 그것들을 지키지 않았다고 지적했다. 몇 개월 내에 술탄은 전복되었지만 압뒬 하미트(Abdul-Hamid) 2세가 권좌에 오를 때까지 소요가 계속되었다. 폭동은 발칸에 퍼져 나갔고 5월에 콘스탄티노플의 고위 변호사인 에드워드 피어스 경(Sir Edward Pears)이 불가리아(Bulgaria)에서 발생한 잔혹상에 관해서 보고서를 보냈다. 영국의 대중은 그 잔혹상을 읽고 공포를 느꼈다. 이 위기는 1876년 5월에 살로니키(Saloniki)에 있는 독일과 프랑스 영사관 직원들이 살해되었을 때 갑자기 첨예하게 되었다. 비스마르크는 터키인들을 겁주기 위해 거대한 해군의 과시를 원했다. 프랑스와 영국은 소함대들을 파견했지만 스토쉬(Stosch) 장군은 어떤 주력함(capital ship)도 파견하는 것을 거부했다. 비스마르크는 분개했다.[424]

1876년 5월 11일부터 14일까지 3황제들의 외상들이 터키에 대한 정책을 조정하기 위해 베를린에서 만났다. 차르의 궁정에서 극단적 범-슬라브주의(Pan-Slav) 파당의 부상이 발칸 기독교인들의 보호자로서 러시아인들이 불가리아를 침공해서 터키의 지배에 대항하는 그들

---

423) Jonathan Steinberg, *Bismarck: A Life,* Oxford: Oxford University Press, 2011, p. 352.
424) *Ibid.,* p. 353.

의 폭동에서 정통 세르비아인들(the orthodox Serbs)을 지원할 것이라고 위협하기 시작했다. 3강대국들은 다른 강대국들이 그들에게 합류하게 할 수 없었다. 그래서 1876년 7월 8일 차르와 프란츠 요제프 황제가 라이히슈타트(Reichstadt)에서 만나 오스만 제국이 붕괴할 경우에 발칸을 분할하기로 합의했다. 황제들은 너무 성급했다. 터키 군대가 7월에 반항하는 세르비아 병력을 공격했고 8월에 그들을 패주시켰다. 디즈레일리와 비스마르크는 이제 어려운 결정을 마주했다.[425]

영국에서 자유당원들, 특히 야당의 지도자인 윌리엄 이워트 글래드스턴(William Ewart Gladstone)은 터키에 의한 불가리아 진압의 잔혹성에 대한 화난 대중들 뒤에 결속했다. 다른 한편으로 디즈레일리와 보수당원들은 오스만 터키가 러시아 함대의 동 지중해에 진출하여 인도제국과 영국의 통신선에 대한 위협을 막아주고 있기 때문에 오스만 터키의 유지를 지지했다. 그 지지와 그것의 분명한 비도덕적 전제는 더 이상 유지하기 어렵게 되었다. 비스마르크도 독일통일에서 프러시아에 대한 도움을 잊지 않은 러시아인들을 위해 지지하는 똑 같이 미묘한 문제에 직면했다. 차르와 고르차코프는 러시아의 개입을 위한 독일 지원의 형태로 보상이나, 아니면 적어도 러시아가 전쟁 없이 그들의 보호령을 성취할 수 있는 회의의 독일 후원을 원했다. 비스마르크가 신임하는 페테르부르크 주재 독일 대사인 폰 슈바이니츠 장군은 오스트리아 측 알프스로 사냥을 떠나서 그와 접촉할 수가 없었다. 10월 1일 차르는 독일 무관인 베른하르트 폰 베르데르(Bernhard von Werder)를 이용하여 비스마르크에게 1870년 러시아가 행동했던

---

425) *Ibid.*

것처럼 독일도 행동할 것인가를 묻는 긴급 메시지를 전했다. 비스마르크는 무관이 그런 상황에 스스로 빠진 데에 분노했다.[426]

비스마르크가 다양한 회피를 시도했지만 그러나 러시아인들은 그를 계속 압박했고, 더 나쁘게도, 그들은 그의 조카인 차르와 긴밀하고 애정 어린 관계를 갖고 있는 황제 빌헬름 1세에게 압력을 가했다. 12월에 차르는 그의 삼촌에게 편지를 써서 그에게 유럽의 이익을 위해 러시아의 군사적 행동을 지지하도록 촉구했다. 비스마르크가 1주일 후에 답변을 작성했는데 그 답변에서 비스마르크는 냉소적으로 다른 강대국들에게 그들이 자신들의 이름으로 감히 요구할 수 없는 것을 요구하는 그런 정치인들의 입에서 보통 "유럽"이라는 단어를 듣는다고 언급했다.[427]

술탄의 터키군은 베오그라드(Belgrade)로 빠르게 진격하고 있었다. 1876년 10월 31일 러시아 황제는 술탄에게 최후의 통첩을 보내 48시간 내에 진격을 멈추고 6주간의 휴전을 수용하라고 했다. 술탄은 굴복했다. 그리고 영국은 콘스탄티노플에서 회의를 제안했고 터키인들이 수락했다. 영국의 외상 솔즈베리 경(Lord Salisbury)이 첫 회의를 위해 터키로 여행했다. 같은 날 터키의 수상이 새 헌법을 선포하고 터키인들은 강대국들의 회의가 불필요하다고 발표했다. 1877년 1월 18일 터키의 명인사회(터키의 자문기관)가 러시아-영국의 타결 제안을 거절했다. 두 개의 동맹국들 사이에서 선택을 피하려는 비스마르크의 노력은 1877년 1월 15일 오스트리아와 러시아 제국이 전쟁의 경우에

---

426) *Ibid.*, p. 354.
427) *Ibid.*

그들의 조치와 결정들을 조화시키는 부다페스트 협정(the Convention of Budapest)에 동의했을 때 성공했다. 그리고 1877년 4월 24일 러시아가 터키에 전쟁을 선포했다.

러시아-터키 전쟁(the Russo-Turkish War)은 18세기 이래 6번째이며 치열한 소모전으로 변했다. 러시아인들은 루마니아에 있는 다뉴브(the Danube)를 넘어 침공했고 흑해 해안에 따라 터키의 지방들을 장악하기 위해 코카서스(Caucasus)로 대규모 군대를 파견했다. 처음에 발칸에 있는 러시아 병력이 너무 빨리 진격하여 1877년 7월 21일 디즈레일리 내각은 만일 러시아가 영국의 경고를 무시하고 콘스탄티노플을 장악한다면 러시아에게 전쟁을 선포하기로 결의했다. 영국에게는 다행히 터키의 저항이 견고해졌고 러시아의 진격이 1877년 7월 10일에서 12월 10일까지 멈추었다. 재조직된 세르비아의 군대가 공을 세운 아주 극심한 싸움에서 터키인들은 중립국들에게 중재를 요청했다.

비스마르크는 1877년 여름 동안에 바트 키싱엔에서 온천욕을 하던 7월에 새 독일제국을 위한 유명한 그의 외교정책 금언들을 말한 "키싱엔 지시"(Kissingen Dictation)를 썼다:

> "최근에 프랑스 한 신문은 내가 연립의 질병을 앓고 있다고 나에 관해서 말했다. 이런 종류의 악몽은 오래 지속할 것이다. 그리고 독일 각료에게는 아마도 영원히, 전적으로 정당한 염려일 것이다. 우리에 대항하는 연립은 만일 러시아가 합류하면 서부 기초에서 형성될 수 있을 것이다. 아마도 더 위험한 것은 러시아-오스트리아-프랑스의 결합이다. 위의 2개 강대국들 중에 더 큰 친교는 우리에게 적지 않은 압력을 행사하는 세 번째 수단을 제공할 것이다. 그럴 가능성에 대한 나의 불안감에서 당장은 아니지만 그러나 수

년이 흐르면서 나는 다음이 발생하면 동방의 위기(the Oriental Crisis)의 바람직스러운 결과로 간주할 것이다.

1. 러시아와 오스트리아의 이익과 상호경쟁이 동방으로 쏠리는 것;

2. 러시아가 동방과 그것의 해안에서 강력한 방어적 지위를 달성하기 위해서 우리와 동맹할 필요성을 느끼는 경우;

3. 영국과 러시아에게 우리처럼 기존상황을 유지하는데 동일한 관심을 주는 그들에게 만족스러운 현상(status-quo);

4. 우리에게 적대적으로 남아 있는 프랑스로부터 이집트와 지중해로 인해 영국의 분리;

5. 러시아와 오스트리아가 집중하는 반독일 연립이나 오스트리아 궁전에서 성직자 세력과 반독일 연립을 창조하기 어려운 러시아와 오스트리아가 다소 추진으로 기울 경우.

만일 우리가 작업할 수 있다면 영토 획득의 그림이 아니라 프랑스를 제외한 모든 강대국들이 우리를 필요로 하고 또 그들의 서로간 관계에 의해서 우리에게 대항하는 연립으로부터 멀어진 하나의 전반적 정치적 상황을 내가 마음에 두고 있는 이 그림을 나는 선호하고 다듬는다."[428]

이 지시는 통일 후에 비스마르크의 외교정책 목표를 가장 간결하게 대변하고 또 비스마르크가 1880년대에 이룩한 공식적 동맹의 점증하는 복잡성을 설명한다고 말할 수 있을 것이다. 1878년 2월에 비스마르크는 러시아-터키 전쟁과 발칸에서 관련된 변화로부터 남겨진 모든 현저한 문제들을 타결하기 위해 베를린에서 회의를 소집하여 동방의 문제에서 "정직한 중재자"(an honest broker)로 행동하려 한다고

---

428) Jonathan Steinberg, *Bismarck: A Life*, Oxford: Oxford University Press, 2011, pp. 355-356.

발표했다.[429)]

1878년 3월 전세에서 밀린 술탄이 승리한 러시아인들과 산 스테파노(San Stefano) 평화조약을 체결했다. 이 조약은 승자에게 거의 모든 것을 주었다. 그것은 루마니아, 세르비아와 몬테네그로에게 독립을 인정하는 것이었다. 가장 중요한 규정은 모든 불가리아의 영토를 터키가 양보하는 것이었다. 발칸을 지배하는 "큰 불가리아"(Big Bulgaria)가 준-독립적인 상황이 되고 스스로 설 때까지 러시아의 도움을 받는다는 것이었다. 그것은 사실상 러시아의 지배를 의미했다. 따라서 이것은 오스트리아-헝가리와 영국으로부터 가장 강력한 반대를 불러 일으켰다. 영국의 수상인 디즈레일리가 반-러시아를 이끌고 영국의 함대를 마르마라(Marmora) 바다로 파견했다. 구 강대국들 사이에 충돌이 임박했다. 산 스테파노 조약 후에 유럽에서 일반적 감정은 오직 유럽의 회의만이 평화를 유지할 수 있을 거라는 것이었다. 이런 상황에서 모든 동방문제의 타결을 위한 유럽의 회의가 합스부르크 왕가의 외상 안드라시에 의해서 제안되었다.[430)] 터키제국의 국경선들은 1856년 파리조약에서 그려졌기 때문에 그것들은 서명국들의 공동 동의에 의해서만 변경될 수 있었다. 러시아의 수상 고르차코프는 산 스테파노 조약을 유럽의 회의 앞에 내놓을 준비가 되어 있었다. 강대국들은 이 회의를 베를린에서 소집하기로 동의했다. 독일 수상이 독일 수도에서 열리는 이 회의의 의장이 되는 것은 다소간 당연한 일이었다.[431)]

---

429) *Ibid.*, p. 356.
430) Erich Eyck, *Bismarck and the German Empire*, New York: W. W. Norton, 1964, p. 244.
431) *Ibid.*, p. 245.

1878년 6월 13일 베를린 회의(the Congress of Berlin)가 개최되었다. 회의 전에 러시아인들은 전 스테파노 조약이 협상 가능하다고 양보했으며 영국도 회의의 결정이 만장일치가 될 것이라고, 즉 사실상 러시아에 거부권을 주는데 양보했다.[432] 의심할 여지없이 비스마르크와 디즈레일리가 베를린 회의를 지배했다. 그러나 비스마르크가 전적으로 혼자서 베를린 회의를 운영했다. 그는 영어, 프랑스어, 그리고 독일어의 3개국 언어를 바꿔가면서 사용했고 필요한 서류들은 프랑스어로 직접 작성하거나 혹은 받아쓰게 했다.[433] 러시아 주재 독일 대사인 폰 슈바이니츠 장군은 회의에 대해 걱정이 많았다. 그는 유럽에서 기독교 공동체에 대한 터키의 지배가 반란과 유혈을 가져오는 시대착오적인 것이므로 종식되어야 한다고 믿었다. 이런 상태는 모든 유럽의 관심사였다. 왜냐하면 그것은 유럽인이며 기독교인인 모든 사람의 양심을 자극했기 때문이었다. 이것은 순전히 민족주의적 고려를 초월하고 또 옛 보수적 조망의 보편적 성격과 충분히 함께 갈 견해였다. 그러나 슈바이니츠는 러시아가 유럽에게 발칸 문제에 질서를 잡는데 자유의 손을 달라고 요구했을 때 이러한 동기에서 행동하기를 바라는 러시아 정부에게 신뢰를 주었다. 그러나 비스마르크의 견해는 슈바이니츠 대사와는 완전히 달랐다.[434]

비스마르크에게 유럽은 단지 지리적인 개념일 뿐이었다. 유럽에

432) Jonathan Steinberg, *Bismarck: A Life,* Oxford: Oxford University Press, 2011, p. 370.
433) *Ibid.,* p. 373.
434) Erich Eyck, *Bismarck and the German Empire,* New York: W. W. Norton, 1964, p. 246.

대한 이런 개념은 메테르니히 말을 상기시킨다. 두 세대 전에 그는 이탈리아인들의 민족적 야망을 반박하기 위해서 이탈리아를 지리적 개념으로 불렀었다. 발칸 상황에 대한 비스마르크의 견해는 터키 실정의 희생자들을 돕기 보다는 3황제연맹을 깨는 것이 영국에 더 중요하다고 간주하는 디즈레일리에 의해서 공유되었다. 독일과 영국에서 지도적 정치가들에게서 이런 조망의 일치가 동방위기가 처리되는 방식을 결정적으로 정해주었다. 독일은 이 위기에서 어떤 이득도 기대하지 않았다. 비스마르크는 이 점을 거듭해서 강조했다. 그의 주된 관심은 동맹으로 러시아와 오스트리아 사이에서 선택해야만 하는 것을 피하는 것이었다. 만일 독일의 이 강력한 이웃들 사이에서 전쟁이 발생한다면 독일은 이 선택을 할 수밖에 없을 것이다.[435]

회의의 예비사항들은 영국과 러시아 간의 비밀 회담에서 철저히 토의되었다. 비스마르크는 돌아가는 상황을 충분히 알고 있었다. 협상자들은 1878년 외무상으로 더비 경의 후임자인 솔즈베리 경(Lord Salisbury)과 런던 주재 러시아 대사인 슈발로프(Shouwaloff) 백작이었다. 솔즈베리와 슈발로프가 서명한 의정서에서 러시아는 "보다 큰 불가리아"를 수립하지 않기로 하고 분할에 동의했다. 이런 식으로 회의에서 직면할 가장 어려운 난제들이 회의가 열리기 전에 해결되었다. 물론 의정서는 절대적으로 비밀이었다. 그러나 박봉의 외무성 서기가 런던 <글로브>(Globe)에 복사본을 팔아 넘겼고 그 신문은 회의가 열릴 바로 그 때 그것을 발행했다. 또 하나의 비밀 합의에서 영국은 오스트리아가 보스니아를 점령하는데 동의했고, 또 하나의 비밀 합의

---

435) *Ibid.*, p. 247.

에서 터키는 키프로스(Cyprus)를 영국에 할애했다.

디즈레일리, 솔즈베리, 고르차코프, 슈발로프, 안드라시, 모두가 비
스마르크의 좌장 하에 토의하기 위해서 베를린으로 왔다. 독일 수상
이 분명히 가장 실세 의장이었다. 그의 권위는 모든 국가의 모든 정치
가들에 의해서 완전히 인정되었다. 각 질문들은 차례대로 회의에 제
출되었고 만일 말썽이 일어나면 의장에 의해서 사적인 협상을 위해
직접 관련된 강대국들에게 넘겨졌다. 그리하여 불가리아 문제는 안드
라시가 합류한 영국과 러시아 간의 대화에서 타결되었다. 처음에는
예리한 의견의 차이가, 특히 국경선의 문제와 그것을 요새화 할 술탄
의 권리에 대한 문제에서 첨예한 차이가 있었다. 6월 20일과 21일 협
상이 교착상태에 도달했다. 이 순간에 비스마르크는 디즈레일리와 슈
발로프와 사적인 대화를 가짐으로써 합의를 가져오는데 그의 최선을
다했다. 그 이후 타결이 그의 작품이라고 말하는 것은 과장이겠지만
그러나 그가 분명히 크게 도왔다.[436]

6월 21일 밤 동안에 <타임즈>의 특별 특파원인 블로위츠(Blowitz)
는 베를린으로부터 자기 신문사로 합의가 이루어졌다고 전보를 쳤다.
불가리아는 분할되어 북부는 터키의 종주권 하에 하나의 자치 공국이
되고 남부에는 "동부 루멜리아"(Eastern Rumelia)라는 의미 없는 이름
이 명명되었다. 이것은 일정한 정도의 자치와 기독교 통치자를 가진
터키의 지방이었다. 디즈레일리와 솔즈베리는 이것을 대단한 성공이
라고 간주했고 실제로 그랬었다. 그리하여 영국에 돌아왔을 때 디즈
레일리는 그가 "명예로운 평화"를 가져왔다고 내세울 자격이 있다고

---

436) *Ibid.*, p. 249.

느꼈다. 일단 이 장애물이 제거되자 모든 다른 현저한 문제들은 신속하게 해소되었다.

오스트리아-헝가리는 보스니아와 헤르체고비나를 점령할 권리를 인정받았고 터키 대표들의 항의는 비스마르크에 의해 그의 가장 퉁명스럽고 위협적 자세로 묵살되었다.[437] 러시아의 많은 아시아적 소망들, 특히 흑해 연안에 있는 바툼(Batum)의 획득이 실현되었다. 다다넬스와 보스포러스 해협에 관해서는 파리조약이 효력을 유지했다. 터키가 그것들을 계속 통제할 것이었다. 그러나 이 사항에 관한 합의는 현실적이기보다는 표면상으로 더 그랬다. 러시아와 영국은 술탄이 해협을 열고 닫는 자격을 갖는다고 동의했다. 그러나 솔즈베리는 영국이 술탄에 의해 독립적으로 내린 결정을 존중할 것이라고 선언했던 반면에 슈발로프는 기본적으로 어떤 그런 결정도 모든 강대국들에 영향을 주고 구속력 있는 유럽의 결정이어야 한다고 선언했다.

차이는 영국은 술탄의 결정이 만일 러시아의 압력 하에서 이루어진다면 그것을 존중할 권리를 유보한다는 것이었다. 회의는 어떤 해석을 수용할 것인가? 그 문제는 코멘트 없이 넘겨졌다. 그 의문은 그대로 남았다. 이것은 회의에서 제기된 많은 다른 의문들의 전형이었다. 원칙적으로만 결정되었고 많은 세부사항들은 나중에 다루기로 하고 남겨졌다. 그러나 그것을 위한 시간은 없었다. 게다가 비스마르크의 건강이 최상이 아니어서 그는 키싱엔으로 가서 7월 중순에 온천에 몸을 담그고 싶어 초조했다. 그리하여 그는 7월 13일 회의를 서둘러 마무리했다. 결과는 유럽의 궁정들이 그 후 몇 년 동안 이 조약들의

---

437) *Ibid.*

작업으로 바빴다. 비스마르크가 회의를 종결할 때 그는 간단한 연설에서 그 회의가 "가능한 것의 한계 내에서 유럽에 평화를 보존하고 유지하는 봉사를 했다"고 말했다.[438]

유럽 강대국들 간에 평화가 보존된 것은 사실이었다. 그러나 진정한 우정과 조화는 그 조약의 실제 적용에 있어 많은 문제들이 유럽의 수상관저들을 논의로 요란스럽게 만드는 동안 불가능해졌다. 베를린과 페테르부르크 사이에 특히 심각한 말썽은 베를린 조약의 해석과 실행에 대한 차이에서 야기되었다. 회의가 발칸에 평화를 가져왔다고 주장하는 것은 진실이 아니었다. 합스부르크 왕가의 병력에 의한 보스니아와 헤르체고비나의 점령은 아주 유혈의 값비싼 일이었다. 근동의 다른 사람들도 수년 동안 베를린 조약의 족쇄를 벗기 위해 투쟁했다. 베를린 회의는 발칸 인민들을 단지 장기판의 졸로 취급했다. 회의는 세르비아와 터키에게 어느 편의 염원이나 반대와는 관계없이 영토를 배당하거나 거부했다. 이 점에서 비스마르크도 나을 것이 없었다. 그는 그들의 운명에 전적으로 무관심했다. 그는 강대국들 사이에서 합의를 위해 긴요한 사항들에만 관심을 부여할 가치가 있다고 생각했다. 그는 이탈리아와 독일에서 이미 시작한 민족운동도 역시 동부 유럽의 슬라브 민족들 사이에서 완전한 힘을 개발할 것이라고 보는 비전이 부족했다. 이 점에서 그는 당시에 다른 정치가들, 특히 디즈레일리만큼이나 단견이었다.[439]

디즈레일리는 베를린 회의에서 비스마르크가 환상적이고 기묘한

---

438) *Ibid.*, p. 250.
439) *Ibid.*, p. 251.

인물임을 발견했다. 그는 1878년 7월 5일 저녁에 관해서 이렇게 묘사했다:

"식사 후 그의 가족들이 사라지면서 나는 비스마르크와 단 둘이서 식사했다. 그리고 나서 대화하고 담배를 피웠다. 그런 환경에서 당신이 담배를 피우지 않는다면 당신은 그와의 대화를 마음속에 새기는 간첩으로 보일 것이다. 함께 담배를 피우는 것이 그를 편안하게 했다. 그는 경마가 영국에서 권장되는 지의 여부를 물었다. 나는 이제 더 이상 그렇지 않다고 대답했다. … 그러자 비스마르크 공작이 '그렇다면 영국에서 사회주의는 결코 없을 것'이라고 진지하게 소리쳤다. '당신의 나라는 행복한 나라이다. 사람들이 경마에 헌신하는 한 당신은 안전하다. 이곳에서는 신사들이 서로 얘기하는 20명이 없이는 거리에 말을 타고 나설 수 없다. 왜 저 녀석은 말이 있고 나에겐 없는 거야? 영국에서는 어떤 귀족이 더 많은 말을 가지면 그는 더 인기가 있을 것이다. 영국이 경마에 헌신하는 한 사회주의는 당신에게 기회가 없다.' 이것은 당신에게 그의 대화의 스타일에 관한 약간의 아이디어를 제공할 것이다. 모든 주제에 대한 그의 견해는 독창적이지만 그러나 긴장이 없고 패러독스에 아무런 노력이 없다. 그는 몽테뉴(Montaigne)가 글을 쓰듯이 말을 한다. 그가 키프로스에 관해서 듣자 그는 '당신은 현명한 일을 했다. 이것이 진보이다. 그것은 인기가 있을 것이다: 국가는 진보를 좋아한다'고 말했다. 진보에 관한 그의 아이디어는 분명히 무엇인가를 포착하고 있었다. 그는 우리가 이오니아 섬들(Ionian Isles)을 처분한 것을 우리의 타락의 첫 징표로 간주했다고 말했다. 키프로스가 우리를 다시 올바르게 했다."[440]

---

440) Jonathan Steinberg, *Bismarck: A Life,* Oxford: Oxford University Press, 2011, p. 373.에서 재인용.

그는 외교문제에서 협상하고, 달래고, 토론하고, 그리고 타협했다. 그는 국내정치에서 별로 보여준 적이 없는 모든 형태의 행동을 다했다. 그러나 결국 그는 공정성을 유지하기 위해서 러시아를 지원하지 않는 길을 택했다. 그리하여 차르와 그의 궁정은 상처를 받았다.[441]

베를린 회의가 끝나자 비스마르크는 온천욕을 위해 키싱엔으로 갔다. 여기서 그는 문화투쟁을 끝내는 것에 관해 교황청과 이해에 도달하려고 그가 여러 번 대화를 가진 적이 있는 교황청의 대사를 만났다. 그러나 이 협상은 무위로 끝났다. 교황청은 비스마르크가 양보할 준비가 된 것 이상의 양보를 요구했다. 1878년 12월에 비스마르크가 경제 및 관세의 계획을 제시한 연방위원회에 대한 수상의 편지의 발행으로 인해 분위기가 상당히 좋아졌다. 그는 직접세에 대해 힘차게 비난했고 또 보호주의적 관세의 도입으로 간접세의 증가를 요구했다. 그는 그것을 필요로 하는 확실한 산업을 위한 보호를 제안했을 뿐만 아니라 모든 수입을 포함하는 일반관세를 제안했다.[442] 이것은 지금까지 졸페어라인(Zollverein, 관세동맹)과 독일제국에 의해 추종된 무역정책의 완전한 전복이었다. 그것은 필(Peel)과 글래드스턴에 의해 영국에 도입된 것과 비교할 때 완전한 자유무역정책이 결코 아니었다. 그러나 수십 년간의 경향은 보호주의적 관세의 수와 규모에서 감소했으며 또한 세계의 타국들과 상품과 생산품의 교환의 길에 가능한 한 적게 장애물들을 놓았다. 그러나 지금 비스마르크 수상은 그의 정책이 정확하게 그 반대를 겨냥한다고 공식적으로 말하고 있었다.

---

441) *Ibid.,* p. 373.
442) Erich Eyck, *Bismarck and the German Empire,* New York: W. W. Norton, 1964, p. 253.

그러나 가장 놀라운 혁신은 산업용 수입들뿐만 아니라 옥수수와 다른 농업 생산품에도 관세를 물리겠다는 그의 제안이었다. 그때까지 누구도 농업을 위한 보호가 가능하거나 심지어 바람직스럽다고 생각하지 않았다. 농부와 지주 자신들의 다수가 그것을 요구하지 않았다. 물론 도시 주민들은 그것의 효과가 물가를 높이고 더 비싼 생활비용을 의미하는 관세를 많이 반대했다. 그러나 비스마르크는 더욱더 열심이었다. 그는 새 관세를 작성할 위원회를 설치했다. 이 위원회는 대부분이 보호주의자들이었고 그 의장은 보호주의의 핵심인물인 폰 바른뷜러(von Varnbueler)였다. 보호주의 무역법안이 연방의회에 제출되었고 비스마르크 자신도 보호무역의 최고 옹호자로서 토론 중에 등장했다. 긴 의회의 투쟁이 시작했다.

비스마르크의 관세정책에 관한 의견들은 물론 자유무역이냐 아니면 보호주의이냐는 영원한 문제에 대한 비판자의 경제적 견해에 따라 항상 다양할 것이다. 그러나 그것을 차치하고 우리는 당시에 자유무역론자들에 의해서 제기된 걱정이 이 경우에는 정당화되지 않았다고 말할 수 있을 것이다. 아무도 1879년 후에 독일에서 굉장한 경제적 진보를 의심하지 않는다. 이 진보가 얼마만큼 보호주의 정책 덕택인가는 전혀 다른 문제이다. 이 보호주의 정책을 통해서 독일에서 농업이 미국과 러시아의 값싼 옥수수의 경쟁으로부터 보호받았다고 말할 수 있을 것이다. 그리하여 자유무역의 영국에서 보다 고도로 보호되었다. 그러나 완전한 그림을 위해서는 그 이상의 것이 말해져야만 한다.

만일 비스마르크와 그의 보수주의 친구들이 이 보호정책으로 독일의 지배적인 농업적 성격을 보존하길 바랐다면 그들은 완전히 실제로 뒤따른 것들에 의해서 완전히 실망했다. 독일은 보통 산업화가 가져오는 모든 결과와 함께 더욱 더 산업화되었다. 그것은 산업 무산자 계급의 증가와 노동운동의 성장이었다. 그리고 이 운동은 사회주의적 운동이었다. 1878년 비스마르크에 의해서 수행된 사회주의자들에 대항하는 법의 효과는 1879년에 도입된 보호의 효과는 대응되었다. 이 것은 전 관세가 옥수수 관세에 기초했기에 더욱 더 현저했다. 산업인들과 농업인들의 정치적 동맹만이 보호주의의 승리를 가능하게 만들었다. 옥수수 관세는 근로자들에 의해서 일상적 빵의 징세로 간주되었다. 그것은 국가에 대한 적대감을 심화했다. 농업관세들은 또 하나의 결코 덜 중요하지 않은 정치적 결과를 가져왔다. 그것들에 의해서 가장 많이 이윤을 취하는 계층은 대지주 계급이었다. 이윤의 더 큰 몫이 옥수수의 주요 생산자인 대지주들의 주머니로 들어갔다. 더구나 알코올에 대한 징세는 특별히 대지주들에게 이롭게 조직되었다. 지금 동부 독일에 사는 이 대지주들은 프러시아의 융커들이었다. 농업의 보호와 농업의 징세는 이 융커들의 경제적 구원이었다. 이런 식으로 보호주의가 융커 계급의 경제적 존재뿐만 아니라 정치적 우위를 보존했다. 이들과 부상하는 사회적 민주주의 사이에서 중산계급의 자유주의가 파괴되었다.

더구나 독일 보호주의는 독일의 민족주의를 확대하고 강화했다.[443] 그것의 슬로건은 민족 노동의 보호였고 그리고 자유무역은 민족적 감정의 부족을 보이는 것으로 투쟁의 대상이었고 유럽의 착취를 위한 영국의 발명품인 "국제주의"(internationalism)로 매도되었다. 비록 하나의

---

443) *Ibid.*, p. 259.

규칙으로 독일의 자유무역론 자들이 리처드 코브던(Richard Cobden)이나 존 브라이트(John Bright) 같은 영국의 위대한 자유무역론자들처럼 평화주의자들은 아니었지만 그럼에도 불구하고 그들은 국가 간의 자유로운 상품의 교환이 보다 나은 상호 이해를 가져오고 그 결과로 보다 평화로운 감정을 가져오기를 희망했다. 독일 대학교에서 민족주의적이고 또 반유대주의 운동들이 보호주의의 승리와 자유주의와 비스마르크의 단절 후에 시작했다는 것은 단순한 우연이 아니었다.444)

비스마르크는 제후가 정부에 내는 세금을 폐지하고 제국을 개별 국가들로부터 독립적으로 만들 목표로 그의 보호주의 작전을 시작했었다. 이 목표는 실현되지 않았다. 보호주의에 대한 지지를 대가로 가톨릭 교회의 지도자 빈트호르스트(Windthorst)와 타협한 비스마르크는 오히려 특별이익을 추구하는 친구들을 강화하고 독일 통일의 친구들을 견제하는 결과를 가져왔다. 그러나 보호주의로 돌아선 비스마르크의 가장 중요한 결과는 원칙의 정책을 물질적 이득의 정책으로 완전히 대체한 것이었다. 공통의 정치적 이상들 위에 설립된 정당들이 이익의 전제주의에 의해서 분열될 수밖에 없었다. 더 나쁘게도 정치적 이상을 추종하는 것이 교조주의(doctrinarism)로 불린 반면에 물질적 이익을 확대하기 위한 정치의 이용이 현실정치로 칭송되었다. 비스마르크 자신이 농업인들에게 호소하고 일반관세로 함께 보다 많은 것을 요구하기 위해 단결하라는 호소로 물질적 이익의 세력들에게 신호를 보냈다.445)

---

444) *Ibid.*
445) *Ibid.*, p. 260.

이 새로운 물결에 익사한 것은 민족자유당이었다. 관세 토론 중에 베니히센(Bennigsen)은 자유무역이 반드시 자유당 프로그램의 일부는 아니라고 강조했다. 이 점에서 그는 옳았다. 여러 나라에서 강력하게 보호주의적인 자유당들이 존재했다. 독일에서 보호주의적 교리의 이론적 선구자이며 <국가경제의 제도>(*The System of national Economy*)의 유명한 저자인 프리드리히 리스트(Friedrich List)는 정치적으로 자유당이었다. 그러나 베니히센은 이러한 이유로 자유무역론자들과 보호주의자들이 같은 정당 내에 남아 있을 수 있다고 그가 믿었을 때 그는 틀렸다. 관세정책이 정치적 투쟁의 중심에 있을 때 정당은 장기적으로 다른 파가 표명하고 요구하는 모든 것에 반대하는 일파를 내포할 수 없었다. 큰 장애물은 옥수수 관세였다. 서민의 일상적 빵이 옥수수 재배자를 위해 징수되어야 하는 지의 여부에 관한 문제는 최대의 정치적 중요성의 문제이고 또 항상 그럴 것이다. 철저히 자유무역론자가 아닌 라스케르(Lasker) 같은 사람들도 옥수수 관세에 찬성하는 정당에 남아 있는 것이 불가능하다는 것을 발견했다.

경제적 문제들만이 민족자유당을 분열시킨 유일한 문제는 아니었다. 비스마르크가 밀어붙이려고 하고 또 거기에 그 정당의 우파들이 비록 마지 못해서라도 동의하는 가톨릭 교회에 대한 양보에 대해 아주 강력하게 느꼈다. 그러나 어쩌면 가장 중요한 쟁점은 비스마르크 자신이 그 정당을 밀어 넣은 딜레마였다. 그의 가장 최근의 이탈은 모든 종류의 자유주의 아이디어로부터 그의 견해를 분리하는 거대한 간격을 표명했다. 비스마르크에 대한 충성과 자유주의 원칙들을 결합하고자 하는 정당의 존재, 바로 그 기초가 그의 이탈로 인해 사실상 파괴되었다. 그럼에도 불구하고 민족자유당의 상황에서 변화는 그 후 1883년 6월에 가서 그 당의 지도자인 베니히센이 연방의회에서 연방의회와 프러시아 국회의 의원직을 사임했을 때 초래되었다.

제13장
비스마르크의 동맹체제 Ⅰ: 2국동맹(The Dual Alliance)

> "정부는 일단 노선을 선택하면 포기하면 안 된다.
> 그것은 좌고우면 하지 않고 앞으로 나아가야 한다."
> ―오토 폰 비스마르크―

베를린 회의에서 비스마르크가 "정직한 중재자"임을 선언하고 또 그렇게 철저히 행동함에 따라 그 결과는 러시아와 독일 간의 관계에 이롭지 않았다. 러시아인들은 터키와의 전쟁에서 거둔 승리의 결실을 베를린 회의에서 도적맞았다고 느꼈다. 비스마르크가 좌장을 했기에 러시아인들은 그에게 책임이 있다고 생각했다. 더 나아가서 고르차코프 수상은 베를린에서 제대로 대우받지 못했다. 비스마르크는 공개적으로 원로인 고르차코프의 후임자로 그가 보고 싶어하는 러시아의 2번째 대표인 표트르 슈발로프 백작을 선호했다. 많은 러시아인들은 슈발로프가 비스마르크에게 속았다고 믿었다. 그는 회의에서 비스마르크가 러시아를 돕기 의해 최선을 다했다고 주장했기에 더욱 그랬다. 이 점에서 슈발로프는 옳았다. 비스마르크가 아니라 전 국제적 상황이 회의가 러시아에게 남긴 빈약한 유산에 책임이 있었다.

그러나 러시아인들, 특히 차르의 실망에 대한 진정한 이유는 1870
년 전쟁 이후 그들이 어려울 때 독일에 도움을 헛되이 기대했다는 것
이었다. 알렉산더는 전쟁 중에 자기의 삼촌인 빌헬름에게 굉장한 봉
사를 했고 그래서 빌헬름도 그렇게 과도하고 요란하게 선포한 은혜에
기대를 걸었다고 생각했다. 이런 희망들은 실망이었고 또 그 결과로
인한 페테르부르크에서 나쁜 감정은 별로 놀랍지가 않았다. 그리고
이 나쁜 감정은 비스마르크가 1866년 프라하 조약의 제5조를 무효화
하는데 프란츠 요제프가 동의함으로써 안드라시와 조약을 체결한 것
이 알려졌을 때 증가했다. 이 조항은 북부 슐레스비히의 거주민들에
게 그들이 프러시아나 덴마크 아래로 올지 여부를 자유로운 투표로
결정할 권리를 주었다. 이 조약의 체결 뒤 12년이 지났지만 이 특별
한 조항은 결코 집행되지 않았고 이제는 이 새 오스트리아-독일 조약
에 의해 완전히 지워졌다. 러시아인들은 이 마지막 합의가 회의 중에
비스마르크가 오스트리아에게 준 도움에 대한 보상으로 간주했다. 한
러시아의 신문은 "정직한 중재자가 큰 커미션을 위해 행동했다"는 냉
소적 언급 속에서 러시아의 견해를 잘 표현했다.[446]

차르 자신은 베를린 조약의 많은 구절들을 수행할 책임을 진 국제
위원회들의 독일 대표들의 태도에 의해서 훨씬 더 도발되었다. 하나
의 규칙으로 독일 대표들은 결코 러시아와 한 목소리를 내지 않았고,
그는 이런 태도가 비스마르크의 지시에 의한 것으로 가정했다. 이 뿐

---

446) Erich Eyck, *Bismarck and the German Empire,* New York: W. W. Norton,
1964, p. 262.

만 아니라 비스마르크는 러시아에서의 전염병 발생을 독일의 러시아로부터의 수입에 반대하는 조치를 취하는 구실로 포착했다. 러시아 정부는 이 조치를 도발적이고 침략적이라고 간주했다. 차르는 독일 대사인 폰 슈바이니츠 장군에게 자신의 감정, 즉 두 제국들 사이의 진지한 우정의 추종을 말했다. 그는 독일이 항상 오스트리아 편에 섰다고 비난했고 또 만일 그가 1세기 동안 그들의 두 나라를 결속한 우정을 보존하길 원한다면 이것을 바꾸도록 요구했다. 비스마르크는 차르의 말을 러시아를 향한 독일정책의 재지향으로 답해야 하는 위협으로 간주했다.[447]

그러나 더 나쁜 일이 뒤따랐다. 차르는 독일 대표들의 태도에 너무나 불만을 느껴서 그는 1879년 8월 15일 독일 황제에게 자기의 불평을 제시한 개인적 편지를 썼다. 그는 고르차코프에 대한 비스마르크의 개인적 적대감과 그의 정치적 태도에 대한 그것의 영향을 언급할 만큼 충분히 무모했다. 물론 그러한 빗대어 말하기는 비스마르크를 분개하게 만들었다. 비스마르크는 오스트리아를 향해 움직임으로써 반응했고 8월 27일과 28일 바트 가슈타인에서 오스트리아의 외상 안드라시 백작과 만나기로 조정했다.[448] 공식적 언론은 비밀논의가 있었다고 지적했지만 더 이상의 코멘트는 없었다.

안드라시는 합스부르크 궁전에서 서방측을 대변했다. 그는 자유주의적이고 독립적인 헝가리를 위해 싸웠던 헝가리의 거물로 그가 찬양하는 영국으로 피신했었다. 그리고 그는 1867년 헝가리 왕국이 오

---

447) *Ibid.,* p. 263.
448) Jonathan Steinberg, *Bismarck: A Life,* Oxford: Oxford University Press, 2011, p. 385.

스트리아 땅에서 동등한 신분을 갖는 제도인 이중 군주제(the Dual Monarchy)의 적용을 받는 건축가였다. 마자르족은 약 1천 7백만에 달했고 1867년에 다시 부활한 헝가리 왕국에서 전체인구의 다수를 결코 구성하지 못했다. 그들은 왕가의 슬라브 인민들을 위해 더 큰 권리들을 선호하는 그런 오스트리아인들에 대항하고 또 국경선들 내 외에서 슬라브 민족들에게 대항해 자신들의 권리들을 방어해야만 했다. 따라서 안드라시 파의 마자르족들은 그런 세력들에 대처하기 위해 영국에 기대했다. 오스트리아-헝가리의 이중성(dualism)은 헝가리를 강대국으로 만들었고 안드라시는 그렇게 유지할 의도를 갖고 있었다. 그리하여 오스트리아-독일의 동맹은 그 지지를 얻을 것이었다.[449]

비스마르크는 카이저(Kaiser) 빌헬름에게 러시아의 소망에 굴복하는 것에 반대하여 경고하고, 또 정반대로 러시아의 경쟁국들인 오스트리아-헝가리와 영국과의 긴밀한 연계를 촉구했다. 그러나 그는 이런 정책을 제시하는 것 이상을 했다. 그는 자기의 황제에게 그가 가슈타인에서 안드라시가 자기를 방문할 것으로 기대하고 있으며 그 자신이 빈을 경유하는 자기의 답방을 할 것이라고 발표했다.[450] 안드라시와 동맹조약을 협상할 비스마르크의 의도를 정확하게 짐작한 황제는 완전히 당황하였고 그래서 비스마르크의 편지 가장자리에다 "어떤 환경하에서도 안 된다. 러시아가 이것을 결렬로 해석할 것"이라고 썼다.[451]

빌헬름은 수상이 취하는 새 노선을 결정적으로 반대했다. 러시아

449) *Ibid.*, p. 386.
450) Erich Eyck, *Bismarck and the German Empire,* New York: W. W. Norton, 1964, p. 263.
451) *Ibid.*

와 우정은 그에게 자기 부모로부터 물려받은 신성한 유산이었고 그리고 그것은 나폴레옹에 대한 해방전쟁의 날에 시작된 것이었다. 그는 자신의 조카인 차르를 자신의 최고의 친구로 간주했고 그와의 결별은 생각할 수 없었다. 1862년 이래 처음으로 그는 자신을 비스마르크의 지배에서 벗어나려고 노력했다. 그는 자기 방식대로 오해를 불식시키려 했고 그래서 폰 만토이펠 육군 원수를 차르에게 보냈다. 알렉산더는 독일 국경선에 가장 가까운 정거장인 러시아의 폴란드에 있는 그의 사냥터인 알렉산드로보(Alexandrovo)에서 만나자고 빌헬름을 초대했고 빌헬름은 비스마르크의 항의 전보에도 불구하고 이 초대를 수락했다. 두 황제는 그들의 옛 우정을 재개하기 위해서 알렉산드로보에서 최선을 다했고, 그리고 알렉산더는 자신의 편지에 깊은 유감을 표현하고 그것에 대해 완전한 책임을 지겠다고까지 했다. 빌헬름은 모든 것이 이제 잘 될 것이라고 믿으면서 아주 행복해서 돌아왔다. 그러나 빌헬름이 상상했던 것처럼 차르의 편지가 비스마르크의 이탈을 위한 진정한 이유가 아니었고 그가 빌헬름의 지지를 받길 희망했던 구실에 지나지 않았다. 그 편지가 쓰여 지기 전에 이미 비스마르크의 마음은 결정되었다. 그는 이제 알렉산드로보에서 만남이 전혀 없었던 것처럼 자기 식으로 진행했다. 그는 황제를 개인적으로 알현하여 그에게 협의하려고조차 하지 않았다. 정반대로 그는 모든 개인적 접촉을 피하고 그가 어쩔 수 없이 굴복할 수밖에 없는 기정사실(le fait accompli)로 간간히 황제를 마주했다. 비스마르크는 가슈타인에서 안드라시외 회담하고 협상을 마무리하기 위해 빈으로 갔다.[452]

---

452) *Ibid.*, p. 264.

1879년 9월 23일과 24일 이틀에 걸쳐서 비스마르크와 안드라시는 아주 제한된 조건의 조약을 협상했다. 안드라시에 제시한 비스마르크의 제안은 두 제국 의회에 제출하고 그들의 동의에 의해서만 종결되는 독일제국과 합스부르크 왕가 사이의 동맹 조약이었다. 동맹의 조건에 의해 각 동맹국은 그들 중 어느 쪽이라도 공격하는 어떤 제3의 강대국에 대항하여 상대국을 도울 것이다. 안드라시는 동맹을 체결할 준비가 잘 되어 있었다. 그러나 그는 그것을 의회에 제출하는 것을 거부했다. 왜냐하면 비독일 민족들의 반대를 두려워했기 때문이다. 그는 합스부르크 왕가가 아무런 이견이 없는 프랑스에 대항하여 싸울 의무가 주어지는 동맹에도 동의하지 않았다. 그는 러시아의 침략에 대항해서만 동맹에 동의했다. 비스마르크는 더 많은 것을 원했고 안드라시는 그것을 양보하지 않았다. 한 때 비스마르크는 자신의 성질을 잃고 그의 거대한 몸을 안드라시 쪽으로 기울이면서 위협적으로 말했다. "내 제안을 수용하든지 아니면 …" 안드라시는 침묵을 지켰다. 그리고 비스마르크는 "그렇지 않으면 내가 당신의 제안을 수용할 수밖에 없을 것이다"라고 문장을 끝내면서 비스마르크는 웃었다.[453] 두 개의 수정은 비스마르크에게 동맹의 가치를 감소시켰지만 그러나 그는, 그럼에도 불구하고, 안드라시의 제안을 수락할 생각이었다.

9월 25일 비스마르크는 베를린으로 돌아왔다. 그리고 황제와 극단적으로 어려운 알현을 하였다. 빌헬름 황제에게 있어 독일과 프랑스 사이의 전쟁을 계산하지 않는 동맹은 훨씬 더 반대할 만하고 두려워

---

453) Jonathan Steinberg, *Bismarck: A Life,* Oxford: Oxford University Press, 2011, p. 387.

했던 반면에 오직 러시아를 겨냥한 동맹은 그의 눈에 반역이나 다름 없었다. 그는 자기에게 남은 모든 에너지를 다해 완고하게 그것에 대항해서 싸웠다. 비스마르크는 진정으로 주장의 걸작인 몇 개의 정책 건의서에서 그것을 옹호했다. 이 주장들은 비스마르크가 이미 결정한 것을 방어하기 위해서 사용된 것일 뿐이었다. 그것은 그의 의지가 이미 결정을 내린 경우였다. 그는 오스트리아와 조약을 체결할 결심이었고, 그리고 그는 그의 의지가 내린 결정을 위한 적절한 이유들을 항상 생산할 수 있었다.[454] 결국 황제는 비스마르크의 주장에 의해서 설득되었기 때문이 아니라 만일 황제가 그 조약에 서명하길 거부한다면 그가 사임하겠다고 위협했기 때문에 굴복했다.[455] 긴 감정적 대화 뒤에 황제는 굴복했고 나중에 그는 "비스마르크가 나 보다 더 필요한 사람"이라고 언급했다.[456] 처음에 빌헬름은 러시아에 대항하는 동맹에 서명하기 보다는 차라리 곧 양위를 하겠다고 선언했다. 그러나 그는 양위로 얻을 것이 아무 것도 없었다. 그를 승계할 황태자가 오스트리아와 동맹을 기꺼이 서명할 생각이었다. 그리하여 결국 1879년 10월 5일 빌헬름은 철의 수상의 의지에 머리를 숙이고 조약의 체결을 위한 승인에 서명했다.[457]

9월 29일 비스마르크는 프러시아의 내각에서 오스트리아와 조약에

454) Erich Eyck, *Bismarck and the German Empire,* New York: W. W. Norton, 1964, p. 265.

455) *Ibid.*

456) Jonathan Steinberg, *Bismarck: A Life,* Oxford: Oxford University Press, 2011, p. 387.

457) Erich Eyck, *Bismarck and the German Empire,* New York: W. W. Norton, 1964, p. 265.

관해서 2시간 반 동안 연설했다. 비스마르크는 내각을 긴장감으로 완전히 장악했다. 모든 각료들이 오스트리아-독일 양자 동맹을 하나의 새로운 보다 근대적인 형태로 구 독일 국가연합의 재창조라고 지지했다.[458] 10월 7일 오스트리아-독일간 동맹이 체결된 후에 비스마르크는 이렇게 썼다:

> "나는 오스트리아와 서방 강대국들 사이에 장벽을 세움으로써 나의 안전 정책의 첫 단계라고 부르고 싶은 것을 수행하는데 성공했다. 내 견해로는 사라질 여름의 구름에도 불구하고 내가 두 번째 단계, 내 견해로는 유럽 평화의 가장 위대한 전망을 확보하는 유일한 제도인 3황제연맹의 부활이라는 두 번째 단계에 도달할 수 있다는 것을 나는 의심하지 않는다."[459]

비스마르크는 이제 또 다시 평화가 회복되었다고 말했다. 그 조약은 비밀로 남았다. 그리고 이틀 후인 10월 9일 그는 긴 휴가를 위해 바르친(Varzin)으로 떠났다.

오스트리아에 관한 한 비스마르크는 자신의 뜻을 관철했다. 그러나 그의 최초의 프로그램은 여전히 또 하나의 사항, 즉 영국과의 이해를 내포했다. 그는 실제로 영국의 디즈레일리 수상과 협상을 시작했지만 그 협상은 아주 이상한 과정을 겪었다. 9월 16일 비스마르크는 런던 주재 독일 대사인 뮌스터(Muenster) 백작에게 디즈레일리 경과의 대화에서 만일 독일이 러시아와 결별한다면 영국의 정책이 무엇일

---

458) Jonathan Steinberg, *Bismarck: A Life,* Oxford: Oxford University Press, 2011, p. 387.
459) *Ibid.,* p. 386.에서 재인용.

지를 발견하라고 지시했다. 뮌스터 대사는 디즈레일리 수상을 9월 26일에 만났다. 뮌스터는 비스마르크가 독일, 오스트리아-헝가리 그리고 대영제국과의 동맹을 제안했다고 말했다. 디즈레일리는 독일과 오스트리아와 동맹에 들어갈 그의 용의성을 표명했다. 그 대화 직후에 뮌스터 대사는 그것이 모든 점에서 그를 만족시킬 것이라고 수상에게 전보를 쳤다. 그러나 그 소식을 받은 비스마르크의 태도는 뮌스터가 기대했던 것과는 아주 달랐다.[460]

1879년 10월 8일 비스마르크는 디즈레일리가 만일 독일이 동방문제로 러시아와 분쟁에 들어갔을 때 영국은 무엇을 할 것인가에 대한 자기의 질문에 충분한 답을 하지 않았기 때문에 자기는 만족하지 않는다고 뮌스터에게 통보했다. 더 나아가서 비스마르크는 뮌스터가 영국과 협상을 계속하는 것을 금지했다. 비스마르크의 이런 태도 변화는 그가 뮌스터에게 디즈레일리와 협상하라고 지시한 9월 16일과 그가 뮌스터에게 더 이상 나아가지 말라고 지시한 10월 8일 사이에 그가 정책을 변경했기 때문이라고 설명될 수 있을 것이다. 그 사이에 무슨 일이 일어났는가? 대답은 비스마르크가 반대의 명령을 런던으로 보내기 하루 전날인 10월 7일에 오스트리아-독일 동맹조약이 체결되었다는 것이었다. 만일 영국과의 이해가 오스트리아와의 조약을 확보하는 수단에 지나지 않았다면, 그렇다면, 영국과 더 이상의 협상은 불필요한 것이었다. 비스마르크는 처음에는 이것을 염두에 두지 않았다. 그의 원래 계획은 오스트리아-헝가리와의 조약에 추가적으로 영국과의

---

460) Erich Eyck, *Bismarck and the German Empire,* New York: W. W. Norton, 1964, p. 266.

동맹을 맺는 것이었다.[461] 그렇다면 왜 이제 와서 그것을 버렸을까?

결정적인 요인은 러시아와 차르에 의한 새로운 접근이었다. 뮌스터가 디즈레일리와 대화를 가진 이틀 후인 9월 28일에 비스마르크는 두 명의 러시아 외교관의 방문을 받았다. 한 사람은 파리 주재 러시아 대사인 오를로프(Orloff) 공작이었다. 그의 비아리츠(Biarritz) 시절의 옛 친구인 그에게 비스마르크는 빌헬름뿐만 아니라 프란츠 요제프도 러시아와 그들의 옛 우정이 계속되기를 열성적으로 바란다고 말했다. 그럼에도 더 중요한 것은 러시아의 콘스탄티노플 대사인 사부로프(Saburoff)의 방문이었다. 차르의 편지 사건이 있기 전 여름 동안 그는 키싱엔에서 비스마르크와 긴 대화를 가졌다. 그 때 그는 독일과의 우정이 러시아 정책을 위해 최선이고 가장 확실하다는 자기의 견해를 강조했던 반면에 비스마르크는 러시아 궁전에 대한 자기의 불만을 솔직하게 말했었다. 사부로프는 키싱엔에서 러시아로 가서 차르 앞에 긴 정책건의서에서 자기의 견해를 제시했다. 이제 그는 차르의 여름 휴양지인 리바디아(Livadia)에서 차르를 본 후에 베를린으로 왔다. 알렉산더는 사부로프가 제시한 입장을 승인했고, 그리고 그에게 그의 선하고 평화로운 의도를 비스마르크에게 확신시키라고 지시했다. 사부로프는 차르의 정책은 미래에 순전히 방어적일 것이며 또한 베를린 조약의 실행 외엔 어떤 다른 목적도 가지고 있지 않을 것이라고 비스마르크에게 말하게 되었다.

9월 28일 사부로프와 비스마르크의 대화는 아주 만족스러워서 그것이 끝났을 때 그는 자기 손으로 러시아와 새로운 합의의 관한 원칙

---

461) *Ibid.*

들의 윤곽을 작성했다. 이 초안의 첫 항목은 영국과 러시아 사이의 전쟁에서 독일 제국이 중립으로 남을 의무를 제시했다. 그러한 조약은 독일-오스트리아 동맹과 양립할 수 있을 것이다. 그것의 결론을 사부로프는 확신했지만 그러나 영국-독일 동맹과는 전혀 양립할 수 없는 것이었다. 비스마르크가 사부로프와의 대화에서 받은 인상은 그가 다음 날인 9월 29일 안드라시에게 쓴 편지에서 알 수 있을 것이다. 그는 차르의 거주지로부터 직접 받은 통신이 그에게 안드라시와 자기 사이에 합의된 정책이 올바른 것이었다는 것을 보여주었다고 안드라시에게 말했다. 차르는 오스트리아-독일 동맹을 아주 차분히 기정사실로 간주했고 그리고 이제는 3황제연맹의 부활에 마음을 주었다. 이 계획을 채택함으로써 비스마르크는 영국과의 동맹을 아무런 조건 없이 포기했던 것이었다. 바로 이것이 그가 10월 8일 뮌스터 대사에게 디즈레일리와 협상을 계속하지 말라고 지시했던 진정한 이유였으며 영국 수상의 불만족스러운 답변의 주장은 오직 구실에 지나지 않았다.[462]

비스마르크의 외교정책에서 하나의 지도적 원칙은 독일의 두 동부 이웃인 러시아와 오스트리아 사이에서 선택할 수밖에 없게 되지 않는 것이었다. 그러나 이제 그는 오스트리아와 공식적 동맹조약을 체결함으로써 오스트리아를 독일에 더 가까이 끌어 들였다. 그러나 동시에 그는 페테르부르크로 가는 길을 선명하게 유지하는데 성공했다. 실제로 몇 년 후인 1881년 독일, 오스트리아, 그리고 러시아의 세 황제들의 새로운 연맹이 수립되었다. 그리고 그것은 1884년에 갱신되었고

---

462) *Ibid.,* pp. 267-268.

1887년에 러시아와 오스트리아 사이의 동방 정책의 양립할 수 없는 차이로 소멸될 것이다.

1879년 10월 7일 독일-오스트리아 간의 2국동맹(the Dual Alliance)의 성공적 체결 뒤에 비스마르크가 바르친에서 숲 속을 걷고 있는 동안에 또 하나의 위기가 발생했다. 이것은 대중적 반-유대주의(anti-Semitism) 파도가 몰아친 것이다. 이것은 자유주의 시대의 종식을 완성했고 또 독일 역사에서 20세기에 홀로코스트로 끝나는 또 하나의 단계를 시작했다. 비스마르크는 그 과정에서 중대한 역할을 했고 그리고 그는 그것을 환영했다. 그는 소수의 유대인들을 예외로 했지만 그는 프러시아 융커들 사이에서 유대인들에 대한 감정적인 증오심을 공유했다.[463]

1811년 루트비히 폰 데어 마르비츠(Ludwig von der Marwitz)가 그들이 유대국가가 되고 말 것이라고 프러시아의 개혁운동과 그것의 자유주의적 목표를 공격했다. 어떤 융커도 이 견해에서 이탈하지 않았고 비스마르크도 그것을 공유했다. 그도 역시 유대인은 독일인이 될 수 없다는 널리 그리고 동등하게 무의식적으로 퍼져 있는 무언의 신념을 지녔다. 1850년 리하르트 바그너(Richard Wagner)가 "음악에서 이식할 수 없지만 거친 유대성"(Untranslatable but roughly Jewishness in Music)이라고 불린 한 에세이에서 유대인은 인종적으로 진정한 독일의 예술을 표현할 수 없다고 주장함으로써 그런 견해에 대해 새로운 예리함을 제공했다. 그들은 진정한 독일의 창조성에 기생충 이상

---

463) Jonathan Steinberg, *Bismarck: A Life,* Oxford: Oxford University Press, 2011, p. 388.

이 될 수 없다는 것이다. 마르비츠나 비스마르크가 그랬던 것처럼 바그너는 유대인을 상업적 삶의 구현으로 간주했다. 그리하여 바그너는 이렇게 선언했다:

> "이 세상의 현 구성에 따라 유대인은 진실로 이미 해방된 이상이다: 그는 지배하고, 그리고 돈이 권력으로 남아 있는 한 그는 지배할 것이다. 그것 앞에서 우리의 모든 행위와 우리의 거래들은 그것들의 힘을 잃을 것이다."[464]

바그너에 의하면 유대인은 그것을 예술상품으로 전환하여 예술을 타락시키는 것이다. 바그너의 과격한 반-자본주의는 유태인들을 겨냥했고 그리고 물론 핵심적 인물은 나단 메이어 로스차일드(Nathan Meyer Rothschild)와 그의 형제들이었다. 바그너의 견해에서 유대인은 돈으로 도덕과 문화를 타락시켰다. 이 메시지는 20세기 나치스에 의해서 사용된 주장에서 인종적인 용어로 전환될 것이다. 바그너의 신봉자들이 종종 그것을 부인하려고 아무리 노력해도 거기에는 연계가 있다.[465]

1850년에 바그너가 현대의 반유대주의를 발명했을 때 그는 익명으로 글을 쓰면서 자신의 신분을 감추어야만 했다. 그가 1869년에 그 에세이를 재발행 했을 때 그가 선도한 태도들이 널리 확산되었기 때문에 자신의 이름을 사용할 수 있었다. 바그너는 근대 반유대주의의 첫 예언자였다. 왜냐하면, 마치 니체(Nietzsche)의 철학처럼, 그의 거대한 예술적 성취가 이성, 자유시장, 개인재산, 자본주의, 상업, 그리

---

464) *Ibid.*에서 재인용.
465) *Ibid.*, p. 389.

고 사회적 이동 등, 즉 비스마르크와 융커 계급들이 싫어했던 바로 그런 속성들을 거부했다. 그들은 자유시장과 자유무역을 결코 수용하지 않은 아주 큰 예술가 계급들에 의해서 합류되었다. 무역과 공예에 대한 이런 제한적인 태도는 독일 수공업자들의 방어적인 태도 속에 계속 존재했다. 이런 강력한 공예조합 의식구조의 기원은 독일이 유럽에서는 유일하게 그들의 군주들과 이사들이 조합과 회사들을 억압할 힘이 없는 수천의 작은 정치적 권위들로 통합되었기 때문이었다.

프랑스 대혁명이 옛 (신성 로마) 제국의 소국가들(the mini-states)을 청소하고 모든 폐쇄적 회사들을 폐지했을 때 그것은 결코 소멸하지 않은 그들의 잃어버린 특권들에 대한 예술가들의 사이에서 불만과 분노의 유산을 남겼다. 그리하여 반유대주의는 독일의 개신교 주민들의 거대한 지역 들에서 풍토병이었고 그리고 가톨릭 지역에서 그것은 제2의 교황청 위원회와 교황 요한 바오로 2세(John Paul II) 때까지 가톨릭 교리에 속했다.[466] 그러나 유대인들은 산업과 상업경제의 붐 속에서 현저했다. 상당수의 유대인들은 특정된 직업과 활동에 집중되었다. 정치, 법, 대학교, 저널리즘에 종사하는 유대인들은 신경을 쓰는 사람들에게 공격적이었고 은행업과 재정 분야에서 종사하는 유대인들이 크게 상황을 악화시켰다. 유대인들은 1850년대와 1860년대 사적 은행업을 지배했다.

1879년 3월 17일 하인리히 폰 트라이츠케(Heinrich von Treitschke)는 유대인들에 대한 그의 분노를 표명했다:

---

466) *Ibid.*, p. 390.

"때때로 유대인 언론에 의해서 우리 종족의 성격이 어떻게 파괴되었는 지를 아는 것은 우리의 영혼에 깊이 압박한다. 몰트케를 제외하고 유대적 오만이 두들기고 더럽히지 않은 단 하나의 이름이라도 있는가?"[467]

11월 15일 비스마르크의 칭송자이고 영향력 있는 신문사의 편집장이었던 트라이츠케는 "우리의 의견들"이라는 제목 하에 기사를 출판했다. 여기에서 그는 독일의 대중적 삶에서 그들의 역할에 대해 그리고 1872년 경제적 몰락에서 그들이 수행한 역할에 대해 공격했다. 역사가 테오도르 몸젠(Theodor Mommsen)이 그 기사에 관해서 말했듯이 그가 말한 것은 그렇게 하여 존경스럽게 되었다. 트라이츠케는 자유주의 지적 기성세대를 대변했고 또 유대인들에 대한 그의 공격이 토론을 전환시켰다.[468] 반유대주의는 이제 최고조에 달했고 곧 궁정과 궁정의 설교자인 아돌프 스퇴케르(Adolf Stoecker) 같은 최고의 귀족계급이 유대인들과 유대인 영향에 반대하는 설교를 시작했다. 그때 그의 제자들 중의 한 사람이 젊은 왕자 빌헬름, 후에 황제 빌헬름 2세였다. 또 한 사람은 1870년대까지 몰트케의 후임자 자리를 차지한 알프레트 발더제(Alfred Waldersee) 백작이었다. 궁정 설교자는 왕실에서 이단의 씨를 심었으며 궁극적으로 비스마르크의 몰락에 기여했다.[469] 그러나 비스마르크는 전 위기기간 내내 아무 것도 말하지 않았다.[470] 그것이 반유대주의가 라스케르 같은 자기의 정적들을 손상

---

467) Jonathan Steinberg, *Bismarck: A Life,* Oxford: Oxford University Press, 2011, p. 394.에서 재인용.

468) *Ibid.,* p. 394.

469) *Ibid.,* p. 395.

시키는 것이 그의 마음에 들었다. 빈트호르스트(Windthorst)는 그들이 반유대주의를 규탄해야 한다고 거듭해서 말했다.

1881년 새해의 전야에 반유대주의 집회에 참가했던 일단의 사람들이 폭동을 일으키고, 유대인 가게들을 파괴하고 또 유대인을 나가라고 소리쳤다. 1월 12일 의회가 재개되었을 때 탁월한 의회주의자인 자유주의당 토론자인 오이겐 리히터(Eugen Richter)가 반유대주의 선동에 비스마르크를 연계했다. 즉 그 운동은 비스마르크 공작의 코트 자락에 매달리기 시작했다는 것이다. 비스마르크가 그것들을 부인하고 또 그의 신문들이 그들의 과잉을 비난했지만 반유대주의 선동가들은 비스마르크를 끌고 들어가고 아버지를 둘러싼 시끄러운 아이들처럼 그를 불러 댔다. 이것은 정말 사실이었다. 유대인 논쟁은 국가에 대항해서 그리고 비스마르크 같은 독재자들에 대항해서 권리와 보호를 고집하는 라스케르(Lasker) 같은 지식인 집단과 사람들에 반대하는 비스마르크의 적의에 찬 편견을 반영했다. 비스마르크는 그의 진정한 적인 독일 자유주의를 파괴했다. 그 과정에서 유대인들이 다친다면 그것은 어쩔 수 없었다. 손상을 입힌 것은 그의 습관적이고 특징적인 반유대주의가 아니라 반대에 대한 그의 불관용이었다. 당시에 그리고 그 후에 그런 유산은 너무나 만연하여 그것의 흔적을 찾기가 별로 어렵지 않다.[471]

1881년 11월애 비스마르크는 프러시아 각료회의에서 유대인 논쟁은 올바른 때가 아니라고 비판했다. 그는 목표물을 바꾸었다. 그는

---

470) *Ibid.*, p. 396.
471) *Ibid.*, p. 398.

보수적이 아니라 진보적인 유대인과 그들의 언론에만 반대했다. 11월 26일 그는 "유대인 사냥"은 때가 아니라고 말하면서 자신은 그것에 반대한다고 선언했지만 그것을 중단시키기 위해서는 아무 일도 하지 않았다.[472] 1882년 1월 14일 의회가 열렸고 로베르트 푸트카머(Robert Puttkamer)는 여전히 휴양 중에 있는 비스마르크 수상을 대변했다. 하나의 중요한 항목은 강조할 필요가 없어서 푸트카머는 그것을 만족스럽게 선언했다. 그것은 가톨릭 교회의 현재 수장과의 우호적 관계는 그들을 로마 교황청과 외교관계를 재수립함으로써 실천적 행동에 책임을 질 위치에 놓고 있다는 것이었다. 그는 또한 망명한 주교들이 사면되는 것을 허용하고, 성직자와 사제들에 대한 독일 문화 심사를 철회하고, 그리고 보조 사제들을 위한 성직 임명을 프러시아 국가에 대한 의무적 통보를 제거해주는 "제2의 임의의 법안"(the Second Discretionary Bill)으로 알려진 것도 발표했다.

1882년 3월 27일 비스마르크는 의회에서 패배를 인정했다. 그리고 빈트호르스트가 성찬식 법안을 다시 제출하기 이틀 전에 굴복하면서 비스마르크는 그에게 만일 그가 성직자 임명에 관한 의무적 국가 통보를 완전히 철회하면 그 법안을 수용할 지의 여부를 물었다. 빈트호르스트가 수락했고 보수주의자들도 마찬가지로 그랬다. 1882년 3월 3일 "제2의 임의의 법안"이 수정된 대로 의회에서 통과되었다. 조금씩 가톨릭 교회에 대한 탄압의 장치들이 무너지기 시작했다. 그리하여 마침내 1882년 4월 24일 독일과 교황청 사이에 외교관계가 회복되었고 그리고 4월 25일 보수당과 중앙당은 가톨릭 교회의 규율

---

472) *Ibid.*, p. 402.

과 사제의 삶을 간섭하는 팔크 제도(the Falk System)를 완전하게 제거하는 결의안을 도입했다. 상처가 완전히 치유되지는 않았지만 가톨릭 자신들은 20세기에 들어와서도 2급 시민으로 느꼈다. 11월 14일 루치우스(Lucius)는 비스마르크가 문화투쟁의 종식을 다루는 데 대한 자기의 고통을 자신의 일기장에 이렇게 썼다:

"비스마르크는 교황청을 과소평가했고 그들을 다루는데 큰 실수를 했다고 보수주의자들은 말했다. 지금까지의 모든 양보는 그쪽의 어떤 양보에 의해서도 필적이 되지 않았다. 그는 분개한 충동 속에서 너무 성급하게 행동하고 어떤 권고도 경청하지 않았다."[473]

1880년대에 다른 위대한 변화는 사회정책에 있었다. 1881년 보수당들이 민족자유당의 잔여 세력과 결합하는 연방의회를 가져왔다. 그리고 중앙당과 분리주의당 그리고 진보당이 연립하자 비스마르크는 다수를 차지하는 반대세력에 직면했다. 비스마르크는 자신의 인기를 강화할 것 같은 자기의 적들이 인기를 잃도록 하는 정치적 프로그램을 찾았다. 노동자들은 비스마르크가 아니라 그의 자유무역의 아이디어에도 불구하고 라스케르 같은 좌파 자유주의자들을 믿었다. 비스마르크는 반사회주의적 입법이 충분히 나아가지 않았다고 믿었다. 유권자들은 연방의회의 사회민주주의 대표자들에게 투표했다. 사회민주당은 10월 선거에서 괴멸되지 않고 3개의 의석을 얻었다. 비스마르크는 자기가 뭔가를 해야만 한다는 것을 알고 있었고 또 한동안 계획을 작

---

473) Jonathan Steinberg, *Bismarck: A Life,* Oxford: Oxford University Press, 2011, p. 413.에서 재인용.

성했다. 그는 사회보험을 제공하는 사회개혁의 프로그램의 윤곽을 그렸다. 무역부에서 그는 항상 순종하지는 않지만 기꺼이 사회개혁의 욕구가 있는 공무원들을 발견했다. 이 경우에 비스마르크는 사고와 질병 보험이 제공되어야 한다고 합의했지만 다음 단계의 보다 선명한 개념을 갖고 있었다. 비스마르크는 고용주와 노동자에 의한 강제적 기여로 국가보험제도를 원했다.[474]

1883년 봄에 비스마르크는 사고 후 13주간의 기간을 커버하는 사고 보험과 병가 보험인 새 사회복지 입법을 단행했다. 1883년 6월 15일 공식 정부 기관지는 병가 보험 입법화에 관해서 연방의회의 통과를 칭송했다. 비-자유주의자로서 비스마르크는 자유 민주주의가 발견했지만 여전히 보기 어려운 것을 할 수 있었다. 즉, 그는 국가를 가난한 사람들을 위한 보장자로 보았던 것이다. 1880년대 동안에 비스마르크는 1884년 6월 27일 연방의회가 사고 보험제도를 수용하고 또 노인과 무능력자 보험이 1889년에 사고 보험법안이 통과됨으로써 사회안전을 완결했다. 국가의 사회안전 제도는 세계에서 최초로 근대 사회복지 안전망을 독일에게 제공했고 또 여전히 현대 독일 사회안전 제도의 일부를 형성하고 있다. 이것은 중대한 성취이며 전적으로 비스마르크가 행한 일이었다.[475]

---

474) *Ibid.*, p. 417.
475) *Ibid.*

제14장
비스마르크의 동맹체제 Ⅱ : 3국동맹(the Triple Alliance)

> "선한 행동의 양심이 고결한 희생의 유일한
> 보상인 경우에 감상적 동맹을 경계하라."
> -오토 폰 비스마르크-

제2차 3황제연맹이 체결된 다음 해인 1882년 비스마르크는 이탈리아를 설득하여 오스트리아와 독일 간의 2국동맹을 이탈리아를 포함하는 3국동맹으로 자기의 그물망을 넓게 던졌다.[476) 만일 이탈리아가 1871년 프랑스-프러시아의 전쟁에서 독일의 승리를 혼재된 감정으로 보았다고 하더라도 이탈리아는 프랑스의 패배로부터 이득을 보았다. 로마가 마침내 이탈리아 왕국의 수도가 되었던 것이다.[477) 그러나 단 하나의 로마와 하나의 교황이 있었기에 힘의 관점에서는 작은 행위인 로마의 병합은 독특하고 광범위한 반향을 내포할 수밖에 없었다. 이

---

476) Henry Kissinger, *Diplomacy,* New York: Simon & Schuster, 1994, p. 159.

477) René Albrecht-Carrié, *A Diplomatic History of Europe Since the Congress of Vienna,* 2nd ed., New York: Harper & Row Publishers, 1973, p. 182.

탈리아 정부는 교황 비오 9세가 필연적인 결과를 수용하고 그것에 자유롭게 협상된 조약으로 그의 묵인의 승인을 해 주길 희망했다. 이탈리아는 관대할 준비가 되어 있었지만 교황의 비타협적인 자세에 직면하여 제안한 타결안의 주요사항들을 1871년 일방적인 보장 법, 즉 순전히 이탈리아의 법에 병합할 수밖에 없었다. 교황은 영토적 소유를 제외하고 주권자의 모든 특권들을 향유하게 되어 있었으며 그리고 이런 지위는 이탈리아 국가에 의해서 성실하게 준수되었다.

그 직전에 교황의 독립을 옹호한 것은 프랑스였다. 그러나 1871년 후에 프랑스는 교황의 주권보다 더 즉각적으로 중요한 일이 있었지만 프랑스 가톨릭의 영향은 1871년 이후에도 줄어들지 않았다. 그러므로 프랑스의 국내적 문제가 이탈리아 외무성의 중요한 관심사였다. 비스마르크에게처럼 이탈리아에게도 티에르, 강베타, 공화정, 그리고 일반적 좌익이 프랑스에서 선호하는 요소들이었다.[478] 1870년대에 로마의 문제는 프랑스와 관련될 때 이탈리아인들의 눈에는 크게 다가왔다. 오스트리아에 관해서 말한다면 그 나라 역시 가톨릭 국가이며 오스트리아-이탈리아 적대감의 전통은 오래되었다. 왜냐하면 이탈리아의 바로 그 국가수립이 오스트리아에 대항하는 긴 투쟁의 역사였기 때문이다. 다른 한편으로, 독일과는 아무런 갈등이 없었고 오히려 약간의 이득이 되는 협력이 있었다. 비스마르크의 문화투쟁은 교황청에 대해서 공동토대의 가능성을 제안하기까지 했었다.

그러나 비스마르크는 이탈리아의 국력에 대한 낮은 평가로 인해서 처음에 어떤 이탈리아와의 연계에도 별로 관심이 없었다. 더구나 비

---

478) *Ibid.*, p. 183.

스마르크의 첫 관심은 러시아와 함께 하든 말든 간에 오스트리아와 동맹이었다. 그리하여 한 동안 통치자들에 의한 탐지와 회담 그리고 심지어 교환방문에도 불구하고 아무 일도 발생하지 않았다. 이탈리아의 수상 크리스피(Crispi)가 1877년 비스마르크를 만났을 때 그는 비스마르크가 프랑스에 대항하는 동맹을 기꺼이 고려하고 있지만 그러나 분명히 오스트리아에 대항해서는 아니라는 것을 발견했다. 그는 이탈리아와의 연계 가능성을 생각하게 되자 그는 크리스피에게 아주 유명한 말을 남겼다: "베를린으로 가는 길은 빈을 통해서 있다."[479]

그러나 오스트리아와 이탈리아 간의 이해의 토대를 발견하는 것은 결코 쉬운 문제가 아니었다. 비스마르크에 대한 크리스피의 사명은 실패했고 또 프랑스에서 마크마옹 정권의 패배는 그쪽에서 오는 이탈리아의 두려움을 줄이는데 기여했다. 1878년 이탈리아는 베를린에서 빈손으로 돌아왔고 그 결과 좌절감을 느꼈다. 베를린 회의 직전과 그 회의 동안에 이탈리아에게 알바니아, 튀니지, 혹은 트리폴리에서 보상의 제안은 아무런 관심을 일으키지 않았다. 이탈리아 인들의 영토회복의 가능성을 증가시키기 때문에 오스트리아의 이득이 이탈리아를 위해 이로운 발전이라는 주장을 아주 진지하게 받아들일 수 없었다. 그러나 프랑스인들은 베를린에 다르게 반응했다. 프랑스인들도 역시 빈손으로 돌아온 베를린 회의에서 소극적이었음에도 불구하고 3년 후인 1881년 5월에 그들은 튀니지(Tunisia)에 보호령을 수립했다. 튀니지에 대한 프랑스의 점령은 이탈리아에게는 하나의 충격으로 다가왔다. 그것은 그 사건에 대비하지 못한 카이롤리(Cairoli) 정부의 붕괴

---

479) *Ibid.*

를 야기했다. 여러 가지로 최악이었던 것은 이탈리아가 처한 고립이었다. 즉, 영국이나 독일이 반대할 경향을 보이지 않았던 것은 물론이고 오히려 두 나라는 프랑스를 지지했다.[480]

로마 문제에 대한 최근의 걱정에 추가하여 이 사건은 이탈리아로 하여금 자국의 고립에서 벗어날 노력을 재개하게 만들었다. 그리하여 이탈리아는 빈을 통해 베를린으로 가는 길을 택했고 이번에는 이탈리아의 염원이 비록 합의가 로마와 빈 사이에 도달하기가 특별히 어려웠지만 보상받았다. 그리하여 1882년 5월 20일 3국동맹(The Triple Alliance)의 첫 조약이 체결되었다. 이 조약으로 독일과 오스트리아는 프랑스가 이탈리아를 침략할 경우에 이탈리아를 돕기로 약속했다. 그리고 만일 제3의 동맹국이 그것을 위협하는 강대국과 전쟁을 해야 한다면 적어도 우호적 중립이 다른 두 회원국가들에 의해서 준수될 것이다. 평화에 대한 위협이 있을 경우에 3동맹들은 필요한 군사적 조치들을 협의할 것이다. 조약은 5년간 유효하고 비밀이며 갱신될 수 있는 것이었다.[481]

독일과 오스트리아에게 그 조약의 중요성은 이탈리아의 중립화였다. 이것을 위해 그들은 별로 있을 것 같지 않은 가능성인 프랑스의 공격에 대항하여 보장하는 대가를 기꺼이 지불했다. 이탈리아에 대해서 말한다면 그것은 더 이상 고립되지 않았다. 이탈리아는 그것이 원하는 영토적 보장을 확보하지는 못했지만 로마의 문제가 사실상 국제적 영역에서 벗어났다. 이탈리아와 오스트리아는 동맹국이든 아니면 적이든 상당한 정당성을 가지고 있었다고 말할 수 있지만 어떤 경우

---

480) *Ibid.*, p. 184.
481) *Ibid.*

이든 서로 간에 단지 무관심할 수는 없게 되었다. 그 동맹이 이탈리아의 영토회복 운동에 종식을 고하지는 않았지만 적어도 공식적으로 영토회복 운동은 냉동되었다. 어느 정도 동맹은 이탈리아에서 두 진영으로 국내적 분열을 강조하는 효과를 가졌다. 소위 우익들, 즉 카부르(Cavour)의 후예들은 중유럽의 보수주의 제국들과의 연계의 주된 지지자들이 된 이탈리아의 보수주의 요소들이었다. 이와는 대조적으로 좌익, 즉 마치니(Mazzini) 전통의 후예들은 자유주의 공화정의 프랑스에 좀 더 동정적이었고 점차로 자기 자신을 영토회복 운동주의, 즉 반-오스트리아 경향과 동일시했다.

이탈리아는 그 조약과 관련하여 비록 조약에 포함되지는 않았지만 어떤 경우에도 영국을 겨냥한 것으로 간주될 수 없다는 선언을 고집했다는 사실이 지적되어야 한다. 여기에 대해 두 동맹국들 아무도 반대하지 않았지만 그것은 이탈리아 외교정책의 중대한 원칙의 중요한 포기였다. 이탈리아의 지리적 위치와 영국 해군의 위력은 이탈리아로 하여금 영국의 반대편에서 갈등상태에 처하는 가능성을 상상도 할 수 없게 만들었다. 그것은 이탈리아가 그 원칙에 집착하는 동안 이탈리아에 잘 봉사한 원칙이었다.[482]

1880년대의 초기에 연계의 전 네트워크가 수립된 것으로 보였고, 그것의 중심지는 베를린이었고, 그리고 그것의 실타래는 비스마르크의 손안에 있었다. 즉, 3국동맹과 3황제연맹은 루마니아-오스트리아-세르비아의 작은 동맹에 의해 보완되었다. 영국은 여전히 화려한 고립 속에서 살았지만 그러나 독일과의 관계는 우호적이었다. 1879년

---

482) *Ibid.*, p. 185.

공식적 관계에 대해 있었던 생각은 오스만 터키에서 영국과 오스트리아의 정책을 지지하는 데에 기인하는 러시아-독일 간의 갈등의 경우에 영국은 무엇을 할 것인가에 대한 비스마르크의 조사 외에 무위로 끝났다. 그 문제에 관해서는 심지어 프랑스와 긴장도 1875년 전쟁공포를 따른 10년 동안에 상당히 완화되었다. 프랑스의 국내적 사태발전이 부분적으로 이것을 설명했지만 하나의 기여 요인은 다른 채널로 프랑스의 관심이 벗어난 것이었다. 그래서 기꺼이 이를 격려했다. 불가리아에서 비스마르크가 러시아에 기꺼이 가담하려 했던 것과 꼭 마찬가지로 프랑스에서 그는 제국주의자이고 또 공화주의자였다.[483]

그러나 1887년에 접어들어 미묘한 쟁점들에 관련된 복잡한 관계가 외교적 활동을 위한 넓은 범위를 제공했다. 프랑스와 러시아 연계의 예시, 혹은 어떤 곳에서는 공포가 영국과 독일의 연계의 가능성에 의해서 균형을 이루었다. 국가의 지위를 높이려는 경쟁의 교착상태에서 이탈리아가 상당한 활동의 중심이 되었고 그 뒤에서는 비스마르크가 지시하는 지침이 발견될 것이다. 1882년 이래 이탈리아는 3국동맹의 회원이었지만 그 연합은 그것의 회원들에게 만족스럽지 못했다. 오스트리아는 이탈리아 영토회복 운동에 의해서 괴롭힘을 당했으며, 비스마르크는 그가 독일이 묶이길 원하지 않는 침략적 목적과 제국적 모험을 위한 동맹의 지지를 이탈리아가 이용하는 데 관심이 있음을 두려워했다. 다른 한편으로, 이탈리아는 동맹으로부터 별로 이득을 얻지 못했다고 느꼈기에 동맹의 갱신이 한동안 의심스러웠다. 1885년 로빌랑(Robilant) 수상의 조사는 냉정한 대접을 받고 그 문제는 한동안 폐기되었다.

483) *Ibid.*, p. 186.

그러나 조약의 소멸 날짜가 다가옴에 따라 상황은 상당히 바뀌었다. 비스마르크의 관점에서 보면 특히 로빌랑이 그에게 프랑스-이탈리아 연계 가능성을 그 앞에 내비쳤기 때문에 프랑스와 발칸이 불확실성의 중심이었다. 이런 상태의 결과는 1887년 2월 20일에 동맹조약이 갱신되었을 뿐만 아니라 이것은 대체로 이탈리아의 조건 위에서 행해졌다. 1887년의 새 동맹은 3가지의 증서들, 즉 1882년의 원래 조약, 거기에 별개의 이탈리아-독일 그리고 이탈리아-오스트리아 조약들이 추가된 것, 그리고 독일로부터 이탈리아가 식민지 야심을 위해 소망하는 지지 약속의 획득으로 구성되었다. 이탈리아는 트리폴리나 모로코에서 프랑스 행동의 결과로 갈등에 휩싸일 수 있었으며 전쟁이 발생할 경우에 독일은 프랑스에 대항하는 이탈리아의 주장에 반대하지 않을 것이다. 그리고 명시적으로 말하지는 않았지만 이것이 코르시카, 니스, 그리고 사보이를 분명히 의미했다. 이것은 의심할 여지없이 비록 비스마르크가 프랑스에게 그가 이탈리아의 식민지 야심을 지지할 의도가 없다고 보장해 주는데 관해서 아무런 양심의 가책이 없었다고 할지라도 분명히 방어적인 성격의 원래 동맹조약의 문구와 정신을 다소 넘어가고 있었다.[484]

오스트리아의 칼노키(Kalnoky)와 협상이 어려운 상태가 되자 비스마르크는 그의 오스트리아 동맹국에게 어느 정도의 압력을 행사해야만 했다. 오스트리아-이탈리아 간 조약의 주된 중요성은 한참 후에 중요성을 갖게 되는데 그 조약의 제1조의 다음 부분에 있었다:

---

484) René Albrecht-Carrié, *A Diplomatic History of Europe Since the Congress of Vienna,* 2nd ed., New York: Harper & Row Publishers, 1973, p. 198.

"만일 사건들의 과정에서 발칸이나 혹은 아드리아 해나 에게 해에서 오스만의 해안들과 섬들에서 현상유지가 불가능하게 된다면, 그리고 만일 제3국이나 다른 국가의 행동의 결과로 오스트리아-헝가리나 이탈리아가 자신들의 입장에서 일시적이거나 항구적인 점령에 의해서 그것을 수정할 필연성 하에서 자신들을 발견한다면 이 점령은 영토적이든 다른 것이든 어떤 이득의 상호간 보상의 원칙에 입각하여 앞서 말한 2개 강대국들 사이에 사전 합의 후에만 발생할 것이다. 여기에서 상호보상의 원칙은 각국이 현재의 현상을 넘어서서 획득하고 또 두 당사국들의 이익과 잘 수립된 주장에 만족을 주는 것이다."[485]

이것이 사실상 의미하는 것은 이탈리아가 오스트리아로부터 발칸에서 평등의 지위를 확보했다는 것이었다. 이탈리아의 관점에서 보면 비록 그것이 오스트리아에게 추가된 함의와 예시가 자국의 발칸정책의 운영에 도입되었다는 것을 의미했음에도 이것은 분명한 이득이었다. 1887년 조약들은 이탈리아 외교정책에서 중요한 이정표를 이루었다. 이탈리아에게 제1차적 관심 지역들에 대한 주장을 제시했고 그들은 또한 타국들에 의해 향상된 이탈리아의 힘을 인정받았지만 그러나 무엇보다도 비록 비합리적이지 않은 목표를 위한 것이었다고 할지라도 힘의 균형의 기술적 이탈리아의 사용을 타국들에 의해서 인정받았다.

그리하여 유럽의 전체적인 맥락에서 비스마르크와 칼노키는 이탈리아의 동맹을 보존하기 위한 대가를 기꺼이 지불했다. 흥미롭게도 1887년의 조약들은 1882년 그 동맹이 어떤 경우에도 영국에 대항하여 운영되지 않은 것이라는 만치니(Mancini) 선언의 갱신에 의해 동반되지

---

485) *Ibid.*, p. 199.에서 재인용.

않았다. 이것은 당시에 영국과 3국동맹의 3개 회원국들 모두 사이에 고도로 정중한 관계와 관련이 있는 사실이다. 2월 20일 갱신은 사실상 1주일 전인 2월 12일에 영국과 이탈리아 사이에 첫 소위 "지중해 협정"(the Mediterranean)의 서명이 있었다. 비스마르크는 이 협정을 교묘하게 조성해 냈으며 그것을 이탈리아에게 처음 제시한 것은 영국의 솔즈베리(Salisbury)였다. 비스마르크에게 이것은 3국동맹의 일종의 보너스와 같이 주어진 것이었다. 결국 그것은 지중해에서 현상을 유지하고 그 목적을 위해 협력한다는 공통의 염원에 대한 이해가 없는 선언에 그치고 말았다. 비스마르크와 이탈리아는 더 강력한 성명을 원했을 것이지만 영국은 이 점에서 더 이상 공약을 하지 않을 것이다.

그리하여 로마가 3국동맹과 지중해 협정의 두 도끼가 만나는 지점으로 보였다. 독일은 3국동맹에만 직접 관련되지만 비스마르크는 이 합의의 형성에 손을 썼다. 그래서 지중해 협정이 때로는 비스마르크 외교의 화룡점정의 클라이맥스라고 제시되었다.[486] 표면적으로 영국은 자국의 관계가 참으로 좋았던 3국동맹의 강대국들과 관련을 맺는데 어느 정도의 거리를 두었다. 이런 다양한 결합으로 부터 두 강대국이 배제된 것으로 보였다. 그들은 러시아와 프랑스였다. 그러나 이 모습은 어느 정도 오도이고 피상적이었다. 영국과 프랑스는 이집트에서 이견이 있었지만 그러나 그것으로 공개적 갈등의 가능성은 별로 없었고 솔즈베리가 피상적 괴로움에도 불구하고 화해의 고려를 싫어하지 않는 프랑스로부터 두려움을 느낄 것은 거의 없었다. 프랑스와 독일의 사이에서 조차 상황은 표면적 모습이 시사하는 것보다 더 좋았다.

---

486) *Ibid.*, p. 200.

그럼에도 불구하고 위험이 존재하는 동안 프랑스를 고립시키는 것이 더욱 더 바람직스러웠다. 이것을 비스마르크가 성공적으로 했던 것이다. 비스마르크는 동맹조약을 통한 국제관계를 관리하는 반면에 독일제국의 군사력 강화를 모색했다. 1866년 9월에 비스마르크는 연방의회 앞에 새로운 군 관련 법안을 내놓았다. 그것은 1887년 4월에 시작하여 1894년 3월까지 7년간 지속되는 군사력의 새로운 증가 방안이었다. 그것은 군복무의 새로운 7년제였다. 마지막 법안은 1880년에 가결되었고 1888년 3월 말까지 기간을 다뤘다. 그러므로 이 새로운 7년제는 구 법안이 소멸하기 전에 효력을 발생할 것이다. 그 법안을 위한 공식적 근거는 해외 군사력의 팽창, 특히 프랑스와 러시아의 군사력 팽창이었다. 독일과 프랑스 사이의 관계는 쥘 페리(Jules Ferry) 정부의 전복 이래 또 다시 악화되었다. 프랑스 공화정의 대통령인 쥘 그레비(Jules Grevy)가 평화의 사람이고 수상인 프레이시네(Freycinet), 그의 후임자인 고블레(Goblet)와 외상인 플루렌스(Flourens)가 그랬다. 비스마르크조차도 그것을 의심하지 않았다. 그러나 그는 고블레와 프레이시네의 내각에 앉아 있는 전쟁상 블랑제(Boulanger)가 전쟁을 준비하고 있다고 주장했다.[487]

블랑제의 이름은 프랑스의 "복수 운동"과 연결되었다. 실제로 1880년대 후반에 프랑스에서 적극적인 복수 운동이 있었다는 것은 의심할 바 없었다. 블랑제가 한동안 이 운동의 우상이었다. 그러나 블랑제가 어떤 독일의 염려를 정당화하기 위해 그가 아무 일도 하지 않았던

---

487) Erich Eyck, *Bismarck and the German Empire,* New York: W. W. Norton, 1964, p. 282.

1866년 3월에 비스마르크가 독일 연방의회에서 블랑제에게 주목하도록 한 것은 현저한 일이었다. 비스마르크는 프랑스 혁명전쟁을 상기시키면서 적대적 군대의 깃발을 꽂을 사회주의적 아이디어들과 연계하여 그에 관해서 말했다. 이 비단에 대한 비스마르크의 유일한 지원은 블랑제를 복수의 전쟁상이라고 부른 파리 주재 독일 무관으로부터 온 약간의 보고서였다. 그러나 이 무관은 독일 대사인 뮌스터 백작과 함께 비스마르크와 그의 언론이 자기의 보고서에 부여한 해석에 의해 완전히 놀랐다. 독일군의 병참감인 발더제 장군은 비스마르크의 전쟁 위험에 관한 얘기를 하나의 코미디라고 불렀다. 프랑스의 상황을 진정으로 잘 아는 사람은 아무도 독일에 대한 프랑스의 공격 가능성을 믿지 않았다. 그러나 비스마르크는 독일과 러시아 사이에서 적대성이 발생하면 전쟁으로 유인될 것이라고 강조하곤 했다.[488]

당시 러시아는 1881년 암살당한 알렉산더 2세를 세습한 알렉산더 3세가 지배하고 있었다. 그는 자기 아버지가 그랬던 것처럼 독일제국과 카이저에 대해 동일한 우정의 감정에 분명히 고무되지 않았다. 그는 러시아 상류계급 사이에서 지배적이고 또 몇 개의 영향력 있는 신문들이 선전하는 범-슬라브 아이디어들의 분위기 속에서 성장했다. 그럼에도 불구하고 그는 독일과 오스트리아 황제들과 새로운 동맹을 체결했고 1884년에 갱신했다. 이 당시에 그는 적어도 명목상으로는 독일 제국과 합스부르크 왕가의 동맹국이었다. 그러나 이 동맹에도 불구하고 발칸반도에서 사건들이 두 동부 제국들 사이에 매우 긴장된 관계를 야기했다. 1885년 바텐베르크(Battenberg) 알렉산더 공작의 휘

---

488) *Ibid.*, p. 283.

하에 불가리아의 통일과 세르비아에 대한 그의 전쟁은 옛 적대감을 부활시켰다. 상황은 알렉산더 2세의 오감을 받았던 바텐베르크 공작이 그의 사촌인 알렉산더 3세에 의해 미움을 받고 있다는 사실에 의해서 악화되었다. 새 차르는 그가 러시아의 이익이 아니라 불가리아 자체의 이익에서 지배하려 했기 때문에 그를 반역자로 간주했다. 바텐베르크의 알렉산더는 독일에서 많은 동정을 발견했지만 그를 비우호적인 용어로 비판한 비스마르크의 동정을 얻지 못했다. 그 공작이 황태자의 딸인 빅토리아 공주와 결혼하길 원한다고 들었을 때 비스마르크는 아주 분개했다. 황태자는 그 결혼에 회의적이었다. 비스마르크의 부추김을 받아 황제는 그 결혼을 거부했고 공주도 포기해야만 했다.

그러나 불가리아는 여전히 불쾌한 기억을 갖고 있었다. 1886년 8월 20~21일 밤에 바텐베르크의 알렉산더는 일단의 불가리아 장교들에 의해서 납치되어 불가리아 밖으로 나갔다. 그는 돌아올 수 있었고 또 그의 인민들에 의해서 열정적인 환대를 받았다. 그러나 돌아온 것을 책망하는 차르의 아주 가혹한 전보를 받은 뒤에 공작은 자신의 왕관을 내려놓고 불가리아를 떠난 후에 다시는 돌아오지 않았다. 그의 전복은 전 유럽에서 큰 소요를 야기했다. 모두가 그를 납치했던 장교들이 러시아와 솔즈베리 경의 도구였다고 믿었다. 1886년 11월 9일 솔즈베리 영국 수상은 그들을 외국 돈에 타락한 것이라고 솔직히 묘사했다. 독일에서도 역시 여론은 아연실색했고 러시아의 방법에 분개했으며 세르비아에 대한 그의 승리를 이유로 알렉산더를 "독일의 영웅"이라고 불리었다.

그러나 독일에서 냉정할 뿐만 아니라 적대적인 한 사람이 있었다.

그는 비스마르크였다. 그는 한 과격한 신문이 분개하여 러시아에 기도록 도발되었다는 식으로 글을 쓰도록 명령했다. 비스마르크는 이 분개를 단순히 정당 반대의 표명으로 취급하려고 했다. 그러나 실제로는 정부에 결코 과격하거나 적대적이지 않은 써클들이, 예를 들면 많은 군 장교들이 정부와 언론이 이런 태도에 아주 분개했고 또 터키 군대의 교관으로 콘스탄티노플에 파견된 유명한 독일 장군 콜마르 폰 데어 골츠(Colmar von der Goltz)는 러시아에 아첨하는 독일 정부의 용의성에 당혹감 외에는 아무 것도 없다고 썼다.[489]

비스마르크는 알렉산더의 폐위 후 수주 만에 늙은 황제에게 그가 보낸 보고서에서 그가 바텐베르크 공작을 싫어하는 이유를 발견할 수 있었다. 그는 제국과 황제에게 그리고 자기의 수상직에도 적대적인 독일 야당의 후보로서 가장 어두운 색조로 그를 묘사했다. 그는 제국의 수상으로서 그 공작이 현재의 연방의회에서 다수의 지원을 받을 것이라고 썼다. 그것으로 그는 비스마르크에 대한 반대로 결속된 자유당, 중앙당, 그리고 사회민주주의자들로 이루어진 다수를 의미했다. 비스마르크는 황제의 즉각적인 변경을 끊임없이 자기 마음 속에 두고 있었다. 자신의 운명은 어떻게 될 것인가? 황태자의 총아인 바텐베르크의 공작을 면목상의 대표로 하는 자유주의자들로 구성된 일종의 영국의 "글래드스턴 내각"(Gladstone Ministry)이 등장할 것이었다. 비스마르크는 이것을 몹시 두려워했다. 이 내각은 새 황제의 열성적 지원을 받을 것이고 의회의 다수에 의해 도움을 받을 것이었다.

그러나 비스마르크 같은 사람이 수수방관하면서 이 "글래드스턴

---

489) *Ibid.*, p. 284.

내각"이 출현하기를 기다릴 것이라고 기대하는 사람은 아무도 없을 것이다. 그가 건축한 독일 정치체제는 그가 황제나 의회의 도움에 의존할 수 있는 한 그가 필요한 권력을 그에게 부여했다. 왕관의 계승자를 바꾸는 것은 그의 영역(compass) 밖에 있었다. 그러나 마스터-조작가가 자기의 끌로 때릴 수 있는 지점은 연방의회의 다수였다. 만일 비스마르크가 의회의 구성을 자기에게 유리하게 변경하는 데 성공할 수 있다면 새 황제는 힘이 없고, 그리고 비스마르크 자신의 정권의 항구성이 수립될 것이다.[490]

이 목표를 실현하기 위해서 비스마르크는 연방의회의 해산과 정부에 가장 회의적인 슬로건 하에 시행되는 새 선거를 필요로 했다. 비스마르크는 인민들이 군사적 문제들, 특히 만일 전쟁이 임박해 있다고 믿는다면 유권자들 측에 애국적 열기를 일으킬 것으로 알았다. 그러므로 이 상황은 1880년의 7년제가 소멸할 때까지 기다리지 않을 것이라는 것을 설명해준다. 왜냐하면 그 사이에 늙은 황제가 죽을 지도 모르기 때문이었다. 비스마르크는 서둘렀다. 새 법안이 제안한 군대의 확장은 비스마르크에게 의회를 해산할 기회를 제공하는데 실패했다. 비스마르크가 무엇을 할지 의심힌 빈트호르스트가 다수를 설득하여 정부가 요구하고 있는 완전히 무장한 군대를 위해 투표를 했다. 그러나 진정한 투쟁은 군복무를 위해 새로 정해진 총 병력이 적용될 기간에 대한 것이었다. 정부는 그것이 7년 내내 적용되길 원했지만 이 기간이 결코 완전하게 이용되지 않을 것임을 인정했다. 비스마르크의 진정한 이유는 자유주의자들이 어떤 경우에도 7년에 동의할 수 없을

---

490) *Ibid.*, p. 285.

것이라는 것을 알고 있었다는 것이다. 진보당과 전 민족분리주의자들이 1884년에 통합했을 때 양측이 타협하여 그들은 의회의 임기 보다 더 긴 생명력을 갖는, 즉 3년 이상의 군의 법에 투표하지 않기로 동의했다. 이것이 비스마르크가 7년제를 고집한 이유였다.

비스마르크의 전술들은 그가 합의하길 원하지 않을 때 보통 사용하는 것들이었다. 의회가 고집하기 10일 전에 비스마르크는 프리드리히스루로 가서 그것의 첫 심의에 대한 의회의 토론과 고도로 중요한 위원회의 단계 동안에 그곳에서 머물렀다. 그는 그곳에서 타결의 어떤 기회도 활용하기 위해서 전쟁상에게 간명하고 화난 편지들을 썼다. 그의 계획은 반대당 지도자들이 7년제에 반대하는 강경한 노선을 취하도록 압박하여 그들이 그 반대를 나중에 철회할 수 없게 하는 것이었다. 비스마르크의 전술적 운영의 가장 흥미로운 특징은 중앙당이 7년제를 위해 투표하도록 교황의 명령을 확보하기 위해 교황청과 하는 그의 협상들이었다. 그러나 교황청의 프러시아 대사가 교회법의 개정을 약속하는 정부에 의한 선언을 교환으로 교황이 그런 명령을 기꺼이 내릴 것이라고 보고했을 때 비스마르크는 아주 퉁명스러운 전보로 거절했다. 그 전보에서 그는 중앙당에 의한 법안의 거부가 정부에게 더 나은 운영기지를 제공할 것이라고 말했다. 더 나아가 비스마르크는 대담하게 이렇게 말했다:

"우리는 어떤 경우에도 군대의 확장을 밀고 갈 것이다. 중앙당이 없이도, 그리고 만일 필요하다면 의회 없이도 밀고 갈 것이다."[491]

---

491) Erich Eyck, *Bismarck and the German Empire*, New York: W. W. Norton, 1964, p. 286.에서 재인용.

의회의 위원회가 7년제를 거부한 후에야 비스마르크는 베를린으로 돌아왔다. 그는 이제 그의 법안이 통과될 위험이 끝났다고 확신했다. 두 번째 심의 동안에 그는 그의 가장 강력하고 흥미로운 연설들 가운데 몇 개를 했다. 국제적 상황을 언급하면서 그는 유명해진 주장으로 예방전쟁을 수행할 어떤 의도도 단호하게 부인했다:

"나는 신의 섭리가 들고 있는 카드들을 볼 수가 없다."[492]

비스마르크는 프랑스 정부와 프랑스 인민의 다수가 평화적으로 지향한다는 것을 부인하지 않았다. 그는 프랑스에서 결정은 열정적인 소수에 의해서 이루어진다고 주장하고 또 만의 하나 그가 프랑스 정부의 수장이 된다면 독일을 공격할지도 모르는 사람이라고 블랑제 장군의 이름을 언급했다. 그는 10일 후인지 아니면 10년 후인지는 알 수 없지만 독일인들은 프랑스의 공격으로 시작하는 전쟁을 두려워해야 한다고 말했다. 그는 그런 전쟁이 취할 성격을 가장 공포스러운 용어로 묘사했다. 그것은 적어도 한 나라가 완전히 파괴될 때까지 수행될 것이다.[493] 비스마르크가 이 연설을 하기 전에 그는 파리 주재 독일 대사인 그라프 뮌스터로부터 황제에 보내는 보고서를 입수했다. 그 보고서는 독일에 대한 다가올 프랑스의 공격의 어떤 조짐도 전혀 없다고 지적했다. 비스마르크는 뮌스터 대사에게 만일 황제가 대사의 견해를 수용한다면 정부는 의회에서 군 관련 법안을 유지할 수 없을 것이라는 주장을 사용하여 그의 보고서를 철회하게 만들었다. 이것은

---

492) *Ibid.*
493) *Ibid.*, p. 287.

비스마르크가 자기의 국내 정책을 위해 외교정책을 어떻게 이용하는 가를 보여주었다.[494]

진실이든 아니든 프랑스 공격의 위험에 대한 비스마르크의 연설의 주장은 자유주의자들이 제안한 것처럼 군대법이 7년 동안 아니면 3년 동안 유효해야 한다는 문제와는 관련이 없었다. 그는 다가오는 선거를 염두에 두고 그의 연설을 했던 것이다. 사실상 그것은 하나의 정강 정책 연설이었다. 의회는 3년을 위한 법안을 투표했다. 의장이 결과를 발표하려는 순간 비스마르크가 자리에서 일어나 자기의 직위의 이름으로 의회를 해산하는 제국의 명령을 발하고 그것을 하원에서 읽었다. 비스마르크는 자기의 모든 비상한 기술과 에너지 그리고 주저함이 없이 선거를 치렀다. 그는 유권자들에게 프랑스 침략전쟁의 유령을 내세우면서 자기의 의회연설에 의해 제시된 노선에 따라 선거를 수행했다. 그는 프랑스 공격이 임박하고 또 블랑제가 전쟁을 준비하고 있으며, 그리고 그것을 예방하는 유일한 일은 7년제의 수용이라는 인상을 창조하기 위해 모든 가능한 공작을 다했다.[495]

비스마르크는 선거에서 승리를 확보하기 위해 3개의 친정부 정당들, 즉 보수당, 자유보수당, 그리고 민족자유당이 하나의 동맹, 소위 카르텔을 형성하도록 유도했다. 첫 투표에서 모든 정부의 투표를 확보하기 위해서 이 3개의 정당들의 단일 후보자만이 각 선거구에 나가기로 했다. 독일 선거법 하에는 1~2위의 투표를 받은 두 후보자만이 두 번째 투표에 나갈 자격이 있었다. 카르텔을 수단으로 2위를 한 정

---

494) *Ibid.*
495) *Ibid.*

부 후보자가 두 번째 투표에 들어갈 최선의 가능성을 갖게 되었다. 선거의 결과는 비스마르크에게 압도적 승리였다. 황태자도 비스마르크가 원하는 것을 할 수밖에 없게 되었다. 실제로 황태자의 정당과 "글래드스턴 내각"의 유령이 있었다. 그러나 이제 빌헬름 황제가 다음날 죽는다 해도 새 카이저는 비스마르크에게 의지할 수밖에 없을 것이다.[496] 비스마르크가 미래의 황제에 대항하여 싸워서 이긴 한 달 후에 이 미래의 황제가 위험스럽게 아팠다. 그는 너무나 아파서 그가 황제에 즉위할 것이라는 희망이 희박했다. 그것은 비스마르크가 그것에 대해 그의 마지막 큰 승리를 획득하는 그림자, 비극적 그림자였다.

비스마르크가 이용하여 1887년 선거에 승리했던 전쟁공포는 오히려 독일이 공격해 올 것이라고 모두가 두려워했던 프랑스에 깊은 인상을 주었다. 그러나 1887년 5월에 프랑스에서 독일에 복수를 다짐하던 전쟁상인 블랑제(Boulanger) 장군이 실각했고 이에 대한 첫 반응은 블랑제주의자들의 인기 증가였지만 공화정 지도자들의 결정이 효과적으로 이 분명한 위험을 처리했다. 1887년 비스마르크의 동맹체제는 안정적이었다. 그럼에도 불구하고 그 동맹체제에서 한가지 가능한 결함은 양면전쟁의 유령을 불러일으키는 프랑스-러시아 연계의 가능성을 가지고 있는 러시아의 고립이었다. 실제로 러시아와 프랑스에서는 그런 연계의 주창자들이 있었다. 천재-정치가 비스마르크가 이 결함에 곧 그의 마법사 같은 손을 쓰지 않을 리가 없었다.

---

496) *Ibid.*, p. 289.

제15장
서아프리카에 대한 베를린회의(The Berlin Conference on the West Africa, 1884-1885): 정직한 중재자 Ⅱ

"독일의 아프리카는 유럽에 있다."
-오토 폰 비스마르크-

1800년에 이집트와 알제리의 남쪽 아프리카는 유럽인들에게는 사실상 미지의 세계였다. 다만 예외적으로 다음 3가지를 그들은 알고 있었다. 첫째, 서부 아프리카의 해안을 따라 노예들을 거래하는 많은 무역소가 있다. 둘째, 앙골라의 포르투갈 식민지들을 형성하는 해안을 따라 좁은 길의 영토가 있다. 셋째, 남아프리카에는 케이프 식민지(Cape Colony)가 있다. 그러나 19세기를 거쳐 탐험가들이 이 검은 대륙의 신비들을 벗기는 것을 도왔다. 이것들은 이미 아프리카인들 자신들과 아랍 무역인들에게 잘 알려져 있었다. 그러나 이것도 아프리카에서 식민지를 개발할 어떤 진정한 욕구를 유발하는데 실패했다. 대륙의 대부분에서 억압적인 풍토, 두꺼운 열대 우림, 습지, 해로운 야생동물, 거대한 대초원, 사막, 열대 질병들 그리고 분명한 부의 결핍이 식민주의자들을 억제했다. 1880년대에도 아프리카의 지도는 알제리와 남아프리카를 제외하고는 50년 전이나 크게 다르지 않아 보였다. 그러나 5년 후인 1885년 아프리카의 많은 지역들이 독일, 영국, 프랑스, 스페인 그리고 포르투갈의 소유지로 변모할 수 있었다. 그렇다고 해도 아프리카의 대부분은 여전히 유럽인들에 의해 소유권이 주장되지 않았다. 변화는 주로 1884~1885년 비스마르크가 주재한 베를린 회의의 결과로 발생했다.

콩고와 서아프리카에 대해 완전히 지배적인 유럽의 권리 주장자들은 포르투갈, 프랑스 그리고 콩고의 "국제협회"로 알려진 식민사업의 수장의 자격으로서 벨기에의 왕 레오폴 2세(Leopold II)였다.[497] 영국은 1884년 2월 26일 포르투갈과 조약을 체결하고 서아프리카에서 포르투갈의 권리주장을 인정했다. 그에 대한 보답으로 포르투갈은 그 지역에서 무역의 완전한 자유를 허용하고, 해외 수입품에 최소의 관세를 정하고, 영국인들에게 최혜국의 지위를 인정하고, 그리고 콩고 강(the Congo River)에서 교통을 규제하는 영국-포르투갈 협회를 설립하기로 약속했다. 더 나아가서 포르투갈은 영국에게 다오메이(Dahomey)의 일부에 대한 그들의 오랜 권리를 양도했다. 그곳은 영국인들이 주요 무역소로 전환할 수 있다고 믿었고, 또 만일 포르투갈이 아프리카의 동해안에 있는 모잠비크에서 전략적 항구인 로렌소 마르케스(Lourenco Marques)를 매각하거나 다른 방법으로 처분한다면 영국에게 먼저 우

---

497) Norman Rich, *Great Power Diplomacy 1814-1914,* Boston, Massachusetts: McGraw-Hill, 1992, p. 238.

선권을 주기로 동의했다. 그곳은 영국인들이 통제하지 않는 영토를 통해 육지로 둘러싸인 남아프리카에 있는 보어 공화국(Boer Republic) 의 바다로 나가는 유일한 접근 길이였다.

영국과 포르투갈의 조약은 서아프리카에서 프랑스와 레오폴의 국 제협회의 주장을 차단하려고 의도된 것이 모든 관찰자들에게 분명했 지만 그러나 그것은 역시 그 지역에서 영국의 지배권을 수립하기 위 한 하나의 투명한 위장으로 인식되었다. 왜냐하면 약한 포르투갈 정 부가 식민지 운영을 지원하기 위해 영국에 의지할 것이기 때문이다. 그것은 어쩔 수 없이 영국정책의 도구가 될 것이다. 프랑스와 국제협 회가 즉시 항의했고 포르투갈과 영국에서도 조약에 대한 강렬한 반대 가 있었다. 과거의 위대성의 환상에 여전히 잡혀 있는 포르투갈의 애 국자들은 영국에게 어떤 식민지 권리주장을 양도하거나 그들의 영토 에서 무역의 자유를 인정할 이유를 알지 못했다. 영국에서 반대는 훨 씬 더 심했다. 특별 이익집단들과 인도주의자들이 포르투갈 인들에게 콩고지역의 양도를 개탄했다. 영국인들은 오직 최근에 자신들의 식민 지에서 노예제도를 폐지했고 또 그들의 행정 기록은 영국 무역의 미 래를 위해 별다른 전망이 없었다.

그 사이에 레오폴 왕과 그의 대리자들은 콩고협회의 주장을 위해 국제적 지지를 획득하는 현저하게 성공적인 작전을 수행했다. 프랑스 인들은 그 분야에서 협회의 치열한 경쟁자였지만 영국과 포르투갈의 조약에 항의하는데 레오폴과 함께했다. 그리고 그 후에 그들은 만일 협회가 그것들을 처분하는 것이 필요하다고 발견한다면 이 권리주장 들이 프랑스로 귀속될 것이라는 레오폴의 약속에 대한 답례로 협회 권리주장의 다수를 인정하는데 동의했다. 레오폴은 협회의 지위에 대한 비스마르크의 지지를 획득하는데 훨씬 더 중요한 성공을 거두었다.[498]

비스마르크가 식민지 문제에 관심을 갖기 시작했을 때 세계에서 오직 2지역만 독일의 식민화에 열려 있었다. 그것들은 아프리카의 남부와 남해의 섬들(the South Sea Islands)이었다. 이 지역에서는 영국의 식민지들의 압도적 지위를 점유했다. 남아프리카에서 케이프 식민지(the Cape Colony)와 남해에서 오스트레일리아가 영국의 식민지였다. 그러므로 독일 식민정책의 성공은 영국의 태동하 식민지들에 어느 정도 달려 있을 것이다. 영국은 지금까지 최강의 해양 대국이었고 실제로 바다를 지배했다. 그러나 영국의 국제적 지위는 1882년 이집트의 점령으로 인해서 아주 중대한 변화를 겪었다. 이 점령으로 영국은 프랑스와 예리한 갈등에 들어갔다. 왜냐하면 수세대 동안 프랑스는 이집트가 자국의 이익권에 속한다고 간주해왔기 때문이었다. 비스마르크가 이 결과를 내다보았다는 것을 의심할 수 없다. 그리고 그는 영국 정부에게 거듭해서 이집트를 취하라고 권고했을 때 그것을 자기의 계산에 포함했었다.[499] 영국은 이집트의 행정과 재정의 많은 문제들이 국제적 성격을 가지고 있어 이집트에 주둔한다는 이유로 더욱 더 취약하였다. 그리하여 영국은 자국의 발판을 유지하기 위해서 다른 강대국들 특히 프랑스의 선의와 승인에 의존했다.

1884년 레오폴은 비스마르크의 은행가인 게르존 블라이히뢰더(Gerson Bleichroeder)를 통해서 그에게 접근했다. 그는 왕실의 관심에 우

---

498) *Ibid.*
499) Erich Eyck, *Bismarck and the German Empire*, New York: W. W. Norton, 1964, p. 272.

쫄했지만 동시에 그는 식민지 분야에서 독일의 경제이익을 위한 비스마르크 수상의 성장하는 관심도 잘 알고 있었다. 협회가 그것의 관할권에 할당된 지역에서 절대적 무역의 자유를 기꺼이 약속했기 때문에 비스마르크는 그 협회를 대신한 블라이히뢰더의 주장에 수용적이었지만 거듭해서 설사 아프리카에서 협회의 권리가 프랑스인들에게 넘어가는 경우라 할지라도 다가오는 미래에 영원히 독일인들을 위한 자유무역의 가장 구체적인 보장이 아니면 안 된다고 고집했다.[500]

국내외에서 영국과 포르투갈의 조약에 대한 상승하는 반대에 직면한 포르투갈 정부는 독일과 그의 동맹국들이 프랑스와 벨기에인들에 대항하여 영국과 포르투갈의 입장을 지지할 것이라고 기대하면서 아프리카에 대한 국제회의를 제안했다. 이 기대는 충족되지 않았다. 1884년 6월 7일 런던 주재 자국의 대사에게 이렇게 말했다:

> "우리는 모든 국가들의 상인들에 의해서 표명된 두려움을 공유한다. 포르투갈 관리들의 행동은 무역에 편파적일 수 있을 것이다. 그러나 독일은 그 문제에 관심이 있는 모든 강대국들에 의한 상호간 합의를 얻어 내기 위해 협력할 준비가 되어 있으며 용의도 있다. 그리하여 이 아프리카의 영토에서 평등의 원칙과 이익의 공동체에 기초하여 통상의 규제가 적합한 형식으로 도입될 수 있을 것이다."[501]

비스마르크의 이 말에서 우리는 그가 이미 1878년 베를린 회의에 이어 1884년 베를린에서 열린 서아프리카에 대한 회의에서 자신이

---

500) Norman Rich, *Great Power Diplomacy 1814-1914,* Boston, Massachusetts: McGraw-Hill, 1992, p. 238.
501) *Ibid.,* p. 239.

또 다시 정직한 중재자(an honest broker)가 되려고 하는 마음을 읽을 수 있을 것이다. 그가 바람직스럽다고 생각하는 그런 종류의 상호합의를 얻기 위해서 비스마르크는 아프리카 문제에 대한 국제회의를 위한 포르투갈의 제안을 집어 들었다. 쥘 페리(Jules Ferry)의 프랑스 정부의 협조를 받아 그는 그런 회의가 11월에 베를린에서 개최될 것이며 초청장이 유럽의 모든 강대국들에게는 물론이고 벨기에, 덴마크. 네덜란드, 포르투갈, 스페인, 스웨덴, 터키 그리고 미국 등 총 15개국들에게 보내졌다. 당시에 주목할 만한 표시는 아프리카인들 자신들은 누구도 참석에 초대되지 않았으며 그런 초대는 고려조차 되지 않았었다는 점이다.[502]

1884년 11월 15일 비스마르크가 소집한 아프리카 문제에 대한 베를린 회의가 개최되었다. 이 회의는 종종 가정되었던 것처럼 영국에 대항하는 프랑스-독일 협력의 포럼이 되지 않았다. 회의가 시작되기 훨씬 전에 프랑스와 독일의 협력은 약화되고 있었으며 그런 협력 부재의 주된 이유는 아프리카에 대한 프랑스와 독일 이익의 차이에 있었다. 비스마르크는 아프리카에서 무역의 자유를 원했기 때문에 그는 자유무역 정책의 국제적 수용을 확보하는데 있어서 전통적으로 보호주의적인 프랑스인들 보다 영국을 보다 장래성 있는 동맹으로 간주했다. 회의가 소집되기 이틀 전에 비스마르크는 영국 대사를 초대하여 비상하게 우호적인 논의에서 그들은 자유무역 프로그램을 위한 상호지지에 관해서 합의에 도달했다. 비스마르크는 자유무역에 관한 논의 이상을 했다. 프랑스인들은 아프리카의 실질적 영토의 분할의 문제가

---

502) *Ibid.*

이 회의의 안건이 되어서는 안 된다고 고집했다. 그러나 비스마르크는 이 문제가 영국, 프랑스, 그리고 독일 정부에 의해서 부대 뒤에서 결정되는 것이 좋을 것이라고 계산했다. 이것은 영국과 독일이 영토적 쟁점들을 타결하는 데에도 역시 협력할 것이라는 민감한 제안과는 거리가 멀었다.

베를린 회의의 실제 심의에서 첫 번째로 결정해야 할 가장 중요한 문제들 가운데 하나는 강대국들이 아프리카에 관해서 도달할 합의에 의해서 다뤄질 영토의 범주였다. 1885년 2월 26일 최종 베를린 조약에서 정의된 대로 그 영토는 콩고의 연안보다도 훨씬 더 크고 또 대서양으로부터 인도양에 이르는 중앙아프리카 전역에 걸친 넓은 지대(belt)를 포함했다. 대충 말하면 그 지대의 북쪽 경계선은 대서양에서 남위 2도 30분으로부터 콩고 물가의 북쪽 가장자리를 따라 인도양의 북위 5도의 지점까지 확대되었다. 그것의 남부 경계선은 대서양에 있는 로제 강(Loge River)의 입구로부터 동쪽으로 콩고와 잠베지(Zambesi)의 물가를 따라 잠베지와 셔 강들(Shire rivers)의 접점을 막 넘어선 지점에까지 이르렀고, 그리하여 잠베지의 노선을 따라 인도양에까지 이르렀다. 더 나아가서 최종 조약은 이 거대한 지역에 국한되지 않고 먼 북쪽으로 나이저 강(Niger River)의 거대한 유역에서 무역과 항해의 자유를 규정했다.

무역과 항해의 자유가 중앙아프리카를 통과하는 벨트를 다루는 조약의 주된 몸통을 형성했다. 모든 국가들은 무역의 완전한 자유를 누리게 되고 그들은 대서양과 인도양에 있는 아프리카의 해안에 대해, 호수들을 포함하여 콩고와 그것의 모든 방류된 물에 대해, 그리고 미래에 건설될 지도 모르는 모든 수로에 대해 자유로운 접근을 할 수 있게 되었다. 모든 국가들의 생산품은 무역과 수송을 촉진하기 위한 비용의 공정한 비용을 커버하기 위해 징수하는 것 외에 어떤 세금에 주체도 되지 않았다. 그리고 이 지역에 수입되는 모든 상품들은 수입과 통과 요금에서 자유로웠다. 전 지역이 중립 지대로 선언되었다.[503]

그 지역에서 주권적 권리와 영향력을 행사하는 모든 강대국들은 종교적, 과학적, 그리고 자선 기구들을 신앙이나 국가의 구별 없이 보호하고 그리고 원주민들을 지시하고 그들에게 문명의 축복을 가르치기 위해 창조된 모든 조직들을 수호하겠다고 스스로 자임했다. 더 나아가 원주민 부족들의 보존을 위해 감시하고 그들의 도덕적이고 물질적인 안녕의 향상을 추구하기로 약속했다. 마지막으로 그들은 이 영토를 노예무역을 위한 시장이나 통과 수단으로 사용하지 않고 그리고 노예무역을 종식하고 그 일에 종사하는 자들을 처벌하기 위해 그들이 사용할 수 있는 모든 수단을 동원하기로 하였다.

다양한 유럽의 권리 주장자들 사이에서 영토적 권리의 실질적 분배의 말썽인 문제가 프랑스의 염원을 존중하여 그 회의에서 직접 제기되지 않았으며 비스마르크가 내다본 대로 무대 뒤에서 관련된 여러 강대국들에 의해서 처리되었다. 다시 한 번 더 레오폴 왕과 그의 대리인들은 콩고 협회를 위해서 탁월한 로비 능력을 보여주었다. 그들은 프랑스의 보호적 정책들에 관한 영국과 독일의 걱정과 포르투갈의 식민지 행정의 한심스러운 기록을 이용했고 그리고 그들은 자유무역과 그들에게 넘겨질 지도 모르는 영토에서 원주민들의 복지를 위해 자신

---

503) *Ibid.,* p. 240.

들의 보장들로 충만했다.

협회의 권리주장을 위한 영국과 독일의 지원에 직면하여 프랑스인들은 그들이 할 수 있는 최선의 영토적 흥정을 했다. 1885년 2월 5일 협회와의 조약에서 그들은 동쪽으로 우방기 강(Ubanghi River)에 이르기까지 콩고 강 북쪽의 거대한 블록의 영토에 대한 프랑스의 권리주장의 인정을 확보했다. 독일이 주장하는 카메룬(Camerroons)을 접하고 있는 프랑스의 북쪽 경계선은 독일과의 별개 조약으로 정해졌다. 포르투갈 인들은 좀 더 버티었지만 영국과 독일의 압력 하에서 그들은 2월 15일 협회와 자신의 조약을 체결했고 그것으로 인해 그들은 그것의 입구에서 콩고의 북과 남의 제방과 포르투갈, 앙골라(Angola)의 일부가 된 강의 남쪽 상당한 지역에 대한 통제력을 유지했다. 나머지 콩고 유역의 거대한 지역은 모두 레오폴 왕의 협회에 돌아갔으며 그 후에 콩고 자유국가(the Congo Free State)로 알려졌다. 그리고 1908년 벨기에에 의한 병합 후에는 벨기에 콩고(the Belgian Congo)가 되었다. 베를린 회의는 아프리카에서 유럽의 쟁탈전을 출범시켰다고 말해졌다.[504]

그러나 그 쟁탈전은 이런 저런 형태로 수세기 동안 계속되고 있다. 베를린 회의가 했던 일이라고는 그것을 수행하는 몇 개의 규칙을 정하는 것이었다. 이것들 중에서 가장 중요한 것은 그때부터 현재의 소유를 넘어서 아프리카의 해안에 자기 땅을 소유하는 강대국은 이들 국가들로 하여금 동일한 영토에 대한 것일 수 있는 어떤 역-권리주장

---

504) Norman Rich, *Great Power Diplomacy 1814-1914,* Boston, Massachusetts: McGraw-Hill, 1992, p. 241.

을 할 수 있도록 하기 위해서 다른 모든 서명국들에게 그것의 의도를 알려야 한다는 것이다. 더 나아가서, 그런 영토를 취하는 국가는 기존의 권리를 보호하고 또 자유무역과 베를린 조약의 다른 규정들의 충족을 확보하기에 충분한 정치적 권위를 수립할 의무가 있었다. 아프리카의 해안에 대한 영토적 확장을 위한 규칙에 국한하는 데 있어서 그 회의는 의도적으로 아프리카의 내부지역으로 확장하는 어려운 문제는 무시했다. 그곳에서 영토적 권리가 많은 분쟁의 주제로 남을 것이다. 훨씬 더 비극적이고 극악하게, 아프리카 인민들의 인도주의적 처우를 위한 규정들만큼이나 해안영토를 지배하는 규칙들조차 빈번하게 무시되었다.

국제관계의 전반적인 영역에서 베를린 회의는 프랑스와 독일 간 협력의 명분을 심화하기는커녕 영국과의 독일 관계를 향상시키는 길을 놓았다.[505] 1885년 7월 영국에서 보수당이 잠시 정권을 다시 잡자 영국 수상 솔즈베리 경은 비스마르크에게 편지를 써서 그들이 가장 중요하다고 간주하는 양국 사이의 좋은 이해를 회복하기 바라는 염원을 표현했지만 당시에 그것은 살짝 구름이 끼어 있었다. 1885년 3월 페리 정권이 무너진 이래 프랑스에서 복수 감정의 부활을 직면한 비스마르크 독일 수상은 영국의 이런 제안에 상당한 열성을 가지고 대응했다. 그는 식민지 분야에서 영국을 압박하는 것을 멈추고, 독일의 식민주의자들이 사모아(Samoa) 병합의 요구를 거부하고 또 그곳에서 영국의 이익이 독일의 이익보다 더 중요하기 때문에 아프리카 동해안에서 잔지바르(Zanzibar)의 술탄 지배권에 독일 보호령의 수립도 거부

---

505) *Ibid.*, p. 242.

했다.506)

사실상 1880년대 후반까지 원주민들의 반란과 독일 식민지 행정가들과 기업가들의 끊임없는 교체의 결과 비스마르크는 그가 이미 획득한 식민지들이 그것의 가치보다 더 골치 아픈 것으로 발견하고 있었고 한 경우에는 어쩌면 농담으로 독일의 모든 식민지들을 이탈리아인들에게 매각할 것을 제안하기도 했다. 1888년 10월 한 독일 외무성 관리는 독일의 식민지는 악몽 같다고 개탄하면서 독일은 어느 곳에서나 영국이 필요하고 영국 정부와 관계가 가장 조심스럽게 배양되어야 한다고 말했다. 독일 정부는 실제로 솔즈베리에게 국내에서 비스마르크의 정치적 지위를 위협할지도 모르는 독일인들에게 식민지를 양보하지 말도록 촉구하고 있었다. 왜냐하면 식민지에서 제국주의적 감정이 독일에서보다 더 요란했기 때문이었다. 잔지바르를 손에 넣으라는 재개된 식민주의자들의 선동에 대응하여 비스마르크는 영국과의 좋은 관계가 그에게는 전 동아프리카보다 훨씬 더 중요하다고 선언했다. 계급간 차이로 찢긴 국가를 통합하는 수단으로 독일 제국주의는 그것의 일을 분명히 하지 않고 있었다. 비스마르크는 그가 연방의회에서 행한 한 연설에서 "나는 식민의 인간이 아니다"507)라고 소리쳤던 것처럼 그는 독일의 식민지 개척에는 관심이 없었다. 그가 서아프리카에 대한 베를린 회의와 관련하여 타국들의 중요한 아프리카 식민지 쟁탈전을 다루었지만 그는 독일의 영토적 확장에 야심이 없는 "정직한 중재자"의 입장을 고수했다.

---

506) *Ibid.*
507) Erich Eyck, *Bismarck and the German Empire,* New York: W. W. Norton, 1964, p. 272.

제16장
러시아에 대한 재보장 정책(the Reinsurance Policy)

"정치의 비밀? 러시아와 좋은 조약을 맺어라."
-오토 폰 비스마르크-

1887년 3황제연맹이 여전히 존재했다. 오스트리아의 정부뿐만 아니라 러시아의 외상 기예르스(Giers)도 그 조약이 1887년 6월에 효력을 잃기 이전에 그것의 갱신을 희망했다. 그러나 차르가 그것에 반대했다. 그리고 비스마르크는 이 반대를 불식하기 위해 아무런 조치도 취하지 않았다.[508] 만일 러시아가 실제로 프랑스와 동맹을 체결한다면 러시아나 프랑스에서 성급한 지도자들이 독일과 오스트리아에게 계산을 치를 때가 왔다고 결정할지도 모르는 일이었다. 그러면 독일은 그것의 바로 생존을 위협할 두 전선에서의 전쟁, 즉 양면전쟁에 직면하게 될 것이다. 그런 전쟁에선 독일의 승리조차 그것이 관련된 비용과 위험을 어떤 식으로든 보상할 이득을 가져올 가능성이 없어 보

---

508) Erich Eyck, *Bismarck and the German Empire,* New York: W. W. Norton, 1964, p. 291.

였다. 독일을 위한 지금까지의 최선의 정책은 평화를 유지하는 것이 될 것이다. 어떻게 이것을 이룰 수 있을 것인가가 비스마르크 경력의 가장 어려운 문제들 중의 하나를 제기했다.[509]

1887년 1월에 런던 주재 전 러시아 대사였고 또 베를린 회의에서 비스마르크의 호의적인 러시아 대표였던 표트르 슈발로프(Peter Shau-waloff) 백작이 베를린으로 와서 독일과 러시아만의, 즉 제3의 동맹국인 오스트리아를 빼고 양국만의 조약을 제안했다. 그 제안은 비스마르크에 의해 아주 호의적으로 받아들여졌지만 러시아 정부가 슈발로프의 제안을 공식화하는 것을 주저했을 때 몹시 화나게 되었다. 차르의 신임을 받는 표트르 슈발로프와 그의 형제인 베를린 주재 독일 대사인 파벨 슈발로프(Paul Shauwaloff)는 3황제연맹의 갱신에 대한 차르의 반대를 강화하는데 도왔다. 그리고 두 형제는 차르에게 독일하고만 조약을 체결을 선호하는 결정을 하도록 설득했다.

비스마르크는 그의 가장 복잡하고 정교한 동맹체제의 협상을 통해 이 문제를 다루었다. 러시아인들은 1886년에 이 주제에 관해 타진했을 때 3황제연맹의 갱신을 실제로 거절했었다. 그리고 오스트리아에 대한 현재 그들의 불신은 러시아-오스트리아 간의 합의는 독일과 프랑스 간의 합의만큼이나 불가능하다는 것이 분명했다. 그러나 독일과 러시아 사이의 합의는 불가능하지 않았다. 실제로는 그것이 프랑스-러시아 동맹을 막고 독일에게 양면전쟁을 피하는 가장 간단하고도 가장 분명한 길로 보였다. 그러나 러시아와 합의를 확보하기 위해서는

---

509) Norman Rich, *Great Power Diplomacy 1814-1914*, Boston, Massachusetts: McGraw-Hill, 1992, p. 243.

독일이 그들의 정책에 대한 러시아 측 의심의 모든 가능한 이유들을 제거하고 또 그들이 프랑스와 연합하여 얻을 것으로 희망하는 것보다는 더 구체적인 이익이 독일과의 협력으로부터 얻는다는 전망을 러시아인들에게 제공해야만 할 것이다. 동시에 비스마르크는 오스트리아를 포기할 의도나 러시아가 동부 유럽을 지배하여 힘의 균형을 뒤집는 것을 허용할 의도가 없었다. 오스트리아는 동부 유럽에서 그것의 지위를 위해 추가적인 지지를 받아야 할 것이다. 실제로 오스트리아는 독일이 그것으로부터 엄격히 배제되어 러시아와 흥정할 자유로운 손을 갖게 될 수 있는 반-러시아 연립의 핵심이 되어야만 할 것이다.[510]

강대국들 중에서 오스트리아에게 가장 명백한 동맹은 영국이지만 만일 영국의 고립주의가 극복되려면 그들이 러시아를 봉쇄하는데 비용의 부담을 공유하지 않는 한 독일과 오스트리아는 러시아의 힘이 지중해로 넘쳐 흘러가도록 허용할 것이라고 확신해야만 할 것이다. 터키는 외부의 지원이 보장되는 한 러시아에 대항하는 동맹국으로서 의지할 수 있을 것이다. 오스트리아는 이미 세르비아, 루마니아, 그리고 이탈리아와 방어동맹을 갖고 있고 불가리아는 여전히 러시아에 적대적이었다. 영국, 이탈리아, 터키, 그리고 발칸 국가들의 지원으로 오스트리아는 탁월한 지위에 있게 될 것이다. 그러면 독일은 러시아가 오스트리아의 연립에 의해 차단될 것이라는 것을 알고 러시아에게 필요한 양보를 할 수 있을 것이다. 동맹의 그런 집단화는 프랑스를 고립에 남겨두려는 독일에게 더욱 더 이익이 될 것이다.[511]

---

510) *Ibid.*
511) *Ibid.*

1886년의 마지막 수주와 1887년 초에 비스마르크는 4세트의 복잡한 협상을 장려하는 작업을 하고 있었다.

1. 이탈리아로부터 오스트리아를 수호하기 위한 3국동맹의 갱신;
2. 발칸과 근동에서 현상유지를 보존하기 위해서, 주로 영국과 오스트리아에 관련된 합의;
3. 지중해에서 현상을 보존하기 위해서 영국, 이탈리아, 그리고 오스트리아를 중심으로 하는 합의;
4. 독일과 러시아 간의 합의.

이 복잡한 협상 네트워크의 첫 가시적 결과는 소위 제1차 지중해 협정(the Mediterranean Agreement)이었다.[512] 그것은 정식 조약은 아니었지만 그러나 관련 국가들 사이에 각서의 비밀 교환이었다. 이 협정에 중심적인 것은 1887년 2월 12일 영국과 이탈리아 간의 각서였고 그것은 지중해, 아드리아 해, 에게 해, 그리고 흑해의 지역에서 현상유지를 요구했다. 이탈리아는 이집트에서 영국의 정책을 지원할 것이고 영국은 북아프리카에서 이탈리아를 지원할 것이다. 오스트리아는 3월 24일의 각서에서 영국-이탈리아 합의에 집착했다. 그것은 동방문제에서 오스트리아와 영국의 공동이익을 강조했다. 스페인도 이탈리아와 각서의 교환을 통해서 같은 합의에 집착했다. 여러 각서들은 다소 막연하게 작성되었고, 그래서 해석의 차이를 인정했지만 그것들이 협력과 관련된 강대국들의 상호이익이 정의를 위한 토대를 제공했다.

---

512) *Ibid.,* p. 244.

1887년 2월 20일 3국동맹이 다시 앞으로 5년간 갱신되었다. 이탈리아인들은 프랑스와 러시아에서 반독일 선동의 동맹국으로서 그들의 가치를 향상시켰음을 분명히 보았다. 그리고 그들은 그에 따라 자기의 파트너십의 가격을 올렸다. 구 3국동맹 조약은 아무런 변화없이 갱신되었지만 추가적으로 이탈리아의 요구를 충족시킨 별도의 비밀 오스트리아-이탈리아 간 그리고 독일-이탈리아 간 각서들에 의해서 보완되었다. 오스트리아-이탈리아 간의 각서는 만일 현상이 보존될 수 없다면 이탈리아가 그 지역의 문제를 타결하는데 참여할 것이라는 조항과 함께 근동에서의 현상유지를 규정했다. 그리하여 이탈리아는 발칸이나 오스만 제국에서 어떤 미래의 분할에서도 개입할 외교적 발판을 획득했다. 독일-이탈리아 각서는 북아프리카에서 현상유지와 만일 그 지역에서 프랑스의 활동이 이탈리아의 이익을 위협한다면 이탈리아를 돕기로 규정했다. 영국이 이탈리아에게 비슷한 보장을 제공했기 때문에 비스마르크는 독일과 영국이 함께 이탈리아의 이 지원 약속의 오용을 막을 수 있을 것이라고 확신할 수 있었다.[513]

제1차 지중해 협정과 3국동맹의 갱신으로 비스마르크는 보다 자유롭게 러시아와 어떤 조정을 할 수 있는 여유를 갖게 되었다. 비스마르크가 희망했던 대로 차르는 오스트리아와 어떤 종류의 조약도 갱신하는 것을 단호히 거부했지만 독일과의 조약을 꺼려하지 않았다. 그렇다고 할지라도 독일과 러시아 간의 협상은 어려웠다. 왜냐하면 러시아인들은 비스마르크가 가장 필요로 하는 것, 즉 프랑스가 독일을 공

---

513) Norman Rich, *Great Power Diplomacy 1814-1914,* Boston, Massachusetts: McGraw-Hill, 1992, p. 244.

격할 경우에 러시아의 중립 약속을 비스마르크에게 하는데 주저했기 때문이었다.[514]

1887년 5월 독일 주재 파벨 슈발로프 러시아 대사가 본국에서 조약의 초안을 가지고 베를린에 돌아왔다. 슈발로프 대사와의 첫 대화에서 비스마르크는 그 자체가 그의 오스트리아 동맹국과의 신뢰를 깨는 무분별한 행동을 범했다. 그가 경악하는 러시아 대사에게 오스트리아-헝가리와 비밀 동맹조약의 텍스트를 읽어 주었던 것이다.[515] 비스마르크는 그에게 그가 러시아와 이해에 얼마나 나아갈 수 있는 지를 보여주고 러시아가 오스트리아에 대한 침략전쟁에서 그가 결코 도울 수 없다는 것을 분명히 하길 원했다. 그 밖에는 모든 것을 그는 양보할 준비가 되어 있었다. 그는 분명히 그에 대한 교환으로 독일이 프랑스와 전쟁시에 러시아의 우호적 중립을 얻길 희망했다.

그 후에 그는 슈발로프가 두 번째 인터뷰에서 러시아는 만일 독일이 프랑스를 공격한다면 중립으로 남아 있을 의무를 느끼지 않을 것이라고 그에게 말했을 때 아주 실망했다. 이 점은 차르 자신이 그에게 지시한 사항이었다. 그 결과는 새 조약 하에서는 각자가 상대방에게 제3의 강대국과 전쟁을 할 경우에 중립으로 남기로 약속했다. 그러나 이 시행은 두 개의 단서조항에 의해서 한정되었다. 즉, 그것은 러시아가 오스트리아를 공격할 경우나 독일이 프랑스를 공격할 경우에는 적용되지 않을 것이다. 이 중요한 구절에 추가하여 독일은 불가리아에서 러시아의 우선적 이익을 인정했다. 그리고 만일 차르가 흑해로 들

---

514) *Ibid.*
515) Erich Eyck, *Bismarck and the German Empire*, New York: W. W. Norton, 1964, p. 291.

어가는 입구를 방어하려고 조치를 취한다면 독일은 우호적인 중립뿐만 아니라 도덕적이고 외교적인 지원을 약속했다. 물론 러시아 제국에게 이 핵심조항은 보스포러스(Bosphorus)와 다다넬스(Dardanelles), 즉 지중해에서 흑해로 접근하는 해협을 지칭했다. 1887년 6월 18일 이 조약은 3황제연맹의 조약이 시효를 상실하는 바로 그 날에 체결되었다. 3년간 유효한 이 독일과 러시아 간의 비밀조약은 재보장 조약(the Reinsurance Treaty), 혹은 러시아에 대한 비스마르크의 재보장 정책(the Reinsurance Policy)이라고 불렸다.[516]

이 조약의 가장 중요한 부분은 불가리아에서 영향력을 다시 획득하려는 러시아의 노력을 독일이 지원하고 바텐베르크의 알렉산더 공작의 복귀를 반대하기로 약속했다. 또한 독일은 러시아에게 콘스탄티노플과 흑해에서 러시아를 도덕적 외교적으로 지원하기로 약속했던 것이다. 그리하여 비스마르크는 독일의 이익이 직접적으로 영향을 받지 않는 지역에서 러시아에게 행동의 자유와 외교적 지원을 제공하기로 했지만 그것은 비스마르크가 바로 이 지역에서 현상을 유지하기위해 오스트리아가 강대국들의 연립을 형성하는데 도와준 뒤였다. 독일에게 재보장 조약의 가장 중요한 면은 그것이 프랑스와 러시아 간의 동맹 가능성을 줄였고, 적어도 독일에 대한 프랑스와 러시아 간의 침략적 동맹의 가능성을 줄인 것이었다. 프랑스가 독일에 대한 침략적 전쟁에서 러시아의 지원을 확신하지 않은 한 프랑스 공격의 개연성은 크게 감소되었다.[517]

---

516) Norman Rich, *Great Power Diplomacy 1814-1914,* Boston, Massachusetts: McGraw-Hill, 1992, p. 244.
517) *Ibid.,* p. 245.

재보장 조약을 체결한 지 며칠이 되지도 않아서 독일 언론은 베를린 증권 거래소가 처리한 러시아의 국채의 가치를 날카롭게 공격했다. 이 국채에 대한 주된 시장은 베를린 증권 거래소였다. 지금 독일 언론은 이 국채들이 1887년 5월, 즉 재보장 조약의 협상이 진행되는 와중에 차르가 러시아에서 어떤 외국인에 의해서도 토지재산의 임대를 금지하는 칙령을 발표했기 때문에 불안전하다고 주장했다. 그것은 러시아에서 토지를 소유하고 있는 많은 독일인들에게 심각한 타격이었다. 차르의 칙령은 1885년 비스마르크의 명령에 의해 수천 명의 러시아의 폴란드 신민들의 추방에 대한 보복이었다. 비스마르크는 러시아의 국채에 대한 언론이 공격을 취소하기 위해 아무 일도 하지 않았다. 오히려 정반대로 그는 그들에게 공식적 축복을 해주었다. 그의 주선으로 1887년 11월에 독일 수입은행과 프러시아 국가은행은 앞으로 증권으로서 러시아 국채에 대해 차관을 인정하지 않을 것이라고 공식적으로 발표했다. 독일의 모든 은행들이 한두 번은 이 두 개의 중앙은행으로부터 돈을 빌려야 했기 때문에 그들도 역시 러시아 국채를 증권으로서 거부할 수밖에 없었다. 그 결과 러시아 국채는 독일 증권 거래소에서 밀려났고 또 독일 투자가들의 손에서 벗어났다. 그러나 러시아는 외국의 차관이 없이는 생존할 수 없었다.[518]

러시아가 접근할 수 있는 충분한 재정적 힘의 유일한 시장은 파리였다. 그리고 프랑스 은행가들은 그 간격을 메울 준비가 되어 있었다. 1888년 이른 봄에 그들은 러시아 제국에 줄 차관을 협상하면서 상트

---

518) Erich Eyck, *Bismarck and the German Empire,* New York: W. W. Norton, 1964, p. 295.

페테르부르크에 있었다. 그리고 가을에 그것은 완전하게 파리의 증권 거래소에 출자되었다. 다른 차관들도 점증하는 성공으로 뒤를 따랐다. 프랑스 대중은 러시아 국채에 열심히 투자했다. 그리고 짧은 시간 안에 파리가 이런 국채들의 주된 시장으로 베를린을 대체해 버렸다. 이 것은 대단히 정치적으로 중요한 사태 발전이었다. 재정적 유대는 두 국가들을 함께 가까이 끌어 들였다. 러시아는 프랑스의 안녕에 고도로 관심을 갖게 되었고 그리고 차르마저도 프랑스 공화정에 대한 자기의 경멸적 태도 혹은 무관심을 장기적으로 유지할 수 없었다. 프랑스의 시민들은 자기의 군대, 철도, 그리고 자기 제국의 경제발전을 위해 수백만 트랑을 기부하고 있었다. 이 재정이 프랑스-러시아의 동맹의 길을 닦았다. 그러나 비스마르크는 정치적 관계는 통상적, 재정적, 혹은 경제적 관계와는 독립적이라고 믿었다.[519]

재보장 조약의 가치는 그것의 비준 직후에 몇 달 만에 명백했다. 1887년 중반과 1888년에 프랑스에서 블랑제주의(Boulangism)가 절정에 달했고 그리고 7월에 불가리아에서 오스트리아 군의 한 장교의 선출로 러시아의 좌절감이 새로운 고지에 다다랐다. 즉 작센-코부르크-코하리(Saxe-Coburg-Kohary)의 페르디난트(Ferdinand) 공작이 러시아의 끈질긴 반대에도 불구하고 불가리아의 군주로 선출된 것이다. 만일 재보장 조약이 존재하지 않았더라면 프랑스와 러시아 간의 동맹이 체결되었을 가능성이 아주 높았다. 1887년에 여전히 프랑스와 러시아에서 반독일 선동이 심화되고 있을 때 비스마르크는 여전히 재보장 조약에 자기의 모든 신뢰를 주지 않았지만 이 두 강대국애 대항해서

---

519) *Ibid.*

지중해 연합을 강화하기 위해 그가 할 수 있는 일을 다했다. 이와 동일한 시기에 식민지 문제에서 영국에 대항하여 프랑스와 러시아의 협력은 이 노력에 비스마르크를 도왔다. 왜냐하면 그것이 영국의 정치가들로 하여금 프랑스-러시아 결합의 위험한 잠재력을 의식하게 만들었으며 그들이 근동에서 보다 명백한 공약을 해야 한다는 주장을 받아들이게 만들었기 때문이다.[520]

그리하여 1887년 12월 12일 서명된 각서가 오스트리아, 영국, 그리고 이탈리아 사이에서 교환되어 제2차 지중해 협정이 발효되었다. 근동에서 현상유지의 원칙이 재확인되었다. 무엇보다도 그 협정은 터키가 어떤 종류의 외국 지배로부터도 자유롭게 유지될 중요성을 강조했다. 터키는 자기의 어떤 권리도 포기하지 않을 것이며 외국에 의한 불가리아, 해협, 혹은 소아시아의 어떤 부분의 점령도 허용하지 않을 것을 명시했다. 서명국가들은 터키의 주권에 대한 모든 침해를 터키가 저항하는 데 돕기로 합의했다. 만일 터키가 그런 침해의 저항에 실패한다면 3강대국들은 터키의 독립을 수호하기 위해서 터키의 영토를 일시적으로 점령하는 것이 정당화된다고 간주할 것이다.[521]

1887년 11월 차르 알렉산더 3세가 마지못해 베를린을 방문했다. 비스마르크는 시골집에서 쉬다가 그를 알현하러 베를린으로 왔다. 그는 차르가 자기를 외면할까 두려워했다. 차르는 불가리아 문제에서 비스마르크가 기만했다고 그를 의심했기 때문이다. 비스마르크는 알렉산더의 의심을 반증하는 약간의 서류들을 제시할 수 있었다. 그

520) Norman Rich, *Great Power Diplomacy 1814-1914*, Boston, Massachusetts: McGraw-Hill, 1992, p. 245.
521) *Ibid.*

런 정도로 그 만남은 성공적이었다고 비스마르크는 생각했다. 그러나 양국관계의 우정을 견고히 할 것으로 가정되는 조약을 그와 체결한 뒤 수개월만에 차르가 그런 공작에 대해 비스마르크를 의심하는 것은 이상한 일이 아니었다. 그 조약을 협상하고 서명한 파벨 슈발로프는 1887년 12월에 프랑스 대사에게 "걱정하지 말라, 우리는 독일이 우리를 지배하도록 허용하지 않을 것이다. 환상의 시대는 지나갔다. 우리는 우리의 행동의 자유의 가치를 잘 알고 있다"고 말했다.[522]

러시아와의 선린 관계에서 비스마르크 자신의 자신감이 얼마나 훼손되었는가는 그가 1887년 12월에 연방의회에 제출한 새 군법안에 의해서 입증되었다. 이 법안은 전시에 무장할 독일인의 수에서 거대한 증가를 규정했다. 그것은 일종의 민병대도 군에 편입시켰다. 이것은 전시에 군대가 수백만 명의 장병으로 증가되는 과정의 시작을 의미했다. 그것은 어쩌면 우리가 오늘날 전면전이라고 부르는 개념을 향한 첫 단계였다. 그 법안을 옹호하는 비스마르크의 연설은 러시아를 겨냥했다. 수일 전에 비스마르크는 세계에서 자기가 어디에 서 있는 지를 보여주기 위해서 오스트리아와 독일간의 조약을 공개했었다. 그의 연설에서 비스마르크는 보다 선명하게 자기 자신을 표현했다:

"우리는 더 이상 프랑스나 러시아에서 구애하지 않는다. 우리는 누구도 뒤 쫓지 않는다. … 어떤 강대국도 장기적으로 조국의 진정한 이익과 갈등을 일으키는 조약에 의해서 지도될 수 없을 것이다."[523]

---

522) Erich Eyck, *Bismarck and the German Empire,* New York: W. W. Norton, 1964, p. 295.
523) *Ibid.,* p. 296.에서 재인용.

그것은 페테르부르크에서 오해될 수 없었다. 아마도 차르는 재보장 조약에 관해 숙고하게 되었다. 그 법안은 군사주의에 대한 모든 반대가 중단되었기 때문이 아니라 러시아와 전쟁에 대한 위험을 의원들이 믿었기 때문에 연방의회에서 만장일치로 통과되었다. 재보장조약에도 불구하고 차르는 비스마르크를 계속해서 의심했다. 그의 동생인 블라디미르(Vladimir)가 1888년 4월에 비스마르크의 아들인 헤르베르트 비스마르크에게 "차르는 항상 그에게 기만당할까 두려워한다"까지 말한 것으로 알려졌다. 독일 수상은 알렉산더의 제한된 비전에 비해 너무나 영리하고 능수능란했다. 그는 어떻게 비스마르크가 오스트리아 황제를 속였는지를 알고 있었고, 그래서 가능하게는 바로 이러한 사실이 그로 하여금 동일한 방식으로 당하지 않을까 하고 더욱 더 두려워했다. 만일 비스마르크의 어떤 책략으로 러시아인들이 그 조약에 관해서 알게 되면 무엇이 발생할 것인가? 왜냐하면 이것이 상황이었기 때문이었다. 차르는 자기의 인민들이 그가 반독일이 되기를 기대하고 있다는 것을 알고 있었다. 슈바이니츠 대사가 말한대로 그는 그 조약의 비밀이 자기의 인기를 위해서 뿐만 아니라 자기의 개인적인 안전을 위해서도 절대적으로 필요하다고 생각했다.[524]

물론, 비스마르크도 자기 자신의 조약의 가치에 관해서 환상을 갖기에는 너무나 진정한 사실들에 대한 많은 통찰력을 갖고 있었다. 그리하여 1887년에 그가 진실로 생각했던 것은 영국과의 관계를 개선하려는 그의 민첩함에 의해서 보여주었다. 1887년 11월 차르의 베를린 방문 4일 후에 그리고 재보장 조약 체결 후 6개월도 되지 않아 비

---

524) *Ibid.*, p. 296.

스마르크는 영국의 수상 솔즈베리 경에게 그가 작성한 가장 흥미로운 문건들 가운데 하나인 유명한 개인적 편지를 썼다. 이 편지에서 그는 독일과 오스트리아를 영국과 함께 만족한 국가들로 분류함으로써 유럽의 상황에 대한 자신의 견해를 피력하는 반면에 프랑스와 러시아로부터 오는 유럽의 평화에 대한 항구적인 위험에 관해서 말했다. 그리고 그는 말했다:

> "우리 정책의 목적은 독일이 2개의 강력한 이웃과 동시에 싸워야만 하는 궁극적인 상황의 관점에서 볼 때 우리에게 열려 있는 동맹들을 필연적으로 스스로 확보하는 것이어야 한다."[525]

그 후 오직 14개월 후인 1888년 1월에 비스마르크는 한 단계 더 나아가는 조치를 취했다. 그 사이에 두 명의 카이저들인 빌헬름 1세와 프리드리히 3세가 죽고 빌헬름 2세가 카이저가 되었다.[526] 재보장 조약은 존재했지만 그것에 대한 비스마르크의 믿음이 너무 적어서 그는 영국과의 동맹을 마련하려고 노력했다. 이 번에 그는 1879년 그가 철회했던 조치를 취했다. 그 당시에는 독일 대사에 대한 자기의 훈령을 철회하고 디즈레일리와 협상을 중단하게 했었다. 왜냐하면 러시아와 옛 우정으로의 복귀가 가능한 것으로 보였고 그에게는 그것이 영국과의 동맹 보다 더 매력적이었기 때문이었다.

그 후 10년 동안 비스마르크는 영국 없이 일해 나가기 위해 자기

---

525) Erich Eyck, *Bismarck and the German Empire,* New York: W. W. Norton, 1964, p. 297.에서 재인용.
526) 이에 대한 내용은 제17장에서 다뤄질 것임.

의 최선을 다했으며 또한 평화를 보존하는 그의 편의들은 더욱 더 인위적이 되어버렸다. 그가 러시아와의 불가피한 전쟁에 관해서 말하면서 그것을 앞당기기를 원하는 독일 장군들을 침묵시키려고 노력했다는 것도 사실이다. 그러나 평화의 유지를 위한 그의 희망들은 더 강하지 않았다. 이제 그는 자신의 눈을 런던으로 돌리고 그의 대사인 하츠펠트(Hatzfelt)에게 프랑스 침략에 대비하여 영국과 독일간의 조약을 영국 수상에게 제안하도록 명령을 내렸다. 그러나 이때 와서 비스마르크는 너무 늦었다. 솔즈베리(Salisbury) 영국 수상은 그런 동맹을 찬성하지 않았다. 1879년에도 당시 영국의 외상으로서 그런 동맹에 회의적이었던 솔즈베리는 이제 영국 수상으로서 그의 거부감이 강화되었다. 그는 비스마르크의 장남인 후베르트 비스마르크에게 "그런 동맹의 시간은 아직 오지 않았다고 말했다. 그 사이에 우리는 긍정도 부정도 하지 않고 테이블에 남겨 둘 것이다. 이것이 내가 지금 할 수 있는 전부이다"[527]라고 말했다. 그러나 실제로 이것은 거부였다. 긍정적으로 답할 시간은 결코 오지 않았다. 영국에 대한 동맹의 이 제안이 비스마르크가 외무성에 취한 그의 마지막 중요한 이니셔티브였다.[528] 일년 후에 그의 통치는 끝났다.

비스마르크가 이룩한 동맹체제들은 제1차 세계대전의 발발 이전에 있었던 것과는 대조적으로 강대국들을 2개의 적대적인 진영으로 분할하지 않았다. 그 대신에 그것들은 독일을 포함하여 어떤 단일 국가도 침략 전쟁시에 지원을 확신할 수 없는 그들 간의 맞물린 네트워크(an

---

527) *Ibid.*, p. 298.
528) *Ibid.*

interlocking network)로 만들었다.[529) 정반대로 어떤 침략국가도 실제 동맹조약이나 아니면 형성될 것으로 기대되는 자연적 동맹에 의해서 압도적인 방어적 연립을 직면할 것이다. 비스마르크 동맹체제는 현상을 뒤 엎는 어떤 노력에 대항해서도 작동할 것이기 때문에 그것은 모든 국가의 국수주의적 선동가들에게는 하나의 억제력으로 봉사했다.[530)

비스마르크 동맹체제의 장점은 관련된 국가들에게 그것이 제공하는 이득이 각 참여국에게 그것들을 유지하는데 투자한 이익을 주기에 충분히 컸다는 사실에 있었다. 또한 공식적 조약들은 특수한 합의의 노고에 어떤 국가도 성장하는 초조감으로부터 예방할 만큼 시간적으로 충분히 제한적이었다. 시간제한이 도달하면 조약은 소멸할 것이다. 아니면 그것은 새롭게 협상되어 어떤 국가도 모종의 방어적 지원의 보장 없이 남게 되는 것을 좋아하지 않을 것이기 때문에 국제적 상황에서 변화에 맞춰갈 수 있을 것이다.

비스마르크 동맹체제의 최대 약점은 유럽에서 영토적이고 정치적인 현상의 보존에 대한 메테르니히적인(Metternichian) 강조였다. 모든 유럽의 강대국들은 현상에 만족하지 않았다. 러시아와 오스트리아는 남동부 유럽에서 야심을 갖고 있었다. 프랑스는 알자스-로렌의 회복을 원했다. 이탈리아는 트렌토(Trent), 트리에스테(Trieste), 그리고 달마티안 해안(Dalmatian coast)을 탐했다. 비스마르크 자신의 동포들 사이에서는 만족한 국가라는 독일에 대한 그의 개념에 비판이 커지고

---

529) Norman Rich, *Great Power Diplomacy 1814-1914,* Boston, Massachusetts: McGraw-Hill, 1992, p. 245.
530) *Ibid.,* p. 246.

있었으며 독일이 중유럽에서 좁은 영토적 토대에 국한될 경우의 강대
국으로서 독일의 미래에 관한 회의적 추측이 증가하고 있었다. 독일
의 민족주의자들은 해외에서나 동유럽에서 보다 많은 영토를 원했다.
군 지도자들과 외교관들은 다같이 외교적 술책을 중단하고 프랑스와
러시아의 위협을 단호하게 종식시키기 위해 그들에게 "예방전쟁"의
수행을 원했다. 비스마르크가 독일제국의 수상으로 있는 동안에 그는
자국 내에서 그런 선동을 견제했고 또 그의 영향력과 능력을 이용하
여 유럽에서 평화와 현상을 보존했다. 그러나 1888년 국가 안전과 위
대성을 달성하기 위해서 가장 무책임한 제안들을 받아들이는 새 황제
가 독일제국의 카이저로 등극했다.[531]

비스마르크의 외교는 러시아에 대한 재보장 조약에 의해 절정에
달했다. 그것은 일종의 비스마르크의 현상유지, 혹은 평화정책의 화룡
점정이었다. 그의 외교는 부분적으로 겹치고 또 부분적으로 경쟁적인
일련의 맞물리는 동맹체제들을 생산했다. 그것들은 일종의 긴밀한 상
호의존 체제였다. 다만 그것은 1970년대 후반부터 국제정치학계에서
일반적으로 사용된 상호의존과는 달랐다. 후자가 주로 경제적 상호의
존관계를 의미했다면 전자는 외교적이고 정치적인 상호의존 관계였
다. 비스마르크의 상호의존 동맹체제는 러시아 공격에 대비하여 오스
트리아를 안심시키고, 오스트리아의 모험주의에 대비하여 러시아를
안심시키고 독일을 포위에 대비하여 확실히 했으며 영국을 끌어들여
지중해로 러시아의 팽창을 제지하게 했다. 자기의 복잡한 동맹체제에
대한 도전을 줄이기 위해서 비스마르크는 알자스-로렌을 제외한 모든

---

531) *Ibid.*

곳에서 프랑스의 야심을 만족시키려고 최선을 다했다. 그는 부분적으로 프랑스의 에너지들이 중앙 유럽으로부터 빗나가게 하지만 프랑스가 식민지 경쟁국 특히 대영제국과 더 많이 휩쓸리게 하기 위해 프랑스의 식민지 팽창을 격려했다.532)

10년이 넘도록 비스마르크의 그런 계산은 정확했다. 프랑스와 영국은 이집트에 대해 거의 충돌했으며 프랑스는 튀니지 문제로 이탈리아부터 소외되었고 또 영국은 중앙아시아에서 그리고 콘스탄티노플의 접근로에서 러시아를 계속해서 반대했다. 영국과의 갈등을 열심히 피하려고 비스마르크는 1880년대 중반까지 식민지 팽창을 피했으며 자신의 목표가 현상을 보존하는 곳인 유럽에서 독일의 외교정책을 대륙에 국한시켰다.533)

그러나 궁극적으로는 현실정치의 요구들이 지탱하기엔 너무나 복잡했다. 시간의 흐름과 함께 발칸에서 오스트리아와 러시아 간의 갈등이 관리할 수 없게 되었다. 힘의 균형이 순수한 형태로 작동했더라면 발칸은 러시아와 오스트리아의 영향권으로 분할되었을 것이다. 그러나 여론은 이미 그런 정책을 위해서는 너무나 불타올랐고 그것은 대부분의 전제주의 국가들에서도 그랬다. 러시아는 슬라브 주민들을 오스트리아에 남겨두는 영향권에 동의할 수 없었으며 오스트리아도 그것이 발칸에서 러시아의 슬라브 종속지대로 간주하는 것을 강화하는데 동의할 수 없었다. 러시아와 오스트리아에게 한판 승부의 결전은 예정되어 있는 것처럼 보였다. 그러나 비스마르크가 유럽의 안정

---

532) Henry Kissinger, *Diplomacy,* New York: Simon & Schuster, 1994, p. 159.
533) *Ibid.,* p. 160.

과 평화를 수호하기 위하여 구축한 동맹체제가 실효적으로 작동하고 있는 한 그 결전은 무기한 연기될 수밖에 없었을 것이다. 그러나 비스마르크가 더 이상 자신이 구축한 복잡하고 미묘한 동맹체제를 직접 관리할 수 없게 되었을 때 유럽은 모두가 역사 속으로 사라진 비스마르크를 그리워할 수밖에 없었을 것이다.

제17장
피날레: 독일제국 호 파일럿(Pilot)의 하선

"언젠가 거대한 유럽의 전쟁이 발칸에서
어떤 아주 어리석은 일로 발생할 것이다."
-오토 폰 비스마르크-

1888년은 독일제국에게 3황제들의 해였다. 그 해는 독일 내에서
비스마르크의 지위와 유럽의 역사를 바꾸었다. 100일이 지나기 전에
빌헬름 1세가 죽었고 그의 아들인 프리드리히 3세가 역시 죽었다. 그
리고 프리드리히 3세의 29세 젊은 아들이 카이저 빌헬름 2세가 되었
다. 이 세습의 사건은 비스마르크를 파멸시켰다. 왜냐하면 그는 언제
나 황제의 호의에 의존했으나 이제 그 호의가 더 이상 그를 지속되지
않았기 때문이다. 그는 그를 위대하게 만들었던 정확하게 일종의 궁
정의 음모의 희생자였다.[534]

수년 동안 비스마르크는 카이저 빌헬름 1세의 죽음의 전망을 두려
워했다. 그의 아들인 황태자 프리드리히 빌헬름은 자유주의적 의견들

---

534) Jonathan Steinberg, *Bismarck: A Life,* Oxford: Oxford University Press, 2011,
p. 425.

을 피력할 뿐만 아니라 그의 자유주의적 지지자들과 수많은 정치적 기회주의자들은 그가 계승할 경우 그가 비스마르크를 해임하고 자기 자신과 같은 정치적 견해를 가진 수상을 임명할 것이라고 자신 있게 희망했다.[535] 빌헬름 1세의 긴 군림의 시대가 1888년 3월 9일 그의 죽음으로 끝났다. 자신의 91세 생일을 몇 주 앞에 두고 그는 죽었다. 바로 그날 연방의회 앞에서 비스마르크는 그들에게 그의 주인인 카이저가 방금 서거했다고 보고했다. 그것은 엄청나게 인상적인 장면이었다. 철의 수상은 깊은 감정이 복받쳤다. 그의 눈에는 눈물이 가득했다.[536]

이것은 비스마르크의 생애에서 가장 중요한 순간들 중의 하나였다. 그는 죽은 황제에게서 자기의 대들보를 잃었다는 것을 잘 알고 있었다. 이 늙은 황제는 지난 25년 동안 단어의 모든 의미에서 비스마르크를 지원했고 그의 일과 정책을 승인하고 그의 점점 불가능하고 비합리적인 행위를 용인했다. 그는 그런 지원에 대해 보상을 잘 받았다. 지원에 1859년 그는 작고 강력하지도 못한 한 왕국의 섭정이 되었다. 그러나 그가 죽을 때 그것은 유럽에서 가장 크고 가장 강력한 국가가 되었다. 그는 황제가 되었으며 자기의 사랑하는 프러시아 군대가 3번의 빛나는 군사작전에서 이기는 것을 보았다. 빌헬름의 기여가 명백하지 않을 지는 몰라도 그의 기여는 그 성공에 긴요했다. 그는 몰트케 장군에게 자신의 군대를 지휘하게 했으며 비스마르크에게 국가를 운영하게 했다. 그는 숙명이 그에게 가장 위대한 군사 전략가와 근대에

535) Norman Rich, *Great Power Diplomacy 1814-1914,* Boston, Massachusetts: McGraw-Hill, 1992, p. 246.
536) Erich Eyck, *Bismarck and the German Empire,* New York: W. W. Norton, 1964, p. 298.

서 가장 발전된 정치적 천재를 부여했음을 일찍이 인식했고 그래서 그들에게 자기의 숙명, 왕가의 그리고 자기 신민의 운명을 맡겼다.[537]

이제 누가 카이저가 되든 그는 자기 수상이 하는 일에 대해 동일한 정도로 그의 이름과 권위를 부여하려고 하지 않을 것이다. 새 카이저 프리드리히 3세는 위험스럽게 병들어 황제에 즉위했다. 그는 후두암으로 고통받았으며 수술 후에 목소리를 잃었다. 오직 99일만이 그에게 남아 있었다. 만일 그가 건강해서 정상적인 삶을 살았다면 프리드리히 3세가 독일제국을 어떻게 통치할 지에 대해 아무도 말할 수 없을 것이다 그러나 한 가지는 확실했다. 그는 자유주의적이고 인간애의 아이디어를 가진 인물이었다. 그는 그것을 황제가 되어서도 잊지 않았을 것이다. 그는 제국의 발전에서 격차에 다리를 놓았을 것이다.[538]

프리드리히 3세는 영향력 있는 궁정의 써클들 사이에서 그리고 군대에서 인기가 없었다. 카이저 자신보다도 그들은 영국 여왕의 딸로 그의 부인인 황후 빅토리아(Victoria)를 훨씬 더 싫어했다. 황후는 참으로 아주 지적인 여성이었다. 그녀는 아주 확고한 정치적 견해들을 갖고 있었다. 그리고 그녀의 정치적 견해들은 비스마르크의 견해와 아주 반대였다.[539] "피와 철만으로 독일은 위대해지고 통일되었다. 그리고 모든 국가적 악들이 애국주의라 불린다"와 같은 황후의 언급들은 비스마르크의 철의 체제에 대한 분명한 비판이었다. 또한 그녀

---

537) Jonathan Steinberg, *Bismarck: A Life,* Oxford: Oxford University Press, 2011, p. 432.
538) Erich Eyck, *Bismarck and the German Empire,* New York: W. W. Norton, 1964, p. 299.
539) *Ibid.*

의 아들인 빌헬름 2세와의 관계도 아주 긴장되었다. 빅토리아는 그의 오만에 분노했지만 그녀는 또한 그를 독일에게 재앙이 될 정치적 견해의 구현으로 간주했다.[540]

물론 새 황제는 비스마르크를 수상으로 확인했고 그가 할 수 있는 최선을 다해 그와 협력해야만 했다. 그러나 1888년 3월 21일 비스마르크는 무례한 충격을 받았다. 프리드리히 3세가 반사회주의법에 2년간 연장하는 법안과 매 3년 대신에 매 5년 마다 의회의 선거를 하게 하는 법안에 서명하기를 거절했던 것이다. 물론 비스마르크는 사임하겠다고 위협했다. 왜냐하면 내각의 존재가 가장 심각하게 의문시 되었기 때문이다.[541] 비스마르크는 자기의 마차를 불러서 샤를로텐부르크(Charlottenburg)로 직접 마차를 몰고 갔다. 그곳에서 황후가 그를 영접했다. 그가 의회에 의해 통과된 법안은 황제의 거부권의 대상이 될 수 없다고 설명했다. 카이저는 그런 권한이 없었다. 프리드리히 황후는 황제의 침실로 들어간 후에 두 개의 법안에 서명을 받아 가지고 나왔다. 편집적 여성 혐오감을 가진 그는 황후와 그녀의 3시녀들의 음모를 책망했다.[542]

갑작스럽게 1888년 4월 5일 외무성과 밀접하게 연계된 신문에 실린 소식에 의해서 독일은 경악했다. 그것은 수상이 황제 부부와 개인적인 불화로 사임할 것이라는 소식이었다. 그 분쟁은 불가리아의 전 지배자 바텐베르크의 알렉산더 공작에 관련된 것이었다. 황후와 그녀

---

540) *Ibid.,* p. 300.
541) Jonathan Steinberg, *Bismarck: A Life,* Oxford: Oxford University Press, 2011, p. 434.
542) *Ibid.*

의 어머니인 빅토리아 여왕은 황제의 딸인 빅토리아 공주를 그와 결혼시키길 원했다. 비스마르크는 황제가 알렉산더 공작을 베를린에 초대했으며 그에게 높은 훈장을 수여하고 그를 독일 군대에 복직 시키려 한다고 들었다. 비스마르크는 즉시 가능한 가장 강력한 방법으로 항의하면서 만일 황후의 뜻이 이루어진다면 독일과 러시아의 선린 관계가 위험해질 것이라고 주장했다. 그는 만일 황제가 자기의 권고를 거절한다면 사임하겠다고 위협했다. 황제가 양보했고 알렉산더에게 그의 초대를 취소하는 전보를 보냈다. 이 모든 것은 임박한 사임의 소식이 대중에게 알려지기 전에 발생했다. 그리하여 비스마르크는 이 소란한 소식으로 대중의 분노를 자극하기 전에 이미 점수를 땄다. 비스마르크는 분명히 피할 수 없는 결과를 내다보았다. 즉, 황제의 부부, 특히 민족적 독일인들이 영국 여자라고 부르는 황후가 독일의 가장 위대한 정치가를 여성의 충동에 희생시키려는 황후에 대한 규탄이었다.[543]

황제와 황후는 민족적 광기의 폭발에 완전히 무기력했다. 그들은 아무런 독립적이고 유능한 보좌관이 없었다. 왜냐하면 아무도 수상의 의심을 불러일으키지 않고서 그들에게 가까이 갈 수 없었기 때문이다. 그들은 지하의 비밀스러운 방법으로만 도움이 될 권고를 받았다. 빅토리아 황후는 친구를 통해 자유 급진당원인 루트비히 밤베르거 (Ludwig Bamberger) 박사를 알게 되었다. 그녀는 그 앞에 황후를 괴롭히는 문제들을 내놓았다. 밤베르거가 그녀에게 권고를 해주었다. 이

543) Erich Eyck, *Bismarck and the German Empire*, New York: W. W. Norton, 1964, p. 300.

것은 극비로 처리되어야 했으며 비스마르크의 귀에 들어가서는 안 되었다. 이런 식으로 황제와 황후는 비스마르크와 그의 방식을 누구보다도 잘 알고 그래서 그들이 그의 공작에 의해서 기만을 당할 위험에 처할 때는 언제나 경고할 수 있는 아주 세련되고, 지적이며, 경험 있는 의원의 권고와 도움을 받게 되었다. 자기의 짧은 군림의 기간 동안에 프리드리히에 의해서 취해진 정치적으로 중요한 유일한 행위는 밤베르거의 권고에 근거했으며 그것은 프러시아의 가장 반동적인 각료인 폰 푸트카머(von Puttkamer)의 해임이었다. 그는 선거에 영향을 끼치려는 뻔뻔스러운 시도로 황제의 공정한 플레이의 감을 손상했다. 푸트카머는 1888년 6월 8일 해임되었고 그리고 정확하게 일주일 후에 프리드리히 3세가 사망했다.[544]

자신의 종말이 가까웠음을 느낀 프리드리히 3세는 비스마르크를 불렀고 그리고 황후의 손을 수상의 손에 놓았다. 그는 말 한마디도 할 수 없었지만 그의 제스처는 그에게 적들에 둘러싸인 채 남기고 가는 자기 부인의 보호를 위탁하기를 원한다는 것을 보여주었다. 그는 황제가 될 자신의 아들 빌헬름을 잘 알고 있었다. 그는 이 아들이 자신이 하기를 원했던 모든 것의 정반대로 할 것이라고 확신했다. 그리고 그는 자기 아들이 자기의 어머니를 배려 없이 대할 것이라는 것도 확신했다. 그러나 비스마르크가 그의 부인을 도와줄 것이라는 그의 희망은 완전히 헛된 것이었다.

1888년 6월 15일 프리드리히 3세가 죽고 이제 빌헬름 2세가 새로운 역할을 맡았다. 즉시 새로운 비밀조직(camarilla)이 잘 알고 있는

544) *Ibid.,* p. 404.

언론의 공격을 받았다. 1888년 7월 발더제(Waldersee)는 비스마르크를 방문하여 자신의 측면을 서둘러 커버했다. 그리고 수상과 흥미로운 오후를 보냈다:

"우리는 그륀호이저(Grünhäuser) 2병을 마셨고 또 아주 기분 좋은 대화를 가졌다. … 프랑스에 관해서 그는 우리가 벨기에를 통과해 행군하기 위해서 벨기에의 중립을 위반하는 것이 우리에게 유용하지 않을 지의 여부를 물었다. 나는 그것이 반대할 것이라고 그에게 설명했지만 그러나 만일 프랑스인들이 벨기에를 통과한다면 그것은 아주 극단적으로 도움이 될 것이라고 생각했다."545)

벨기에 중립의 훼손에 대한 이 놀라운 대화는 독일 일반 참모부에 전쟁 전략인 슐리펜 계획(Schlieffen Plan)의 첫 윤곽이 그려지기 3년 전에 일어났다. 그 전쟁 계획은 벨기에와 네덜란드의 중립을 위반하는 첫 버전에 관련된 러시아와 프랑스에 대한 2전선 전쟁, 즉 양면전쟁을 위한 것이었다. 그 계획은 독일 군이 북쪽으로부터 프랑스로 들어가서 프랑스 군대를 파리로부터 단절시키는 독일군에 의한 거대한 이동을 내다보았다. 그 아이디어가 군인들이 아니라 비스마르크에게서 나왔다는 것은 참으로 놀라운 일이었다. 비스마르크는 그런 공격의 결과를 고려했을까? 벨기에 중립의 보장국인 대영제국이 실제로 1914년에 일어난 것처럼 프랑스와 제휴하게 될 것인가? 그런 독일은 평화로운 소국들의 권리를 위반한데 대한 증오와 경멸의 회오리바람을 일으킬 것인가?

---

545) Jonathan Steinberg, *Bismarck: A Life,* Oxford: Oxford University Press, 2011, p. 439.에서 재인용.

빌헬름 2세는 황제에 즉위하자마자 다양한 해외 순방으로 자신의 치세를 시작했다. 그리고 그곳에서 안 좋은 인상을 남겼다. 1888년 11월에 그는 교황을 알현하기 위해 로마를 방문했고 이탈리아 왕국에 국가원수 방문을 했다. 해외에서 지각 없는 행동들에 추가하여 그는 국내에서 가톨릭과 유대인들에게 적대감을 보였다. 유대인들에 대한 카이저의 적대감은 주로 사변적인 것이 아니라 그것은 그의 사고의 핵심적 요소를 이루었다.546) 29세에 황제의 직위에 오른 빌헬름 2세는 그의 행동과 사고에서 아직 미성숙했다. 그는 독일제국의 통치자가 되기에 성숙한 나이가 아니었다. 그는 불행하게도 자기 나이만큼도 성숙하지 않았다. 독일의 거대한 비극은 그가 결코 성숙하지 않았다는 것이다. 태어날 때부터 절름발이 팔이 그의 어색함의 감정에 기여했을 것이며 그는 그것을 허풍의 자만심으로 상쇄하려고 시도했다. 그는 빈약한 교육을 받았으며 엄밀한 지적 규율과 훈련을 수용할 수 없었다. 그의 표명된 관심은 군대와 해군에 있었으며 그는 정말로 군의 퍼레이드와 시찰만을 좋아했다. 그러나 그는 군사적 혹은 해군의 전략이나 현대 전쟁의 기술적 문제들에 대해 진지하게 공부한 적이 전혀 없었다. 외교문제나 다른 정부의 측면들에 대한 그의 지식도 비슷하게 피상적이었다.547)

그런 이유에서 그의 아버지는 빌헬름 1세와 비스마르크가 젊은 빌헬름이 외교문제에게 관심을 갖게 하는 것에 시기상조라고 반대했었다. 1886년에 그는 수상에게 이렇게 편지를 썼다:

---

546) *Ibid.,* p. 439.
547) Norman Rich, *Great Power Diplomacy 1814-1914,* Boston, Massachusetts: McGraw-Hill, 1992, pp. 246-247.

"자신을 과대평가하는 그의 성향에서 보여주었듯이 내 장남의 미성숙과 미경험을 고려할 때 그에게 외교문제에 이렇게 일찍 소개하는 것은 위험하다고 부를 수밖에 없다. 그는 정치에서 그의 경솔하고 너무 성급한 판단을 구사하기에 앞서 국내에서 조건들에 자신을 익숙하게 해야 한다."548)

그러나 그는 그의 아버지의 충고에 막무가내였다. 그리고 오직 그 후 사건들만이 그가 얼마나 옳았는지를 입증해 주었다. 그 후 몇 년 후도 빌헬름은 별로 배운 것이 없었다. 그에게 자기 조국의 헌법과 행정을 가르치라는 책임을 맡은 그나이스트(Gneist) 교수가 프랑스 대사에게 왕자는 아무 것도 배운 것이 없이도 모든 것을 이미 다 알고 있다고 상상하고 있다고 불평을 한 적도 있었다. 그의 아버지의 치명적인 병환이 그가 전면에 나설 기회를 주었고 국민적 감정의 챔피언으로 포즈를 취하게 했다. 그의 허영심은 그가 다른 누구보다도 동반하기를 선호했던 포츠담(Potsdam) 경비대의 장교들인 군 수행자들의 환호에 의해서 부풀려졌다. 그들은 그를 모든 군사적 덕목들의 구현으로 그를 칭송했다. 비스마르크마저 그가 프러시아 경비대 장교의 자질을 갖고 있다는 이유에서 그가 독일의 희망이라고 주장했다.549)

그러나 빌헬름이 자신과 자기의 지위를 과대평가하는 성향에 대해서는 보다 깊고 또 더 강력한 이유들이 있었다. 비스마르크의 모든 정치적 노력은 프러시아 왕의 지위를 고양하고 그를 독일의 진정한 지

---

548) Erich Eyck, *Bismarck and the German Empire,* New York: W. W. Norton, 1964, p. 306.에서 재인용.
549) *Ibid.,* p. 306.

배자로 만들려는 경향이 있었다. 그의 모든 제도는 정치적 결정의 권한이 프러시아의 왕과 독일 황제의 손에만 있다는 구실에 기초했다. 그러한 분위기가 젊은 황제의 많은 오만을 설명해주었다. 오직 강력하고 세련된 인격만이 항구적인 환호와 칭송의 음흉한 효과를 견딜 수 있었다. 빌헬름 2세는 그런 인격을 갖지 못했다. 그러나 그는 그를 가까이서 아는 대부분의 사람들에게는 인상을 주는 어떤 자질을 소유하고 있었다. 그는 부인할 수 없을 만큼 요점을 재빠르게 포착했고 또 그는 자신을 표현하는 어떤 재능을 갖고 있었다. 그러나 이 자질들은 유용하고 도움이 되기보다는 위험했다. 왜냐하면 그는 진지하고 지속적인 일에서 후퇴했기 때문이다.[550]

더 나아가서, 이제는 빌헬름 주변 사람들이 그가 자기의 무서운 수상의 단지 도구인 동안에 그가 결코 위대한 통치자가 되지 않을 것이라고 그의 귀에 속삭였다. 그들은 프리드리히 대왕(Frederick the Great)이 만일 비스마르크 같은 사람에 의해서 지도되었다면 그가 위대한 왕이 결코 되지 못했을 것이라고 말했다. 비스마르크 수상은 이 모든 것에 관해서 묻지 않았다. 그리고 그는 특히 폰 발더제(von Waldersee) 장군이 그에 반하여 작업하고 있다고 의심했다. 그 장군은 아주 야심적 인간이었으며 비스마르크는 그가 스스로 수상직을 탐하고 있다고 믿었다.[551] 그러나 비스마르크의 실각을 가져온 것은 단지 개인적 문제들만이 아니었다. 젊은 카이저와 늙은 수상을 분열시키는 정치적 차이들과 어려움들이 있었다.[552]

---

550) *Ibid.*, p. 307.
551) *Ibid.*, p. 308.

윈스턴 처칠(Winston Churchill)은 빌헬름 2세의 본질을 냉소적인 스타일로 포착했다:

"바로 뽐내며 활보하고 또 포즈를 취하고 그리고 뽑지 않은 검을 덜컹덜컹 흔들었다. 그가 원하는 모든 것은 나폴레옹처럼 느끼고, 그리고 자기의 전투들을 싸울 필요도 없이 그 같이 되는 것이었다. 분명이 이에 이르지 않는 것은 검열에 통과하지 않을 것이다. 당신이 화산의 정상이라면 당신이 할 수 있는 최소의 일은 연기를 피우는 것이다. 그러므로 그는 담배를 피웠고 멀리서 응시하는 모든 사람들에게 낮에는 구름기둥을 그리고 밤에는 섬광을 보였다. 그리고 천천히 그리고 확실하게 이들 불안한 관찰자들은 함께 모여서 상호 보호를 위해 합류할 것이다. … 그러나 이 모든 자세와 그것의 장신구들 아래에는 아주 평범하고, 헛되지만 그러나 자신을 제2의 프레데릭 대왕으로 통하기를 희망하면서 전체적으로는 선의의 사나이가 있다."[553]

젊은 카이저가 원하는 모든 것은 자기의 권력을 인정받고 그것을 행사하는 것이었다.

그러므로 젊고 오만한 카이저와 늙은 수상 사이에 필연적인 충돌이 점차로 1889년 초에 발생했다. 1월 14일 카이저는 궁전의 백색 홀(the White Hall of the Palace)에서 연방의회를 개원했다. 그는 프러시아에서 소득세의 개혁을 위한 법안이 부유하지 못한 사람들의 부담을 덜어주기 위해 나올 것이라고 발표했다. 비스마르크는 그 제안을 전

---

552) *Ibid.,* p. 309.
553) Winston Churchill, *Great Contemporaries,* Chicago and London: University of Chicago press, 1973, pp. 37ff.

적으로 승인하지 않았으며 분명히 그런 방향을 취하지 않았기 때문에 내각과 비스마르크 그리고 자기 자신을 "가난한 자들의 왕"이라고 생각하기 시작한 카이저 사이에 긴장이 등장했다. 1889년 5월 3일 자르, 작센, 그리고 실레시아로 퍼져 나간 루르(Ruhr) 탄광 노동자들이 파업을 시작했을 때 빌헬름의 자기 의미지가 시험될 것이었다. 정부는 너무나 많은 병력을 파견하여 그것은 봄의 기동훈련 같았다.

1889년 5월 6일 카이저는 파업 지역에 있는 현지 당국들에게 자신에게 직접 보고하라고 명령했다. 또한 그는 비스마르크 수상과 협의 없이 탄광 소유자들에게 즉시 임금을 올리라고 강요하려고 했다. 5월 7일 3명의 탄광 노동자들이 경찰의 발포로 죽었다. 5월 12일 프러시아의 내각회의에서 빌헬름 2세는 갑자기 기대하지 않은 등장을 하여 파업 논의를 주재하겠다는 자기의 의도를 발표했다. 카이저가 떠난 뒤 비스마르크는 동료들에게 말했다: "젊은 주인은 자기의 권위와 권한에 대해 프리드리히 빌헬름 1세의 개념을 갖고 있다. 그래서 이 점에서 그를 지나친 집착으로부터 그를 보호하는 것이 필요하다."[554] 비스마르크의 반응은 보다 일반적으로 그의 전술적 접근법을 반영했다.

5월 25일 비스마르크는 자신의 견해로는 파업의 타결과 그것의 불행한 후유증이 너무 무난하게 그리고 신속하게 해소되지 않는 것이 유용할 것이라고 말했다. 그는 파업을 이용하여 자유주의자들에게 반사회주의법이 결국 얼마나 유용할 것인지를 상기시키길 원했다. 그러므로 무엇보다도 파업자들을 서둘러 달랠 필요가 없다는 것이다. 그

---

554) Jonathan Steinberg, *Bismarck: A Life,* Oxford: Oxford University Press, 2011, p. 440.

는 파업에 의해서 전혀 애가 타지 않았지만 협의 없이 자신이 직접 통치하려는 카이저의 성향은 그를 불안하게 만들었다. 카이저와 정부 사이에 점증하는 긴장은 비스마르크로 하여금 8월 10일 한여름에 베를린으로 돌아오게 했다. 8월 17일 비스마르크는 내각회의를 주재하고 파업문제를 논의했다:

> "만일 탄광운영소가 총파업의 결과 없이는 노동자를 해고할 자유를 더 이상 갖지 않는다면 그것은 공적 삶에 큰 위험을 제시할 대중지배의 수립을 의미할 것이다."[555]

8월 20일 비스마르크는 베를린을 떠나 베를린에서 멀지 않은 프리드리히스루로 갔다. 10월 9일 비스마르크는 베를린으로 돌아와 공식 방문 중인 차르 알렉산더 3세를 환영했다. 3일 후인 10월 12일에 비스마르크와 알렉산더 3세 사이에서 흥미로운 대화가 있었다. 알렉산더가 젊은 카이저와 자신의 자리를 확신할 수 있느냐고 물은 것이다. 이에 대해 비스마르크는 자기는 카이저 빌헬름 2세의 신임을 확신하며 그가 그의 의지에 반하여 자기를 해임하는 일은 없을 것으로 믿는다고 대답했다. 이에 알렉산더는 비스마르크의 낙관주의가 완전히 확인된다면 자기는 기쁠 것이라고 대꾸했다.[556]
이 거대한 드라마의 마지막 장은 에센(Essen)에서 3천 명의 광부들이 모여 그들의 고용을 봉쇄한 고용주들의 "블랙리스트"(the blacklists)에 대항하여 항의했던 12월 1일에 시작했다. 비스마르크에게는 재수 없이

---

555) *Ibid.,* P. 441.에서 재인용.
556) *Ibid.,* p. 441.

하필이면 라인 지역 행정의 수석 의장은 지방정부제도의 맨 위에 있는 드문 자유주의자인 한스 헤르만 베르렙슈(Hans Hermann Berlepsch)였다. 그는 처음부터 파업운동에 관여했으며 노동자들을 잘 알게 되었다. 그는 노동자들이 무력으로 진압될 수 없는 거대한 역사적 운동의 일부라고 확신하게 되었다. 그는 고용주들을 설득하여 블랙리스트들을 풀고 파면된 노동자들을 복직시키도록 했다. 비스마르크는 그 결정이 분명히 마음에 들지는 않았지만 그러나 보통 때처럼 그는 프리드리히스루에 떨어져 있었기에 그것을 뒤집을 수 없었다. 사실상 비스마르크의 개인적 조수인 프란츠 요하네스 로텐부르크(Franz Johannes Rottenburg)조차 사회정책의 새 노선이 필요하다고 믿었다. 그리고 그는 후에 본 대학교(University of Bonn)의 평의원으로서 사회민주당의 공식적 인정을 주창하는 스캔들을 일으켰다. 그 일로 그는 경찰에 의한 조사를 받았다. 비스마르크의 보좌관인 칼 하인리히 폰 뵈티허(Karl Heinrich Boetticher)는 민첩하고, 능란했고 사근사근한 태도로 모범적인 공무원이었다. 그는 다행스럽게도 비스마르크와 카이저 모두에게 환영 받는 인물이었다. 그러나 오래가지 못했다. 왜냐하면 비스마르크가 그들의 권고의 수락을 거절했기 때문이다. 12월 19일 로텐부르크는 뵈티허에게 수상이 화해와 베르렙슈의 정책을 거절했다고 알렸다. 비스마르크는 카이저를 위한 직접 보고서를 뵈티허에게 작성하도록 명령하고 그 보고서에서 비스마르크는 다음과 같이 말하길 원했다:

"우리는 투표장에서뿐만 아니라 군대에서 역시 궁극적으로 느낄 거대한 위험을 노동자들에게서 배양하고 있다. 항상 적은 일에 대해 더 많은 임금을 받으려는 노동자들의 노력은 한계가 없다. …
만일 우리가 그들이(베르렙슈와 현지 당국자들) 시작한(노동자들
을 위해 중재) 실수가 영향력을 행사하기 시작하면 그것의 결과는
후에 어렵고 그리고 아마도 유혈의 규율조치들에 의해서만 정정될
수 있을 것이다."557)

같은 날 알베르트 마이바흐(Albert Maybach) 무역상과 헤르푸르트
(Herrfurth) 내무상이 지방 당국자들에게 명령을 내려 노동자 대표들
과 회담하는 것을 중지시켰다. 이것은 다소간에 카이저 의도의 정반
대였다.558)

1890년 1월 24일 비스마르크는 어전회의를 위해 다소 서둘러 베를
린으로 돌아왔다. 왜냐하면 카이저가 그에게 알리지 않고 그날 저녁
오후 6시에 소집했기 때문이었다. 비스마르크나 그의 아들은 어전 회
의가 소집된 이유를 알지 못했다. 하루 전인 23일 헤르베르트 비스마
르크가 알현을 요청했을 때 카이저는 그것을 인정했고 그가 노동문제
를 다루는 자기의 아이디어를 각료들에게 제시하고 싶었기 때문에 어
전회의를 소집했다고 설명했다. 그리고 그는 수상이 참석을 원한다면
자기는 기쁠 것이라고 덧붙였다. 헤르베르트는 자기 아버지에게 가능
한 한 빨리 베를린으로 오라는 전보를 보냈다. 비스마르크는 일찍 일
어나는 것을 싫어했고 화가 났지만 오후 1시 50분에 도착하는 기차를
탔다. 3시에 각료들을 만났고 3시 30분에 카이저를 단독으로 만났다.
그리고 6시에 카이저가 어전회의를 주재했다. 이날 열린 어전회의는

557) *Ibid.*, p. 442.에서 재인용.
558) *Ibid.*, p. 442.

정말로 불꽃이 처음으로 튀는 회의를 했다.

카이저는 반사회주의법이 축출 문구 없이 분명히 통과될 것이라고 말하면서 개회했고, 그리고 나서 만일 그의 치세의 시작이 피로 물든다면 개탄할 일이 될 것이고, 그리고 그는 그런 상황으로 몰릴 수 없으며 몰리지도 않을 것이라고 덧붙였다. 그러자 비스마르크가 다음과 같이 발표했다:

> "이런 상황에서 그는 카이저의 견해를 수용할 수 없기 때문에 사직서를 제출하는 것 외에 아무런 선택이 없다. 그의 선언은 간결했고 카이저의 주장에 아무런 주의도 없었다. 카이저는 각 장관들에게 개별적으로 그들의 견해를 물었다. 그들은 수상과 공유한다고 모두가 선언했다. 그러자 카이저가 양보했다. … 그는 찬양할 만한 자제력으로 행동했고 수상이 떠나지 않게 하는 것이 옳았다. 그는 통치자의 입장과 같지 않은 개인적 입장을 취했다. 뿐만 아니라 카이저, 수상, 장관들, 의회위원회, 카르텔, 정당들 모두가 무거운 기분이었다."559)

이제 비스마르크는 자기의 지위에 관해서 심각하게 걱정하게 되었다. 그는 2월 18일 그의 정적인 발더제를 방문했고 프리드리히 황후를 알현했다. 2월 18일 독일은 선거에 들어갔다. 민족자유당이 참패했고 사회주의자들이 그들의 투표를 19.7%로 올려 처음으로 투표의 수에서 가장 강력한 정당이 되었다. '제국의 적들'이 이제 의회를 통제했다. 중앙당, 사회주의자와 진보당이 전체투표 397표 중에서 207표의 다수를 이루었다. 그것은 반사회주의법을 종식시키고 반동적 군사

---

559) *Ibid.*, p. 443.에서 재인용.

법안들을 쉽게 좌절시킬 만큼 충분했다.

1890년 3월 2일 비스마르크는 대담한 새 계획으로 프러시아 국무부를 경악하게 했다. 그는 의회에 5주 전에 기각된 것보다도 훨씬 엄격한 반사회주의법을 의회에 제출할 의도였다. 사회 민주주의적 선동자들은 투표와 후보로 나서는 것이 금지될 것이고 즉시 축출될 것이다. 필연적인 거부는 의회의 해산과 갈등선거를 가져올 것이다. 이것은 1862년 프러시아에서 그에게 권력을 가져다 준 시나리오와 아주 닮았다. 비스마르크가 일반 보통 선거권을 목적으로 새 선거법을 발표할 때까지 급진주의자들과 사회주의자들이 이득을 얻는 선거가 있을 것이다. 독일제국은 국가들이 아니라 군주들의 동맹에 근거했기 때문에 필요하다면 군주들이 합동조약으로부터 철회를 결정할 수 있다고 선언했다. 이런 방식으로 만일 선거의 결과가 계속해서 안 좋다면 의회로부터 자신을 해방시키는 것이 가능했을 것이다. 진정한 비스마르크의 입장이 여기에서 노출되었다. 지배가 가장 중요했다. 그는 권력을 내놓기보다는 차라리 의회를 파괴할 것이다.[560]

1890년 3월 5일 카이저는 브란덴부르크 지방 의회의 연례만찬에 가서 건배를 했다:

"나를 도우려는 사람들은 그들이 누구이든 진심으로 환영한다. 그러나 이 일에서 나를 반대하는 자들을 나는 뭉개 버릴 것이다."[561]

카이저와 비스마르크는 이제 난폭한 언어를 사용하기 시작했고 또

---

560) *Ibid.,* p. 444.
561) *Ibid.,* p. 445.

극단적인 상황을 계획했다. 결국 비스마르크는 문제는 자기에게 있는 것이 아니라 현실을 받아들이길 거부하는 카이저에게 있다고 주장할 수 있을 것이다. 이제 그는 거대한 군 예산안을 조정해야만 했고 반사회주의법을 갱신해야만 했다. 비스마르크는 가톨릭 교회에 대한 남아 있는 제약의 최종적 제거에 대한 교환으로 두 법안을 자기에게 달라고 중앙당을 유혹하기로 했다. 3월 10일 빈트호르스트(Windthorst)가 블라이히뢰더(Bleichroeder)를 방문하여 그에게 비스마르크를 사적으로 만나보라고 촉구했다. 3월 12일 루트비히 빈트호르스트는 비스마르크를 방문했다. 3월 14일 비스마르크는 카이저에게 알현을 요청했지만 카이저는 이것을 거절했다. 3월 15일 오전 9시에 카이저는 그가 30분 후에 도착할 것이라는 전갈을 보냈다. 비스마르크는 아침 식사도 거른 채 카이저를 기다렸다. 비스마르크는 그가 루트비히 빈트호르스트를 만났다고 발표하는 보고를 시작했다. 그러자 카이저는 비스마르크가 자기 등 뒤에서 가톨릭과 유대인들과 협상했다고 비스마르크를 비난했다. 비스마르크는 곧 자기가 사직서를 제출할 것이라고 분개하여 반응했다. 그리고 이 장면을 카이저는 이렇게 서술했다:

> "나는 내 기병검을 내 무릎 사이에 둔 채 담배를 피면서 탁자에 앉아 있었다. 수상은 내 앞에 서 있었고 그의 끓어오르는 분노가 나를 더 차분하게 만들었다. 갑자기 그는 거대한 서류철을 내 앞에 있는 탁자 위에 꽝하고 내리쳤다. 나는 그가 잉크병을 내 머리에 던지려 할까 두려웠다. 음, 나는 기병검을 손으로 잡았다! 나는 그 것을 믿을 수 없었다."[562]

---

562) Jonathan Steinberg, *Bismarck: A Life,* Oxford: Oxford University Press, 2011, p. 447.에서 재인용.

논의는 시작부터 잘못되었다. 다음에 카이저는 수상이 항상 프리드리히스루에 있기 때문에 그가 각료들과 직접 회담하는 것을 허용하기 위해서 1852년 내각명령이 폐기되어야 한다고 요구했다. 이것은 비스마르크를 더욱 더 분노하게 했다.[563] 그리고 나서 카이저는 군법안이 의회에서 다수의 지지를 확실히 하기 위해서 그것을 수정할 것이라고 말했다. 카이저는 비스마르크의 생존을 보장했을 유일한 갈등을 이렇게 제거했다.[564]

그날 오후에 전쟁내각의 수장인 빌헬름 폰 한케(Wilhelm von Hahnke) 장군, 부관참모 아돌프 폰 비티흐(Adolf von Wittich), 그리고 참모총장인 발더제가 카이저를 알현했다. 카이저는 그들에게 일어났던 일을 말해주었다. 발더제 장군은 그의 후임자들이 발견할 것을 두려워하여 그리고 불행하게도 그가 유대인들과 너무 긴밀하게 제휴하여 그들로부터 피할 수 없을 것이기 때문에 비스마르크가 사임할 수 없을 것이라고 주장했다. 그리고 수상에 관한 자기 견해에 대한 카이저의 솔직한 설명을 거리낌 없이 제시했다. 한케와 비티흐 장군들은 경악했지만 카이저는 놀라지 않았다. 카이저와 발더제 사이의 유일한 차이는 다음에 무엇을 할 것인가에 대한 것이었다. 발더제는 카이저에게 비스마르크를 해임하라고 촉구했던 반면에 카이저는 비스마르크가 사임하도록 그를 도발하기를 원했다.[565]

다음날 폰 한케가 1852년 내각 명령이 폐기되어야 한다는 카이저

---

563) *Ibid.*, p. 447.
564) *Ibid.*
565) *Ibid.*

의 요구를 가지고 제국 수상관저에 도착했다. 그리고 비스마르크는 거부했다. 3월 17일 카이저의 요구에 아무런 답변을 받지 못했기 때문에 한케는 그에게 사직서를 들고 그날 오후에 궁전으로 오라고 명령하는 소환서를 가지고 수상에게 다시 갔다.[566] 그 사이에 궁전에서는 비스마르크의 답장을 기다렸다. 그러나 비스마르크로부터는 아무런 답장이 오지 않았다. 그날 저녁에 각료 전원이 보에티허 집에 모여 투표로 그를 자기들의 대변인으로 임명했다. 그는 카이저의 알현을 간청하기로 했다. 비스마르크의 사임에 유감을 표명하고 카이저에게 이 점에서 완전한 자유를 제공하기 위해서 집단적으로 그들의 사임을 제출하기 위한 것이었다. 그 알현은 그날 저녁 <쾰르너 차이퉁> (*Koelner Zeitung*) 신문을 통해 알려지게 되었다. 모든 신문들은 그들의 입장에 따라 정치적 사형선고를 발표하고 예외 없이 비스마르크 공작의 사임을 옳은 것으로 인정했다. 승계에 관해서는 긍정적인 아무 것도 등장하지 않았다. 비스마르크가 떠나야 한다는 언론에서 좌우의 만장일치는 비스마르크의 정치적 위상이 얼마나 많이 부식되었으며 그리고 그가 얼마나 그것을 별로 이해하지 못했는가를 보여주는 것이었다.[567]

3월 18일 카이저의 시민내각 수석인 헤르만 폰 루카누스(Hermann von Lucanus)가 비스마르크가 왜 카이저의 요구에 답변하지 않았는지를 묻기 위해 수상관저에 도착했다. 비스마르크는 카이저가 언제든 그를 해임할 권한을 갖고 있다면서 그래서 어떤 사직서도 필요하지

---

566) *Ibid.*
567) *Ibid.*, p. 448.

않으며 자기도 사직서를 제출할 필요성을 알 수 없다고 대답했다. 그는 출판될 수 있는 자기의 입장설명을 쓸 생각이었고 그렇게 하기 위해 자리에 앉았다. 그가 이런 성명서를 작성하고 있는 동안에 레오 폰 카프리비(Leo von Caprivi) 장군이 수상직을 장악하기 위해 도착했고 옆방에서 일을 하기 시작했다. 이리하여 1862년 9월 22일부터 1890년 3월 18일까지 그가 위대하고 영광스럽게 만든 국가의 정무를 주재했던 오토 폰 비스마르크의 비상한 공적 경력이 끝났다. 당시 영국의 정치가이며 제1차 세계대전의 발발시에 영국의 외상이었던 에드워드 그레이 경(Sir Edward Grey)은 독일을 키가 없는 전함에 비교했다. 비스마르크는 그런 방식으로 독일을 조정했다. 오직 그 만이 그것을 조종할 수 있었다.[568] 그래서인지 비스마르크가 실각하자 영국의 유명한 잡지인 <펀치>(Punch)의 시사풍자 만화는 전함에서 하선하는 비스마르크를 그려 놓고 카이저 선장이 파일럿을 떨어뜨렸다고 묘사했다.[569]

3월 29일 비스마르크가 떠난다는 소식이 베를린에서 퍼져나갔고 대규모의 군중들이 레흐테르(Lehrter) 기차역으로 가는 길에 줄지어 섰다. 대중들은 카이저가 비스마르크를 환송하기 위해 나타날 것으로 기대했지만 그는 나타나지 않았다. 플랫폼에는 경비대대와 군악대 그리고 군기들이 모였다. 귀를 먹게 하는 만세소리와 작별인사가 있었

568) Jonathan Steinberg, *Bismarck: A Life,* Oxford: Oxford University Press, 2011, p. 479.
569) Charles River, ed., *Otto von Bismarck: The Life and Legacy of the German Empire's First Chancellor,* Las Vegas. NV, 07 December 2021; Philip Sauvain, *European and World History 1815 to 1919,* Amersham, Bucks: Hulton Educational Publications, 1985, p. 166.

다. 기차가 서서히 움직이기 시작하자 군중들은 "라인에서 경계하라" (Wacht am Rhein)는 노래를 모두가 합창했다. 루트비히 밤베르거 (Ludiwig Bamberger)는 그날의 사건을 이렇게 기록했다: "오늘 떠났다. 이제 막 비스마르크의 전설이 시작했다."[570]

---

570) *Ibid.*, p. 452.

제18장
비스마르크의 리더십의 성공의 비결과 덕목들

"바보들은 자신들이 경험에서 배운다고 말한다.
나는 다른 사람들의 경험에서 이득을 얻는 것을 선호한다."
-오토 폰 비스마르크-

　오토 폰 비스마르크는 처음엔 백색 혁명가였다. 혁명가란 무엇인가? 이 질문에 대한 답이 모호하지 않다면 성공한 혁명가들은 별로 없다. 왜냐하면 혁명가들의 목적은 오직 후손들에게만 자명한 것으로 보이기 때문이다.[571] 혁명가들은 항상 열등한 물리적 힘에서 출발한다. 그들의 승리는 주로 개념이나 의지의 승리이다.[572] 개념적으로 비스마르크는 철저히 보수주의자였다. 그에게는 "국가의 이성"(the reason of state)이 곧 신이었다. 그는 국가의 이성을 자기의 왕보다도 더 위에 두었다. 비스마르크의 의지는 강철 같았다. 그는 자신의 목적을 변함없이 추구하여 피와 철을 통해 마침내 달성했다. 그리고 그는

---

571) Henry A. Kissinger, "The White Revolutionary: Reflections on Bismarck," *Daedalus,* Vol. 97, No. 3, (Summer 1968) p. 888.
572) *Ibid.,* p. 889.

불타는 혁명가였지만 스스로 만족할 줄을 알았다. 그는 언제 자신의 욕망을 멈출 줄을 알았기에 역사상 가장 성공한 천재-정치가로 인정받았다. 그는 나폴레옹 1세와 달랐던 것이다. 그는 나폴레옹처럼 완전한 국제적 지배가 아니라 독일통일 후에는 국제적 힘의 균형을 통한 국제관계의 안정된 관리를 추구하는 평화의 수호자가 되었다.

비스마르크는 "자기 경험에서만 배우는 자는 바보이다. 바보도 자기 경험에서는 배운다. 그러나 현명한 자는 남의 경험에서 배운다며 자기는 남의 경험에서 배웠다"고 고백했다. 그는 나폴레옹처럼 혁명가였지만 누구보다도 나폴레옹의 실패에서 배웠던 것이다. 그래서 그는 독일 제국의 건설 이후 독일은 "만족한 국가"(a satisfied nation)임을 선언하고 오직 국제적 안정과 평화의 수호자가 되었던 것이다. 바로 여기에 비스마르크의 독특한 위대성이 있다. 그리고 바로 그 점에서 오토 폰 비스마르크가 세계의 외교사에서 가장 빛나는 명성을 얻었던 이유이다. 비스마르크의 이러한 빛나는 성공의 비결과 그의 정치적 덕목은 무엇일까?

(1) 확고한 보수적 정치 신념: 버키언(Burkean)

비스마르크는 "혁명가"였지만 그는 근본적으로 보수주의자였다. 따라서 그가 백색 혁명가란 보수적이고 반동적인 혁명가였다는 말이다. 그는 신분상으로 독일의 융커 계급의 아들로 태어난 사실만으로도 정치적 보수주의의 전통 세력에 속했다. 그러나 보수주의자로 확고한 그의 정치적 신념은 어디에서 온 것일까? 그것은 뜻밖에도 영국의 철학자 에드먼드 버크(Edmund Burke)로부터 왔다.[573] 비스마르크는 철학적으로 프랑스 대혁명의 비판자인 버크의 충실한 사도였다.

에드먼드 버크는 그의 정치, 웅변 혹은 다른 글쓰기 때문이 아니라 프랑스 혁명이 발발했을 때 즉각적으로 쓴 위대한 책으로 불멸의 철학자가 되었다. 그가 1790년 11월에 내놓은 <프랑스의 혁명에 관한 성찰>(Reflections on the Revolution in France)이 그것이었다. 이 큰 규칙에 따르지 않는 걸작은 근대 보수주의를 발명했다. 버크는 인간의 본성에 대해 어두운 견해를 갖고 있었다. 변한 것은 아무 것도 없었다. 인간의 사악함과 어리석음이 새로운 위장을 했을 뿐이다. 버크는 인간의 통찰에 대해서도 동등하게 어두운 견해를 갖고 있었다. 계획들이란 의도하지 않은 결과를 무시하기 때문에 항상 잘못되는 것이다. 버크의 유산은 프랑스에서 새로운 급진주의에 맞서는 새로운 보수주의였다.[574]

이 새로운 보수주의는 유럽대륙에서 번창했다. 그러나 영국에선 1800년에서 1820년 사이에 아주 부분적으로 그리고 일시적으로만 그랬다. 버크는 반동정권들의 어떤 자유화에도 반대하는 주장을 내놓았다. 즉, 인간은 어리석은 것이고, 사람들은 본질적으로 불평등한 것이고, 향상을 위해 계획을 세우는 것은 절망적이며 안정이 변화보다 낫다는 것이다.[575] 프랑스 혁명의 반대자들은 버크의 주장을 귀족에 의

573) Jonathan Steinberg, *Bismarck: A Life*, Oxford: Oxford University Press, 2011, p. 20.

574) *Ibid.*

575) Ross J. S. Hoffman & Paul Levack, eds., *Burke's Politics: Selected Writings and Speeches of Edmond burke on Reform, Revolution, and War*, New York: Alfred A. Knopf, 1959; Francis Canavan, *Edmund Burke: prescription and Providence*, Durham, North Carolina: Carolina Academic Press, 1987.

해 위로부터 통치를 위한 주장으로, 그래서 물론 개혁하는 계몽된 절대군주에 대항했다. 그들은 무신론이나 그의 합리성을 가진 프리드리히 대왕을 원치 않았으며, 이성 그 자체가 나쁘기 때문에, 프랑스 혁명가들의 무신론이나 합리성도 원치 않았다. 그들은 자유주의적 자본주의, 아담 스미스(Adam Smith), 그리고 자유시장을 공격했으며 또한 아주 다른 맥락에서 버크의 주장을 사용했다. 버크는 거대한 영국의 지주들을 영광스럽게 했었다. 왜냐하면 땅이 안정되고 또 화폐이익은 불안정하고 무절제했기 때문이었다. 돈은 사방팔방으로 흘러갔다. 땅이 단지 상품, 통상의 대상이 되었고 그래서 안정된 사회의 토대가 아니었다.[576]

버크의 최고의 학생들과 가장 열심인 독자들은 반동적인 프러시아의 지주들이었고 모든 나라에서 진보의 적들이었다. 고전적 자유주의자였던 버크가 이제는 반동의 예언자, 자기 자신의 의도하지 않은 결과의 완벽한 본보기였다. 여기에는 한걸음 더 나간 아이러니도 있었다. 버크가 그의 새로운 프러시아의 독자들에게 도달하는 수단은 19세기 초 가장 현란한 사기꾼들 중의 한 사람인 프리드리히 겐츠(Friedrich Gentz)라는 젊은 지식인이 관련되었다. 겐츠는 비스마르크의 삶에서 이중적 역할을 했다. 그는 버크를 독일어로 번역했지만 비스마르크의 외조부인 아나스타시우스 루트비히 멩켄(Anastasius Ludwig Mencken)의 경력에 관한 하나의 중요한 통찰을 제공했다. 겐츠는 비스마르크가 태어나던 날에 빈 회의를 주재하고 있던 반동적 메테르니히 공작

---

576) Jonathan Steinberg, *Bismarck: A Life,* Oxford: Oxford University Press, 2011, p. 21.

의 가장 중요한 자문역이 되었다. 그는 1790년 11월 5일에 글로 썼던 것처럼 처음에는 프랑스 혁명을 환영했었다. 그는 프랑스 혁명이 인류의 희망이고 그래서 수세기의 악들의 무게 밑에서 계속해서 신음하는 다른 곳의 사람들에게 위안을 준다고 썼었다.[577]

버크의 책이 영국에서 처음 나왔을 때 그는 버크를 읽었지만 그것을 싫어했다. 그는 그것의 근본적인 원칙들과 결론에 반대했다. 겐츠는 언제나 중요한 기회를 노렸다. 그는 파리에서 폭도들의 폭력 행위 후에, 그리고 특히 버크가 거대한 출판 성공인 것을 알게 된 1792년 그의 마음을 바꾸었다. 6개월도 안 되어 버크의 영국판이 1만 9천부나 팔렸다 1791년에 그것은 제11판까지 나갔다. 겐츠는 그 책을 독일어로 번역하기로 결정했고, 그것도 독일어의 세계에서 성공이었다. 그리하여 새로운 보수주의의 예언자 에드먼드 버크는 자기 시대에 가장 위대한 독일의 정치적 팜플렛의 필자에 의해 번역되는 좋은 행운을 누렸다.

겐츠는 버크가 정치사상의 역사에서 혁명적 책이라서가 아니라 그것이 프랑스에서 사건들의 과정에 반대하는 훌륭하게 웅변적 긴 열변이라서 번역했다고 말했다.[578] 겐츠는 1792년 12월에 서문을 썼고 그리고 한 권을 빈에 있는 황제에게 헌정했지만 아무런 반응이 없었다. 1792년 12월 23일 겐츠는 그의 번역판을 프리드리히 빌헬름 2세에게 헌정하기로 결정했다. 그는 그 책을 받고나서 그를 군사 참사관으로 승진시켰다. 그 책은 베스트셀러가 되었다. 두 판이 더 나왔고

---

577) *Ibid.*, p. 22.
578) *Ibid.*

수십 개의 별개의 인쇄본들이 시장에 쏟아졌다. 처음 프랑스 혁명을 환영했던 때와는 그의 번역서의 저자 서문에서 "지금부터는 하나의 제국, 하나의 인민, 하나의 신념과 하나의 언어가 있을 것이다. 고대에서나 혹은 최근에 역사에서 어떤 시대도 보다 더 위험스러운 위기의 그림을 제공하지 않는다"고 썼다.[579] 버크와 겐츠가 함께 근대 보수주의를 창조했던 셈이다.

이런 보수주의적 이데올로기의 상징은 원래 빈 회의의 주역인 오스트리아의 외상 클레멘스 폰 메테르니히(Klemens von Metternich)였다. 따라서 비스마르크는 메테르니히의 후예라고 볼 수도 있을 것이다. 그러나 메테르니히와 비스마르크의 대조는 19세기 후반 권력에 대한 정당성으로부터 유럽의 국제질서의 강조에서 차이를 보여주었다. 두 지도자들은 다같이 원형적 보수주의자들로 간주되었다. 두 지도자들은 힘의 균형의 마스터 조작자들로 기록되었다. 그러나 국제질서에 관한 그들의 근본적인 개념은 거의 정반대였으며 또한 그들은 힘의 균형을 아주 다른 목적으로 그리고 유럽과 세계의 평화를 위해 중대하게 대조되는 함의들로 조작했다.[580]

메테르니히의 임명 그 자체가 18세기 사회의 코스모폴리탄(cosmo-poilitan) 성격을 증언했다. 그는 프랑스 국경 근처의 라인란트에서 태어났으며 스트라스부르와 마인츠에서 교육을 받았다. 메테르니히는 13세가 될 때까지 오스트리아를 본 적이 없으며 17세가 될 때까지 그곳에서 살지 않았다. 그는 1809년에 외무상에 그리고 1821년에 수상

579) *Ibid.*, p. 23.
580) Henry Kissinger, *World Order,* New York: Penguin Press, 2014, p. 74.

에 임명되어 1848년까지 봉사했다. 그는 숙명적으로 퇴락하기 시작하는 단계에 있는 고대 제국에서 최고 민간인 지위에 올랐다. 일단 유럽에서 가장 강력하고 가장 잘 통치되는 국가들 중 하나로 인정되자 오스트리아는 이제 지리적으로 중심적 위치 때문에 취약하게 되었다. 또한 그것의 다민족의 성격이 한 세기 전만 해도 실제로 알려지지 않았던 세력인 등장하는 민족주의에 취약하게 만들었다. 메테르니히에게는 일관성과 신뢰가 그의 정책의 북극성이 되었다.[581]

계몽주의의 산물인 메테르니히는 무력의 주장자들에 의해서보다는 이성의 힘에 관한 철학자들에 의해서보다 더 많이 형성되었다. 메테르니히는 즉각적인 문제들에 가정되는 구제책의 멈추지 않는 추구를 거부했다. 그는 진실의 추구가 정치가의 가장 중요한 과업이라고 간주했다. 그의 견해에 따르면 상상할 수 있는 것은 무엇이든 성취될 수 있다는 믿음은 하나의 환상이었다. 진실은 인간 본성과 사회구조의 기초적인 현실을 반영해야만 했다. 실제로 보다 과감한 모든 것은 그것이 충족시킨다고 주장하는 이상들에 대해 폭력을 가하는 것이었다. 이런 의미에서 발명은 역사의 적이고 오직 발견들만을 알고 또 존재하는 것만이 발견될 수 있는 것이었다. 메테르니히에게 오스트리아의 국가이익은 유럽의 전반적인 이익을 위한 은유였다. 이런 조망에서 오스트리아의 역사적 역할은 다원주의를 지지하고 또 그러므로 유럽의 평화를 지지하는 것이었다.[582] 비스마르크는 합리주의자로부터 정치의 경험주의적 개념으로 변화를 의미했다.[583]

---

581) *Ibid.*
582) *Ibid.,* p. 75.

이와는 대조적으로 비스마르크는 독일의 서부에 비해 훨씬 가난하고도 상당히 덜 코스모폴리탄적인 지방의 프러시아 귀족의 후손이었다. 메테르니히가 계속성을 옹호하고 유럽사회의 것인 보편적 아이디어를 회복시키려고 노력했다면 비스마르크는 자기 시대의 모든 기존 지혜에 도전했다. 그가 무대에 등장할 때까지 만일 통일이 온다면 그것은 민족주의와 자유주의의 결합을 통해 발생할 것이 당연시되었다. 그러나 비스마르크는 민족주의와 자유주의가 분리될 수 있다는 것을 과시하는데 착수했다. 즉 신성동맹의 원칙들은 질서를 유지하는데 필요하지 않으며 새로운 질서는 보수주의자들이 민족주의에 호소함으로써 건설될 수 있고 또 유럽의 질서라는 개념도 힘의 평가에 전적으로 기초할 수 있다는 것을 과시하기 시작했다.[584]

국제질서의 성격에 대한 이 두 보수적 정치 지도자의 견해 차이는 국가이익에 대한 그들의 정의에서 날카롭게 반영되었다. 메테르니히에게 질서는 자국의 국가이익의 추구로 부터가 아니라 그것을 다른 국가들의 국가이익과 연계하는 능력에서 나왔다. 그에게 근대역사는 단결과 균형의 원칙들과 공통의 법으로 돌아가게 하는 국가들의 통일된 노력의 적용을 보여주었다. 그러나 비스마르크는 힘이 우수한 원칙에 의해서 억제될 수 있다는 명제를 거부했다. 그의 유명한 금언은 안전이란 오직 힘의 요소들에 대한 정확한 평가에 의해서만 달성될 수 있다는 신념에 목청을 높였다:

---

583) Henry A. Kissinger, "The White Revolutionary: Reflections on Bismarck," *Daedalus,* Vol. 97, No. 3, (Summer 1968) p. 909.

584) Henry Kissinger, *World Order,* New York: Penguin Press, 2014, p. 75.

"대륙의 정책은 상호성을 모른다. … 모든 다른 정부는 그것이 법적 추론들로 그것들을 아무리 위장한다고 할지라도 오직 그것의 이익의 관점에서만 그것의 행동을 위한 기준을 모색한다. … 하여 튼 선행을 했다는 의식이 우리의 희생에 대한 유일한 보강을 제공하는 감상적인 동맹은 없다. … 강대국을 위해 오직 건전한 정책의 토대는 이기주의 이지 낭만주의가 아니다. … 고마움과 신뢰는 단한 사람도 우리 측 전선으로 내려오지 않을 것이다. 오직 두려움만이 그렇게 할 것이다. 만일 우리가 그것을 신중하고 능숙하게 사용한다면, … 정책은 가능한 것의 기예이고 상대성의 과학이다."585)

궁극적인 결정들은 엄격하게 유용성의 고려에 달려 있을 것이다. 상호 맞물린 부분들의 위대한 뉴턴적인(Newtonian) 규칙성이 적자생존(the survival of the fittest)을 위한 다윈적인(Darwinian) 세계에 의해서 대치되어 버렸다.586) 따라서 메테르니히와 비스마르크의 보수주의는 판이하게 다른 성격을 갖게 된 것이다. 비스마르크의 보수주의는 버크와 메테르니히의 보수주의를 넘어서 적자생존의 투쟁을 강조하는 무장한 전투적 보수주의였다. 비스마르크는 힘이란 그 자신의 정당성을 공급한다고 주장했다. 반면에 그와 다른 보수주의자들은 정당성이 힘의 권리주장을 초월하는 가치를 대변한다고 주장했다. 비스마르크가 힘의 정확한 평가가 자제의 교리를 낳을 것이라고 믿었다면 다른 보수주의자들은 무력이란 오직 우울한 원칙에 의해서만 억제될 수 있을 것이라고 고집했다.587) 이런 비스마르크의 독특한 보수적 신념은

585) *Ibid.*, p. 76.에서 재인용.
586) *Ibid.*, p. 76.
587) Henry A. Kissinger, "The White Revolutionary: Reflections on Bismarck," *Daedalus,* Vol. 97, No. 3, (Summer 1968) p. 914.

비스마르크가 백색 혁명가였을 때나 독일통일을 달성한 후 유럽의 안정과 평화의 수호자가 되었을 때나 변함없이 일관된 것이었다. 그리고 바로 확고한 일관성이 비스마르크 정치적 성공의 중대한 비결이었다.

(2) 투철한 국가관: 마키아벨리언(Machiavellian)

서양의 정치사상에서 국가를 처음으로 신의 위치에 올려 놓은 이는 토마스 홉스(Thomas Hobbes)였다. 그의 <리바이어던>(*Leviathan*)은 세속적 "인간 신"(the Mortal God)이 그 때까지 지배하던 초월적 기독교 신을 대치해버렸다. 인간의 삶과 죽음을 결정하는 것은 이제는 초월적 신이 아니라 국가라는 새로운 신의 영역이 되었다. 그러나 국가의 이성(the reason of the state)[588]을 처음 발명한 것은 마키아벨리였다. 그는 자신의 영혼보다 국가를 더 사랑한다고 고백했다. 이제부터는 인간이 살아남기 위해서는 오직 국가를 지켜야만 하게 되었다. 마치 마키아벨리의 가르침을 실천하듯이, 국가의 이성, 즉 국가의 안보가 바로 국가의 도덕성이 됨으로써 국가안보가 국가의 모든 행동을 정당화하게 된 것이다.

비스마르크에겐 그의 국가가 곧 그의 신이었다. 따라서 그는 국가의 안전을 위해서 국내외의 모든 정책에서 어떤 일도 양심의 가책을 느끼지 않고 해 나갈 수 있었다. 정책은 감정이 아니라 계산에 의존했다. 국가의 이익은 개인적 선호를 초월하는 객관적 명령을 제공한다:

---

588) Michael Donelan, ed., *The Reason of States: A Study in International Political Theory*, London: George Allen & Unwin, 1978.

"심지어 왕조차도 자기의 개인적인 공감이나 반감에 국가의 이익을 복종시킬 권리는 없다."[589]

비스마르크는 마키아벨리의 훌륭한 사도였다. 그렇다면 마키아벨리의 가르침은 무엇이었을까? 그것들은 마치 28년에 걸친 비스마르크의 통치술에서 나온 것처럼 보인다고 해도 결코 과언이 아닐 것이다. <군주론>(*The Prince*)[590]에서 마키아벨리가 제시한 가르침은 다음과 같이 집약될 수 있을 것이다.[591]

1. 통상적인 도덕의 정언명령으로부터 자신을 해방시켜라. 마키아벨리는 일단의 도덕적 덕목을 인정했다. 관대함, 박애정신, 자비, 진실성, 대담성, 친절함, 순결, 의존성, 관용, 명랑, 그리고 신앙 등이었다. 그러나 그는 어떤 군주도 이런 도덕적 덕목들은 구현하거나 완전히 실천할 수 없다고 주장했다. 왜냐하면 자기가 성공하려면 인간의 조건과 인간 행동은 그렇게 하는 것을 허용하지 않을 것이기 때문이다. 일반적으로 군주는 그가 할 수 있는 곳에서는 통상적 도덕을 따라야 하지만 그러나 필연이 종종 보통 악덕이라고 불리는 것이 국가와 군주의 목적을 촉진하는 것에 대한 집착을 방해하는 반면에 덕목이라고 불리는 것을 실천하는 것이 이런 목적들에 해롭거나 파괴할 것이다.

---

589) Henry A. Kissinger, "The White Revolutionary: Reflections on Bismarck," *Daedalus,* Vol. 97, No. 3, (Summer 1968) p. 907.에서 재인용.

590) Niccoló Machiavelli, *The Prince,* 2nd ed., translated by Harvey C. Mansfield, Chicago and London: The University of Chicago Press, 1998.

591) Raymond Angelo Belliotti, *Niccolo Machiavelli: the Laughing Lion and the Strutting Fox,* Lanham, MD: Lexington Books, 2009, pp. 9-25.

2. 기회와 가능성을 평가하고 당신의 방법을 선발하기 위해서 냉정하고 공정한 이성을 사용하라. 편안하고 철두철미한 안전은 군주에 가용하지 않다. 그 대신에 그는 자기의 대안들을 찾아서 비용분석을 각 대안에 적용하여 가장 덜 위험한 것을 올바른 대안으로 선발해야 한다.

3. 법의 강제적이고 지도하는 기능들의 차이를 이해하라. 법의 강제력은 인간의 처벌을 위협하는 데 있지만 다른 조건이 동등하다면 그들의 비행에 대한 고통과 보복을 피하라. 강제력만으로는 불충분하다. 법의 지시하는 힘은 시민들이 법적 금지와 명령에 의해 표현된 가치들을 내면화 했을 때 죽는다.

4. 당신의 에로틱하고 물질적인 욕망을 절제하라. 진정한 지도자는 시민들의 롤모델이 되어야 한다.

5. 당신의 행위를 시대에 맞게 하라. 군주는 과거의 호의적인 행운에 자신의 몫을 걸어서는 안 된다.

6. 강력한 군대와 건전한 법들을 수립하라. 군주는 자족해야 하고 외부인들에게 가능한 한 적게 의존하라.

7. 전쟁에 관한 지식을 획득하라. 비무장한 인간은 무장한 인간에게 굴복하게 된다.

8. 현실 안에서 운영하라. 진정한 문제에 집중하고 추상적인 것과 유토피아를 회피하고 실천성을 강조하라. 철학자들의 상상력의 세계는 창조성이지만 그러나 지상의 정부들의 목적에는 쓸모가 없다.

9. 좋은 명성을 조장하고, 존경을 획득하라. 그러나 합당하게 행동

하라. 누구도 허장성세로 성공할 수 없다. 힘의 환상만이 아니라 힘의 굳건한 토대가 필요하다.

10. 국가의 치명적 목적들을 이해하라. 국가의 목적들은 군주의 개인적 영광과 시민들의 복지향상이다. 개인적 영광을 달성하고 공동선을 향상시키는 것은 사랑과 결혼의 요구를 반사한다. 당신은 둘 중에서 하나만을 가질 수 없다.

11. 사랑을 받기보다는 두려움의 대상이 되는 것이 낫지만 증오의 대상이 되는 것을 피하라. 군주에게는 인민들에 의해 사랑을 받고 두려움의 대상이 되는 것이 최선의 상황이지만 그러나 두 가지를 동시에 성취한다는 것은 흔한 일이 아니다. 만일 군주가 자기의 인민들에게서 이 두 개의 감정을 합칠 수 없다면 사랑받기보다 두려움의 대상이 되는 것이 더 낫다. 이것은 인간의 본성 때문이다. 인간이란 일반적으로 배은망덕하고, 겁이 많고, 이기적이며, 기만적이고, 욕심부리고, 그리고 일관성이 없다. 무엇보다도 군주는 시민들의 재산을 빼앗아서는 안 된다. 인간이란 자기 아버지의 재산의 상실보다 아버지의 죽음을 더 빨리 잊는다.

12. 사자와 여우의 성질을 발전시켜라. 사자는 여우들을 겁주어 쫓아버리고 여우는 덫을 알아본다.

13. 결정적이어야 하고 중립을 피하라. 행동하고 그것을 후회하는 것이 행동하지 않고 후회하는 것 보다 더 낫다. 마키아벨리는 어정쩡한 조치를 경멸했다. 그리고 만일 갈등 상황에서 군주가 중립으로 남는다면 분쟁의 승자는 그를 헤치고 패자는 그 상

처에 잔치를 벌일 것이다.

14. 믿을 만한 각료들을 찾아서 고용하라.

15. 아첨꾼들을 피하라.

16. 권력을 확보하는 기술과 권력을 보존하는 기술을 구별하라. 비르투(*Virtu*)를 통해 권좌에 오른 자는 권력을 얻기 위해 투쟁할 것이지만 그것을 쉽게 보존할 것이다. 그러나 행운(*Fortuna*)에 의해 권력에 오른 자는 권력을 쉽게 잡지만 그것을 유지하기 위해 투쟁할 것이다. 왜냐하면 만일 환경과 강력한 동맹들이나 후원자들이 길을 열어주면 권력을 얻는 것이 쉽다. 그러나 일단 얻고 난 후에 권력이란 행운과 강력한 친구들에 의해서 유지될 수 없다. 그 시점에서 군주들의 기술이 긴요하게 된다. 행운과 연계망만으로는 군주를 지탱할 수 없다.

17. 성공을 위한 비법을 배워라. 군주들은 인민들의 행동들과 법령들에 완전한 책임을 져야한다. 그러나 그는 대리하는 부하들에게 인기 없는 정책들을 할당하고 환영을 받지 못할 조치들을 시행하게 하라. 권력을 유지하기 위해서 군주들은 선하지 않을 수밖에 없다. 항상 그랬던 것처럼 필연성은 다른 사람들의 사악한 행동들과 성향들로부터 온다. 자기 주변에 너무도 많은 사람들이 악할 때 선하려고 고집을 부리는 통치자는 나쁜 종말을 맞을 것이다.

냉소주의자들은 비스마르크가 무엇보다도 단지 하나의 기회주의자에 지나지 않았다고 주장했다. 그러나 기회주의의 비난은 리더십의 핵심적 문제를 피해간다. 사건에 영향을 미치려는 자는 누구나 어느 정도 기회주의자여야만 한다. 진정한 구별은 현실에 자신들의 목적을 적응시키는 사람들과 그들의 목적의 관점에서 현실을 만들어가려고 추구하는 사람들 사이에 있다.[592] 비스마르크는 철저히 후자에 속했다. 비스마르크는 결코 전자의 저질에 속하지 않았다. 바로 그 점에서 비스마르크의 통치술은 남들과 달랐던 것이다.

(3) 군사전략적 안목: 클라우제비치언(Clausewitzian)

"전쟁은 단지 수단을 달리한 정책의 연속이다." 이것이 서양문명사에서 유일하게 "전쟁 철학자"(the philosopher of war)로 인정된[593] 칼폰 클라우제비츠(Carl von Clausewitz)가 그의 <전쟁론>(*On War*)에서 제시했던 전쟁에 대한 정의들 중의 하나이다.[594] 이 책은 1832년 출간 이후 독일 군부, 특히 헬무트 몰트케(Helmuth Moltke) 프러시아 참모총장의 바이블이었다. 그러나 나폴레옹 전쟁 이후 유럽의 정치지도자들에게 특히 그의 조국 프러시아에서 클라우제비츠의 전쟁에 대한 이런 정의는 보편적인 상식에 속했다고 말할 수도 있을 것이다. 떠도는 상식은 별로 의미가 없다. 비스마르크의 위대한 업적의 비결과 관련된 그의 덕목들 중의 하나는 그가 그것을 아주 성공적으로 실천

---

592) Henry A. Kissinger, "The White Revolutionary: Reflections on Bismarck," *Daedalus,* Vol. 97, No. 3, (Summer 1968) p. 910.

593) Raymond Aron, *Clausewitz: Philosopher of War,* London: Routledge & Kegan, 1983. (최초는 불어판으로 1776)

594) Carl von Clausewitz, *On War,* edited and translated by Michael Howard and Peter Paret, Princeton, New Jersey: Princeton University Press, 1976, Book 1, chapter 24. p. 87.

한 근대 역사상 보기 드문 지도자였다는 사실이다.

비스마르크가 1862년 수상에 임명되자마자 그의 첫 일성이 "우리 시대의 중요한 문제들은 연설이나 다수결 결정의 수단에 의해서가 아니라 "피와 철"에 의해서 타결될 것이다"라고 선언함으로써 비스마르크는 "철의 수상"(the Iron Chancellor)이 되었다. 그의 피와 철은 곧 전쟁을 의미할 수밖에 없었다. 그런데 비스마르크의 그런 선언은 마치 <전쟁론>의 바로 첫 페이지에서 튀어나온 것으로 보인다. 클라우제비츠는 그곳에서 전쟁이란 우리의 적으로 하여금 우리의 의지에 굴복하게 하는 무력의 행위라고 첫 번째 정의를 제시한 다음에 곧 바로 이렇게 경고했다:

> "마음이 따뜻한 사람들은 피를 흘리지 않고 적을 이기고 무장해 제시킬 수 있는 독창적인 방법이 있을 것이며, 그것이 전쟁의 궁극적인 목표라고 생각할 수 있을 것이다. 그러나 이러한 생각은 듣기에 좋은 만큼이나 착각이다. 전쟁이란 너무나 위험한 것이기에 착한 마음으로부터 발생하는 실수는 치명적이다. 강력한 힘의 사용은 절대 지성의 사용과 동시에 양립할 수 없다. 만약 한쪽에서는 힘의 사용이 유혈을 가져온다는 사실에 주저하지 않고 무력을 사용하는 반면에 다른 쪽에서는 반대로 힘의 사용을 자제한다면 전자 쪽이 분명히 우위를 점하게 된다. 우위를 점한 쪽은 다른 쪽으로 하여금 따르도록 강요할 것이다."[595]

이처럼 비스마르크는 전쟁은 수단을 달리한 정책의 연속이고 자신의 의지를 강요하는 수단으로 믿고 있는 처음부터 철저히 클라우제비

---

595) *Ibid.*, pp. 75-76.

치언(Clausewitzian)의 정치와 전쟁에 대한 안목을 소유하고 있었다.596) 클라우제비츠는 전쟁에 대한 그의 마지막 정의에서 이렇게 말했다:

"전쟁이란 주어진 경우에 그것의 특징을 살짝 적응하는 진정한 카멜레온이다. 총체적 현상으로서 그것의 지배적인 경향은 항상 전쟁을 현저한 3위일체를 만든다. 즉 그것은 맹목적인 자연적 힘으로 간주되는 원초적 폭력, 증오심, 적대감; 창조적 정신이 자유롭게 떠도는 우연과 확률의 도박; 그리고 오직 이성에게만 종속시키는 정책의 수단으로서 그것의 종속 요소로 구성된다. 이들 3측면들 가운데 첫 번째는 주로 국민에 관한 것이고; 두 번째는 사령관과 그의 군대이고; 세 번째는 정부이다. 전쟁에서 불붙는 열정은 이미 국민들 속에 내재되어 있다; 확률과 우연의 영역에서 용기와 재능의 도박이 향유할 범주는 사령관과 군대의 특수한 성격에 달려있다; 그러나 정치적 목표들은 정부만의 업무이다."597)

이 현저한 클라우제비츠의 전쟁의 3위일체에서 당시 비스마르크는 프러시아 행정부의 수반으로서 정부를 대변했다. 그는 외무상 겸 수상으로서 외교적 솜씨를 발휘하여 전쟁을 위한 분명한 명분과 계기를 제공했다. 전쟁의 경이로운 3위일체에서 정부의 수반으로서 그의 역할을 완벽하게 수행했던 것이다.598) 프러시아의 헌법상 민간인 수상

596) 클라우제비츠의 전쟁관은 동양의 전쟁 철학자인 손자의 전쟁관과 정면으로 대치된다. 손자는 백 번의 전투에서 백 번 이기는 것이 최고의 전술이 아니라 싸우지 않고도 적을 이기는 것이 최고의 전술이라고 생각하였다. 이들 간의 전력적 안목의 차이와 21세기에는 그들 간의 융합이 필요하다는 주장에 대해서는, 강성학, <전쟁神과 군사전략: 군사전략의 이론과 실천에 관한 논문 선집>, 서울: 리북, 2012의 제1장 "21세기 군사전략론: 클라우제비츠와 손자간 융합의 필요성"을 참조.
597) Carl von Clausewitz, *On War,* edited and translated by Michael Howard and Peter Paret, Princeton, New Jersey: Princeton University Press, 1976, Book 1, chapter 28. p. 89.

이 군사전략 문제에 개입하거나 장군들에게 명령을 내릴 수는 없었다. 장군들은 수상의 개입 없이 개별적으로 언제나 프러시아의 왕을 알현할 수 있었고 왕은 장군들에게 직접명령을 내렸다. 이것은 후에 독일의 군국주의의 등장을 잉태했다. 그러나 당시에 그런 일은 전혀 발생하지 않았다. 당시에 프러시아의 수상 겸 외상으로서 비스마르크는 프러시아의 확실한 정치적 목적을 달성하기 위해서 3차에 걸쳐 프러시아의 군부가 전쟁을 감행할 수 있는 정당한 계기를 마련해 주었다. 즉, 그는 몰트케 장군이 독일 통일을 위한 3번의 전쟁에서 승리할 전쟁의 기회를 마련해주었던 것이다. 비스마르크는 단순히 외교의 마법사에 머물지 않고 전쟁에 대한 빈틈없는 클라우제비츠의 전략적 요구에 따랐던 것이다. 요컨대 그는 빈틈없는 클라우제비치언이었다.

---

598) 전쟁의 3위일체에 관한 자세한 논의를 위해서는, Thomas Waldman, *War, Clausewitz and the Trinity,* Burlington, VT: Ashgate Publishing Company, 2013; Colin M. Fleming, *Clausewitz's Timeless Trinity: A Framework for Modern War,* Burlington, VT: Ashgate Publishing Company, 2013.을 참조.

제19장
오토 폰 비스마르크의 유산(legacy)

"정치는 인격을 망친다."
-오토 폰 비스마르크-

비스마르크에 의해서 통일된 독일은 그것을 두 세대 동안 촉구했던 사람들의 이상과는 거리가 멀었다. 그것은 역사적 국가들의 연방이었으며 인민들의 의지의 표현을 통해서가 아니라 주권자들 사이의 외교적 계약을 통해서 이루어졌다. 비스마르크 성취의 바로 그 장엄함이 미래를 저당 잡았다. 확실히 그는 전쟁을 준비하는 데에 무자비했던 만큼이나 그의 전쟁을 끝내는 데에서는 온건했다. 국가이성의 주된 주창자인 그는 일단 국가안전의 요구에 양립할 수 있다고 생각되는 장엄함과 힘을 달성하자 자기의 철학을 자제의 교리를 전환했다. 비스마르크는 공약과 다른 강대국들의 이익을 훌륭하게 조작함으로써 한 세대 동안 유럽의 평화를 보존하는데 기여했다. 그러나 그의 조작의 바로 그 복잡성은 그것들의 운명을 정했다. 위대한 정치가를 필요로 하는 제도는 만일 위대한 인간이 강력한 개성의 소유자들의 출현을 위축시키는 경향이 있다는 이유만으로도 그 자체가 거의 극복하기 어려운 도전을 제시한다. 비스마르크의 상상력이 부족한 후임자들은 그들이 계산성과 신뢰성을 도모했을 때 실패했다.[599]

1890년 3월 18일 비스마르크의 실각 후 독일제국의 수상으로서 비스마르크의 첫 후임자가 되었던 레오 폰 카프리비(Leo von Caprivi) 장군은 1894년 10월 26일 수상직을 사임한 뒤, 그는 12월에 가서 비스마르크의 후임자가 직면했던 문제를 다음과 같이 요약했다:

"비스마르크는 아주 비상한 인간인 그만이 통치할 수 있고 또 그래서 오직 그가 상급자로 정상적 카이저를 갖고 있는 경우에만 그렇게 할 수 있었다. 어떤 조건도 보급되지 않았다. 그리고 체제는 아첨, 음모, 그리고 허세 속으로 미끄러져서 카이저의 독일을 그것의 이웃 국가들에게 위험하게 만들었다."[600]

카프리비 전 수상의 이러한 회고적 평가는 비스마르크의 통치는, 즉 그의 리더십은 결코 아무나 흉내 낼 수 없는 역사적으로 아주 특이한 것이었다는 것을 입증해 주었다. 제도에 대한 천재-정치가의 영향은 물론 어지럽히기 마련이다. 비상한 정치력은 이해되지 않을 수 없지만 그것은 적어도 믿음을 주어야 한다. 혁명가의 구조는 의기충천한 태도의 제도화를 시도했다. 천재로 하여금 규범을 존중하게 강요하는 것은 괴롭게 하는 것이지만 그러나 범부로 하여금 위대성을

599) Henry A. Kissinger, "The White Revolutionary: Reflections on Bismarck," *Daedalus,* Vol. 97, No. 3, (Summer 1968) p. 921.
600) Jonathan Steinberg, *Bismarck: A Life,* Oxford: Oxford University Press, 2011, p. 458.

흉내 내게 격려하는 것은 제도화된 히스테리나 완전한 무책임을 생산할 것이다. 이것이 비스마르크의 유산이었다.[601]

비스마르크의 혁명은 이상한 혁명이었다. 그것은 보수주의로 위장하여 등장했지만 그것의 개념적 규모는 당시 지배적인 국제적 질서와 양립할 수 없는 것으로 드러났다. 그것은 해외에서 성공의 거대함을 통해 국내적으로 승리했다. 몇 번의 통명스러운 공격으로 비스마르크는 독일의 통일 추구를 좌절시킨 딜레마들을 쓸어내 버렸다. 그리고 이 과정에서 그는 유럽의 지도와 국제질서의 패턴을 바꿔버렸다. 신화적인 솔론(Solon)이나 리쿠르고스(Lycurgus)처럼 그는 자기 이미지로 사회와 서로가 거래하는데 있어서 그의 경구에 의해 활력을 얻은 국가들의 공동체를 창조했다.[602]

그의 성취의 패러독스는 그의 개성에 구현되어 있는 것처럼 보였다. 그리고 비스마르크에 관한 모든 것은 대규모적이었다. 그의 체격과 식욕, 그의 사랑과 심지어 그의 증오까지 그랬다. "피와 철"의 사나이는 비상한 단순성, 유연성, 그리고 권력의 산문을 썼다. 이 "철의 수상"은 셰익스피어를 사랑했고 자기의 노트북에 바이런(Byron)의 페이지들을 베껴 썼다. 국가의 이성을 찬양하는 걸 결코 멈추지 않는 개념의 민첩성과 비례(proportion)의 감각을 갖고 있었다. 그것들은 그가 살아 있는 동안 권력을 자제의 수단으로 전환했다. 그러나 신들은 종종 인간의 욕망을 너무 지나치게 충족시킴으로써 자부심을 벌했다. 항구적으로 건설하는 정치가들은 그 개인적인 창조행위를

---

601) Henry A. Kissinger, "The White Revolutionary: Reflections on Bismarck," *Daedalus,* Vol. 97, No. 3, (Summer 1968) p. 889.

602) *Ibid.,* p. 890.

평균적 인간들에 의해 유지될 수 있는 제도로 전환한다. 바로 이것을 비스마르크가 할 수 없었다는 것이 입증되었다. 그의 성공은 독일을 영원히 아슬아슬한 묘기에 위탁했다. 그것은 오직 비상한 지도자들에 의해서만 다루어질 수 있는 조건들을 창조했다. 그러나 그들의 등장은 거의 한 세대 동안 자기의 조국을 통치한 거인에 의해서 방해를 받았다. 비스마르크의 비극은 그가 동화되지 않은 위대성의 유산을 남겼다는 것이다.[603]

독일인들은 비스마르크를 찬양했다. 그들은 그의 짙은 눈썹과 코밑수염, 그리고 꼭대기에 번쩍이는 창 끝을 가진 헬멧을 쓰고 군복을 입은 준엄한 인물의 사진을 잘 알고 있었다. 그는 독일을 통일한 아주 강력한 철의 수상이고 아주 현명한 천재-정치가였다. 그의 사진은 모든 학교에 그리고 많은 가정의 벽난로 위에 걸려 있었다. 그는 독일 위대성을 구현했고 또 표명했다. 그의 그런 이미지는 그 자체가 그의 후임자들에게는 부담이었다. 그것은 카프리비가 바랐던 것처럼 독일이 평범한 사람들과 잘 어울리는 것을 불가능하게 만들었다. 독일은 통치자로서 천재-정치가를 가져야만 했다. 카이저는 군사적 과시에서 철의 수상을 능가했지만 그 시험에 실패했다. 그는 자신을 통제할 수 없었으며 더구나 비스마르크가 그에게 남긴 복잡한 삐걱거리는 구조를 더욱더 통제할 수 없었다.[604] 제1차 세계대전은 비스마르크의 많은 것을 파괴했고 또 모든 독일 국가들에서 군주제를 종식시켰다.

1925년 바이마르 공화정의 시민들은 프러시아의 육군 원수인 힌덴

---

603) *Ibid.*
604) *Ibid.*, p. 477.

부르크(Hindenburg)를 대통령으로 선출했다. 그는 비스마르크의 세계에 속했고 또 그 세계에서 성장했다. 그는 철의 수상의 대리인이었다. 그는 아돌프 히틀러에게 비스마르크가 창조한 독일제국의 수상직을 넘겨준 마지막 융커였다. 비스마르크의 유산은 힌덴부르크를 통해 독일이 생산한 마지막 천재-정치가인 악마 아돌프 히틀러에게 넘어갔다. 그래서 그 유산은 비스마르크와 히틀러 사이에 직선적이고 직접적이었다. 비스마르크는 살아 있는 인간으로, 천재-정치가로, 그리고 우상으로서 철의 수상 등 복잡한 유산을 구성한다.

1871년 1월 독일제국의 창건과 함께 시작하여 1890년 젊은 황제 빌헬름 2세에 의한 비스마르크의 해임으로 끝나는 20년은 역사가들에게 "비스마르크의 시대"(The Age of Bismarck)로 알려졌다. 왜냐하면 이 기간 동안에 그는 독일의 정치뿐만 아니라 유럽정치의 중심부였기 때문이다. 다수의 독일인들은 그를 민족통일의 영웅으로 간주했지만 그러나 유럽의 다른 모든 수도에 있는 정치가들은 그를 그들의 솜씨의 경쟁자가 없는 마스터로뿐만 아니라 모든 정치적 계산과 결합에서 가장 중요한 요인으로 간주했다.[605] 파리나 빈에서는 말할 필요도 없고 런던이든 페테르부르크이든 어느 곳에서도 그의 탁월성에 의심을 제기할 만큼 대범한 사람은 없었다. 어느 곳에서나 디즈레일리나 고르차코프, 안드레시(Andrassy)나 티에르(Thiers) 같은 지도적 정치가들도 베를린과 수상관저를 바라보거나 아니면 그가 자신의 사무실에서 벗어나 자기의 집에 있는 경우에는 바르친이나 프리드리히스

---

605) Erich Eyck, *Bismarck and the German Empire,* New York: W. W. Norton, 1964, p. 187.

루(Friedrichsruh)를 바라보았다.

특히 그가 70대일 때 비스마르크의 지위는 러시아의 차르와 모든 독일의 군주들이 그에게 존경을 표하기 위해 모여들었던 1808년 에르푸르트(Erfurt) 회의 동안에 나폴레옹 1세의 지위에만 비교될 수 있었다. 그러나 나폴레옹은 새로운 전쟁에 계속해서 뛰어들었던 반면에 비스마르크는 프랑스를 패배시킨 후에는 또 다시 검을 결코 뽑지 않았다.[606] 비스마르크는 28년 동안 권좌에 머물렀고 그의 전복은 외국의 적 때문이 아니라 자기 자신의 황제 때문이었다.

1871년부터 1890년까지의 시기는 1862년부터 1870년의 비스마르크 행정부의 첫 시기와 크게 대조를 이루었다. 그의 첫 시기 동안에 비스마르크는 오스트리아에 국가적 평등을 요구하고 그것을 실현시킨 현상타파주의자, 즉 백색 혁명가였다면 그의 두 번째 시기 동안에는 현상유지자, 즉 국제적 안정과 평화의 수호자였다. 1870년 이전이나 이후에도 그는 군사력을 국가의 중요성에서 진정한 기준으로 간주했다. 그러나 그는 프러시아와 독일을 위해 과거 3차례의 전쟁에서 그가 승리한 것을 새로운 전쟁에서 위태롭게 하기를 바라지 않았다. 앞선 시기 동안에 그는 유럽의 지도를 완전히 바꾸었다. 그는 프러시아를 엄청나게 향상시키고 프러시아의 왕관 하에 다른 독일국가들을 통일했지만 그러나 그는 2세기 동안 프랑스에 속했으며 그곳의 주민들이 독일의 신민이 되는 것을 가장 꺼려했던 2개의 지방을 독일에 합병하기도 했다. 비스마르크는 이제 독일에게 필요한 모든 영토를 얻었다고 믿었고 또 독일은 만족한다고 믿었다. 이제는 독일이 획득한

---

606) *Ibid.*

것을 보존하는 것이 독일의 이익이고 또 이것을 실현하는 최선의 길
은 유럽의 평화를 보존하는 것이었다.

그 결과로 인해 상황은 완전히 역전되었다. 비스마르크의 정책이
지도를 변경하는데 목표를 둔다면 그는 헝가리의 클랍카(Klapka)나
이탈리아의 마치니(Mazzini)같은 혁명가들과 손을 잡았을 것이다. 그
러나 비스마르크는 자기의 목적에 도달한 뒤 그의 관심은 보수적인
색조를 띠었고, 그리고 보수적 강대국들은 그의 자연스러운 동맹국들
이었다. 따라서 프랑스 전쟁 후에 비스마르크의 정책의 첫 단계가 3황
제의 동맹에 의해 특징된다는 것은 전혀 놀라운 일이 아니라 하겠다.
그는 이제 평화의 수호자로 변신했던 것이다. 그리고 그 평화 수호의
방법은 동맹체제의 수립이었다.

비스마르크는 처음에 오스트리아에 비해 상대적으로 약한 프러시
아의 안전을 위해 맨 먼저 러시아를 사실상의 정치적 동맹으로 택했
다. 그리고 독일제국 창건 때까지 러시아의 우호적 중립을 이용했다.
그리고 나서 독일 제국의 안정화를 추구하는 동안에 3황제연맹을 통
해 현상타파 혁명세력을 견제했다. 그 혁명세력은 복수를 노리는 프
랑스였다. 백색혁명으로 독일 제국을 수립한 비스마르크 외교의 제1
차적 명령(the imperative)은 프랑스를 국제적으로 고립시키는 것이었
다. 특히 프랑스가 오스트리아나 러시아와 동맹을 맺게 되면 독일은
전략적으로 아주 불리한 양면전쟁을 치러야 했기 때문에 그런 가능성
을 막는 것이 비스마르크의 최우선 정책이었다.

그러므로 비스마르크에게는 누가 잠재적인 적이고 또 누가 잠재적
인 동지인지를 아주 명확히 했다. 그러므로 비스마르크에게는 러시아

와의 우호적 관계의 유지가 중요했다. 그러나 러시아가 빚을 갚으라고 불만을 내비치기 시작하자 비스마르크는 과거의 적국인 오스트리아-헝가리와 2국동맹을 맺어 러시아에 맞섰다. 이에 불안을 느낀 러시아가 화해의 손을 내밀자 그는 두 번째 3황제연맹으로 독일제국과 유럽의 안정을 도모했다. 그리고 비스마르크는 프랑스에 불안감을 느끼는 이탈리아를 동맹으로 수용하여 2국동맹 조약을 마침내 3국동맹 조약으로 전환시켰다. 3국 조약의 당사자가 된 이탈리아는 지중해의 안전을 위해 영국과 지중해 협약을 맺게 되고 이것은 비스마르크의 3국동맹 체제를 강화하는 결과를 가져오게 되었다. 그리고 이에 불안을 느끼는 러시아에게 심리적 안도감을 주기 위해서 그는 러시아에게 역사적 재보장정책을 제공했다. 이것은 유럽의 안정과 평화를 유지하려는 그의 마법사 같은 외교의 일종의 화룡점정이었다. 이처럼 비스마르크는 혼자서는 아무 것도 할 수 없는 프랑스를 제외한 모든 유럽의 강대국들과 연계를 통해 유럽의 안정과 평화를 지키는 수호자가 되었다. 이것은 역사적으로 유례가 없는 한 사람의 천재-정치가에 의해서 국제관계가 계획되고 관리된 참으로 유일하고 위대한 역사적 업적이었다.

한 세대의 보수적 독일 역사가들은 비스마르크의 지혜, 온건함, 그리고 비전을 찬미했다. 난폭하고, 무절제하고, 우울증 환자이고, 그리고 여성 혐오자였다는 진정한 비스마르크는 20세기 후반에 나온 전기들에서만 나타났다.[607] 하나의 현상으로 실제 인간, 천재-정치가로,

---

607) Jonathan Steinberg, *Bismarck: A Life,* Oxford: Oxford University Press, 2011, p. 478.

그리고 우상으로서 수상이라는 3가지 이미지가 공통으로 갖고 있는 것은 보완적인 인간의 덕목들의 부재였다: 친절, 관대함, 동정, 겸양, 금욕, 인내, 너그러움, 그리고 관용 등이었다. 인간으로서, 정치가로서, 그리고 아이콘으로서 비스마르크는 이러한 덕목들의 어떤 것도 구현하지 못했다.[608]

그러므로 오토 폰 비스마르크의 경력에는 심오한 아이러니들이 존재한다. 즉. 군복을 입은 민간인, 투철한 일관성의 상징으로서 히스테리한 우울증환자, 실패가 된 성공들, 그가 운영하기에도 너무나 근대적이고 또 너무나 복잡한 국가에서 최고권력의 성취, 파우스트적(Faustian) 거래를 한 것으로 드러난 근대역사상 그 누구보다도 더 큰 성공의 달성 등이다. 28년 동안 그는 야당을 쳐부수고, 각료들에게 겁을 주고, 그리고 정치적 반대자들에게 증오, 냉소, 그리고 분노를 공개적이고 또 사적으로 퍼부었다. 수상에게 저항한다는 것은 고도의 용기가 필요했다. 거의 아무도 감히 그러질 못했다. 그는 카이저를 암살하려는 두 번의 기도를 이용하여 온건한 부르주아 자유주의를 파괴했던 1878년 책임 있는 의회의 가능성을 분쇄했다. 또 그는 가톨릭과 사회주의자들을 탄압했다. 그는 법을 존중하지 않았으며 어떤 반대도 용서하지 않았다.[609]

비스마르크에 의하면 사회민주주의를 정상으로 간주하는 자는 누구나 기존의 부르주아 사회의 포위된 성안으로 트로이 목마(a Trojan horse)를 끌어들이고 있는 것이다.[610] 1897년 8월 그의 사망 11개월

608) *Ibid.*
609) *Ibid.*, p. 479.

전에 82세의 전 수상은 이렇게까지 썼다: "사회적 문제는 한때 경찰을 이용하여 해결될 수 있었지만 그러나 이제는 군대를 사용하는 것이 필요할 것이다." 그의 눈에는 사회민주주의의 대표자들뿐만 아니라 좌익 자유주의자들과 중심당의 절대 다수가 국가의 적으로 남았다.611) 비스마르크는 그들을 지난 30년간의 극적인 변화들을 모두 대담하게 무시하면서 이제 그는 싸웠던 모든 것의 잠재적 파괴자들로 계속해서 간주했다. 그들은 독일제국의 내부적 질서를 위협하는 세력이었다.

문화의 분야에서 그의 유산은 글자 그대로 아무 것도 없다. 그는 예술에 아무런 관심이 없었고, 박물관에 가본적이 없으며 오직 자신의 젊은 날의 서정시 이거나 현실도피적 문학을 읽었을 뿐이다. 그는 히인리히 폰 트라이츠케(Heinrich von Treitsche) 같이 그들의 협력을 끌어낼 수 있지 않는 한 과학자들이나 역사가들에게 아무런 관심을 두지 않았다. 그는 19세기에 가장 유연한 정치적 실천가였지만 그러나 그의 솜씨는 고대 왕실의 준절대주의를 옹호하는, 그리하여 스스로 만족하는 것 외에 어떤 다른 목적도 갖고 있지 않았다. 수단은 숭고했지만 목적들이 야하고 애수에 찬 것들이었다.612)

막스 베버(max Weber)는 1918년 그의 "독일의 새질서에서 의회와 정부"라는 에세이에서 그는 "비스마르크의 유산은 무엇인가?"라고 물

610) Lothar Gall, *Bismarck: The White Revolutionary,* Vol. 2, *1871-1898,* trans. by J. A. Underwood, London: Allen & Unwin, 1986. P. 224.
611) *Ibid.,* p. 225.
612) Jonathan Steinberg, *Bismarck: A Life,* Oxford: Oxford University Press, 2011, p. 479.

었다. 1864년 비스마르크 치하에서 태어난 막스 베버는 헌신적인 민족자유당의 고향에서 성장했고 정계에서 많은 인물들을 알고 있었다. 그는 참여자이면서 동시에 관찰자였다. 베버는 1878년 비스마르크에 의한 민족자유주의 파괴와 그가 창조한 결과적 딜레마로 그 질문에 대한 답을 시작했다. 비스마르크는 가톨릭 중앙당과 통치하기를 거부했지만 그것이 없이는 통치할 수 없었다. 그리고 베버는 비스마르크의 긴 수상직의 실질적인 유산을 다루었다:

> "그는 전적으로 정치적 교육이 없는 … 꼭대기에 있는 위대한 인간이 그들을 위해 그들의 정치를 제공할 것이라고 기대하는데 습관이 되어버린 전적으로 정치적 의지가 박탈당한 민족을 남겼다. 정당 투쟁에서 자기 자신의 힘의 정치를 숨기기 위해 군주의 감정을 그가 부적절하게 이용한 결과로서 더 나아가 그것은 군주제 정부의 이름 하에 그것을 위해 무엇이 결정되는 간에 거기에 참을성 있고 또 숙명적으로 굴복하는데 그것은 습관이 되어버렸다."[613]

독일의 가장 위대한 사회과학자의 이런 좌절시키는 심판은 1918년 10월 뮌헨에서 베버가 처음으로 카리스마적 리더십의 아이디어를 설명했던 강의실로 돌아가게 된다. 비스마르크는 보통 카리스마적 지도자관과 관련된 속성들이 부족했다. 그는 대규모 집회에서 어떤 군중도 감동시키지 않았으며 의회에서 압도적인 연설로 듣는 사람들을 흥분시키지는 않았지만 자기를 저항할 수 없는 정치적 인물과 재앙적 인물로 만든 "악마 같은"(demonic) 권력을 갖고 있었다.[614]

---

613) Jonathan Steinberg, *Bismarck: A Life,* Oxford: Oxford University Press, 2011, p. 479.에서 재인용.

비스마르크는 권력 없이는 살 수 없었다. 권력에 대한 의지가 그의 삶의 의미였다. 그러나 그는 독일제국의 수상직에서 실각 후 8년을 더 살았다. 따라서 비스마르크 경력의 궁극적이고 무서운 아이러니는 결국 그에게 권력이 없다는 데 있었다. 그는 일생동안 권력을 향한 열정이 다른 모든 열정을 소멸시켰다.[615] 그러므로 독일의 가장 위대한 근대의 영웅인 그가 독일의 20세기 비극들의 씨앗을 뿌렸다고 할 수도 있을 것이다. 비스마르크의 친구였고 전쟁상이었던 폰 론 장군은 "아무도 불멸의 나무에서 무사히 따먹지는 못한다"고[616] 말했다. 인생의 의미는 비스마르크 스스로가 말했던 것처럼, "여기 지상에서 부과되고 있는 것은 항상 추락한 천사의 어떤 성질을 갖는다. 즉, 아름답지만 평화가 없고, 그의 개념들과 애씀에서는 위대함이 있지만 그러나 성공이 없다. 자부심에 차 있지만 외롭다."[617]

614) *Ibid.,* p. 480.
615) Lothar Gall, *Bismarck: The White Revolutionary,* Vol. 2, *1871-1898,* trans. by J. A. Underwood, London: Allen & Unwin, 1986. P. 219.
616) Henry A. Kissinger, "The White Revolutionary: Reflections on Bismarck," *Daedalus,* Vol. 97, No. 3, (Summer 1968) p. 922.에서 재인용.
617) *Ibid.*

제20장
에필로그(Epilogue)

> "우리는 그의 힘 때문에 오히려 강자가 약하고 그리고 약자가
> 그의 무모함 때문에 강해지는 경이로운 시대에 살고 있다."
>
> -오토 폰 비스마르크-

    천재-정치가 오토 폰 비스마르크 1898년 7월 30일 장남인 헤르베
르트가 지켜보는 가운데 83세의 나이로 사망했다. 그의 부인 요한나
(Johanna) 여사는 1894년 11월 27일 시골집 바르친에서 이미 세상을
떴다. 그러자 당일 비스마르크가 1890년 3월 18일에 썼던 사직의
성명이 언론에 공개되었다. 그것은 원래 공개를 목적으로 쓰여진 것
이었지만 카이저가 그것의 공개를 금지했었다.[618] 그것은 살아있는 카
이저에 대해 죽은 비스마르크의 고발장 같았다. 그것은 완벽한 기예
로 쓰여 있었다. 비스마르크는 여론이 자기편에 있다고 그가 확신하
는 그런 차이의 사항들만 강조되었다. 가장 강력한 용어는 외교정책
에 카이저의 간섭에 관한 것이었다. 비스마르크는 카이저의 명령을

---

618) Erich Eyck, *Bismarck and the German Empire,* New York: W. W. Norton,
    1964, p. 322.

시행할 수 없다고 선언했다. 그는 이렇게 썼다:

"그렇게 함으로써 나는 모든 성공들을 위험하게 할 것이다. 그
것은 독일을 위해 너무나 중요했기에 두 전임 카이저들의 견해와
일치하는 우리의 외교정책을 달성했고 또 러시아와의 관계에서 불
리한 조건에도 불구하고 현재와 미래의 모든 기대를 넘어서 획득
한 결과들이다."[619]

이러한 말로써 당시 독일제국의 수상직을 사임한 비스마르크는 카
이저가 자기 일생의 작업을 파괴하려고 한다고 규탄했다. 무거운 문
장에서 그는 그를 실각시킨 젊은이에게 독일제국에 찾아올 모든 불행
에 책임을 지웠다. 이 사직서에는 깊은 감정이 없이는 아무도 읽을 수
없는 한 개의 문장이 있다:

"내가 왕가와 폐하의 봉사에 집착했고, 그리고 지금까지 영원하
다고 간주한 조건들에 수년 동안 습관이 되었음에도 불구하고 나
의 익숙한 폐하와의 관계를 단절하고, 제국과 프러시아의 모든 정
책과 나의 연계를 단절하는 것은 나에게 아주 고통스럽다."[620]

이것이 자신의 삶을 보람 있게 해준 모든 것을 갑자기 박탈당한
천재-정치가의 말이다. 이것은 위대한 시인들이 불러낸 것들보다 못
지않게 우울한 인간적 비극이다. 그는 자기의 일을 그것을 발전시키
거나 혹은 실제로 그것을 보조할 수 없는 사람의 손에 남겼다. 그것은
독일의 비극이었다. 그러나 보통 인간에게 너무나 큰 힘을 소유하게

---

619) *Ibid.*
620) *Ibid.*, p. 323.

한 것은 비스마르크의 잘못이었다. 그리고 이 엉뚱한 통치자를 억제할 수 있는 의회가 없었다는 것도 역시 비스마르크의 결함이었다. 그리고 독일인들에게는 충분한 독립적인 정신이 없었다. 비스마르크의 리더십 하에서 독일 민족은 통일되었고, 강력했고, 그리고 위력적이었다. 그러나 자유의 감각과 개인적인 독립성, 그리고 정의와 인간애의 감각이 현실정치와 이익정치에 의해서 그리고 자기의 동포들에게 철의 수상이 부여한 개인적 정권에 의해서 개탄할 정도로 약화되었다.[621] 그러므로 그의 업적이 지속될 수 없었으며 또한 전에는 결코 알지 못했던 높은 곳으로 뛰어오른 프러시아 왕관과 호엔촐레른 왕조는 비스마르크가 죽은 뒤 20년 만에 종말을 고하고 말았다. 그런 비극과 함께 보다 정확하게 말해서 제1차 세계대전의 비극적 목격과 경험으로 이 천재-정치가도 조용히 역사속으로 잊혀지고 말았다.

비스마르크가 프러시아의 수상으로 역사에 등장했던 시기는 위대한 정치가들의 시대였다. 그는 영국의 디즈레일리(Disraeli)보다 11살이 젊고 글래드스턴(Gladstone)보다는 6살 아래였다. 1862년 비스마르크가 프러시아의 수상이 되었을 때 영국에서 파머스톤(Palmerston)이 수상이었고 그리고 미국에선 에이브러햄 링컨(Abraham Lincoln)이 대통령이었다. 그리고 그는 1890년 카이저 빌헬름 2세(William II)에 의해서 해임될 때까지 28년 동안 중단없이 프러시아와 독일제국을 강력하게 통치했다. 그의 생애의 절정은 그가 독일제국의 창건과 프러시아의 왕을 48년 후인 1919년 평화조약이 체결된 베르사유 궁전의 동일한 "거울의 홀"(the Hall of Mirrors)에서 독일 황제의 존엄으로 옹

---

621) *Ibid.*

립 선포했던 1871년 1월 18일이었다. 그러나 비스마르크의 위대성은 백색 혁명가로서 그치지 않았다. 그는 동시에 유럽의 안정과 평화의 경이로운 수호자가 되었다. 그럼에도 불구하고, 비스마르크는 정치란 모든 것이 우연과 추측에 달려있다는 주된 이유 때문에 정치가 보람 없는(thankless) 일이라고 생각했다.[622]

그런데 21세기 초에 이르러 20세기에 경이로운 마법사이며 현란한 국제정치의 곡예사였던 헨리 키신저로 인해 19세기의 천재-정치가 비스마르크가 갑자기 부활하게 되었다.[623] 19세기와 20세기는 국제정치의 현실과 외교의 조건이 현저하게 달라졌다는 사실을 인정하면서도 헨리 키신저가 19세기 천재-정치가를 부활시킨 것은 그런 변화에도 불구하고 베스트팔렌 체제의 본질은 여전히 계속되고 있기 때문이다. 앞으로 심화될 다원주의적 국제사회에서도 세계정부 수립의 전망은 전혀 보이지 않고 오직 베스트팔렌 체제의 분열된 구조적 성격이 계속될 것이다. 이런 점에서 베스트팔렌 체제를 마법사처럼 다룬 오토 폰 비스마르크 천재-정치가의 리더십은 오늘날 우리에게 틀림없이 최고의 귀감이 될 것이다. 오토 폰 비스마르크는 천재-정치가였지만 결코 완벽한 정치가는 아니었다. 더구나 그는 결코 완벽한 인간은 더더욱 아니었다. 그럼에도 불구하고, 헨리 키신저가 주장하듯이, 오토 폰 비스마르크는 21세기에도 여전히 그 누구보다도 더 우리에게 정치-외교에 관한 훌륭한 스승이 될 수 있을 것이다.

---

622) Otto Pflanze, *Germany and the Development of Germany,* Princeton, New Jersey: Princeton University Press, 1963, p. 88.
623) 강성학, <헨리 키신저: 외교의 경이로운 마법사인가 아니면 현란한 곡예사인가?>, 서울: 박영사, 2022.

오토 폰 비스마르크(Otto von Bismarck)의 약력

1815년 4월 1일 쇤하우젠(Schönhausen)에서 프러시아의 귀족 융커(Junker)
　　　계급의 아들로 출생
1832년 괴팅겐 대학에서 수학
1833년 베를린 대학에서 수학
1836년 아헨 행정시보
1847년 요한나와 결혼
1851년 프랑크푸르트 독일국가연합 의회에 프러시아 대표
1859년 러시아 주재 프러시아 대사
1862년 프랑스 주재 프러시아 대사
1862년 9월 23일 프러시아 수상 및 외무상으로 임명
1864년 덴마크 전쟁
1865년 백작으로 임명
1866년 오스트리아와 전쟁에서 승리; 프라하 평화조약
1870년 프랑스와 전쟁에서 승리
1871년 1월 18일 독일제국의 선포; 프랑크푸르트 평화조약
1873년 3황제연맹(Dreikaiserbund) 결성
1878년 베를린 회의 주재
1879년 오스트리아와 2국동맹(Dual Alliance)
1881년 제2차 3황제연맹 결성
1882년 3국동맹(the Triple Alliance) 체결
1884~1885년 서아프리카에 대한 베를린 회의 주재

1887년 지중해 협정체결; 러시아와 재보장조약(the Reinsurance Treaty) 체결
1888년 빌헬름 1세 서거; 프리드리히 3세 서거
1890년 3월 20일 새 황제 빌헬름 2세에 의해 해임
1898년 7월 30일 사망

참고문헌

강미현, <비스마르크 평전: 비스마르크, 또 다시 살아나다>, 서울: 에코리
  브르, 2010.

강성학, <헨리 키신저: 외교의 경이로운 마법사인가 아니면 현란한 곡예사
  인가?>, 서울: 박영사, 2022.

_____, <대한민국의 대부 해리 S. 트루먼: 평범한 인간의 비범한 리더
  십>, 서울: 박영사, 2021.

_____, <조지 워싱턴: 창업의 거룩한 카리스마적 리더십>, 서울: 박영
  사, 2020.

_____, <윈스턴 S. 처칠: 전쟁과 평화의 위대한 리더십>, 서울: 박영사,
  2019.

_____, <한국의 지정학과 링컨의 리더십: 동아시아의 지정학적 변화와
  국가통일의 리더십> 서울: 고려대학교 출판문화원, 2017.

_____, <전쟁神과 군사전략: 군사전략의 이론과 실천에 관한 논문 선
  집>, 서울: 리북, 2012.

_____, <인간신과 평화의 바벨탑: 국제정치의 원칙과 평화를 위한 세계
  헌정질서의 모색>, 서울: 고려대학교 출판부, 2006.

_____, <시베리아 횡단열차와 사무라이: 러일전쟁의 외교와 군사전략>,
  서울: 고려대학교 출판부, 1999.

_____, 역, <불평등한 세계>, 서울: 박영사, 1983.

김동길, 강성학 공저, <죽어도 사는 사람: 불멸의 링컨유산> 충북: 극동대
  학교 출판센터, 2018.

Albrecht-Carrié, René, *A Diplomatic History of Europe Since the Congress of Vienna,* re. ed., New York: Harper & Row, 1973.

Aristotle, *Politics,* in Jonathan Barnes, ed., *The Complete Works of Aristotle,* The Revised oxford translation, Vol. Two, Princeton, New Jersey: Princeton University Press, 1984.

Aron, Raymond, *Clausewitz: Philosopher of War,* London: Routledge & Kegan, 1983.

_____, *Progress and Disillusion: The Dialectics of Modern Society,* New York: Praeger, 1969.

Bartlett, C. J., *The Global Conflict: The International Rivalry of the Great Powers, 1880-1990,* 2nd ed., Burnt, Mill: Longman, 1994.

Belliotti, Raymond Angelo, *Niccolo Machiavelli: the Laughing Lion and the Strutting Fox,* Lanham, MD: Lexington Books, 2009.

Bismarck, Otto von, *Bismarck, the Man & the Statesman: Being the Reflections and Reminiscences of Otto, Prince Von Bismarck,* 2 Vols, London: Harper & brothers publishers, 1899.

Bond, Brian, *War and Society in Europe, 1870-1970,* London: Fountana Paperbacks, 1984.

Bucholz, Arden, *Moltke and the German Wars, 1864-1871,* New York: Palgrave, 2001.

Canavan, Francis, *Edmund Burke: prescription and Providence,* Durham, North Carolina: Carolina Academic Press, 1987.

Clark, Christopher, *The Iron Kingdom: The Rise and Downfall of Prussia,* London: Allen, 2006.

Clausewitz, Carl von, *On War,* edited and translated by Michael Howard and Peter Paret, Princeton, New Jersey: Princeton University Press, 1976.

Donelan, Michael, ed., *The Reason of States: A Study in International*

Political Theory, London: George Allen & Unwin, 1978.

Duffy, Christopher, *Frederick the Great: A military Life,* London and New York: Routledge, 1985.

Eyck, Erich, *Bismarck and the German Empire,* New York: W. W. Norton, 1964 (originally, 1958).

Fleming, Colin M., *Clausewitz's Timeless Trinity: A Framework for Modern War,* Burlington, VT: Ashgate Publishing Company, 2013.

Gall, Lothar, *Bismarck: The White Revolutionary,* Vol. 1, *1815-1871,* trans. by J. A. Underwood, London: Unwin Hyman, 1986.

_____, *Bismarck: The White Revolutionary,* Vol. 2, *1871-1898,* trans. by J. A. Underwood, London: Allen & Unwin, 1986.

Grenville, J. A. S., *Europe Reshaped 1848-1878,* Hassocks, Sussex: The Harvester Press, 1876.

Hoffman, Ross J. S. & Paul Levack, eds., *Burke's Politics: Selected Writings and Speeches of Edmond burke on Reform, Revolution, and War,* New York: Alfred A. Knopf, 1959.

Holsti, Kalevi J., *Peace and War: Armed Conflicts and the International Order 1648-1989,* Cambridge: Cambridge University Press, 1991.

Howard, Michael, *The Franco-Prussian War: The German Invasion of France, 1870-1871,* London and New York: Routledge, 1991 (originally, 1961).

Kennan, George F., *The Decline of Bismarck's European Order: Franco-Russian Relations, 1875-1890.* Princeton, new Jersey: Princeton University Press, 1979.

Kissinger, Henry A., "Otto von Bismarck, Master Statesman," *New York Times,* March 31, 2011.

_____, "The White Revolutionary: Reflections on Bismarck," *Daedalus,* Vol. 97, No. 3, (Summer 1968).

_____, *Diplomacy,* New York: Simon & Schuster, 1994.

_____, *World Order,* New York: Penguin Press, 2014.

Kock, H. W., *A History of Prussia,* London and New Yok: Longman, 1978.

Littlefield, Henry W., *History of Europe Since 1815,* New York: Barnes and Noble Books, 1963.

Ludwig, Emil, *Bismarck: The History of Fighter,* Boston: Little, brown, and Company, 1927.

Machiavelli, Niccoló, *The Prince,* 2nd ed., translated by Harvey C. Mansfield, Chicago and London: The University of Chicago Press, 1998.

Marx, Karl, "The Future Results of British Rule in India," in Shlomo Avineri, *Karl Marx on Colonialism and Modernization,* New York: Doubleday, 1969.

Mill, John Stuart, "A Few words on Non-Intervention," *Dissertations and Discussions: Political, Philosophical, and Historical,* Boston: William Spencer, 1864-1867, Vol. 3.

Pflanze, Otto, *Bismarck and the Development of Germany: The Period of Unification 1815-1871,* Princeton, New Jersey: Princeton University Press, 1963.

_____, *The Unification of Germany 1848-1871,* Malabar, Florida: 11roert E. Krieger Publishing Company,1968.

Rich, Norman, *Great Power Diplomacy 1814-1914,* Boston, Massachusetts: McGraw-Hill, 1992.

River, Charles, ed., *Otto von Bismarck: The Life and Legacy of the German Empire's First Chancellor,* Las Vegas. NV, 07 December 2021.

Sauvain, Philip, *European and World History 1815 to 1919,* Amersham,

Bucks: Hulton Educational Publication, 1985, p.41.

Seward, Desmond, *Metternich: The First European,* New Yok: Viking, 1991.

Smith, Denis Mack, *Cavour,* London: Weidenfeld and Nicolson, 1985.

Steinberg, Jonathan, *Bismarck: A Life,* Oxford: Oxford University Press, 2011.

Taylor, A. J. P., *Europe: Grandeur and Decline,* New York: penguin Books, 1985.

_____, *The Habsburg Monarchy, 1809-1918,* Harmondsworth, Middlesex, England: Penguin Books, 1964(originally, 1948).

_____, *The Struggle for Mastery in Europe 1848-1918,* Oxford: Oxford University Press, 1971.

Thompson, David, *Europe Since Napoleon,* 3 Volumes, New York: Alfred A. Knopf, 1957.

Tucker, Robert W., *The Inequality of Nations,* New York: Basic Books, 1977.

Waldman, Thomas, *War, Clausewitz and the Trinity,* Burlington, VT: Ashgate Publishing Company, 2013.

Waller, Bruce, *Bismarck,* Oxford: Basil Blackwell, 1985.

찾아보기

[ㄱ]

가슈타인(Gastein)   150, 187, 190, 291, 340, 341

가슈타인 협정(the Convention of Gastein)   188, 191, 192, 200

가톨릭 중앙당(the Catholic Party of the Centrum)   278, 282, 455

<감상과 회상>(Gedanken und Erinnerungen)   7

거울의 홀(the Hall of Mirrors)   269, 459

게르존 블라이히뢰더(Gerson Bleichroeder)   378, 379, 422

게오르크 프라이헤르 폰 빈케(Georg Freiherr von Vincke)   79, 80

고르차코프(Gortchakoff)   107, 249, 250, 287, 292, 294, 302, 303, 319, 323, 326, 337, 339, 449

고보네(Govone)   193, 197, 207

고블레(Goblet)   366

공수동맹(an offensive-defensive alliance)   86

공토-비론(Gontaut-Biron)   299, 300, 301, 303

관세동맹   48, 49, 104, 147, 148, 178, 184, 306, 330

괴팅겐(Goetingen)   27

교황국(Papal State)   182, 240, 279, 280

국가연합 조약(the German Confederal Treaty)   73

국가연합의회(Bundestag)   59, 262

국가의 이성(the reason of state)   427, 436, 447

국가채무법(the State Indebtedness)   39, 169

국제연맹(the league of Nations)   46

<군주론>(*The Prince*) 437

궁전의 백색 홀(the White Hall of the Palace) 415

귀도 폰 우제돔(Guido von Usedom) 107, 146, 192, 193

그나이스트(Rudolf von Gneist) 133, 219, 312, 313, 413

그라몽(Duke of Gramont) 174, 246, 249, 250

그라프 골츠(Graf Goltz) 186

그라프 홀른슈타인(Graf Holnstein) 264

그륀호이저(Grünhäuser) 411

글래드스턴 내각(Gladstone Ministry) 369, 374

<글로브>(*Globe*) 325

기예르스(Giers) 387

[ㄴ]

나단 메이어 로스차일드(Nathan Meyer Rothschild) 298, 349

나사우(Nassau) 공국 209

나이저 강(Niger River) 381

나폴레옹 6, 27, 34, 39, 45, 46, 52, 73, 80, 90, 108, 154, 182-184, 197, 207, 215, 217, 229-241, 250, 252, 341, 428, 441, 450

나폴레옹 3세 80-82, 91, 97, 106, 110-112, 138, 139, 147, 154, 160, 178, 190-193, 196, 206, 221, 255, 257, 289

남부 독일국가연합(a South German Confederation) 228

<노르트도이췌 알게마이네 차이퉁>(*Norddeutche Allgemeine Zeitung*) 298

니콜라스(Nicholas) 1세 67

니콜스부르크(Nikolsburg) 208-210

[ㄷ]

다네비르케(the Dannevirke) 164

다뉴브 공국(the Danubian Principalities) 84, 86, 87

다다넬스(Dardanelles) 327, 393

다오메이(Dahomey) 376

대독일(Greater Germany) 56, 64

더비 경(Lord Derby) 232, 302, 325

덴마크(Denmark) 57, 60, 155-161, 163-173, 176, 178, 338, 380

덴마크 전쟁 163, 176, 190

독일 국회(a German national assembly) 53, 59, 60

독일 의회(then German Diet) 71, 74, 76, 83, 85, 121, 146, 224, 227

독일 (선출)의회(a German parliament) 50

독일관세동맹(Deutscher Zollverein) 49

독일국가연합(the German Confederation) 5, 18, 21, 22, 46, 49, 52, 53, 59, 67, 68, 70, 74, 75, 79, 84, 100, 109, 112, 129, 145, 156, 172, 176, 197, 209, 228

독일의 내전 180

독일의 영웅 368

독일의 제국 270

독일의 황제(Emperor of Germany) 270

독일제국(German Empire) 6, 22, 64, 130, 209, 225, 262, 265, 270, 271, 274-276, 282, 285, 291, 306, 321, 330, 342, 366, 402, 405, 407, 412, 421, 446, 449, 451, 452, 454, 456, 458, 459

독일진보당(the German Progressive Party) 119

독일황제(German Emperor) 270

동방문제(the Eastern Question) 317, 323, 345, 390

동부 루멜리아(Eastern Rumelia) 326

뒤셴(Duchesne) 296

드 드카즈(de Decazes) 301

드루앵 드 뤼(Drouyn de Lhuys) 206

[ㄹ]

라 마르모라(La Marmora)　191-193

라데츠키(Radetzky)　58

라살(Lassalle)　312

라야드(Layard)　246

라우엔베르크(Lauenberg) 공국　173

라우엔부르크　187

라인(Rhine)　27, 108, 113, 160, 174, 184, 196, 198, 206, 231, 253, 426

라인 연방(Confédération du Rhin)　46, 73

라인 작전군(the Operation Army of the Rhine)　102

러셀(Laura Russell)　27

러시아-터키 전쟁(the Russo-Turkish War)　321, 322

<런던 타임즈>(The Times of London)　301

런던회의　166, 167, 169, 177

레겐스부르크(Regensburg)　186

레오 13세(Leo XIII)　311

레오 폰 카프리비(Leo von Caprivi)　425, 446

레오폴 2세(Leopold II)　376

레오폴트(Leopold)　243-246, 248

레오폴트 랑케(Leopold Ranke)　129

레오폴트 폰 게를라흐(Leopold von Gerlach)　34, 61, 77, 81, 92, 93, 95

레옹 강베타(Leon Gambetta)　255, 256, 358

레이몽 아롱(Raymond Aron)　17

레흐테르(Lehrter)　425

로렌(Lorraine)　272, 401

로렝소 마르케스(Lourenco Marques)　376

로베르트 폰 데어 골츠(Robert von der Goltz)　79, 183, 211, 230

로베르트 블룸(Robert Blum)　62

로베르트 폰 데어 골츠(Robert von der Goltz)   79

로베르트 푸트카머(Robert Puttkamer)   353

로빌랑(Robilant)   362, 363

로이스(Reuss)   56, 287-289

로프터스 경(Lord Loftus)   237, 249

롬바르디(Lombardy)   57, 58, 108, 111, 173

루돌프 델브뤼크(Rudolf Delbrueck)   148, 227, 275, 304

루돌프 캄프하우젠(Rudolf Camphausen)   55

루돌프 폰 베니히센(Rudolf von Bennigsen)   231, 307-310, 334, 335

루돌프 피르호(Rudolf Virchow)   281

루에르(Rouher)   216

루이 14세   259, 269

루이 2세(Louis II)   259, 264

루이 나폴레옹(Louis Napoleon)   22, 94, 95

루이 나폴레옹 보나파르트(Louis Napoleon Bonaparte)   80

루이 필리프(Louis Philippe)   50, 184

루치우스(Lucius)   354

루트비히 밤베르거(Ludwig Bamberger)   275, 409, 426

루트비히 빈트호르스트   422

루트비히 아우구스트 폰 틸레(Ludwig August von Thile)   41

루트비히 폰 가블렌츠(Ludwig von Gablenz)   200, 205

루트비히 폰 게를라흐(Ludwig von Gerlach)   29, 34, 37, 58, 60, 61, 70, 91

루트비히 폰 데어 마르비츠(Ludwig von der Marwitz)   348

루트비히 폰 베네데크(Ludwig von Benedek)   201

루트비히 헤르라히   29

르 수흐드(Le Sourd)   249

리바디아(Livadia)   346

<리바이어던>(*Leviathan*)   436

리처드 코브던(Richard Cobden) 147, 333

리쿠르고스(Lycurgus) 447

리하르트 메테르니히(Richard Metternich) 206

리하르트 바그너(Richard Wagner) 348

[ㅁ]

마르마라(Marmora) 323

마르크 브란덴브루크(Mark Brandenbrug) 60

마리 폰 타덴(Marie von Thadden) 30

마인츠(Mainz) 253, 254, 432

마자르족(Magyars) 47, 340

마젠타(Magenta) 전투 111

마치니(Mazzini) 285, 361, 451

마크마옹(MacMahon) 255, 294, 295

막스 베버(max Weber) 454, 455

만족한 국가(a satisfied nation) 6, 85, 285, 399, 401, 428

만치니(Mancini) 선언 364

말라구치(Malaguzzi) 192

매스컴의 인기스타(a media personality) 220

맨체스터 원칙(the Manchester Doctrine) 234

메츠(Metz) 254, 255, 272

메테르니히(Klemens von Metternich) 18, 27, 45, 46, 50, 51, 67, 73, 90, 142,
   145, 158, 325, 401, 430, 432-435

메테르니히 체제(Metternich System) 21, 22, 47, 52, 76

멘드스도르프(Mendsdorff) 203

멘타나(Mentana) 240

면책법안(the indemnity bill) 218, 219

명예혁명 94

명인사회 320

모데나(Modena) 공국 112

모라비아 56, 69

모리츠 폰 블란켄부르크(Moritz von Blanckenburg) 116, 211

몽테뉴(Montaigne) 329

무오류(infallibility)의 도그마 279

무장된 평화(the armed peace) 234

문화투쟁(Kulturkampf) 278, 281, 283, 284, 294, 295, 311, 330, 354, 358

뮌스터(Muenster) 344-347, 367, 372

민병대 103, 104, 106, 115, 397

민족자유당(the National Liberal Party) 223, 224, 231, 259, 263, 274, 275, 277, 283, 305, 307, 308, 310, 312-316, 334, 335, 354, 373, 420, 455

[ㅂ]

바르친(Varzin) 220, 246-248, 307-309, 344, 348, 449, 457

바바리아 66, 75, 150, 184, 199, 210, 214, 228, 237, 240, 244, 253, 256, 259-261, 263-267, 275, 276

바바리아 조약 263, 264, 267

바벨스베르크(Babelsberg) 125, 126

바울 교회(Paulskirche) 53, 266

바이런(Byron) 447

바텐베르크 367-369, 393, 408

바툼(Batum) 327

바트 엠스 247, 248, 250

반사회주의법 314-316, 408, 416, 420-422

백색 혁명가(White Revolutionary) 6, 22, 23, 143, 285, 427, 428, 436, 450, 460

백색혁명 451

베네데티(Benedetti)   183, 184, 197, 198, 215, 216, 230, 248, 250-252

베른하르트 폰 베르데르(Bernhard von Werder)   319

<베를린 포스트>(Post)   298

베를린 회의(the Congress of Berlin)   324, 328, 330, 337, 359, 376

베스트팔렌(Westphalia)   48, 79

베스트팔렌 국제체제(the Westphalian system)   17, 460

베오그라드(Belgrade)   320

벤저민 디즈레일리(Benjamin Disraeli)   121, 235, 302, 319, 321, 323-326, 328, 344-347, 399, 449, 459

벨크레디(Belcredi)   185, 203

병가 보험   355

보르도(Bordeaux)   122

보불전쟁(the Franco-Prussian War)   22

보수당   101, 121, 307, 353, 354, 373, 384

보스니아(Bosnia)   317, 325, 327, 328

보스포러스(Bosphorus)   327, 393

보어 공화국(Boer Republic)   377

보이스트(Beust)   143, 176, 207, 228

보헤미아(Bohemia)   56, 85, 186, 201-203, 237

복수 운동   366

뵈르트(Woerth)   254

부다페스트 협정(the Convention of Budapest)   321

부올(Buol)   84, 85, 88

북부 독일연합(the North German Confederation)   214

분리주의당   354

불가리아(Bulgaria)   318, 319, 323, 326, 362, 368, 389, 392, 393, 395, 396, 408

뷔르템베르크(Württemberg)   75, 214, 240, 253, 259, 261, 263, 265, 276

브라이(Bray)   260, 261

브란덴부르크(Brandenburg)   59-63, 164, 269, 421

브랑겔(Wrangel)   62, 161-163

브루크(Bruck)   147

블라디미르(Vladimir)   398

블랑제(Boulanger)   366, 367, 372-374

블랑제주의(Boulangism)   395

블랙리스트(the blacklists)   417, 418

블로메(Blome)   187, 188

비르투(Virtu)   440

비밀 구엘프 기금(Guelph Fund)   245, 264

비밀결사단(camarilla)   58, 96

비상부르(Wissembourg)   254

비스마르크의 시대(The Age of Bismarck)   277, 449

비아리츠(Biarritz)   122, 190, 191, 346

비오 9세(Pius IX)   182, 278, 310, 358

비토리오 에마누엘레(Vittorio Emanuele)   174

빅토르 에마누엘(Victor Emanuel)   193, 194, 238

빅토리아 여왕(Queen Victoria)   90, 209, 235, 302, 409

빈터(Winter)   141

빈트호르스트(Windthorst)   333, 352, 353, 370, 422

빈 회의(Congress of Vienna)   18, 22, 27, 45-47, 432

빌라프랑카(Villafranca)   111, 143

빌라프랑카 조약   112

빌트바트(Wildbad)   249

빌헬름 왕자(Prince William)   99, 100, 102

빌헬름 폰 한케(Wilhelm von Hahnke)   423

쁠롱비에흐(Plombieres)   106, 108

[ㅅ]

사고 보험법안 355

사고 보험제도 355

4국동맹(the Quadruple Alliance) 46

사나운 비스마르크(wild Bismarck) 28, 39, 142, 143

사모아(Samoa) 384

사보이 왕가(the House of Savoy) 106

사부로프(Saburoff) 346, 347

사회개혁 354, 355

사회민주당 282, 311, 313-316, 354, 418

사회보험 354

사회복지 355

산 세바스티얀(San Sebastian) 122

산 스테파노(San Stefano) 평화조약 323

산 페르모(San Fermo) 111

살라자르(Salazar) 244, 245

살로니키(Saloniki) 318

살리카 법(The Salic Law) 156, 157

3국동맹(The Dual Alliance) 87, 357, 360-362, 365, 390, 391, 452

3부회(Estates of the Realm) 34, 35, 36, 39

3황제연맹(Dreikaiserbund) 317, 325, 344, 357, 361, 387, 388, 393, 451, 452

상트 페테르부르크(St. Petersburg) 101, 107, 108, 116, 120, 137, 394

새 시대(New Era) 101, 206

샤른호르스트(Scharnhorst) 48

샤를로텐부르크(Charlottenburg) 408

샤를르 알베르(Charles Albert) 57

샬롱(Chalons) 255

섭정(Regent)   99-102, 105-110, 114, 116, 118, 120, 143, 314, 406

세계사적 인물(a world historical man)   6

소독일(Smaller Germany)   64

손자   443

솔론(Solon)   447

솔즈베리 경(Lord Salisbury)   320, 325-327, 365, 368, 384, 385, 399, 400

솔페리노(Solferino) 전투   111, 201

술탄(Sultan)   84, 87, 99, 318, 320, 323, 326, 327, 384

슈바르젠베르크(Schwarzenberg)   67-69, 83

슐레스비히(Schleswig)   56, 60, 155-157, 160, 161, 163-167, 170, 173, 175, 176, 180, 187-189, 192, 196, 199, 200, 214, 338

슐리펜 계획(Schlieffen Plan)   411

스당(Sedan)   255, 287, 288

스삐쉐헝(Spicheren)   254

스토쉬(Stosch)   318

스트라스부르(Strabourg)   253, 432

슬라브   317, 328, 340, 403

신성동맹(the Holy alliance)   84, 140, 214, 289, 290, 434

[ㅇ]

아나스타시우스 루트비히 멘켄(Anastasius Ludwig Mencken)   430

아달베르트 팔크(Adalbert Falk)   282, 283

아담 뮐러(Adam Mueller)   42

아담 스미스(Adam Smith)   55, 430

아돌프 스퇴케르(Adolf Stoecker)   351

아돌프 티에르(Adolphe Thiers)   184, 293-295, 358, 449

아돌프 폰 비티흐(Adolf von Wittich)   423

아돌프 폰 슐라이니츠(Adolph von Schleinitz)   110, 112, 114

아돌프 폰 타덴(Adolf von Thadden) 30

아돌프 폰 푸엘(Pfuel) 60

아레세(Arese) 194

아리스토텔레스(Aristotle) 15, 16, 22, 23

아에기디(Aegidi) 297

아우구스트 폰 데어 하이트(August von der Heydt) 218

아우구스트 폰 틸레(Ludwig August von Thile) 41

안드라시(Andrassy) 291, 292, 323, 326, 338-342, 347

안드라시 각서(Andrassy Note) 318

안톤 폰 슈멜링(Anton von Schmerling) 142

안톤 프라이헤르 폰 몰리나리(Anton Freiherr von Mollinary) 204

안톤 프로케쉬 폰 오스텐(Anton Prokesch Count von Osten) 83

알렉산더(Alexander) 287, 338, 341, 346, 368, 369, 393, 398, 408, 409, 417

알렉산더 2세 89, 107, 286, 301, 367, 368

알렉산더 3세 367, 368, 396, 417

알렉산더 폰 멘스도르프(Alexander von Mensdorff) 175-177, 186, 197-199

알렉산드로보(Alexandrovo) 341

알바니아 359

알베르트 마이바흐(Albert Maybach) 419

알브레히트 대공(Archduke Albrecht) 202

알브레히트 베른스토르프(Albrecht Bernstorff) 211

알브레히트 폰 론(Albrecht von Roon) 102, 114

알자스(Alsace) 272, 289

알자스-로렌 401, 402

알젠 섬(Alsen Island) 171, 172

알프레트(Alfred) 48

알프레트 발더제(Alfred Waldersee) 247, 351

알브레히트 베른스토르프(Albrecht Bernstorff)　120, 188, 211, 236, 237

알프스의 사냥꾼들(the Hunters of the Alps)　110, 111

압뒬 하미트(Abdul-Hamid)　318

앙리 5세(Henry V)　95

앙리 뒤낭(Henri Dunant)　111

액턴 경(Lord Acton)　245, 264

양면전쟁　374, 387, 388, 411, 451

언론법　140

에두아르트 라스케르(Eduard Lasker)　259, 260, 263, 265, 276, 281, 307,
　312, 313, 316, 334, 351, 352, 354

에두아르트 포겔 폰 파켄슈타인(Eduard Vogel von Fackenstein)　202

에두아르트 폰 보닌(Eduard von Bonin)　106

에두아르트 폰 짐존(Eduard von Simson)　64, 266

에드먼드 버크(Edmond Burke)　42, 428, 429, 431

에드빈 폰 만토이펠(Edwin von Manteuffel)　117, 189, 192, 200, 210, 287,
　341

에드워드 그레이 경(Sir Edward Grey)　425

에드워드 피어스 경(Sir Edward Pears)　318

에르네스트(Ernest)　265

에르푸르트(Erfurt)　67, 68, 70, 450

에른스트 폰 뷜로-쿠머로브(Ernst von Buelow-Cummerow)　28

에밀 올리비에(Emile Ollivier)　241

에밀 폰 바그너(Emil von Wagner)　162

에센(Essen)　48, 417

에이브러햄 링컨(Abraham Lincoln)　459

에케른푀르데 만(Eckernförde Bay)　164

에피스코팔 궁전(Episcopal Palace)　188

연방의회(Federal Diet)　53, 258, 259, 304, 306, 310, 311, 313-315, 331,

335, 354, 355, 366, 367, 369, 370, 385, 397, 398, 406, 415

연방협의회(the Federal Council) 222, 223

열대 숲의 개혁방안(Regenwald Reform Programme) 29

예나 전투(the Battle of Jena) 69, 89

예방전쟁 233, 300, 301, 372, 402

예비군 48, 172

예수회(the Society of Jesus) 279, 281

오도 러셀(Odo Russell) 288, 299, 300, 302

오렌지 공 윌리엄(William of Orange) 95

오스만 터키 317, 319, 362

오스트리아 18, 22, 45-49, 52, 53, 56, 58, 61, 64-70, 73-90, 104, 106-114,
    121, 136, 137, 139, 140, 142-145, 147-151, 153, 155-161, 164-167,
    169-171, 173-202, 204-206, 208, 209, 213, 214, 217, 228, 229, 234,
    238, 239, 253, 256, 260, 279, 286, 289-294, 297, 300, 317, 319, 320,
    322, 325, 338-340, 343-345, 347, 348, 357-364, 367, 387-393, 395-399,
    401-403, 432, 433, 450, 451

오스트리아-헝가리 49, 290, 292, 297, 323, 327, 340, 345, 364, 392, 452

오이겐 리히터(Eugen Richter) 352

오이렌부르크(Eulenburg) 249

오토 캄프하우젠(Otto Camphausen) 308-310

오토 폰 만토이펠(Otto von Manteuffel) 69, 77-79, 83, 85, 88, 100, 101

올뮈츠(Olmuetz) 69-71, 76, 100, 249

왕 조지(King George) 209

왕권신수설 35

왕조적 법(the Dynastic Laws) 244

왕후 아우구스타(Augusta) 132

요제프 마리아 폰 라도비츠(Joseph Maria von Radowitz) 66, 68, 299-301

요한 베른하르트 그라프 폰 레히베르크와 로텐뢰벤(Johann Bernhard Graf von

Rechberg und Rothenloewen) 88, 139, 140, 142-145, 149, 153, 158, 159, 167-169, 173-176

요한나 폰 푸트카머(Johana von Puttkamer) 31, 33, 43

우방기 강(Ubanghi River) 383

운터 덴 린덴(Unter den Linden) 313

워털루(Waterloo) 전투 27

위테르보크(Jueterbog) 132

윈스턴 처칠(Winston Churchill) 26, 415

윌리엄 이워트 글래드스턴(William Ewart Gladstone) 147, 235, 236, 252, 272, 288, 319, 330, 459

윌리엄 피트(William Pitt) 134

유대인 사냥 353

유럽협조체제(the Concert of Europe) 18, 21, 46

6월의 날들(June days) 58

율리우스 폰 미누톨리(Julius von Minutoli) 50

융커 의회(the Junker Parliament) 59, 60

2국동맹(The Dual Alliance) 337, 348, 357, 452

이사벨라Queen Isabella) 243

2월의 조건들(the February Conditions) 177, 179

이중 군주제(the Dual Monarchy) 217, 340

인민들의 전쟁 256

인민주권 35

인사이클리카 퀸타 큐라(Encyclica Quanta Cura) 278

[ㅈ]

자도바(Sadowa) 203, 292

자유보수당 373

자유주의당 352

자조 18, 19

자코뱅당(Jacobin) 50

잔지바르(Zanzibar) 384, 385

잠베지(Zambesi) 381

재보장 정책(the Reinsurance Policy) 393

재보장 조약(the Reinsurance Treaty) 393

<전쟁론>(On War) 441

전쟁 철학자(the philosopher of war) 441, 443

전쟁의 3위일체 443, 444

정직한 중재자(a honest broker) 7, 322, 337, 338, 380, 385

<정치학>(Politics) 15

제란트(Zeeland) 172

제1차 세계대전 20, 46, 115, 233, 271, 400, 425, 448, 459

제1차 지중해 협정(the Mediterranean Agreement) 390, 391

제2의 임의의 법안(the Second Discretionary Bill) 353

제2프랑스 공화정(the Second French Republic) 50

제국연맹 293

조정자(arbiter) 73, 206

조지 구치(George Gooch) 7

존 브라이트 333

존 스튜어트 밀(John Stuart Mill) 20

주권 사기(the Sovereign swindle) 120

주세페 가리발디(Giuseppe Garibaldi) 110, 182, 240

중심의 일파(Fraction of the Centre) 258

중앙당(the Central Party) 278, 281, 282, 304, 307, 311, 316, 353, 354, 369, 371, 420, 422, 455

쥘 그레비(Jules Grevy) 366

쥘 파브르(Jules Favre) 255, 273

쥘 페리(Jules Ferry) 366, 380

지중해 협정(the Mediterranean Agreement) 365, 390, 391, 396

진보당(the Progressive Party) 119, 120, 205, 275, 281, 283, 303, 312, 315, 316, 354, 371, 420

[ㅊ]

찰스 폭스(Charles Fox) 134

천재-정치가 6, 25, 205, 213, 274, 374, 428, 446, 448, 449, 452, 457-460

철과 불(iron and fire) 113

철의 수상(the Iron Chancellor) 343, 406, 442

철의 왕국(the Iron Kingdom) 63

철의 재상(the Iron Chancellor) 5

촐페어라인(Zollverein) 48, 104, 330

최초의 유럽의 수상(the First Prime Minister of the Europe) 46

최초의 유럽인(the First European) 46

[ㅋ]

카롤리(Karolyi) 144, 159, 300

카마릴라(camarilla) 58

카메룬(Camerroons) 383

카베냐크(Cavaignac) 58

카부르(Cavour) 85, 106, 108, 110, 112, 361

카이롤리(Cairoli) 359

칼 노빌링(Karl Nobiling) 313

칼 루트비히 폰 프리트비츠(Carl Ludwig von Prittwitz) 51

칼 루트비히 폰 할러(Carl Ludwig von Haller) 42

칼 마르크스(Karl Marx) 21, 292, 312

칼 안톤(Charles Antony) 100, 243-246, 248

칼 5세(Charles V) 245

칼 트베스텐(Karl Twesten) 118

칼 폰 라이헤르(Karl von Reyher) 98

칼 폰 보델슈빙(Karl von Bodelschwingh) 168

칼 폰 클라우제비츠(Carl von Clausewitz) 441

칼 프라이헤르 폰 베르테르(Karl Freiherr von Werther) 246

칼 프리드리히 폰 자비그니(Karl Friedrich von Savigny) 258

칼 하인리히 폰 뵈티허(Karl Heinrich Boetticher) 418

칼노키(Kalnoky) 363, 364

칼스바트(Carlsbad) 169, 171, 186, 216

캐스팅 보트(the casting vote) 223, 316

코부르크-고타(Coburg-Gotha) 265

코블렌츠(Koblenz) 102

코펜하겐(Copenhagen) 50, 172

콜마르 폰 데어 골츠(Colmar von der Goltz) 369

콩고 자유국가(the Congo Free State) 383

쾨니히그래츠(Koeniggraetz) 203

쾨니히그래츠-자도바 205, 206, 208

쾨니히그래츠 전투 218

쾨니히스베르크(Koenigsberg) 36, 120

<쾰니쉐 차이퉁>(*Koelnische Zeitung*) 297, 298

<쾰르너 차이퉁>(*Koelner Zeitung*) 424

쿨만(Kullmann) 284

크롬웰(Cromwell) 95

크리미아 전쟁(the Crimean War) 84, 89, 90, 108, 257, 286

크리스티안 9세(Christian IX) 155, 160

크리스티안 율리우스 데 메자(Christian Julius de Meza) 163

크리스피(Crispi) 359

클랍카(Klapka)   285, 451

클래런던 경(Lord Clarendon)   235-237, 241

클레멘스 폰 메테르니히(Klemens von Metternich)   18, 45, 432

키싱엔 지시(Kissingen Dictation)   321

키프로스(Cyprus)   326, 329

[ㅌ]

<타임즈>(*Times*)   252, 326

테오도르 몸젠(Theodor Mommsen)   351

테오도르 폰 베른하르디(Theodor von Bernhardi)   244, 245

테오도르 폰타네(Theodor Fontane)   172

토마스 홉스(Thomas Hobbes)   436

통일된 의회(United Diet)   34, 36

통일헌법(the Union constitution)   66

투스카니(Tuscany) 대공국   112

투키디데스(Thucydides)   19

툰(Thun)   79, 145

튀니지(Tunisia)   359, 403

트로치(Trochi)   255

트리폴리   359, 363

틸지트의 평화(the Peace of Tilsit)   69

[ㅍ]

파르마(Parma) 공국   112

파리조약   286-288, 323, 327

파머스톤(Palmerston)   156, 161, 288, 459

파벨 슈발로프(Paul Shauwaloff)   388, 392, 397

파우스트(Faust)   94, 453

판 라도비츠(van Radowitz)   299

팔크 제도(the Falk System)   353

<펀치>(*Punch*)   425

페르디난트(Ferdinand)   395

페르디난트 라살레(Ferdinand Lassale)   109

페치(Pecci)   311

포겔 폰 파켄슈타인(Eduard Vogel von Fackenstein)   202, 203, 210

포츠담(Potsdam)   54, 274, 413

폰 레도호브스키(von Ledochowsky)   280

폰 미트나흐트(von Mittnacht)   261

폰 바른뷜러(von Varnbueler)   331

폰 발더제(von Waldersee)   414

폰 베르테른(von Werthern)   244, 245

폰 뷜로(von Buelow)   299, 300, 311

폰 비겔레벤(von Biegeleben)   147, 176, 177

폰 슈바이니츠(von Schweinitz)   286, 318, 319, 324, 339, 398

폰 알벤스레벤(von Alvensleben)   137

폰 크바데(Quaade)   161

폰 히르쉬펠트(von Hirschfeld)   102

폴란드   47, 56, 136-139, 157, 161, 217, 279, 294, 341, 394

표트르 슈발로프(Peter Shouwaloff)   302, 325-327, 337, 388

푸넨 섬(Funen Island)   172

프라하 조약   214, 228, 238, 240, 338

프란츠 요제프(Franz Joseph)   110, 111, 150, 153, 169, 171-174, 192, 194,
    197, 202, 203, 228, 239, 291, 292, 294, 319, 338, 346

프란츠 요하네스 로텐부르크(Franz Johannes Rottenburg)   418

프란츠 욘(Franz John)   202

<프랑스의 혁명에 관한 성찰>(*Reflections on the Revolution in France*)   429

프러시아 5, 16, 18, 22, 25, 27, 28, 34-42, 47-49, 51-56, 58-71, 74-92, 96, 99-105, 107-110, 112-115, 117, 119, 121, 122, 124, 128, 130, 131, 133, 135-141, 143-153, 156-161, 164-181, 183-206, 208-210, 213-224, 226-234, 236-238, 240, 243-246, 248-250, 252-260, 264-266, 269-271, 273, 275-277, 279-283, 286, 287, 289, 308, 309, 312, 314, 319, 332, 335, 338, 343, 348, 352, 353, 357, 371, 394, 406, 410, 413-416, 421, 430, 434, 441, 443, 444, 448, 450, 451, 458, 459

프러시아 국회 60, 335

프러시아의 폭동 39

프러시아-이탈리아의 조약 194

프레데리크 7세 155-157

프레데리크 8세 160, 167

프레이시네(Freycinet) 366

프로케쉬-오스텐 86

프루트 강(the Pruth River) 87

프리드리히 3세 269, 399, 405, 407, 408, 410

프리드리히 겐츠(Friedrich Gentz) 430

프리드리히 대왕(the Frederick the Great) 26, 198

프리드리히 리스트(Friedrich List) 334

프리드리히 빌헬름 1세 114, 117, 119, 172, 173, 198, 250, 264, 269, 286, 311, 320, 399, 405, 406, 412, 416

프리드리히 빌헬름 2세 351, 399, 405, 408, 410, 412, 414-417, 431, 449, 459

프리드리히 빌헬름 4세 33, 35, 38, 42, 51, 61, 62, 64, 66, 67, 95, 99, 100, 117, 266

프리드리히 율리우스 슈탈(Friedrich Julius Stahl) 42

프리드리히 칼(Friedrich Charles) 171, 201

프리드리히 크루프(Friedrich Krupp) 48

프리드리히 황후   408, 420

프리드리히스루(Friedrichsruh)   307, 311, 313, 371, 417, 418, 423, 450

프림(Prim)   243, 245

플루렌스(Flourens)   366

피와 철   6, 131, 150, 180, 271, 407, 427, 442, 447

필(Peel)   330

[ㅎ]

하노버 왕가   209, 309

하리 아르님(Harry Arnim)   279, 293

<하이랜드 생활의 편린들>(*Leaves from our Journal of Our Life in the Highlands*)
   90

하인리히 폰 트라이츠케(Heinrich von Treitschke)   131, 199, 312, 350, 351,
   454

하인리히 폰 푸트카머(Heinrich von Puttkamer)   31, 33

하츠펠트(Hatzfelt)   400

한스 델브뤼크(Hans Delbrueck)   169

한스 폰 클라이스트(Hans von Kleist)   60

한스 헤르만 베르렙슈(Hans Hermann Berlepsch)   418

한스 휴고 폰 클라이스트-레초브   61

해넬(Haenel)   303

행운(Fortuna)   440

헌법초안   223

헤겔(Hegel)   6, 30, 56

헤르만 폰 루카누스(Hermann von Lucanus)   424

헤르체고비나(Herzegovina)   317, 318, 327, 328

헤르푸르트(Herrfurth)   419

헤세-카셀(Hesse-Cassel)   67, 68, 201, 209, 214

헤센-다름슈타트(Hessen-Darmstadt) 149, 265

헤이그 조약(the Treaty of Hague) 95

헨리 키신저(Henry Kissinger) 7, 8, 460

헬무트 폰 몰트케(Helmuth von Moltke) 99, 105, 108, 113, 117, 118, 164,
    165, 170-172, 179, 190, 198, 201-203, 244, 246, 249, 250, 252-258,
    297, 299, 300, 351, 406, 441, 444

혁명 6, 16, 22, 54, 65, 73, 91, 447

현실정치(Realpolitik) 22, 70, 92, 312, 333, 403, 459

혈과 철(blood and iron) 5, 113

호엔로헤(Hohenlohe) 300, 301

호엔촐레른(Hohenzollern) 100, 244-248, 260

호엔촐레른 왕가 116, 244, 245, 264

호엔촐레른-지그마링겐(Hohenzollern-Sigmaringen) 243

호엔바르트(Hohenwart) 291, 292

홀란드(Holland) 94, 229-231

홀로코스트 348

홀슈타인(Holstein) 56, 155, 163, 175, 178, 185, 187, 188, 189, 192, 199,
    200

회델(Hoedel) 311, 312

후베르트 비스마르크 400

흑해 87, 286-288, 321, 327, 390, 392, 393

흑해조약(the Black Sea Treaty) 257

힌덴부르크(Hindenburg) 449

저서목록

해외 출판

『韓国外交政策的困境』, 北京: 社會科學院 社会科学文献出版社, (2017, 중국어판)

『和平之神与联合国秘书长: 为国际和平而奋斗之领』, 北京: 光明日报出版社, (2015, 중국어판)

『戰史に学ぶ軍事戦略 孫子とクラウゼヴィッツを 現代に生かすために』, 東京: 彩流社, (2014, 일본어판)

『Korea's Foreign Policy Dilemmas: Defining State Security and the Goal of National Unification』, Folkestone, UK: Global Orient, UK, (2011, 영어판)

국내 출판

『헨리 키신저: 외교의 경이로운 마법사인가 아니면 현란한 곡예사인가?』, 박영사, 2022

『대한민국의 대부 해리 S. 트루먼: 평범한 인간의 비범한 리더십』, 박영사, 2021

『조지 워싱턴: 창업의 거룩한 카리스마적 리더십』, 박영사, 2020

『윈스턴 S. 처칠: 전쟁과 평화의 위대한 리더십』, 박영사, 2019

『지적 자서전으로서 내 저서의 서문들』, 박영사, 2018

『죽어도 사는 사람: 불멸의 링컨유산』, 극동대학교출판부, 2018 (김동길 교수 공저)

『한국지정학과 링컨의 리더십: 동아시아의 지정학적 변화와 국가통일의 리더십』, 고려대학교 출판문화원, 2017

『평화神과 유엔사무총장: 국제평화를 위한 리더십의 비극』, 고려대학교 출판부. 2013

『전쟁神과 군사전략: 군사전략의 이론과 실천에 관한 논문 선집』, 리북, 2012

『무지개와 부엉이: 국제정치의 이론과 실천에 관한 논문 선집』, 박영사, 2010

『인간神과 평화의 바벨탑: 국제정치의 원칙과 평화를 위한 세계헌정질서의 모색』, 고려대학교 출판부, 2006

『새우와 고래싸움: 한민족과 국제정치』, 박영사, 2004

『시베리아 횡단열차와 사무라이』, 고려대학교출판부, 1999

『이아고와 카산드라-항공력 시대의 미국과 한국』, 오름, 1997

『소크라테스와 시이저-정의, 평화, 그리고 권력』, 박영사, 1997

『카멜레온과 시지프스: 변천하는 국제질서와 한국의 안보』, 나남, 1995

『동북아의 근대적 변용과 탈근대 지향』(공편), 매봉, 2008

『용과 사무라이의 결투: 중일전쟁의 국제정치와 군사전략』(편저) 리북, 2006

『유엔과 국제위기관리』(편저), 리북, 2005

『유엔과 한국전쟁』(편저), 리북, 2004

『UN and Global Crisis Management』(편저), KACUNS, 2004

『시베리아와 연해주의 정치경제학』(공저), 리북, 2004

『동북아의 평화사상과 평화체제』(편저), 리북, 2004

『동아시아의 안보와 유엔체제』,(편저). 집문당, 2003

『UN, PKO and East Asian Security: Currents, Trends and Prospects』(공편저), 2002

『The UN in the 21st Century』(공편), 2000

『주한미군과 한미안보협력』(공저), 세종연구소, 1996

『북한외교정책』(공편), 서울프레스, 1995

『The United Nations and Keeping-Peace in Northeast Asia』(편저), Seoul Computer Press, 1995

『자유주의의 정의론』(역), 대광문화사, 1991

『키신저 박사와 역사의 의미』(역), 박영사, 1985

『핵시대를 어떻게 살 것인가』(공저), 정음사, 1985

『제국주의의 해부』(역), 법문사, 1984

『불평등한 세계』(역), 박영사, 1983

『세익스피어의 정치철학』(역), 집문당, 1982

『정치학원론』(공저), 박영사, 1982

강성학(姜聲鶴)

고려대학교에서 정치학 학사 및 석사 학위를 취득한 후 모교에서 2년간 강사를 하다가 미 국무부 풀브라이트(Fulbright) 장학생으로 도미하여 노던 일리노이 대학교(Northern Illinois University)에서 정치학 박사 학위를 취득하였다. 그 후 1981년 3월부터 2014년 2월말까지 33년간 정치외교학과 교수로 재직하면서 평화연구소 소장, 교무처장 그리고 정책대학원 원장 등을 역임하였다. 2014년 3월 이후 현재 명예교수로 있다.

저자는 1986년 영국 외무부(The British Foreign and Commonwealth Office)의 펠로우십(Fellowship)을 받아 런던정치경제대학(The London School of Economics and Political Science)의 객원교수를, 1997년에는 일본 외무성의 국제교류기금(Japan Foundation)의 펠로우십을 받아 도쿄대학의 동양문화연구소에서 객원 연구원 그리고 2005년 말과 2006년 봄 학기에는 일본 와세다대학의 교환교수를 역임하였다. 또한 제9대 한국 풀브라이트 동문회 회장 및 한국의 영국정부장학수혜자 모임인 한국 셰브닝 동창회 초대 회장을 역임하였다. 그동안 한국국제정치학회 상임이사 및 한국정치학회 이사, 한국유엔체제학회(KACUNS)의 설립 사무총장과 제2대 회장을 역임하였고 이것의 모태인 미국의 유엔체제학회(ACUNS)의 이사로 활동하였다.

저서로는 2011년 영국에서 출간한 영문저서 ≪Korea's Foreign Policy Dilemmas: Defining State Security and the Goal of National Unification≫ (425쪽. 2017년 중국 사회과학원 출판사가 번역 출간함)을 비롯하여 1995년 제1회 한국국제정치학회 저술상을 수상한 ≪카멜레온과 시지프스: 변천하는 국제질서와 한국의 안보≫(688쪽)와 미국의 저명한 외교전문지인 포린 폴리시(Foreign Policy)에 그 서평이 실린 ≪이아고와 카산드라: 항공력 시대의 미국과 한국≫(807쪽)이 있다. 그의 대표작 ≪시베리아 횡단열차와 사무라이: 러일전쟁의 외교와 군사전략≫(781쪽) 및 ≪소크라테스와 시이저: 정의, 평화, 그리고 권력≫(304쪽), 또 한동안 베스트셀러이기도 했던 ≪새우와 고래싸움: 한민족과 국제정치≫(402쪽)가 있다. 또한 2007년 대한민국 학술원의 우수학술도서로 선정된 ≪인간神과 평화의 바벨탑: 국제정치의 원칙과 평화를 위한 세계헌정질서의 모색≫(756쪽),

≪전쟁神과 군사전략: 군사전략의 이론과 실천에 관한 논문 선집≫(446쪽, 2014년 일본에서 번역 출간됨), ≪평화神과 유엔 사무총장: 국제 평화를 위한 리더십의 비극≫(328쪽, 2015년 중국에서 번역 출간됨), ≪무지개와 부엉이: 국제정치의 이론과 실천에 관한 논문 선집≫(994쪽)을 비롯하여 지난 33년 간의 교수생활 동안에 총 37권(본서의 말미 저서 목록을 참조)에 달하는 저서, 편저서, 역서를 냈다. 저자는 한국 국제정치학자에게는 어쩌면 당연한 연구주제인 "전쟁", "평화", "한국외교통일" 문제들에 관한 각기 집중적 연구결과로 볼 수 있는 ≪시베리아 횡단열차와 사무라이≫, ≪인간神과 평화의 바벨탑≫ 그리고 ≪카멜레온과 시지프스≫라는 3권의 저서를 자신의 대표적 "학술저서 3부작"으로 꼽고 있다. 아울러 2013년 ≪평화神과 유엔 사무총장≫의 출간으로 "인간神", "전쟁神", "평화神"이라는 일종의 "神"의 3위일체를 이루었다. 퇴임 후에는 2016년부터 2019년까지 한국지정학연구원의 초대 이사장을 역임했으며, 2017년 가을학기부터 2019년 봄학기까지 극동대학교 석좌교수였다. 그리고 ≪한국의 지정학과 링컨의 리더십≫(551쪽), ≪죽어도 사는 사람: 불멸의 링컨 유산 (김동길 교수 공저)≫(333쪽), ≪윈스턴 S. 처칠: 전쟁과 평화의 위대한 리더십≫(449쪽), ≪조지 워싱턴: 창업의 거룩한 카리스마적 리더십≫(501쪽), ≪대한민국의 대부 해리 S. 트루먼: 평범한 인간의 비범한 리더십≫(479쪽), ≪헨리 키신저: 외교의 경이로운 마법사인가 아니면 현란한 곡예사인가?≫(843쪽)를 출간했다. 그리고 저자의 일종의 지적 자서전으로 ≪내 저서의 서문들≫(223쪽)을 출간했다.

오토 폰 비스마르크

초판발행	2022년 5월 4일
중판발행	2023년 10월 5일
지은이	강성학
펴낸이	안종만·안상준
편 집	한두희
기획/마케팅	조성호
표지디자인	이영경
제 작	고철민·조영환
펴낸곳	(주) **박영사**
	서울특별시 금천구 가산디지털2로 53, 210호(가산동, 한라시그마밸리)
	등록 1959. 3. 11. 제300-1959-1호(倫)
전 화	02)733-6771
f a x	02)736-4818
e-mail	pys@pybook.co.kr
homepage	www.pybook.co.kr
ISBN	979-11-303-1545-4 93340

copyright©강성학, 2022, Printed in Korea

정 가   29,000원